史学问津

包伟民 著

浙江人民出版社

图书在版编目（CIP）数据

史学问津 / 包伟民著. -- 杭州：浙江人民出版社，2025.5. -- ISBN 978-7-213-11017-7

Ⅰ．K0

中国国家版本馆CIP数据核字第2025V7Y706号

史学问津

SHIXUE WENJIN

包伟民　著

出版发行：浙江人民出版社（杭州市环城北路177号　邮编 310006）
市场部电话：(0571)85061682　85176516

责任编辑：李　信　汪　芳	封面设计：陆红强
责任校对：姚建国	内文设计：王　芸
责任印务：幸天骄	营销编辑：陈芊如

电脑制版：杭州天一图文制作有限公司
印　　刷：杭州钱江彩色印务有限公司
开　　本：880毫米×1230毫米　1/32　　印　张：12.875
字　　数：324千字　　　　　　　　　　　插　页：8
版　　次：2025年5月第1版　　　　　　　印　次：2025年5月第1次印刷
书　　号：ISBN 978-7-213-11017-7
定　　价：88.00元

如发现印装质量问题，影响阅读，请与市场部联系调换。

2012年4月，杭州西湖留影

■ 1994年12月，江南市镇调查途中，在湖州南浔小莲庄

■ 2004年3月，与浙江大学历史系中国古代史研究生一起考察宁波东钱湖南宋墓道石刻

■ 2012年5月，与中国人民大学师生一起参观河北响堂山石窟

■ 2016年5月，与中国人民大学唐宋史师生参观山西悬空寺时小憩

■ 2019年11月,在绍兴市越城区八字桥考察

■ 2023年5月,与友人在绍兴市浙东运河太平桥考察

前　言

当年我刚入道时，也听信了一些流行的说法，譬如，以为史学这门学问蛮了不起，可以发现"规律"什么的。后来书读得多了，才明白史学其实并没那么大的本事。研究历史，无非是为了理解前人的生活。有所理解，也许可以让我们活得通透一些；不理解也没什么大不了，不妨碍大家"嗨皮"赚钱。

与此相应地，那就是怎样研究历史的事情了。起初也以为理论万能，学会了，就可以无往不利。可是，背了不少现成的语句，面对着一大堆历史资料，依然无从措手。

后来，在老师们的帮助下，才慢慢悟出了一些道理。

怎样研究历史，说到底无非两件事，一是怎样找到合适的题目，另一则是怎样入手去讨论它，也就是大家常说的怎样发现问题与解决问题。这两件事情，老师们都给了我极大的启发。

怎样找到合适的史学研究题目，途径当然是多样的。当下比较流行的做法依然是现实社会生活有什么需求，就试图从历史中去寻找答案。这无非是将史学视为对策学的路数，我们不去谈论它。

还在当学生时，有一位老师曾经对我说：学术史与历史记载的交叉点，往往可以是一个新议题的起点。后来我慢慢领悟老师的这句话，才明白对于像史学这样积累相当丰厚的传统学科来说，这的确是发现问题的方便之门。凡是人们关于历史的描述与存世的历史记载不相吻合之处，也就是所谓的"交叉点"，大概率会存在一些问题，值得我们去关注，去讨论。

在现实的操作中，由于人们对于历史的认识总是不断演进的，所以观察分析这种认识过程就十分重要，这就是通常所说的梳理学术史。通过分析某一领域学术研究的具体展开过程，弄清楚人们关于这一领域史事的认识怎样一步一步地深化，相对应于存世历史资料的可能性，它还存在着哪些不足，不管是其与历史资料不相吻合的交叉点，还是尚未展开讨论的某些遗留空间，都是值得我们去深入发掘的地方，新的研究议题可能也就这样被发现了。通过梳理学术史来发现研究议题的路径，还有一个好处，那就是它能够推动我们摆脱饾饤獭祭的局限，从一个更为宽广的，也就是整个学术史的视野来观察问题，发现问题。

至于怎样着手去解决问题，更涉及了在什么思想"指导"下去研究的层面。那就是大家常说的理论。

所谓理论，不过是人们通过研究具体问题，将所得出的一些具有普遍性意义的认识归纳起来——更为学理化的说法叫作抽象，形成的相对系统化的结论。这些结论对于我们研究其他相近的问题，也许可以起到参照作用。可是针对具体议题，剔除细枝末节，结论抽象程度的精致与否是大不相同的。有一些高度抽象化的结论，接近于历史哲学，我们尽管可以坚信不疑，它们与具体研究工作的展开，却似乎总是隔着一层。还有就是学术语言中翻译腔的流行，有一些人觉得将话说得绕口一点才更显得有学问，这就把事情越弄越复杂了。以至于年轻学子们常常以为有一种"理论"，好像"葵花宝典"，一旦学会了，就可以打遍天下无敌手，可是在现实中却总是可望而不可即。

实际上，至少在具体操作的层面上，事情可能并没有那么玄乎。

有一次听一位前辈学者介绍自己年轻时怎样学着写史学论文，

他的办法是就着感兴趣的内容，先找一篇议题相近的、比较成功的文章当作范文，依样画葫芦，从哪些史书中去找资料，搭建结构，分析论证，最后怎样写结论，一步一步学着做。后来我也照着这个"范文之法"做了几次，觉得比较容易上手，蛮有用。但似乎又觉得"范文之法"只关乎具体的操作，还不够"理论化"。后来读著名经济史学家吴承明先生的文章，他说历史唯物主义"也只是一种方法"，才意识到真正"有用"的理论，实际上都只不过是一种方法，可以让我们在研究中参照应用，就好比是经典的范文。这样一来，才慢慢地将其中的道理想明白，开始认识到，真正好的方法（理论），无一不是学者在针对具体历史问题的研究之中归纳得出的。试图逃避真正从事史学研究的辛劳，悬空八只脚地谈论所谓的"理论"，演绎出一些花哨的说法与概念，再去教别人怎样做研究，都不靠谱。

尤其是，真正好的方法，无不可以用清晰的语言讲明白，让大家都听得懂，完全没必要故作玄虚。

这就是我的史学问津心路。这本选集所收录的，主要就是近十几年来自己在这种心路之下，在学术史与研究方法两方面思考的一些文字。

具体而言，除了第一篇《史学从业简述》，归纳自己就业史学以来思路演进的过程，接下来从第二篇《历史学是什么》，到第六篇《走出"汉学心态"：中国古代历史研究方法论刍议》等共五篇，都是集中谈自己关于研究方法的体会。其中《历史学是什么》与《历史学"综合分析"的思维方式》两篇，是根据上课录音整理的记录稿，从关于历史学的一些基本概念入手，来介绍研究方法。总之前面这六篇大体上可以归为一类，是本书的第一部分内容。从第七篇到第十六篇共十篇，主要是针对两宋历史研究的学术史展开梳理工作，并对从中可能发现的问题提出建议。例如关于唐宋城市史,还被落实到了自己的具体研究工作之中。其中第十五篇《历史观察的思维特征——从宋代城市史说起》与第十六篇《唐宋城市研究学术史批判》,略有重复,考虑到前者以宋代城市史研究为例来说明历史学思维方式问题,后者则具体展示本人关于宋代城市史研究的一些议题,是如何通过学术史的梳理提出来的,各有侧重,因此还是将它们都收录进来。第十七篇《杂学谓博:江南市镇考察忆旧》,回忆早年短期从事近代江南市镇研究时的一些思考,总体上也可以与前面这十篇归为同一类。这十一篇是本书的第二部分内容。最后是两篇访谈稿,因为觉得它们可以对本书两方面的内容都有所补充,于是在征得其作者的同意后,附在书末。

以上略有几篇,与本人几年前出版的《走向自觉——中国近古历史研究论集》有重复,这主要是想在搁笔前重新规划自己论集的编排形式之故。

本书的编集,最初出于浙江人民出版社王利波、汪芳、李信等朋友的提议,在此谨向他们表示衷心的感谢。

这就是关于本书编集过程中的一些考虑,谨此说明。

包伟民

二〇二四年六月二十日

于杭州小和山寓所

目 录

一 | 史学从业简述
生平学业 …… 1　　"目光向下" …… 9　　冲融会通 …… 18

二 | 历史学是什么
引言 …… 30　　什么是历史学 …… 31　　史学研究如何展开 …… 37
大学历史专业学什么 …… 43　　结语 …… 52

三 | 历史学"综合分析"的思维方式
什么是历史学的思维方式 …… 54　　关于新媒体时代的历史学 …… 59
岳飞形象塑造给我们的提示 …… 64

四 | 《历史学基础文献选读》导言
史学的起源 …… 72　　史学的特性 …… 76　　史学的演进 …… 82

五 | 数字人文及其对历史学的新挑战
检索资料 …… 92　　提出议题 …… 99　　统计分析 …… 102
余论 …… 105

六 | 走出"汉学心态":中国古代历史研究方法论刍议

　　理论饥渴与汉学心态…… 108　　西方汉学的主体性与其特点…… 113
　　走向实证与学术自信…… 117　　结语…… 122

七 | "唐宋变革论":如何"走出"?

　　学术史视角…… 128　　牵动性因素…… 134　　多层面观察…… 138
　　余论…… 143

八 | "大宋史"三题

　　概念内涵…… 146　　争议回应…… 150　　研究举例…… 153

九 | "理论与方法":近三十年宋史研究的回顾与反思

　　学术史…… 162　　"饥渴症"…… 167　　"理论"…… 169
　　"范式"…… 171　　"问题意识"…… 174
　　"历史学的研究方法"…… 177　　结语…… 180

十 | 近四十年辽宋夏金史研究学术回顾

　　时代背景…… 185　　概况归纳…… 190　　研究举例…… 196
　　推进展望…… 204

十一 | 走向深化:辽宋夏金史研究展望

　　研究推进及其动因…… 209　　学术创新的可能性…… 211
　　几点建议…… 216

十二 | 新世纪南宋史研究回顾与展望

　　渐成气象 …… 221　　转变原因 …… 225　　推进可能 …… 229

十三 | 视角与史料：关于宋代研究中的"问题"

　　论题 …… 240　　史料 …… 246

十四 | 努力构建以本土经验为基础的史学理论体系——从宋代"货币地租"问题的争论谈起

　　"货币地租"还是"钱租"或"折钱租" …… 253
　　意见与回应 …… 258　　批评的逻辑 …… 263

十五 | 历史观察的思维特征——从宋代城市史说起

　　问题的提出 …… 270　　学术史的启迪 …… 271
　　城市史的例证 …… 275　　结语——历史观察的思维特征 …… 280

十六 | 唐宋城市研究学术史批判

　　阶段特征与发展趋势（上）…… 284
　　阶段特征与发展趋势（下）…… 290
　　研究方法与扩张推力 …… 295　　范式强化与概念纠葛 …… 301
　　余论 …… 313

十七 | 杂学谓博：江南市镇考察忆旧

　　主题选择 …… 325　　分析工具 …… 327　　田野经历 …… 331

附录一　如何研究地方史？

为何要关注"地方"？何谓"地方政治"？ …… 335
如何解决史料难题？重建地方生态有无可能？ …… 341
区域个案研究如何避免重复？如何打通城乡？ …… 348
地方史研究中"田野"的意义 …… 354
如何整理运用"档案"才能更好认识地方？ …… 360
"数字人文"：助力还是阻力？ …… 363
结语 …… 367

附录二　包伟民：我的"目光向下"是想体现基层民众对历史的贡献

必须要把基层民众对历史的贡献给体现出来 …… 372
历史学要回归叙述 …… 380

参考文献 …… 385

一 ‖ 史学从业简述

以本人从业于史学的经历，本来既没有什么"经验"可以归纳，更无撰写此类文字的资历。《宋史研究论丛》编辑部朋友多次催督，盛情难却，只得借此机会，梳理一下自己进入史学领域以来的读书过程中正反两方面的体会，对于年轻朋友未必会有什么帮助，姑且以此敷衍塞责吧。

生平学业

首先简单交代一下我的生平出处，这对于我后来的学术工作有着多方面的影响。

我于1956年出生于浙江省宁波市，1972年夏季初中毕业，当时宁波市各个中学的高中部大多被裁撤，政府规定凡年满16周岁的都得就业，不许升学，我的初中班上只有三个同学因未满16周岁，才升了高中。那时节国家以"革命"的口号，厉行知识青年上山下乡政策，以解决城镇适龄青年的就业问题。政策条文之一就是，一家之中凡有一个子女已经上山下乡，第二个子女可以留城。家中兄弟三人，我是老二。兄长已于前一年去内蒙古生产建设兵团支了边，轮到我时，就可以留城了。班主任老师觉得我不读高中可惜，于是劝说我父母，别让我直接进工厂，而是进技工学校，好歹可以"再多读点书"。当时尽管城镇青年多半已被发遣上山下乡,但城市工业生产的状况不容乐观,仍然凑不出足够的工作岗位,来安置那些按政策可以留城的青年人。于是,在东海之滨我那个故乡小城,不知道哪位聪明人出了个主意,让规模大一点的国营工厂都办起技工学校,将留城的青年人作为技校学生招纳进去。尽管这只不过是寅吃卯粮之术,但可以将难题推迟几年,留给后任来应对,也的确让头疼不已的地方官们一时松了口气。于是我以技工学校学生的身份,进了一家生产柴油机的工厂——宁波动力机厂的技校,在那里足足工作了五年。说"工作",是因为身份虽然是技校学生,干的活与全职工人完全一样,不管计时还是计件,一天都得干满八小时,但我们拿的报酬则是"津贴"而不是工资,不到普通学徒工的三分之一。至于"读书",的确听过几个月的课,学了些机械制图等知识,但绝大部分时间都在车间里干活,因为当时各个工厂由于多年未招工,一线工人实际上都是缺员的。所以我们都合情合理地以"童工"自况。一直到进大学读书的几个月前,才转为正式职工。不过在实际工作性质上,我可以说是当了五年的工人,工种为热加工铸造,重体力劳动,易出工伤。这一经历对我的一生都有影响。

我出身于城市平民家庭,父亲在一个商店里当会计,母亲是工人,虽然离衣食无忧还差得远,不过那些年革命平均主义当道,大家都马马虎虎地将日子过下去。我家里的特殊情况是,自我进初中后父亲就长年病休,生活就陷入困境了。经济之困还只是一个方面,另一方面则是小民百姓万事不易,例如父亲求医之难,有一些细小的事情刻骨铭心。所以当时就对基层民生之困窘,以及其与官方文本之间的距离,有了一些直观的认知。

1977年10月,得到消息说恢复高考了,于是我作为弟弟的"备胎",与几个朋友一起报名参加了考试——"备胎",为的是家里多一个人参加考试，提高考中的概率，只要有一人考中，也就可以免去弟弟作为应届高中毕业生，被发遣下乡。备考虽然繁难，正牌与"备胎"最后却都榜上有名，于是我在1978年3月初，作为恢复高考后的第一届学生，进入杭州大学历史系求学。至于为什么进了历史系，无非它是在当时可供选择的文科三个专业中唯一感兴趣的。另外两个专业是中文与政治。而理科，凭我实际只读了不到一年初中课程的水平，肯定考不上。这是我学习过程中第一次被选择。

大学四年，国家在十年动乱后逐步走向正常，我的感受一是教师与学生都争分夺秒，想要追回浪费掉的时间，人们的眼界与思想随着改革开放而日新月异，所以同学们在学习中无不积极主动，张开双臂拥抱一切新知识；二是对我自己来说，则是在不断补课、追赶，补上此前因为条件不足而无法学到的知识，追上同辈中优异者的步伐。例如英语就不得不从零开始学起。到大学四年级，需要考虑毕业后的去向了，正好国家于1981年1月1日起，开始实施学位条例，我依然是为了"再多读点书"，决定报考硕士研究生。为了报考顺利，直接考了本系。由于不想读外国史与中国近现代史，当时杭州大学历史系的中国古代史专业只招收宋史方向，于是我第二次被选择，投入徐规（絜民）先生门下，成了宋代史学术领域的一名叩门者。那时一些现代社会科学学科已经开始恢复，一时风头无两的是经济学与法学，有些同学后来都改行去读了这些看起来更有发展前途的新学科，我则仍留在史学圈，那不过是自己的性格比较固执，一件事不干出点名堂不肯放弃之故。

硕士研究生在学三年，似乎依然是在如饥似渴地追赶、补课的心境中度过的。在徐规先生的指导下，捧着一本《四库全书总目提要》，凡是图书馆可以借到的宋人史、集、子等各种图书，囫囵吞枣，逐一读过去。尽管远做不到精读细读，至少对相关文献图了个面熟。毕业论文选了一个关于民匠差雇制度的题目，这与自己此前在工厂的经历多少是有些关系的。在论文的写作过程中，除了徐规先生外，梁太济先生也给了我许多非常难得的指导。

等到1985年春季临近毕业时，又由于一个特殊的原因，不得不继续求学，于是负笈北上，进北京大学攻读博士学位，投入了邓广铭（恭三）先生门下。

在北大读博三年，我的感觉是自己来到了一个更宽阔的天地，大大打开了眼界。除了邓先生高屋建瓴式的指导，学校的环境与同辈们的交往，都引导着自己形成一种从大处着眼、小处着手的思维习惯。

当时北大关于博士学位课程的制度，除了政治、外语等规定的公共课外，没有什么选课与学分的要求，我向邓先生请教应该听些什么课，邓先生回答说选课的前提是选老师，于是我先后选听了田余庆、王永兴以及张广达等几位先生的课。记得当时余大钧先生刚调到北大历史系，开设北方民族史课，我也去听了一阵。尽管由于道行太浅，并不能完全领悟几位名师授课的精妙之处，但他们观察问题的视角与论证的方法各有特点，使我大开眼界。只可惜周一良先生当时已不再开课，没有机会听到他的讲课。

当我进北大时，邓先生也已不再正式开课，我主要是通过定期向先生汇报读书心得，与他讨论，来获得指导。从大处着眼，在细微处入手，可以说正是我从先生那儿所学到的几项最重要的原则之一。记得有一次我到他那儿汇报读书心得，那几天我正在读南宋李心传的《建炎以来系年要录》，先生问我有哪些发现。我因为注意到根据《要录》所记，绍兴和议以后两浙路就未见委派转运使，一直只以副使为长吏，正在思考它的原因，所以就对先生提到了这件事。不料先生说：这不过是一个枝节而已，读书应该关心大问题，从大处着眼，才可能有真正的提高。一番话，对我的触动很大，在我的脑子里留下了极其深刻的印象。

我在其他文字中曾经提到过，邓先生观察学生可堪造就与否的方法，是指定一个具体的题目让学生去处理，通过实践来考核。布置给我的是关于宋代是否产生了货币地租问题，我从领悟先生的布置任务，到最后撰稿成文，几经周折，结果还算让先生满意。这一次完成命题作文的经历，让我领悟到了历史记载文本字面与史实之间的复杂关系，以及抽象理论与不同民族历史之间可能存在的距离，获益匪浅。

在第二学年第一学期通过学位论文资格考（相当于现在的中期考核）后，就得考虑博士学位论文的选题了。我先提出了一个关于社会经济史领域的选题，被先生否决，后来又提出关于地方财政制度的选题，才得到认可。博士学位论文前后大约写了近两年。起初，我因为执着于"创新"，非"新"不写，用力过猛，疏忽了使论文形成一个完整的论证体系，邓先生不得不让我作大幅度修改，答辩也推迟了几个月，到1988年10月才答辩后正式毕业。

当时邓先生组建中古史研究团队，曾建议我留在北大工作，但我因被生活琐事所困，最终辜负了先生的期望，仍回到杭州，入职杭州大学工作。

由于种种原因，1988年10月进杭州大学时，我到学报编辑部当了一名经济学编辑。1990年9月去美国耶鲁大学访学，进一步了解西方世界及其学术文化，次年9月回国后被调到教育系，讲授中国文化史等课程，一直到1996年才进历史系，接续张荫麟、陈乐素、徐规等前辈的学脉，负责讲授有关宋代史的课程，不久开始招收宋代史方向的研究生。后来高校合并风起，1998年秋，浙江大学、杭州大学、浙江农业大学与浙江医科大学四所原来有一定学源联系的高校应命合并成新的浙江大学，我所在的历史系也被并入新浙江大学人文学院，成为其中的一个系科。两年后被任命为历史系主任，夹在校方工（科）宣队式管理制度与愤懑不满教师之间，犹如进了风箱的老鼠，两头受气，煎熬了近十年，浪费了不可胜计的大好时光。2004年9月去韩国访学一年，试图以此摆脱行政差役，未能成功。2009年底决定再次北上，入职中国人民大学历史学院，终于有了一个相对安静的工作环境。直到2023年夏天离职，以退休人员身份应聘入职杭州的浙大城市学院，帮助年轻学者组建历史学专业。

博士毕业后的学术工作，1988年10月进《杭州大学学报》编辑部后，不得不抓紧补充了一些经济学基础知识，以应对编辑工作的需要，同时也正好弥补了自己知识结构中的缺陷。1989年下半年到1990年上半年，在经过大半年时间的恍惚迷茫之后，觉得能够使自己心境平静的，唯有书桌，《宋朝的粮食贸易》一文就是在这样的背景下写成的。到下半年，就去美国访学了。在美国期间，主要对欧美中国学发展过程及其学术理路有了一些体会，认识到西方汉学是一门成长于欧美学术环境，并为其本土文化服务的学问，这与我后来提出中国古代史研究应该走出"汉学心态"的想法，是有关系的。当然，在明晰其学术理路的基础之上，加强与海外学界的学术交流，对一些重要议题作出必要的回应，借他山之石，以为本土学术服务，无疑极有必要。也正是出于这样的考虑，后来我在浙江大学历史系为研究生开设了"西方汉学史"的课程。

1991年秋回国后，我与梁太济老师一起应徐规先生之命，参加他提出的"宋史补正"计划，编写《宋史食货志补正》，梁老师负责上篇，我负责下篇。此书编写的体例方法完全由梁老师制定，我写完下篇后也经梁老师通改定稿，我差不多就只是充当了一个助手而已，不过这项工作使得我在文献考订方面的能力得到了一次难得的训练。

1993年秋，由于一个特别的机遇，得到美国亚洲基督教高等教育联合董事会的资助，我与几个朋友一起开始执行一个关于近代江南市镇的研究计划，1996年完成，两年后出版研究成果《江南市镇及其近代命运：1840—1949》一书。接着，为了实践一下自己的英语能力，曾花了大半年时间，翻译美国学者韩森（Valerie Hansen）的《变迁之神：南宋时期的民间信仰》（*Changing Gods in Medieval China, 1127-1276*）一书。然后，才着手修改博士论文。不过此时距离毕业已近十年，相关研究已有了不少新进展，我自己对一些问题的思考也有了深化，不得不大半重新撰写，到2001年才正式出版以博士学位论文为基础改写的专书《宋代地方财政史研究》。对于接下来的研究主题，曾经犹豫了好久，从2004年起，终于决定转向一个热门的旧话题：唐宋城市史。磨磨蹭蹭经过十年的积累，才于2014年由中华书局出版了《宋代城市研究》。此后，又转向乡村制度这个题目，经过近十年时间，到现在专题讨论基本结束，接下来应该还会将其编集成书。

当初还在浙大历史系的时候，有一次在有关领导的催促下，曾走访了不少浙江省内各市县的博物馆、档案馆与图书馆等部门，寻找常人不太注意的馆藏资料，结果在丽水龙泉市档案馆看到了大批皮藏在库房的民国时期司法诉讼档案，很有价值，于是与当地档案局协商合作，并向上级部门以及系友寻找经费支持，把近一百万页的档案文书全部扫描成数据文件，为下一步整理与研究工作的展开奠定了基础。这个研究计划起初举步维艰，有幸得到了有关部门朋友以及大学同窗好友的鼎力相助，才得以逐步推进，令我感念至今。不过当时寻访地方文书的初衷，是为了推动本部门教师组织研究项目，这批资料的内容并不在自己的研究领域之内，于我只不过是一项职务行为，所以2009年离开浙大时，我就将它移交了出去。后来却发现实际无人接手主持，当初在我鼓励下改行整理、研究这批资料的几位年轻学者工作困难，于是在一年多后不得不再次接手，但主要在管理等方面提供支持，与这几位年轻学者一起继续推进这个项目，这就是后来由我主编出版的大型文献资料集《龙泉司法档案选编》。到 2019 年 9 月，全书五辑九十六册全部出版完成。在此前后，我也编写了一些有关浙江地方史研究的文字。2012 年与郑嘉励先生合编的《武义南宋徐谓礼文书》，则可以说是宋史与地方史两者相兼了。

2009 年底入职中国人民大学历史学院，结识了许多汉唐史等其他领域的新朋友，研究生的生源也因为学校的区位优势更广了。尤其在各方面的鼓励下，人大历史学院唐宋史领域的几位同人组织起一个"唐宋史研究中心"的虚体研究机构，并从 2014 年起开始编辑出版《唐宋历史评论》集刊。经长期坚持，从原先的每年一辑改为现在的每年两辑，在海内外学界产生了一定的学术影响。同时，更广的学术联系与研究工作的需要，也推动着我去更多关注、学习有关唐代历史的知识，以进一步提高自己的学术观察能力。近年来让自己基本满意的一些学术论著，都是在这样温暖的学术环境下完成的，很是庆幸。

同时，2009 年后由于我除了在开学授课时住北京，其他时间仍大多住在杭州，从 2010 年下半年起，与一群年轻学者聚在一起，主要由魏峰具体操心，组织了一个不定期的学术沙龙，每次由两三位朋友报告自己的学术心得，一二十人自由参加，讨论辩难。每年大致四五次，到现在已经举行了五十多次。这既是当今人文学者抱团取暖、自由交流的小天地，更是砥砺精神、促进学术的好形式。我自己每有新作，也在沙龙上报告，常常能听到难得的批评意见，这对我这些年来学术思路的展开也曾产生过许多影响。

2020 年初，因疫情被困于孤岛舟山，手头只有保存在电脑里的资料，于是整理旧日读书笔记，编写了一册通俗小书《陆游的乡村世界》。

这就是我史学从业的简单经过。如果从攻读硕士学位开始算起，整四十年，完成的事情实在有限。

"目光向下"

接下来，我再稍详细介绍一下自己在史学从业过程中涉及的几个主要研究议题，梳理思路演进的历程。

首先是关于宋代史领域的几个议题。

两年前，澎湃新闻记者钟源先生因为《陆游的乡村世界》的出版，写了一篇对我的采访稿，他拟的标题是《包伟民：我的"目光向下"是想体现基层民众对历史的贡献》。我觉得他的确触及了我的心思，"目光向下"是我进入宋代史研究领域四十年来的基本取向，尽管常常难以企及。同时，所谓"向下"，除了将目光聚焦于社会基层之外，还有另一层用意，尽管我自己对此认识也是慢慢提高的：那就是对自近代以来越来越社会学科化的史学发展路径保持必要的警惕，防止沉浸于仅仅对历史社会作"科学"式的要素分析，而是试图尽可能在史学研究中看到"人"的活动，尤其是从国家制度"目光向下"，聚焦于基层民众作为人群的存在及其活动。当然，在这里所谓的"向下"，仅仅指相对于高高在上的国家机器而言的社会个体，并不蕴含有"俯视"的意味。

早年撰写硕士学位论文，后来拟题《宋代民匠差雇制度述略》，其目的是想要探讨当时的匠役制度。我国传统帝制国家一向以赋与役作为国家财政收入的主项，这些无不出自民力。研究赋役制度，既是20世纪八九十年代史学界的热点，也出于我自己关注基层民众生存负担的立场。当然，尤其重视匠役，则是个人兴趣了。手工业匠人所承担的匠役，是民户夫役的重要组成部分，不过从唐到宋，随着两税法的推行与赋重役轻结构的形成，手工业匠人的劳役负担从此前统一规定每年服役若干天，变成了大多临时差派，而且一般都能够获得一些工钱酬劳的"差雇"制度，反映了它的时代特征，我认为这在一定程度上有助于提升社会的经济活力。后来选拟博士学位论文的题目，其实仍然延续了这一思路。因为在传统时期，并不存在近现代那样的计划经济制度，国家难以直接干预社会经济，一般只能通过赋役制度来间接地影响基层经济生活，地方州县是具体贯彻落实国家赋役制度的部门，所以值得在这一层面去作探讨。只不过随着研究的展开，出于资料的制约，实际不得不主要讨论地方财政制度，也就是从心目中的社会史实际变成了制度史议题，尽管观察的聚焦点仍然在民生。这就是《宋代地方财政史研究》一书的基本出发点。

  正因为本来主要是想观察财政与民生之间的关系，所以研究的展开，并未将阐释每一项财政制度的具体内容作为重点，而是着力于关心促使制度蜕变的动因。其间的理路实际上相对清晰。在官僚体制之下，财政开支必将不可避免地稳步膨胀，这是普遍规律，赵宋国家也不能例外。尽管皇室与各级官僚机构财政开支的自我膨胀也极为严重，但从唐中期到宋代，国家兵制更革，佣兵取代役兵成为军队的主体，使得国家养兵费用数倍增长，是更重要的原因。可是以田赋为主的财政收入根本无法满足这样日新月异的财政开支需求，赵宋朝廷不得不竭尽所能扩大收入，其办法无非一是另增新税及征榷等经营性收入，另一则在中央与地方的财赋分配结构中，不断削减留供地方岁计开支的份额，增加对地方财赋的征调，优先满足中央开支。这些新增财政收入不可能向壁空生而来，最终都必然分派到地方州县头上，由其负责向民众征收。但赋税制度以及经营性项目本身规定其所可能征收的，远远无法满足财政开支所需的总额。尤其是在中央过度征调之下，地方财政严重赤字，州县政府不得不主要通过增添附加税的办法，"遮藏讳避而暗取之"，来满足中央与地方财政开支的实际需求，从而使得赵宋国家地方财政实践呈现出严重的非制度化特征，我称之为"中央集权与地方无序并存"现象。同时，在财政分配结构中，如南宋史家李心传所指出的，"今之天下，多有不可为之县，而未有不可为之州；间有不可为之州，而未有不可为之漕"，这是因为自朝廷而下，每一个层级都可以利用其政治强权，将下级的资源集中到自己手上，从而形成逐级"阶层性集权"的现象。而在"不可为之县"下面，更有着普罗大众，默默承担了所有的压力，"苟且辛苦过一世耳"。这应该是所有强权政治统治之下国家的普遍性现象。

在此书的修改撰写过程中，邓广铭先生不幸于1998年初仙逝，未能得到他的进一步批评指导，使我一直心存愧疚与遗憾。2002年，此书申报了第二届邓广铭学术奖励基金的评奖，被评为一等奖。由于2000年第一届的一等奖空缺，所以此书是邓奖的首个一等奖。不同于由各级政府主持的标明行政级别的各种学术奖励项目，邓奖出于学界自主的评鉴，具有纯学术性，能够得奖使我深受鼓励，这也是回报先生的最好形式。

此书无疑存在许多有欠周全之处，后来也有学者提出过批评意见，只是我喜欢有新鲜感的研究选题，讨论宋代地方财政的主要目的既已达到，没有必要死盯着不放。事实上，一个人也不可能将自己的研究做到题无遗义，不给后人留任何拓展的空间，于是决定放弃正考虑中的几个深化宋代地方财政史研究的议题，开始选择新的研究方向。经过两三年的犹豫，在区域史领域稍作涉猎后，我决定转向唐宋城市史研究。

我对城市史的兴趣由来已久，它也符合我的"目光向下"的研究取向，观察唐宋时期城市居民的日常生活。只不过这是一个学术史积累相当丰厚的旧题目，而且存世资料远比此前讨论的地方财政史稀少，最后研究的实际展开，又与初衷有一定错位，更多精力还是集中到了讨论城市制度等内容。

早在杭州读大学本科期间，对学界所描述的南宋临安城（杭州）就感到困惑。一是说临安城区人口有一百三五十万，甚至有说超过二百万的。但20世纪七八十年代，杭州城区面积已经比南宋临安城大了一倍不止，据说城区人口的控制线是不超过七十万人，我心想如果南宋时临安城区真有一百多万人口，哪里装得下？另一是观察杭州城区的地理态势，江湖丘岭交夹、水网密布，觉得不太可能在此建造一个像唐代长安城那样以坊墙围闭、棋盘式的城市。等到近三十年后，这一点兴趣推动我转向唐宋城市研究时，真正的着眼点是想要观察当时城市民众的生活状态。可是议题的切入，则不得不首先回应差不多已经成为全民常识的一种论点，也就是20世纪30年代由日本学者加藤繁提出来，并在此后大半个世纪里由许多学者不断补充论证的观点——认为唐代以前中国城市都是封闭式的，居民区（坊）与市场（市）相互分离，一个个像大棋盘，"百千家似围棋局，十二街如种菜畦"；唐代后期及至北宋，城市管理制度更新，修筑在居民区外围的坊墙被废弃而倒塌，才进入沿街开店、居民区与市场区合一的开放式城市阶段。这一观点也成为后来欧美学者提出所谓"宋代经济革命论"的重要论据。

可是，我在将加藤繁的论据与文献原书一条条核对后，就发现他所征引的几乎全都出于像长安、洛阳那样的规划性大都市。也就是说，他将根据极少数规划性大都市例证所得出的结论，不加限制地推衍到了所有城市，才得出所谓唐宋间城市形态变革的普遍性结论。后来的进一步研究，也证实了在绝大多数州县中小城市，尤其在南方地区，并不存在所谓随着坊墙倒塌而产生的从封闭走向开放的"城市革命"。唐宋之间，在市场制度方面也不存在断裂性的更革，缓慢推进无疑是当时城市发展的基调。而且，行政功能与经济功能两者之间也不是此消彼长的对立关系，尽管唐宋间城市的经济功能日渐凸显，随着各种行政资源向城市集中，它们的行政性地位也得到了强化。

因此，可以说唐宋之间，无论是城市形态，还是功能性质，都不存在前后断裂，而是一种缓慢延续基调之下的增速发展。据此来观察当时城市的生活，可见一方面主导城市文化基调的依然是行政要素而非市井经济；另一方面，由于人口聚集，在当时技术条件的制约之下，少数大型都邑似乎已经陷入发展瓶颈。因此，我国帝制晚期城市的发展，就主要表现在由经济专业化推动之下的乡村地区商贸聚落的繁荣，而不是州府都邑的进一步扩张。同时，这也提醒我们，与乡村相比较，传统都邑城市在商品物资与文化资源的供给等方面虽然有一定优势，对其民众的日常生活作乌托邦式的幻想，却是不符合史实的。

有意思的是，《宋代城市研究》一书出版已近十年，本人提出的这些看法的影响，仍局限于学术圈有限的范围之内。这一方面当然是因为加藤氏的观点经长期推广传播，似乎已成"定论"，短期内难以修正；另一方面，更是国人执着于"发展范式"的缘故。凡是论证我国历史不断进步与发展的论点——尤其是经济文化，更符合国民的心理，更易被接受，反之则否。

这也使我想到，我们现在关于中国古代历史的基本看法，都是从20世纪三四十年代以来，由前辈学者们构建起来的。限于当时的研究条件与认识水平，对于许多问题的观察毕竟只处于初步阶段。八九十年代以来，随着学术研究逐步回归正常，大多数知识点都已经得到了更新，但许多框架性的认识却仍维持旧貌。可以说，学术史的演进已经到了应该全面验证旧说的阶段。我在城市史之后，决定转向乡村制度史研究，原因之一就在于此。因为乡村制度史同样是一个前贤研究成果相当丰厚的旧议题。

当然，乡村制度史更是一个"目光向下"的议题。此前我曾说既然写了城市，作为"配套"，也该写写乡村，自是戏言。虽然关于宋代有所谓赋重役轻之说，但是其乡村社会有一个特别引人注目的现象，那就是在夫役略有减轻的同时，官府差派民户担任一些基层行政职责的差役制度，却成为民众的沉重负担，甚至有"民避役如避寇"之说。终宋之世，从朝堂到江湖，争论不绝，役制为害民间依旧。近数十年来学界讨论，连篇累牍，终不能令人释然。所以，这依然是一个需要验证旧说、提出新论的大题目。

根据本人迄今为止的观察，这需要放到自唐建中元年（780）两税法确立后带来的赋役体系结构性调整，及其深刻影响社会基层的大背景之下去作分析。具体而言，就体现在由此引起的乡里制度的更革。

帝制国家管控社会基层，在治安缉盗之外，主要就是为了从基层攫取财赋与劳役，以供国家机器之用。如何更有效地达到这一目标，永远是基层社会组织，也就是乡里制度设计的基本原则，其中要义在于尽可能掌控住最稀缺的资源。在帝制前期，人力（劳动）在生产资料诸要素中相对紧缺，因此赋役主要以人户为征取对象，乡里组织则行以管控人口为主要目的的联户之制。尽管有田赋之法以应对人户占有土地面积多寡的实际，国家财政收入主体仍以个体自耕农为立足点。如均田制之行，赋入虽有租、庸、调之别，农户实际受田多寡不等，而租赋（田税）之征取则以成年男子平均劳动产出为基准，仍以户为单位。时转势移，及至公元七八世纪，相比于人力，土地资源越来越紧缺，以人系赋之制效率日趋低下，从旧制中不断发展起来的以田系赋之制后来居上，终于取代旧制，成为主流，这就是于建中元年（780）正式确立的"以资产为宗"的两税法。乡里组织也随之转型，从联户之制转向地域之制，实质就是转向了管控一定地域范围之内的土地资源。但是，尽管计税的基准从人转向了田，实际操作却仍不得不通过人（土地占有者）来落实，人地分离的状况与土地占有的复杂性，遂使这一转型带来了一个严重的后果——基层征税的行政负担较之以人系赋时期明显加重。

于是，一方面，关于田籍、田赋管理的体系重要性凸显；另一方面，管理架构更加下沉、细化。也就是：前期介于县衙与底层之间的中层管理组织——乡，其行政管理功能慢慢被剥离，蜕化成为县域之下核算税率的田籍管理单位，不再涉及行政管理。由于宋初立法"可因则因"，未能重组乡村社会，新管控体制尚在形成之中，基层单位规模过大，行政头目多由地方豪富充代，常常被世人视为兼并之家，帝制国家不得不向他们让渡相当的利益，因此矛盾的焦点集中在州县衙前等职役，而非乡村差役。至熙丰变法，乡村社会借保甲制的外壳得到重组，终于完成从乡管制向乡都制的转型。在乡都制之下，宋廷一直试图将催税的负担均摊到一般民户，从而形成了二三十人户的结甲制，与百余户的户长/大保长催税制，但均因有其不足而陷入两难困境，乡役遂取代州县役，成为基层社会的沉重负担。由于结甲轮差之制更不可行，最终不得不主要依靠中等税户来承担催税之责，并在保甲制基础之上，在每个二百余户都保的范围之内形成了"每人须催百户以上"的催税单位。也就是接续秦汉以来的传统，以百户为基准重新组建底层管理架构，同时与其上一层级——作为行政管理单位的都保，共同组成基层管理的两个核心层级。如果再加上都保之上的税率核算单位——乡，就构成了本人所称之两层三级的新制。

这样制度演化的结果是，在夫役负担大多随着两税法摊入田亩、相对减轻之后，以乡村自耕农为主体的中等户却转而承担起了其负担较之前期明显加重的基层催税之责。从南宋晚期起，这一差役负担慢慢地主要通过分摊到田亩的途径，逐步形成一种新的身役，影响到大多数税户。从唐宋到明清，乡里组织的前后叠加更替，乃至民生百态，无不受此核心管理体系的制约，影响深远。在明太祖朱元璋所说的、作为臣民本分"出以供上"的田赋身役之中,从宋代演变而来的差役负担无疑占据了其中身役的重要部分。

由此可知,自从以地方财政作为博士学位论文的选题以来,虽然心存"目光向下"之念,实际的研究内容大多围绕着国家制度打转,虽然也在各不同的角度关涉社会基层的一些侧面,却未能专门论述民众的日常生活,这一直让我心有不甘。但是想要讨论日常生活,存世文献中记载的相对缺乏,却是不得不面对的实际困难。两宋时期虽然由于雕版印刷术开始普及,保留下来的书籍比前代多了好几倍,但是关于民众日常生活的记载依然十分有限,不得不另寻蹊径,遂想到宋代文人留给我们的海量的田园诗,也许是一个可以发掘的资料库。于是我就做了一些准备,将目光投向南宋著名文人陆游,关注到了他的《剑南诗稿》。陆游是中国历代文学家中存世诗词作品数量最多的一个,达九千三百多首,其中六七成描写乡居生活。更重要的是,不仅这些诗篇的创作时间与地点绝大多数都已经明确,为将它们引为史学研究的资料提供了必要的前提,而且关于陆游生平、文学思想、艺术风格等各方面内容,也都已有相当丰富的学术史积累。因此我曾花时间阅读《剑南诗稿》及相关文献,做了详细的笔记,以备后用。

当然,考虑到不同文献资料的性质有别,试图主要利用文学性资料来讨论两宋时期人们的日常生活,这也有待于我们改变自己观察的视角,不再执着于传统研究思路所关注的各种社会科学式的"问题",而是尽可能回归历史学的本义,从专注分析转向侧重叙述,也许有可能复原两宋时期乡村民众的某些生活场景,看到当时现实生活中的"人"。当然,这样写来的文字就不太像"正式"的研究论著,而是接近于通俗读物了。

其实我一向认为在专题研究的基础之上编写通俗的普及性史学读物,是史学从业者的义务。当初关于江南市镇研究成书后,也曾编写过一些普及性文字。只是目前的学术评鉴制度轻视普及工作，使得学者们难以措手。2020年初，因疫情被困于孤岛舟山期间，我整理前两年阅读《剑南诗稿》的笔记，编写成《陆游的乡村世界》一书。

不过，最后完成的文稿与我心目中的普罗大众日常生活史，仍然有不小的差距。除了抒情性诗赋文字与现实乡村世界之间必然存在的不容忽视的距离，需要小心应对之外，陆游作为一位闲居乡间的官宦人士，他心目中的"乡村世界"，更不免是折射的与片面的。他所记述的只不过是当时乡村基层社会的一角，不可能是全貌。所以，"陆游的乡村世界"大概只能是历史记忆瓦砾堆中几块相对成形、略呈光泽的碎片。当然，吉光片羽，弥足珍贵。我尽可能把叙述的内容集中在三个方面：其一，浙东乡村一个中上水平乡居寓公的生活范本；其二，关于士人在乡村的社会角色的某些侧面；其三，由陆游所感知与描述的当时农村基层社会的一些生活场景。

虽说主观上力图专注于叙述，但多年来热衷于分析的积习难改，一有可能，仍不免唠叨几句。有意思的是，尽管历史叙述不得不大量借鉴他人的研究成果，看起来并不以深入观察与论点创新为主旨，实际上在将许多原先相对孤立的信息缀合起来、以求更全面地讲述历史故事的同时，却在不经意间收获了一些宝贵的思想火花。例如关于两宋时期稻麦复种的实况，以及对浙东山会平原农业经济发展的认识，等等，至少对我本人来讲，都是原先未能达到的。

值得庆幸的是，这本小书出版后，读者的反响还算不错，这既使我对自己的通俗文字表达能力有了一定的信心，同时也推动我去思考今后的工作方向。年届古稀，学术创造能力明显衰退，或者还不如在有生之年将主要精力转向普及性的历史叙述，以弥补此前在这方面的不足之憾。结果如何，且观后效。

冲融会通

其次，从业史学以来，我一直以两宋历史为自己的主要研究领域，如果有人说我是一个"研究宋史的"，自是事实。不过，出于种种因缘，我也曾经涉猎了宋代史之外的一些学术议题，主要关涉19世纪以后江南地区的社会经济史。同时，从业既久，对于史学研究的某些一般性问题偶有心得，也发表过一些意见。这些都对我从事宋代史研究有帮助。下面我就顺着这样的思路，来略作梳理。

前面提过，1993年秋，我得到机会申请美国亚洲基督教高等教育联合董事会的研究基金，于是提交了一份关于研究近代江南市镇的项目书。提出这样的研究计划，除了当时觉得在宋代史领域不太容易提出规模大一点、多学科交叉这样的符合基金会要求议题的原因外，自己一直存于心中的、对江南乡村地区商业性聚落的兴趣，可能更重要。

在此十年前的1983年暑期，我入学攻读硕士学位不久，曾跟随研究明清经济史的蒋兆成老师到浙北苏南等地乡镇作田野调查。一路上我其实只能算一个旅伴，对蒋老师关心的调查问题，并不是太理解。不过也正是在那一次"田野"，我开始关注浙北苏南那些市镇，了解到它们原来在江南的历史上扮演过如此动人的角色。第二年夏天，我又幸运地参加了由中国唐史研究会组织的唐宋运河考察活动，从浙东运河的起点宁波出发，经杭州沿江南运河北上，再在淮阴折向西北，沿着当年汴河故道到达宋代东京开封。那次是生在江南、长在江南的我第一次得以深入观察不同地域的风土人情、民众生活，感触非常深，从而也促使我开始思考"中国"这一庞大文明体所可能包含的巨大地域差异性。

不过当时对历史学学理上的一些思考应该也有影响。随着国门的重新开放，外界新说并入，影响学人的思想，使得我对长期以来所接受的关于史学功能的一些解说，产生质疑、困惑、思考。茫然之中，心想古人所说"其国可亡，其史不可亡"，史学功能之最基本者，当属保存历史的记忆。只要记忆得以保存，功过是非，尽可由后人评说。那几年出于种种原因，也时不时寻访周边乡镇，看到不少地方为了发展经济，引进制造业，将镇区的传统建筑视为累赘，拆旧建新，以为政绩；经济生活的由农转工，现代交通的延伸，民众经济生活与文化习俗的转变，更在根底上侵蚀着江南市镇的传统文化，岂止外表景观的破坏而已。因此意识到研究传统江南市镇是一项具有急迫性的任务，必须立即着手，尽可能赶在社会变迁步伐之前，"抢救"一些历史记忆。

研究项目得到"亚联董"批准后，从此大约有三四年时间，我完全放下了宋代史，沉醉于清末民初的江南区域史领域。那次离开宋代史的短期开小差，现在回想起来，的确是一段得到了丰厚回馈的学术经历。收获之一是在熟悉的两宋史之外，学习了大量关于晚清乃至近代史领域的新知识，并从此开始注意在观察宋代历史现象时，既要向前追溯，探究其前因，也要向后梳理，了解其后果，因此推动着自己开始形成尽量以长时段的眼光来观察史事的思维习惯。例如后来在解读陆游诗句中提到的"市船"一词时，联想起近代学人关于太湖地区航船的记述，将历史的前后线索切实地连接了起来。之二，则涉及了关于研究方法的思考，影响可能更深刻一些。

时至20世纪90年代初，江南区域史研究已非小邦，实蔚为大国，作为一个半路出家的涉猎者，从哪一角度着手，颇费思量。不过综观言之，学者们的关注点聚焦于明清时期，即考察帝制晚期江南地区在农业高度专门化背景之下的商业聚落的成熟形态，关于这种商业聚落面对近代西方工业的冲击有哪些"反应"，即从清末进入民初时期江南市镇的历史命运，关注者尚少，而这恰恰是我最感兴趣的方面。这样，关于它"近代命运"的视角基调就定了下来。

此外，相比于自己较为熟悉的中国古代史研究领域，清末民初江南市镇这个论题对我来说十分生疏，需要尽快深入了解它的文献资料、分析工具以及学术积累等多方面内容，才有可能真正展开研究。也正是在这一基础层面，我学到了许多新知识，受益匪浅。相对而言，宋元以前因年代过早，除考古资料之外，研究工作主要就得依靠存世文献了。可能是记载更为零散、史实理清不易的缘故，学人从事中国古代史研究，实际常围绕着考订文献资料展开，谈笑所称"主义加考证"的路数，对范式的归纳颇为忽略，至少在我的体会中，有其客观原因。但讨论清末民初江南区域史的情况就有点不一样了，版刻文献之外，档案、报刊、佚文、地志、碑铭、口传资料，不一而足，可供发掘的余地远较前代为大。尤其是田野调查，常有意外收获，令人兴奋。但是存世的历史信息过于丰富，容易让人陷入其中，一时难以理清头绪，也是一件麻烦事，对于初步涉猎这一领域的我来说尤其如此。因此在阅读资料的过程中，理出一个分析的框架就至关重要了。也就是得确定该关注哪些、舍弃哪些，以使自己不致被掩埋在无穷的资料之中。这就需要借用一些社会科学的分析工具。

当初的考虑——显然也是受到了当时国家政治形势的影响——清末民初江南地区社会转型的最重要推动力，是近代西方工业经济对中国传统农业经济的冲击，比较接近现代化理论所描述的场景。虽然现代化理论是自20世纪60年代以来为了解决第三世界国家的发展问题而兴起的，但其理论渊源可以追溯到19世纪的古典时期。而且自20世纪初以来，社会学第二代大师们多从进化论转向典型学方法，强调理论与现实间不存在完全的对应关系，认为如果想要理解前现代社会向现代社会的转变，需要制定二分法概念。此概念的每一端选择最能代表那一类社会（传统或现代）的某些特征，展开对比分析。在逻辑上，这两端是互斥的；在现实中，二者则是交错的。这似乎就使得我们有理由"选择性"地借用这个分析工具。通俗地讲，就是在应用此分析工具时，十分注意摆脱其脱胎于欧洲经验的固有模式，力求使自己的归纳符合中国社会结构的特点。这样的一番考虑之后，我们就比较清楚讨论所需要涉及的内容了——工业经济逐步展开的各个层面，如交通、蚕桑丝织、植棉纺织，以及由产业变迁影响所及的江南市镇社会生活各不同层面，如文化传播、社会结构、习俗、镇区布局、人口结构等都是。

也许，仅从前面罗列的这些内容看，似乎与分析传统时期社会经济并无二致，不过我们当初的关注点却是十足"近代"的：关注江南市镇社会生活各个侧面在近代工业经济影响下的变迁过程，尤其是产业更替——即从以手工劳作为基础、以家庭作坊为基本单位的传统专业经济，转向工厂化集约生产的现代工业经济。由此所带来的技术的革新、从业人员的更替、产业布局的变化，以及社会文化与社会习俗的弃旧趋新，无疑是前所未有的，因而呈现了自己的特色。

也正因此，记得当初分析中有两个内容引起了我们特别的关注。

一是社会文化中心的移易。如前贤所论，中国的传统文化是乡土性的，乡村文化是都市文化的根柢。在重土观念的支配下，虽然到帝制后期，迁居都市已成趋势，但在精神文化上，绝大多数从政或游学的士子，都将他们离家在外的寓居之地视作人生旅途的驿站，最后还要返归乡间故里。只有故里才是他们心理情感上真正认同的归宿之地。乡村始终是中国传统文化的汪洋大海，而都市不过是这汪洋大海中零星散处的岛屿。市镇既是乡村经济生活的中心，也是乡村文化生活的中心，因此是乡村文化的聚焦点，是乡村文化的代表。到了清末民初，传统时期的这种文化布局出现结构性变化，乡村文化已无可奈何地开始衰落了。在工业主义的影响下，各种现代因素向都市集中，都市开始从城乡一体的文化结构中分离出来，将西方的工业主义、近代科学技术与殖民文化掺杂在一起，形成与传统乡村文化相对立的中国近代都市文化。城乡之间开始出现经济上与文化上的差别，都市，尤其是近代口岸城市，成了区域的经济中心与文化中心，一步步地影响着它周边的农村地区，位于农村的市镇则成了这种文化传播的中继站。由此形成的与传统文化的落差，就成了我们观察江南市镇"近代命运"的最好视角。

另一是工业化扩展影响下市镇布局结构的变化。根据欧洲的历史经验，随着工业都市的兴起，各种现代化因素向规模较大的都市集中，大量人口迁居都市，传统农业经济时期形成的乡间小集镇因此衰落。清末民初时期的江南地区却并非如此。出于各种因素，衰落的市镇固然也有，但其概率似乎与传统时期差别有限；一些历史名镇在这一时期由于产业转型较为成功，反而得到扩张。这表明江南地区长期以来所形成的寓工于农的家庭生产结构，在社会转型过程中显示了顽强的生命力与创造力，因此在"工业化"这个看似共性的外表之下，内里结构仍因不同民族历史传统而有着自己的特色，影响到市镇的布局结构，总体而言是趋向分化而非衰落。

如果说现在我在习史中比较重视"问题"以及范式的归纳，这与那几年涉猎江南市镇研究的经历是有关系的。

可能正因为这一段学术经历，我从此对近代东南区域史有了更多的兴趣，后来才有了龙泉司法档案项目的提出。

我在龙泉项目中扮演的角色虽然与江南市镇项目时不同，但出于工作需要，必须亦步亦趋地跟进研究团队各个子课题的展开，因此收获良多则是一样的。

其一是关于对文书资料的认识。

人文学研究以个体创造性思维为基础，并不适用团队式的研究模式。在历史学科领域，或许只有大规模的资料整理可以按工科式的"集体攻关"模式来展开工作，龙泉司法档案项目提出的"技术性"背景即是出于这样的考虑。另一方面，或许依然与本人一直以来"目光向下"的心理有关。

大半世纪以来，我国的古籍整理工作成绩斐然，为史学研究工作提供了切实的帮助，但本人一直仍然有一种不满足感。这大概是因为对于成熟的史学从业人员来说，在一些基础性历史文献，例如二十四史等都已经被点校整理出版之后，更为看重的一个方面是希望能够比较方便地看到一些历史文献的善本，另一方面，更着意于发现那些藏在深闺人未识的新资料。这对于史学研究无疑更有意义。而且，由于那些未经整理的地方文书的保存状况大多堪忧，所以更有迫切性。

只是在本人主要从事的两宋历史的研究领域，因为其时雕版印刷术开始普及，留存至今的文献数量比其前代翻了好几倍，我们的日常研究工作大多利用存世文献即可满足，所以一直以为寻找新文献新资料的工作与自己关系不大。而且我还一直有这样的概念，认为经过1949年后的多次社会运动，除了徽州地区那样的例外，民间的历史文献可能已经被革命的铁扫帚清理得差不多了，但是那几年一些学界朋友搜访地方文书工作之卓有成效，才让自己对原先的认识打上了大大的问号。所以2007年下半年，奉命走访浙江省内各地图书馆、档案馆等部门时，也就尤其关注近代地方文书。

而且至少对我来说，地方文书的意义并不仅仅在于其资料信息之"新"，更重要的还是它的基层属性。我国古代各种文本主要经由刻版付梓才得以流传，这就意味着留存至今的文献在付梓、保存过程中，都经过了人为的筛选，大量与基层民生密切相关的历史信息，被文化领域的主导者即官府与士大夫群体所忽视而未能保留下来，都湮没在历史的长河中了。幸运留存至今的，除了被封存于特定环境，例如由后人意外发现的敦煌文书等，但它们的数量实在太少；另外的就是例如宗谱、地契、家书、账本等散布于民间的各类文书，因其对民间社会有着特别的意义且距今时间相对较近而得以保存。这些历史文本恰恰为我们提供了传世刻本文献所缺少的大量基层民生的信息，此其所以被称为"地方文书"。基层司法诉讼文书大体上也可以归入此类，这就是当我第一次见到龙泉司法档案时，对它感兴趣的主要原因。

尤其是，作为司法诉讼文书，它还记录了许多其他文献不能记录或不愿记录的内容。小民百姓出于申诉权利的需要，使得他们那些本来不会，或者不便示众的生活细节，都不得不"抛头露面"，呈堂示众了。所以说，龙泉司法档案为我们描述了一幅生动的清末民国年间东南地区基层民众日常生活的图景。

其二是关于历史文本的解读。

历史文本因其形成背景不同，文字信息与事实之间存在着各种复杂的关系，是学界常识。南宋文人周密记载其父亲周晋之言，"国史凡几修，是非凡几易"，点明了其中的要害。不过如何透过文字，解读出隐藏在其背后的历史真实，仍然对学人的智力构成严重挑战。龙泉司法档案的历史语境相对清晰，因为它们并非一般的社会史资料，而是一种镶嵌于法律诉讼过程和各种类型的法律文书之中形成的档案，它们记录了法律制度、政治政策与社会经济、基层生活、民众观念变迁之间的互动机制和过程，包括人们怎样用法律的语言来陈述自己的生活和遭遇，为自己的行动创制意义，这就为我们提供了一个很好的关于如何解读历史文本的案例。

例如在更早的古代史领域，那些在戈壁洞窟中被幸运保存下来的极少量契约文书，成为透射历史真实之光的孔径，让今人得以窥视当时社会经济生活的一个重要侧面。但对于这些契约文本如何形成的历史语境，因为信息的缺乏，几乎无人关注。龙泉司法档案记录的众多诉讼案件，则向我们展示了影响契约文本形成的诸多要素，以及契约信息可能蕴含的弹性。项目组成员借用宋代政治史研究的一个术语，称之为"活的契约"，相当形象。这显然提醒古代史领域的学者们，在解读那些零星的、只言片语的历史文本时，应该更加谨慎。

也正是在这一层面上，这一批档案资料向我们展示了人们如何通过文字来处理生活工作中的事务，使得我们能够相对深入地了解这一批档案资料在历史活动中形成的"书写"过程，以及它们的背景、语境、隐义、矛盾等，从而向我们提示了更多的解读这些资料的视角。这当然是比基层性更为重要的内涵，也促使我去思考在解读唐宋史资料时可能面临的"陷阱"。

其三，个体与全局之间的关系。

我们目前对本民族历史的认知体系，主要是近代史学产生后陆续积累而成的。它们既受数千年来大一统传统的影响，也是近代以来时局制约下的产物。其突出表现，就是在西方文化全方位的影响之下，中华民族历史常常被取以作为西方史学理论的验证物，许多认识都是将传统中国作为一个完整的观察体归纳出来的，因此常常让人有空浮之憾。事实上，通常所说的民族文化的共同特征，常常隐藏在许许多多丰富多彩的地方文化之中，我们只有在认识各地特殊性的基础之上，才能从中抽象归纳整体的普遍性。这就是近年来中国史领域中区域性研究异军突起的重要原因。

不过，随着区域史研究的展开，学界也在不断地反思自己的分析方法与观察视角，以期达到更好的研究效果。其中的核心依然是个体与全局之间的关系问题。近来经常听到的对所谓"碎片化"现象的批评意见，主要就是指区域性的研究，有时不免存在只见树木不见森林之不足，或者以不同地区的资料，得出类同的结论。另外，也常有一些研究以区域性个案来得出关乎全国性的结论，以偏概全，存在着历史资料的地方性与结论的普遍性之间的落差，也深为学界所诟病。之所以会产生这样的一些不足，一个重要原因就是学者们常常不得不视资料的可能性，仅仅对某一地区的某些侧面来展开讨论，这样一来，个案的局部性与研究目标的全局性之间的矛盾，就更为突出了。

百万余扫描页的龙泉司法档案，给了我们某种改善这一境况的可能性。档案数量巨大、涉及内容广泛，为龙泉这个特定区域、特定时期社会变迁的整体史研究提供了基础性档案史料。与以往某些区域史课题仅仅讨论研究对象的个别侧面不同，在这里，虽然研究对象仍然不免是区域性的，但对这个对象的观察则相对全面，可以在某种程度上弥补以往研究中的不足。也就是，区域整体史的目的绝非刻意含糊个体与全局之间的落差，恰恰试图进一步厘清个体的地方性特征，以便归纳出其中一般性的文化因子。例如本人曾撰文简单介绍的《光绪三十三年龙泉县吴绍唐等侵吞积谷案》，正因为相关资料使我们对龙泉地区山多地少、地方富户在各种"公共"事业中的投入与权益、官绅关系、内外交通与物资供需网络等背景情况有相对充分的了解，从这一起多年交讼难结的社仓弊案来观察我国帝制后期社仓发展的一般情形，其中的个性与共性也就更加清晰了。

这些都是我们利用龙泉的案例得出的新认识。于我本人而言，自然常常不脱"宋史本位"立场，近代的龙泉，让我深切体会到基层社会结构的长期稳定与延续，并得以借用其详尽的资料，来对两宋历史某些细节提出更为大胆的"假设"。

在以上所述这些相对集中的研究议题之外，我在从业史学的四十年间也撰写了一些零散的论文。其中有一些是自己对某个问题经过一定思考，有了体会，即兴而作，例如关于宋代的粮食贸易、纸币性质等文即是；还有一些则是授业过程中的习作，例如讨论宋代货币地租，甚或是职场中的应对之作，例如关于宋代民众识字率等文，都是。

在这些零散论文中，大致而言，或者还可以理出一个相对集中的话题，那就是我对史学研究方法偶有心得，写了几篇体会文章。其中较早的一篇，是1998年刊布于《杭州大学学报（哲学社会科学版）》上的《论当前计算机信息技术对传统历史学的影响》一文，就数码技术可能对历史研究产生的影响，提出了自己相当肤浅的假想。在这之后，比较集中反映自己思考研究方法的文字，是十多年后于2011年5月26日发表于《中国社会科学报》第一版上的那篇《中国史学患"理论饥渴症"》，以及一年后更详细阐述这一观点的《"理论与方法"：近三十年宋史研究的回顾与反思》一文。之所以用心于此，可能是因为我们这一代史学从业者是在"文化大革命"结束后成长起来的，在20世纪八九十年代，中外思想大交流，经典理论受到挑战，年轻学人在如饥似渴地接受域外新说的同时，对于史学认知体系的不确定性，不免彷徨，这推动着大家去作进一步思考。我也不例外。另一方面属于个人的原因，则如前所述，是自己具体的研究经历促成的。

说起来有点奇怪，其实我更习惯于从技术因素、形而下地思考问题，抽象思维能力远不及一些师友，却常常不自量力地对"理论"发表意见。说到底，无非是想使自己在从业过程中做得更好一点，尽可能精益求精，因此对如何改进研究方法想得略多而已。记得还是在本科大三期间，系里请了校外的一位著名学者给我们讲课，那位先生提到了一个学习的窍门，那就是找一些与自己拟议中的论题相近的经典之作，引为范文，从资料、结构、文字等各方面细细研读，依样画葫芦，一步步跟着做，就可以慢慢入手了。这真是一个切实可行的好方法，我多次依法而行，颇有所得，后来也将其推荐给了自己的学生。再进一步想来，除去那些尤其宏观，可以视之为"信仰"的经典论说之外，举凡中观及其以下的一些"理论"，其实都不过是成功的范文，所谓"理论"应用，实际就是范文式的借鉴、分析方法的套用。认识及此，克服了对一些新科利器的盲从，才觉得自己慢慢地进入了"自由"境界。例如关于"数字人文"，后来就又写了一篇讨论性的文稿《数字人文及其对历史学的新挑战》，修正、补充了自己在二十年前的一些看法，针对"大数据时代似乎给史学研究带来了前所未有的兴奋"的现象，指出至少在中国古代历史研究领域，问题并不是"传统史学"将如何被"具体、细致和精确"的"新史学"所取替，而是应该在符合学科特点的基础之上，更有效地利用信息技术而已。"大数据"也许是一种更加有效的工具，但也仅仅是一种工具而已，认识到它在许多方面必然有不足与不可能，相当重要。史学研究的主体将永远是历史学家本身。

在以前写的一篇小文中，我曾引用朱子"杂学方谓之博"之说。他分析博与约的关系，认为"博之与约，初学且只须作两途理会，一面博学，又自一面持敬守约，莫令两下相靠，作两路进前用工，塞断中间，莫令相通。将来成时，便自有会通处"（《朱子语类》卷三三）。博须以约为基础，即学习一门知识，须得深入，须得真正掌握，不能半通不解，浅尝辄止；等到各种学问积累到一定程度，"便自有会通处"。就我从业于史学的经历而言，当然远未做到朱子所说的冲融会通，但习史者不可局限于自己的方寸之地，的确是我的体会，冲融会通一直是我向往的境界。

话说到这里，我也无法回避似乎每一位史学从业者都不得不面对的终极之问：你们研究历史有什么用？在一次授课中，我讲了自己的理解，那次授课的录音稿整理出来后，就是后来在网络上被转发得比较多的《历史学是什么》一文。我以为除了对像我这样以研究、讲授史学为职业的人之外——我们这样的人实在太少了，在整个文化教育体系中，史学并不是一种实用的职业培训，它主要起着训练学生的思辨能力，以及提高他们的人文素养的功用。熟悉科学的研究方法，拥有宏观的视野与综合分析的思维方式，更兼因为了解史事而常常秉有通达的心态，这些都是历史学训练所可能赋予人们的能力与品质。当然，如果有人一定要问人文素养值几毛钱？那我也只好说，你看着办吧。

我一直因为未能如许多前辈们那样，将史学研究视作自己毕生的事业，全身心地投入，而仅仅将其引为一份职业，试图以此让自己与作为客体的研究对象之间保持必要的距离，对师长们心存愧意。不过这份职业对我一生的回馈之巨，让我从无悔意，其中最宝贵的，就是它让我活得明白。说得"理论"化一点，就是从业于史学让我得以对世事保持了一份清醒、理性的认识。择业如此，夫复何求。

2023年7月16日初草，8月4日改定于加拿大滑铁卢城
（原载《宋史研究论丛》第36辑，
河北大学出版社2024年版，第1—26页）

二 ‖ 历史学是什么

引 言

从某种角度讲,现在一般民众接受历史教育,大致可有三种途径,一是经由大众传媒或者图书传播的各种通俗历史知识,二是中学历史课程教学,其三则是大学的历史课程教学。通俗历史知识传播由于常流于戏说,多数应当归于历史文学的范畴,可置而不论。除此之外,中学历史教学就可能是接受面最为广泛的一个途径了。只是目前的中学历史教学存在着明显的不足,可以说,年轻人疏远历史学,在很大程度上就是由这种不尽如人意的中学历史教学所造成的。

除了教育主管部门在思想认识与制度规定方面的种种缺陷之外,中学历史教学最令人遗憾的一件事,就是它以灌输现成的知识为主要目标,而且,其所灌输的还常常是过时的、陈旧的历史知识。本应生动活泼、在开启学生思辨能力方面大有作为的历史教学,就变成了一味地死记硬背,历史就变成了令中学生们头疼的一门课。这可真是冤枉。多记诵一些历史知识绝非历史教学的本意。

这里想要说明的是:大学的历史教学将会与中学有很大的差别,分析能力,或者说历史学思维方式的培养,是大学历史教学的基本目的。

为此，我们需要解释三个问题：(1) 什么是历史学；(2) 如何研究历史；(3) 大学历史专业学什么。

什么是历史学

第一个问题，什么是历史学。这个问题很简单。现在发生的事情叫新闻，以前发生的事情叫历史。现在和过去有一个相对性，昨天发生的事情实际上已经成为历史，但有时它也还可以叫作新闻，但是一个月、一年之前的事就不能再叫作新闻了，总之这里面有个大概的界限。历史学呢，就是分析研究人类社会以往发生的所有事情的学问。

首先让我们来解释几个基本概念。

中文"历史"一词由"历"与"史"两个字构成。究其词源，"历"，繁体作"歷"，《说文解字》的解释为："历，过也，传也。"从"历"字繁体的字形看，这个象形字描绘的是人穿过一片丛林，表示时间经历，后来被引申为历法、历官。而"史"呢，篆文作"㕜"，《说文解字》称"史，记事者也，从又持中。中，正也"，也就是指保持中正的态度用右手记事。近代王国维《释史》认为史的字形，即手持簿书之人，"史之职，专以藏书、读书、作书为事"，也就是史官。在早期的国家机构中，历官与史官本属两个不同系统，但往往相互兼任。在我国古代历史文献中，"史"也常常被引申为由史官所编写的文献，即史书。

目前学界大多认同，将"历"与"史"两字组合起来，构成现代汉语词汇中的"历史"一词，是近代借引日语而来的。

说到历史，我们常常会用到另外一个基本概念，就是"文明史"。什么是"文明史"呢？

上面说到历史就是人类社会"以前发生的事情",不过这是一个很含糊的概念,"前"到什么时候呢?学术界有一个基本限定,在"文明史"之前的历史叫"史前史"。从理论上讲,那时候人类还没有"历史"。当然史前时期人类早已诞生,也应该有历史,即便是自然界也有它的过去,也有历史,但这不是人类的"文明史",我们所说的历史特指人类社会的文明史,特指人类发明文字、开始用文字记录社会活动以后的历史。

在史前时期,人类已经形成,为什么说只有史前史,而没有文明史呢?这里主要并不是因为只有人类发明了文字才可以记录历史活动,而是因为以文字记录历史活动,才促使人类形成明确的历史意识。

举个例子。任何一种动物都会有记忆,人类是这样,其他动物也是这样。我们可以想象,史前时期有个氏族,他们到了晚上没事干,围着一堆篝火,听某位老人讲故事。故事的内容大家也可以想象,这个氏族过去发生的一些事情,等等。这就是这个氏族的历史记忆。在这个简单例子中,我们可以看出历史的几个要素:首先那些故事可能是老人的亲身经历,也可能是他听别人讲的故事——其实这位老人讲的已经不是他个人的记忆了,而应该归为集体性的记忆。而且经过他的讲故事,他个人的一些记忆被氏族里其他成员听了后记住了,个人记忆也就被纳入了集体记忆。虽然当时还没有文字记载,人类的这种记忆经过口耳相传,从个体记忆转化为集体记忆,已经比较复杂了。我们无法设想某种动物,即便是最聪明、与人类血缘最相近的黑猩猩,它们会围着一个老猩猩听它讲故事。它们没办法做到,这是人与其他动物最根本的区别。黑猩猩也会有记忆,但它们的记忆只能是个体性的,不能进化到集体记忆。动物的某些记忆会形成一种本能,传给下一代,但是,它们无论如何不可能在集体记忆基础之上,形成一种思辨性的历史意识。

那么什么是历史意识呢？前面说到那位氏族老人给晚辈讲故事，讲什么呢？氏族生活的故事多了去了，他得有所选择，选那些他认为对晚辈有意义的事来讲。这里就反映了他的思考，这就可以说是历史意识的雏形。等到人类发明文字以后，可以有意识地记录自己的历史了，到那个时候，记什么，不记什么，什么是有意义的，什么没有意义，就反映着人们对历史活动的一种理性思考。这种思考，就是历史意识。自从有了理性的历史意识，人类的文明史才算开始。

近代早期，有一些西方学者不尊重东方文明，他们认为中国是没有历史的。他们当然知道中国有很多史书，但他们认为理性在中国未得到发展，没有历史意识，所以没有历史。比如19世纪德国黑格尔等人就是这么认为的。这个例子可以从反面告诉我们，近代学术是将历史意识视为历史学的核心的。

那么，什么是历史学呢？

简单讲，历史学就是分析、研究人类历史活动的学问。一般认为，"历史"一词可以从广义与狭义两个不同层面来解释。前面说，历史就是人类社会以前的活动，是一种客观存在，这是从广义层面来定义"历史"这个概念。狭义说来，"历史"也可以指人们对这种客观存在的描述和探索，是关于历史的学问，这就是所谓的历史学。为了避免概念的混淆，我们这里将"历史"与"历史学"相区分，也就是以"历史学"一词专指狭义的研究历史的学问。专门研究这种学问的人，当然就是历史学家了。

具体讲来，历史学大概包括哪些内容呢？我们国家的学科分类目录可以给大家比较清晰的提示。

根据国务院学位委员会、教育部2018年印发的《学位授予和人才培养学科目录》，我国目前将所有的学术研究内容分为13个学科类别，历史学为其中之一。学科类别之下再划分成一级学科、二级学科与三级学科。历史学学科之下,共设三个一级学科:考古学、中国史、世界史。三个一级学科之下,共设置了21个二级学科,如考古学史和考古学理论、史前考古、夏商周考古、历史地理学、中国古代史、专门史、世界古代中古史、世界近现代史、世界地区与国别史等。这种以行政名义规定的学科分类,不一定完全恰当,不过它至少从某种角度比较全面地反映了历史学的学科内容。

在谈了历史、历史学、历史意识和历史学学科这些概念后,我们再来说说什么是"历史科学"。

现在的史学家都喜欢说自己研究的学问是历史科学,强调它的"科学性"。那么,什么是科学呢?"科学",英文写作Science,它的研究对象是自然界,其研究的目的是发现自然界的客观规律。自从近代科学革命以来,科学的影响力无以复加,"科学"这个概念也就成了客观、理性与正确的同义词。也正是由于科学的这种极为强大的影响力与感召力,学术界相应地将研究人类社会的学问统称为社会科学,也就是在强调这种学问的客观、理性与正确的前提下,加上一个前缀"社会",点明其研究对象为不同于自然界的人类社会自身。

在欧洲中世纪,没有社会科学这种说法,也没有科学,只有一种学问,叫作神学。科学与社会科学是近代科学革命以后的产物。正是为了标榜我们研究人类社会也像科学那样理性、客观,也是为了发现规律,于是人们开始将研究自身的学问也称作"科学",于是就出现了"社会科学"这个概念。现在中文词汇中,"科学"前面也被加上了一个前缀,叫它"自然科学",这当然是在社会科学这个概念反向的影响下而形成的。

社会科学这门研究人类社会自身的学问仿效科学,将自己称作"社会科学",还因为它的研究方法也有点像科学,习惯将研究对象(人类社会)分解开来,分门别类,从各个不同的侧面去研究它,所以就有了经济学、人口学、政治学等学科。它也强调发现规律性现象，强调结论的可重复验证。

历史学之所以被称作"历史科学"，原因与此相似。因为历史学所研究、讨论的对象其实与社会科学是一样的。只不过社会科学研究人类当代的社会，历史学研究人类以前的社会，它们在本质上是一致的。从这个角度看来，将历史学称作历史科学有道理。因为科学的影响实在太大了，历史学为了标榜自己的研究也是客观的，也是为了发现以往的人类社会运作的规律，所以就强调自己研究的"科学性"，将自己的学问称作历史科学。也正因此，现在历史学科的研究越来越趋向于借用社会科学的方法和规范，将历史上的人类社会分解成各个不同的侧面来分析它，所以就有了经济史、人口史、政治史等分支。史学研究的目的也被宣称是发现人类社会发展的规律。

不过，历史学还有另外一个面相。

近代以来，随着科学革命的深入发展，人们发现有一些学问很难纳入科学或者社会科学的范畴，于是就给了这些被排拒在科学与社会科学之外的学问一个简便的总称：人文学科（humanities）。人文学科最初主要是指古典语文学，后来又衍生出哲学、文学、艺术学等内容。这些学问的共同特征是都关乎人类的精神生活与内心世界，很难被认为具有"客观"或者"规律"的特性。例如关于艺术欣赏，所谓"情人眼里出西施"，就具有相当明显的个体性与主观性，很难"客观"，不容易找出"规律"，其结论往往无法被验证。后来历史学也被归入这个人文学科。之所以将历史学归入人文学科，是因为究其研究目的或者说本质而言，它是为了探究与阐发一个民族的文化精神。而且，这种探究与阐发是一个相当主观的过程。

我们还是再举一个例子来具体说明历史学的学科属性。

譬如说，研究秦始皇这个历史人物。首先，我们研究秦始皇，认为这个议题有意义，这样的选择本身就是主观的。而且，不同的人对同一个议题所感兴趣的侧面，或者说认为它的意义可能体现在哪些方面，也是各有不同的。传统史学家可能更强调描述秦始皇作为一个"暴君"的人物形象，在道德上谴责这个历史人物。现代史学一般就不再对历史人物的道德分析感兴趣，而是看重秦始皇作为一个国君，他所拟定的国家制度、推行的政策，可能对中国社会与文化产生过哪些长期的历史影响。此其一。其二，为了说明秦始皇推行的某项制度，例如郡县制的历史影响，我们就需要在历史资料中搜寻论据，来作分析，最后才能得出结论。这样的研究，至少在技术层面上，史学家可能需要借引一些现代政治学的理论与方法——如果我们将分析对象纳入政治史的范畴的话，同时在论证过程中强调取证的客观，分析推理符合逻辑，所谓"有一分证据说一分话"。如果别人依据研究者所提供的论据再推论一番，也应该能得出与原研究者相同的结论，这样的结论才算成立。也就是说：研究结论应该可以被重复验证。因此，从研究方法层面讲，现代史学可以说是越来越科学化了。其三，如果再从另一层面去观察，研究者引以为论据、用于分析讨论秦始皇的那些历史资料，本身就可能存在着相当大的主观性：它们是经过两千多年的人为选择才保留至今的。那些符合历史时期人们观点的记载必然得到更多的流传，而不被历史时期人们所认同的记载，则可能被冷落、失传，甚至被后人篡改。利用这些经过这样长期人为筛选存留下来的历史资料作出的分析，即便在论证过程中力求客观，其所得出的结论也无法确保一定能够符合历史事实。更何况，即便所有论据都客观可靠，往者已逝，我们实际上也无法对历史作重复验证。

所以，就其学科本质而言，历史学属于人文学科，史学研究的目的是要探究、阐发一个民族的文化精神，正如前面那个例子所谈的，是要发现秦始皇作为一个历史人物可能对中国文化产生过哪些影响。但历史学的研究方法在某种程度上可以借鉴现代社会科学的做法，这就是它在很多情况下又被称为历史科学的原因。或者说：现代史学尽可能地追求发现历史的真相，追求探索历史发展的"规律"，尽管这种追求可能永远无法达到其终极目标，但他们的工作总是处在不断接近真相与规律的过程之中，这其实与科学家探索自然界的真相是一致的。所以史学家们声称自己研究的是"历史科学"，就是从这一点出发讲的。尤其是，随着"自然科学"的发展，例如相对论、量子力学等新学科新理论的提出，人们发现自然现象原来也不是那么"客观"，无法那么确凿无疑，这就使得自然与人文两者之间的界限变得含糊了起来，历史学似乎也就有了更多的理由来声称自己为"科学"了。

总之，现代历史学的学科属性，在性质与研究方法两方面具有双重性。

史学研究如何展开

第二个问题，如何研究历史。

在讨论这个问题之前，我们首先需要简单介绍一下历史学发展的几个不同阶段。所谓发展阶段，并非指不同阶段的前后轮替，实际上是指历史学不同特性的渐次展开。

东西方历史学的发展有一些共性，最初都是从讲故事出发的。这就是所谓历史学的叙述性，它是历史学最突出的特征。最初所有民族的史学都是这么发生、发展起来的，通过老祖宗的记忆，故事开始了，史学就慢慢产生。所以，史学发展的第一个阶段就是叙述史学。

老人们为什么要讲那些故事呢？除了觉得它有意思之外，还想让下一代可以从中得到一些益处、一些教训，这"益处"最初落实在道德的层面上。这就是历史学的道德性，早期人类希望利用历史故事实现一些道德功能。孟子说，"孔子成《春秋》，而乱臣贼子惧"，乱臣贼子害怕自己做的坏事被史书记录下来，在历史上留下骂名。这就是历史学的道德教育、道德约束的功用。宋代历史上有这样一个故事：

> （宋）太祖尝弹雀于后园，有群臣称有急事请见，太祖亟见之，其所奏乃常事耳。上怒，诘其故，对曰："臣以尚急于弹雀。"上愈怒，举柱斧柄撞其口，坠两齿，其人徐俯拾齿置怀中。上骂曰："汝怀齿欲讼我邪？"对曰："臣不能讼陛下，自当有史官书之。"上悦，赐金帛慰劳之。❶

宋太祖赵匡胤鲁莽，打掉了大臣的门齿。那位大臣说此事史书会记载下来，宋太祖不得不向他道歉。这个故事的真实性值得怀疑，但是至少反映了历史学的一个功用，那就是对那些无法无天的人祭起一个最后的约束手段——道德。有学者认为对于专制君主来说，与其说他们畏德，不如说是畏天——担心失德而遭天谴，更为恰当。不过从某种程度讲，畏德与畏天其实是一致的。这可以说是史学发展的第二个阶段：道德史学。

前面关于宋太祖的这个例子提到，当时国家设置史官，随时记录君王的一言一行与国家大事。那么当时为什么要设立史官这样一种职位呢？是因为统治者觉得历史有用，可以从中了解历史经验，帮助君王得到一些管理国家的学问。北宋大文人曾巩《南齐书目录序》曾说："盖史者所以明乎治天下之道也。"❷这方面，最典型的就是宋代司马光所编著的《资治通鉴》这部史书了。宋神宗为它题名、作序,开宗明义就宣称,它是供君王治理天下所用的参考书,即所谓"资治","明乎得失之迹,存王道之正,垂鉴戒于后世者也"❸。这可以说是历史学的政治功能,也是其发展的第三个阶段:资治史学。

到近现代以后,越来越多的学者开始把历史学当作一门科学来对待。特别是从19世纪开始,历史学受到科学主义的影响,强调自己的客观性。在西方史学界,最具代表性的是德国的著名史学家利奥波德·冯·兰克(1795—1886)。兰克特别强调历史研究要客观,强调它的科学化。兰克认为,历史学家的任务就是弄清历史事实,因为历史资料是客观的,历史学家如果能够不带任何主观偏见、客观解读历史资料,这样他们就可以达到发现历史真相的目的。在兰克史学的基础上,马克思主义进一步认为,弄清历史事实的目的是发现历史发展的规律。从19世纪起,从兰克到马克思,历史学一直是在受科学主义的影响,达到它发展的第四个阶段:科学史学。

大体讲,目前我国的历史学科就处在科学史学的阶段。

前面分析的历史学的这些特性说明:史学研究总是带着明确的目的性,即便是以发现历史客观规律相标榜的科学史观,也不能例外。史学的这种特质,不免会影响到它的具体研究过程。

再从另一个侧面来观察。史学研究的是以前的人类社会,它跟当今的人类社会在本质上具有一致性,可是当今的人类社会是看得见摸得着的,而史学研究的历史时期都早已不复存在,看不见摸不着,需要依靠历史资料去复原它。换句话说:研究历史上的人类社会比研究当今人类社会多了一道工序,我们必须首先弄清楚在某一特定时间与地点的历史事实是怎样的,才有可能进而去分析研究它。尽管历史研究的目标永远不仅仅只是复原史实,而是为了进一步分析研究,但必须首先复原史实。

这样一来,我们就必须面对那个令人头疼的历史资料问题。

史实复原需要利用历史资料，历史资料的类型是极为多样化的，它可以包括历史上存留至今的图画符号、文字语言、遗迹遗物、神话传说、民间故事等，其中文献资料占绝大多数。一切可能承载有历史信息的东西，都可以成为历史研究的资料。从某种角度讲，近代史学发展的一个重要表现，就是被纳入历史资料的内容日益增多，甚至包括基因DNA、碳十四放射性同位素这样完全由现代科学所发掘出来的"资料"。说历史资料令人头疼，主要指前面已经提到的它可能蕴含的主观性问题。

首先，历史现象能否成为"历史资料"或者"历史事实"，是由人们的主观选择决定的。历史现象纷纭万千，几乎不可穷尽，只有被历史学家所关注的那些历史现象，才有资格被称为历史资料，也就是被引作某一具体历史研究专题的论据。有一位英国历史学家卡尔（E.H. Carr）就曾经这么说过：

> 并不是所有关于过去的事实都是历史事实，或者过去的事实也并没有全部被历史学家当作历史事实来处理。
>
> ……
>
> 过去常说，让事实本身说话。当然，这话是不确切的。只有当历史学家要事实说话的时候，事实才会说话：由哪些事实说话、按照什么秩序在什么样的背景下说话，这一切都是由历史学家决定的。❹

其次，究竟哪些历史现象有可能成为历史资料呢？这就取决于历史学家们可能对哪些议题感兴趣。在不同的社会发展阶段，由于受时代的制约与影响，人们感兴趣的历史议题是不一样的。所以说，历史研究具有明显的时代性。任何忽视历史研究时代意义的企图，都会影响它的发展。不过，相对抽象而言，也许可以这么认为：如果说生死与爱情是文学的永恒话题，精神与物质、思维与存在是哲学的永恒话题，那么，对于历史学来说，历史现象的因果关系就是它的永恒话题。

再次，历史资料必然是零碎、片面与主观的，关于人类早期历史的如此，关于近代以来历史、看似资料极为丰富的那些议题，也未必不是如此。

早期历史的资料残缺不全比较容易理解，前面已经提到过。造成这种现象的原因，还包括一些技术性的因素。譬如说，我们现在都知道人类早期制作工具的材料有石头与铜、铁等金属，所以有石器时代、铜器时代与铁器时代等早期历史的划分法。但是难道当时的人们不知道木材也可以用来制作工具？只是因为木材腐烂较快，不容易保存下来，所以我们现在在考古遗址中发现得相对比较少。

不过，相比于历史资料在流传过程中因受偶然因素与人为选择的干扰，而造成的零碎、片面与主观的现象，历史资料，尤其是历史文献（文本）在形成过程所体现的主观性更麻烦。因为任何人都必然在特定的时间、地点，针对特定的对象，出于特定的目的来叙述与写作。完全超然的历史文本是不存在的。这样讲，对于今天的年轻学生来说也许比较容易理解：大家去读一读网络上那些五花八门、对某一特定事件态度迥异的报道与跟帖，应该都可以体会出那些作者的不同立场，无论是政治上的，还是文化上的。那么，历史文本的那些叙述者们，难道不会也同样地立场迥异吗？

当你面对着一大堆可能只是隐晦地反映了部分事实的历史文本时，就会发现，资料数量多有时并不比数量少更省心。

最后，更加重要的是，即使历史资料都是客观的，历史学家在解读它们时，也难免会受到个人主观因素的影响，造成误读。历史学家不可能超脱于社会现实而存在，他们必然受时代与社会阶层立场的制约，而与历史资料之间存在着或多或少的隔阂。

前面所指出的，史学研究总是具有明确的目的性，以及历史资料可能存在着种种不足，无非是为了提醒大家在认识"历史事实"时，应该保持清醒与理性。在这样的前提下，史学研究如何展开，当然会涉及不少专业训练的问题。不过，就学术研究基本要求而言，首先应该明确的是分析讨论的展开，必须符合逻辑的合理性。这其实就是前面第一部分所强调的，现代史学在研究方法上科学化的一种表现。

所谓逻辑的合理性，具体就史学研究而言，就是在逻辑上追求历史的客观性。分析论证的过程必须符合逻辑，所得出的结论必须有可靠的论据。学者们时常强调的言之有据，"有一分证据说一分话"，或者"板凳必坐十年冷，文章不写半字空"，都是这个意思。

为什么说要在逻辑上追求客观性呢？那就是你得有依据，依据就是历史资料，也就是论据。你可以根据自己的理解，对论据作出符合逻辑的解释，但绝不能脱离资料论据。脱离了论据，那你所说的就是文学不是历史了。历史学和文学之间关键的差别就在这里。历史学家，不管你对历史的解释有多么主观，不管你的论据多么不全面，但你最后的底线是什么呢？至少在逻辑上你说的任何话都必须有依据，就是有历史资料作支撑。你认为宋代的经济发展迅速，得举出论据来；你认为李白可能出生在中亚地区，你也得举出论据来。这些论据都必须是可靠的、可供复核的历史资料。如果你连这个都做不到，那你所写的就不是史学著述，而是文学创作。

这里我们就涉及了在目前社会上流通的历史读物的情况，其中很大部分其实都不是历史著作，而是历史文学作品，有些甚至连历史文学都算不上，那就是因为它们没有达到在逻辑上追求历史的客观性这个最低要求。我当然绝没有贬低那些读物的意思，实际上那些历史读物多数还是很有意思的，它们向史学界提出了严峻的挑战：如何更好地普及学术研究的成果。它们有价值，但是我觉得它们不一定是史学著作。这是两回事,相互不矛盾。现代史学面临着一个重大挑战:一般读者期望有更紧张、更离奇的情节,更自由的想象,这些史学做不到,究其本质来说它也不可能做到。一般读者不太容易了解这中间的差别。我对一些读史类电视节目最大的意见就是:它们没有试图提高观众的欣赏能力。观众的欣赏能力是需要培养的,电视节目需要有这个意识。目前这类节目为了追求收视率,完全放弃了取法乎上的追求,完全跟着观众的口味走,这就是所谓媚俗。我讲这个话题的意思就是想说明一个问题,历史著作和历史文学是不同的,区别就在这里,这是底线。你可以发挥想象,但必须说明这只是想象,到此为止,不能超越,这是历史学的底线。

大学历史专业学什么

说到历史学,不得不提出一个更棘手的问题,那就是现在社会上人们常问的:学历史有什么"用"?尤其是将它作为一种"专业"来学习时,这个问题就会被更为尖锐地提出来。

当历史教师这么多年,不断有学生问我这个问题,我也不断问自己这个问题。这就转到了我们今天的第三个话题:我们在大学里学习历史到底是为了什么?纯粹说历史学的"用",我认为它就是一个精神的追求,是一门人类自我认识的学问。一个民族,如果不是特别的功利主义,不是那么单纯追求物质利益,都会有一些精神的追求。目前世界上一些发达国家,它们的出版物中比例最高的就是历史书籍,这是因为一个民族平均的受教育程度越高,民众探究人类文化精神的自觉性就越强,对史学的兴趣就会超过文学。

历史学是一门基础学科。恩格斯就曾经说过:"我们仅仅知道一门唯一的科学，即历史科学。"❺他的意思是指历史学是所有学科的基础。尽管如此，我们仍然无法回避一个极为尖锐的问题，即专业与职业之间的矛盾。将历史学作为大学里的一门专业来学习，无法保证学生毕业后在社会上能够谋得一份相应的工作。除了专业研究人员以及中学与高校的历史教师外，在社会上并不存在与史学相对应的职业，而研究人员与教师岗位所需要的人数又太少了。

这一专业与职业之间的矛盾，是随着近代以来大学性质的转变而尖锐起来的。

我们知道，现代大学起源于欧洲中世纪的神学院。神学院主要培养基督教教士，在欧洲中世纪，神学是包揽一切的学问，强调博学。近代以来，随着工业革命与科学革命的推进，大学慢慢变成了一个培养科学家与工程师的中心。后来大学越来越普及，它又慢慢变成一个职业培训中心了。像历史学这样没有相应职业与之衔接的基础学科，生存就出现了困难。

在欧美，基础学科的生存也存在着一些问题，但不像我们国内如此突出。那是因为欧美大学的专业设置，比较强调综合训练。例如在美国，就并不是所有应用性文科职业都设置相应的大学本科专业，像法学、社会学等，都不设本科专业，这种体制促使学生先选修一些基础性的文科专业，等本科毕业后再选修应用性文科的研究生课程。所以在美国，很大一部分法学院研究生就来自历史专业。

我国目前大学的学科体系主要是自20世纪50年代以来学习苏联设立起来的。苏联的大学专业设置与欧美不太一样，当年苏联为了在工业化方面尽快赶上欧美，尽快培养各行各业的工程师，于是就将大学的专业设置得与社会上的职业完全相对应，是彻底的实用主义。中华人民共和国成立以后，我们所面临的任务与当年苏联十分相似，完全为应用服务的大学专业设置符合当时社会的需要，也与我国传统的强调学以致用的实用主义教育思想相契合。20世纪90

年代"高教大跃进"前，由于大学属于精英教育，毕业生人数较少，上述矛盾并不突出。自"高教大跃进"以来，大学从精英教育逐渐变成了普及教育，毕业生人数激增，一些基础学科的专业与职业之间的矛盾，才愈发尖锐起来。这种矛盾不仅在像历史学这样的文科基础学科，在理科的一些基础学科同样存在。

实际上，大学毕业生就业困难主要并不能归咎于大学教育，它是当前中国社会就业人口与就业机会之间的总体失衡造成的，但是大学毕业生的就业问题似乎要比其他人群更为敏感，政治压力之下，大学不得不在毕业生就业方面承担更多的责任。于是，大学的专业设置愈发走向应用主义，一些相当"奇葩"的专业开始在中国大学的专业目录里出现，基础学科——不管文科还是理科——的日子也就愈发不好过了。

有一些理想主义的学者，或者试图扮演理想主义角色的大学校长们，往往会在迎接新生入学的演讲中，竭力强调基础教育与创造性思维能力的培养在大学教育中的核心地位。1936年9月，竺可桢先生在浙江大学开学典礼上的讲话中曾说："教育不仅使学生谋得求生之道，单学一种技术，尚非教育最重要的目的。""诸位求学，应不仅在科目本身，而且要训练如何能正确地训练自己的思想。"❻曾经在美国耶鲁大学当过20年校长的理查德·查尔斯·莱文（Richard Charles Levin）是享誉全球的教育家，他也曾说过：如果一个学生从耶鲁大学毕业后，居然拥有了某种很专业的知识和技能，这是耶鲁教育最大的失败。因为，他认为，专业的知识和技能，是学生们根据自己的意愿，在大学毕业后才需要去学习和掌握的东西，那不是耶鲁大学教育的任务。在他看来，本科教育的核心是通识，是培养学生批判性独立思考的能力，并为终身学习打下基础。❼

这些看法都相当了不起，但现实问题仍然存在，那就是专业与职业之间的矛盾。绝大多数用人单位都不太愿意支付为新员工进行岗前培训的成本。在这样的客观现实面前，请允许本人就专业选择提出几条建议。

第一，刚开始大学本科阶段的学习时，很多学生并不知道自己真正的兴趣在哪里。当你基本明确自己的兴趣是什么之后，如果你真对历史学感兴趣，愿意将史学研究与教学作为自己的终身职业，那你就选择历史学专业吧，把它当作自己毕生的专业来学习，慢慢地走史学家这条路。但我相信多数学生不一定喜欢，因为说实话，学历史这条路虽然蛮有意思，有时候却十分辛苦，也赚不了大钱。

第二，如果你虽然并不想选择史学研究或教学作为自己的职业，但仍愿意如上面那些哲人所论，在大学阶段先掌握通识，掌握作为"是一切社会科学的基础"的历史学，毕业以后再来解决具体职业问题，来掌握关于职业的特定技能，那么也欢迎你选择历史学专业。不过，鉴于目前就业市场的现状，我建议大家在学习史学的同时，选修一门第二专业。那样的话，你以后在各方面的能力肯定会超过那些只学习了某些专业技能的人。当然，这样选择的前提是你得付出更多的努力。

如果你有史学的专业训练，又学了第二专业，你肯定比只学了那些应用性专业知识的人更优秀。举个例子说，新闻学，你只学了摄像机怎么用、编辑器怎么用、新闻报道格式如何等技术性的东西，思想的底蕴还是太有限。怎样把新闻报道写得好，不是光靠词汇漂亮就能解决问题的。你要了解这个民族，了解这个社会，得有思想，你的文章才会有底蕴。这方面，学习历史是一个极好的训练途径。所以尽管我们的专业设置给大家带来了困惑，大家也可以靠自己的努力来弥补它。当然你会比别人辛苦一点。

实际上，近二三十年来，本校（中国人民大学）史学专业毕业生在各行各业都有极为出色的表现，如果我们去了解一下他们成长的经验,恐怕多数人都会强调历史学作为一种基础训练对他们的重要影响。

第三,如果还是希望在大学阶段直接选择自己中意的、以后可以作为职业的某一"专业",那么我也建议大家多选修历史学的基础性课程,以培养自己的思辨能力,拓宽自己的知识面。

那么,大学历史学专业究竟教些什么?能不能达到那些理想主义学者所强调的教学目的呢?我们最后来讨论这一问题。

简单归纳,大学历史学专业的培养有如下三方面的特点:

首先,大学历史专业的教学不以灌输具体历史知识为主要目的,而是重在培养学生的分析能力。

相比于具体的历史知识,大学的历史教学更注重于教授学生了解那些历史知识是如何复原出来的。所谓分析与批判能力的训练,尤其蕴含在关于历史资料的处理上面。例如,前些天在山东卫视《我是先生》节目中,著名收藏家马未都先生与北大历史学系赵冬梅教授曾就"司马光砸缸"的历史典故,有一番争论。马未都认为从文物实证的角度看,这个故事是虚构的。因为,北宋时期还不具备制作足以淹死人的大瓷缸的能力,至今人们没有见到宋代大瓷缸实物。赵冬梅则从历史文献记载出发,来作出回应。《宋史·司马光传》载:"(司马)光生七岁,凛然如成人。……群儿戏于庭,一儿登瓮,足跌没水中,众皆弃去,光持石击瓮破之,水迸,儿得活。"❽既然这个典故出自官修史书,而非笔记杂谈所载,一般来说,是可靠的。司马光所砸的是"瓮"不是"缸"。缸是敞口,瓮是小口,形制不同,小孩若身高不够,的确很难施救。这就说明了司马光不捞人直接砸瓮的合理性。这个电视节目播出后,又有网友补充了不少来自考古以及图像资料的论据,说明北宋时期其实也已经有了大瓷缸,更不要说大陶瓮了。

后来,还有学者从论证理路的角度来分析马未都判断失误的原因。史书记载的这个故事在后世的传播过程中，将"瓮"误写成了"缸"，颇有点像被后世不断演绎而"层累造成"的古史。马未都以后世以讹传讹的"缸"为依据，来否定故事的真实性，这无疑是近代以来"疑古派"学术理路的延续。可是随着近代学术的发展，以王国维先生提出"二重证据法"为代表，古史新证方法被重建，学术界逐渐走出了"疑古时代"。也就是，不能以后世不断演绎、层累起来的文献——不管它们的数量有多大，来否定得到早期文献与考古资料双重印证的历史事实，即所谓"即百家不雅驯之言，亦不无表示一面之事实"。

这个例证相当典型地说明了历史学专业学术训练的思路：一方面，重新验证关于这个历史故事的原始资料，也就是与结论相关的论据。它既出自正史，所记载的是"瓮"不是"缸"，接着又有网友举出了当时有大陶瓮与大瓷缸实物的旁证，可见论据可靠，结论也可以成立。另一方面，则从论证逻辑的角度来分析问题，马未都以后世以讹传讹的"缸"为依据，来质疑史书所载故事的真实性，从"缸"到"瓮"，逻辑上缺了一环，所以其论证无法成立。可见，在这个案例中，司马光砸缸历史故事本身的真实与否，并不是讨论的重点，重点在于它的真或者不真的论证过程如何展开，其论据是否可靠，论证过程是否合乎逻辑，这才是关键。如果回应本文第一部分所讲的关于学科属性问题，也可见在研究方法层面，历史学研究是力求客观、科学的。

如果将这一关于方法论层面的学术训练再拓展一些，还可以引出大学历史学专业训练的另一个重要特征，那就是它非但不以灌输具体历史知识为主要目的，还强调在培养学生的分析能力的基础之上，训练学生养成一种质疑既定知识的思维习惯。这里涉及前面所说关于目前中学历史教学的特点，以灌输既定的历史知识为主旨：一来，由于当前中学历史课本存在着较多不足，未能反映史学最新的研究成果，知识比较陈旧；二来，灌输既定知识的教学方法，不利于使学生养成质疑旧说、探索新知的创造性思维习惯。所以在训练学生掌握如何获取准确历史知识的学术思路的同时，质疑成说思维习惯的形成，也就是题中应有之义。另一方面，也因为如下面将要谈到的，既定的知识，也就是前人讨论历史事件的结论，无一不是从某个特定角度得出来的，可是社会现象错综复杂，史学研究强调综合分析，只要我们将观察视角稍作调整，所得出的结论就可能大不一样。

其次，大学历史专业的教学重在让学生养成一种"历史学的思维方式"。

现代社会科学各不同学科由于研究对象不同，研究方法自有所长，从业人员浸淫日久，往往会形成一种其学科特有的思维方式。简单讲，对待某一特定的研究对象，不同学科的人往往会用自己习惯的思路去观察、去讨论。例如，有学者认为，法学的思维方式是一种规范性思维，是一种站在人性恶的立场上思考一切行为、求实地以寻求利益为目的的思维方法。而经济学的思维方式则看重个体，认为实际上只有个体在选择、在决策，一切社会经济行为的主体是个人，是有血有肉有感情有思想有成见有立场有追求有思维有盲区的个人。❾也有学者称经济学理论就是边际分析，所以"边际主义"可以指代所谓的"经济学思维方式"。

人文学科的各个专业也不例外，也应该有自己独特的思维方式。那么历史学思维方式的主要特点是什么呢？我以为就在于"综合分析"这四个字。人类社会现象错综复杂，如果说自然界最复杂的事物是宇宙，那么与之相对应的人类社会中最为复杂的事物就是社会本身了。现代社会科学仿效科学，无论政治学、经济学、法学等，都是将人类社会解剖开来，从各个不同侧面来深入探讨，唯独历史学，在将历史上的人类社会从各个不同侧重点做观察的同时，更强调从某一特定时期社会大背景来做整体观察。所以，现在我们常见有一些社会科学的专家分析某些社会热点现象，有时竟会得出在旁人看来相当"奇葩"的结论，不免受到非议，被称为"砖家"。这里的重要原因就在于他们往往只从其本学科特定的视角出发来观察问题，未能综合考虑社会运作其他的相关要素。历史学反对这样片面的观察方法，尤其强调综合分析，强调社会各不同要素相互间的联系。

例如我曾见到有一位前几年在电视上说史相当走红的中学教师，他分析公元1004年宋辽之间签订澶渊之盟的原因，说是因为宋军用床子弩射杀了辽军大将萧挞览，使得辽军士气大损，不得不与宋军议和。所以床子弩这种神奇的武器改变了历史。分析得头头是道，煞有介事。殊不知两国交战，牵制战局的因素千头万绪，史学家分析宋辽澶渊之盟，必须将所有可能的因素全部纳入分析考虑的范围，例如宋辽双方的国力、军力、地势、后勤、士气、民心、装备、战局发展的必然因素与偶然因素，等等，总之从战略、战役、战术等不同层面，展开全面的分析，才有可能得出大致接近史实的结论。将澶渊之盟这样重大历史事件的原因完全归于宋军使用了床子弩这种武器，无疑是将历史过于简单化、演义化了。这就与长期以来关于埃及女王克利奥帕特拉鼻子的笑话故事如出一辙了。❿

史学综合分析的另一个重点是长时段观察。任何社会现象的产生，都可能存在着深远的历史原因，因此我们需要尽可能从更长的时段出发来观察，这更是历史学思维方式的特长。例如曾有学者讨论目前已经影响整个世界经济的义乌小商品市场，就指出：农工相兼，农户生产各式各样的手工业品，也就是小商品生产的普遍性，是近千年来我国东南丘陵地区农业生产经营的一大特点；与此同时，为了推销各种小商品，并购入本地缺少的生产生活资料，从而在相当广泛的地区内构建起一张营销网络，这在浙中丘陵地带有着相当悠久的历史传统。于是，20世纪80年代以来随着市场开放，商品经济发展，在传统的"鸡毛换糖"营销网络基础之上因缘际会地发展起义乌小商品市场这样的世界经济奇迹，也就并不显得那么突兀了。

所以，历史学综合分析的思维方式，可以说是在横向与纵向两个维度尽可能地拓宽自己的视野，在海量的要素中梳理出历史事件的因果关系。养成这样的思维习惯，无论是分析历史，还是处理现实事务，都将会使人受益无穷。

最后，坚持并张扬人文精神。

这一点比较直白，无须过多解释。跳出功利主义的"学以致用"旧传统的桎梏，以求真求实、探索民族文化精神为终极目标，这是历史教学人文主义精神的最好体现。如果说前面所论历史学的四个发展阶段，或曰四个特征的逐步展开，无论是为帝王提供统治经验的资治史学，还是以发现人类社会发展规律为宗旨的科学史观，都或多或少带有某种实用主义的味道，那么以求真、理解为宗旨的现代史学则可以说已经超越了这种实用主义，因而也将历史学的人文意义表露无遗。

人们常常误解历史学家，以为他们都是冬烘先生，食古不化。事实上，优秀的历史学家绝不是这种被歪曲的形象。熟悉科学的研究方法，拥有宏观的视野与综合分析的思维方式，更兼因为了解史事而常常秉有通达的心态，这些都是历史学专业训练所可能赋予人们的能力与品质。因此，这一学科必然具有一种超越狭义的专业训练的意义。

结　语

　　葛剑雄先生曾经指出："历史究竟是什么呢？对于这个问题，我想，用最简单的一句话说，历史不仅是指过去的事实本身，更是指人们对过去事实的有意识、有选择的记录。而对于历史的专门性研究，就是历史学，简称史学，也可以称之为历史科学，它不仅包括历史本身，还应该包括在历史事实的基础上研究和总结历史发展的规律，以及总结研究历史的方法和理论。"❶如果我们对他所下的这个定义略作补充，还可以这么说，历史学不仅是一切社会科学的基础，史学训练也是一切人文与社会科学学科训练的起点。

（据2015年9月18日中国人民大学历史学院本科
"史学方法与史学实践"课程录音修改成稿）

---

❶〔宋〕司马光撰，邓广铭、张希清点校：《涑水记闻》卷一《太祖弹雀》，中华书局1989年版，第7页。

❷〔宋〕曾巩撰，陈杏珍、晁继周点校：《曾巩集》卷十一《南齐书目录序》，中华书局1984年版，第187页。

❸〔宋〕宋神宗赵顼：《御制资治通鉴序》，见司马光撰《资治通鉴》卷首，标点资治通鉴小组点校，中华书局1970年版，第29页。

❹ E. H. Carr, *What Is History*, Vintage, 1961. 中译本题作《历史是什么？》，陈恒译，商务印书馆2007年版，第91、93页。

❺〔德〕恩格斯：《德意志意识形态》，见《马克思恩格斯选集》第一卷，人民出版社2001年版，第66页。

❻ 载《国立浙江大学日刊》第20号，1936年9月23日。

❼ 参见 Richard Charles Levin, *The Work of the University*（《大学的工作》），Yale University

Press，2003。

❽〔元〕脱脱等：《宋史》卷三三六《司马光传》，中华书局1977年版，第31册，第10757页。

❾参见保罗·海恩等《经济学的思维方式》第一章，史晨等译，世界图书出版公司2012年版。

❿据说古埃及托勒密王朝的最后一任女法老克利奥帕特拉极为艳丽，她色诱了罗马执政官尤利乌斯·凯撒与马克·安东尼，使得托勒密王朝的统治得以继续。因此有人认为如果克利奥帕特拉的鼻子长一寸或短一寸，也就是她不是那么艳丽，无法色诱凯撒与安东尼的话，托勒密王朝早就被罗马灭亡，或许世界就会改变了。

⓫葛剑雄、周筱赟：《历史学是什么》，北京大学出版社2002年版，第72页。

三 ‖ 历史学"综合分析"的思维方式

这里准备讨论的主题是关于历史学"综合分析"思维方式的问题。我分三个部分讲，首先简单介绍关于历史学思维方式的概念，其次讨论在现今的新媒体时代，"综合分析"的思维方式有什么特别的意义，最后再举一个例子——宋代民族英雄岳飞形象的历史塑造，来具体说明从尽可能宽的视角来观察历史，即"综合分析"的必要性。

什么是历史学的思维方式

什么是历史学"综合分析"的思维方式？试举两个例子来作为引子。

昨天浏览网络，看到有一个人发帖子，说自己对2023年的新年愿望有两个：第一个愿望关于他自己要如何如何，这里不去提它；第二个愿望有点奇怪，他希望在新的一年里，专家们不要乱讲话。近来大家对"专家"颇多吐槽，这位网友的新年愿望，让我想起了前些时间的两个旧闻。

第一个是2015年的一则消息："近日，浙江一位大学教授在网上发博文称，收入低的男人可以合娶一个老婆，同性恋婚姻合法化，或可以解决光棍危机。"❶

可以想象，这则堪称"奇葩"的博文马上在网上引发了一阵口水仗。我们知道，这位教授发此奇想的原因，是因为如今我国适婚年龄男女性别比例失调严重，他试图出奇招为社会解决"光棍危机"。我没有去看国家统计局公布的具体数据，根据近年来陆续看到的一些信息，适婚年龄人口结构中男多女少，大约已经达到了1.2∶1的比例，年轻男性比女性多了好几千万人。多出来的这几千万年轻男性将找不到配偶，成为"光棍"，这当然会带来严重的社会问题。大家可以看到近些年来女性在婚恋关系中越来越强势，变成了"稀缺资源"，一定程度上就与此有关。

一般来说，自然生育的男女性别比例大体平衡，历史上中外婚姻制度主流都是一夫一妻制，它的前提就是性别比例的自然平衡。目前我国适婚年龄男女性别比例失调现象，是因为在生育过程中人为干涉等多方面原因造成的，具体今天不去讨论它。此外，现在奉行不婚主义的年轻女性比男性多，也是造成适婚年龄男性求偶困难的一个原因。不管怎么说，男女性别比例失衡的确是一件令人头疼的事情，才使得这位教授想出了这么一个"奇葩"的办法。而且，面对网友们铺天盖地的批评意见，这位经济学教授依然坚持己见，说要不然你们倒给一个办法出来试试？说真的，我们还真给不出来。

现在的问题是，这位教授为什么这样说，他的理由是什么？他说应该利用经济学的原理，来解决适婚年龄男女比例失调问题，按照市场调节的办法，价高者得。因为婚姻就是一场交易，女性是资源，得花钱买。收入高的男人优先找到女人，因为他们出得起高价。好像网上那些针对社会问题发言的专家，经济学人士尤其多。这是因为经济学属于应用性学科，所谓的"经世之学"，更多地涉及社会实际问题，不像我们历史学，距离现实较远。所以他说，你既穷，长得又不帅，那你只能与别人去分享老婆了。

第二个旧闻，那位专家是行政管理学教授，她建议大家50岁退休后，应该先干15年义工，到65岁再领取退休工资。❷这个想法她在2013年就提出来了，从2013年至今，面对各种批评意见，她也一直坚持己见。那位教授提出这样一个建议的背景也很简单，我们大家都知道，现在国家社保资金紧张，于是她开始动脑筋，那就让大家少拿一点嘛，不就够用了吗？

我举这两个例子，主要是想引出一个问题，就是那些所谓的专家，他们为什么会想出这些"奇葩"的主张？前一个例子，那位教授说婚姻就是经济关系，是一场交易，但是，婚姻难道仅仅是经济关系吗？后一个例子，社保资金也一样，它难道仅仅是一个财政问题吗？这些专家，我相信他们在自己的领域里面都学有所长，相当优秀，但是，问题就在于他们只站在本学科的立场出发来考虑问题，视野太过狭窄。婚姻关系首先是个社会问题，绝不仅仅是个经济问题，或者说它绝不主要是个经济问题。几个人共享一个老婆，法律与社会伦理问题怎么解决？但人家不愿意去考虑。一个50岁的工人退休了，你让他到65岁才拿退休金，这合不合法？你让他耗15年去做没有收入的义工，他怎么生活呢？人家也不管。总之，从他们自己的立场出发看来，其所针对的问题就这样解决了，那不就行了吗？

所以，现在大家吐槽各种专家，称其为"砖家"，是有道理的。当然，专家被称为"砖家"原因还有不少，这里也不展开讨论。

人类社会之错综复杂，大约只有自然界可以与之相比拟。任何一个社会现象，它的背后都是千头万绪，绝不是仅从一个侧面可以说得清楚的。直率地说，将社会现象分解开来，主要从一个侧面去作分析，还是试图将它们综合起来，从多视角去观察，这就是许多现代社会科学跟历史学之间一个比较重要的区别。历史学强调从纵向（时间）与横向（空间）两个维度、尽可能多的侧面去分析、理解社会现象，这就是一般说的讨论一个历史现象，得看它的社会大背景。

许多现代社会科学的学科与此有所不同，它们的特点是把整体的人类社会解剖开来。经济学，就从经济角度来看问题；政治学呢，就从政治的角度来看问题；凡此等等。人类社会是一个整体，那些学科把社会切开来，只从一个角度看问题。另外的侧面，那些"砖家"既不想了解，也不太懂。

从近代以来，我们认识世界的一个主要趋向是走向科学主义，那是科学对我们造成的影响。社会科学这个概念本身就是借鉴科学一词形成的。假如给你一个英文单词"science"，你把它译为"科学"，当然没错。但是，这个单词本来就是指"研究自然的学问"，中国人为什么一定要在它前面再给加上"自然"这一前缀呢？因为，我们另外有一个所谓的社会科学。所以如果你把"自然科学"这四个汉字倒回去直译成英文，变成"natural science"，外国人就看不懂了。科学本来就指的是研究自然界。只是因为科学的影响太大了，以至于研究人类社会的学问也想向它靠拢，觉得自己的学问也很客观、很"科学"，所以才有了"社会科学"——研究社会的科学——这么一个名词，于是逼得"科学"前面不得不再加上一个"自然"来作区分了。

如果仅仅是这样的概念借用，当然关系不大，比较麻烦的是社会科学也照搬科学的范式，将研究对象分解开来，人家是物理、化学、生物等，社会科学则是经济、政治、人口等。当然，真正优秀的经济学家肯定也不会将婚姻看作仅仅是一场交易。要命的是，这样的学科分类容易使得平庸之辈形成一种狭隘的分析思路，只顾一点，不及其他，管中窥豹，以偏概全。

任何社会问题都是一个复合体，所以，历史学强调要综合分析。例如，历史上发生的任何一次灾荒，都不是单纯的农业经济问题；明代张居正力主推行"一条鞭法"，也绝非仅仅出于财政原因。但是，各种要素的相互作用，我们又很难给出准确的"计量"，说清楚哪个要素究竟起到了多少百分比的影响作用，只能通过综合分析给出一个大致的推断。这大概就是历史学被归为人文学的重要原因。看起来它很不"科学"，有时甚至语焉不详，但也正是这种综合的"含糊"，在某种程度上，其实它又比那些看似精准的、将社会分剖开来、只从某一侧面狭隘地观察社会的学科更加靠谱，更加"科学"。

以前我曾在另外一个学术机构工作，当时就觉得那儿的主管领导比较难沟通，因为他们大多出身于应用性学科。习惯应用性学科思维的人，他们对任何问题都试图要给出一个一清二楚的答案。但是，有些问题是给不出答案的，它的答案需要根据不同的环境设置变量，显得有点模棱两可。有些领导就不理解了，你们怎么连一个清晰的答案都给不出呢？这就是我们与他们在思维方式上面的区别。

历史学思维方式的特点是什么呢？我认为就是综合分析。这种分析不太容易量化，很多时候都是一种含糊的变量。为什么我这两年一直强调这个概念呢？我们经常会说一个人受某个学科熏陶久了，会形成自己的一些思维特点。这个人看问题、分析问题，甚至语言方式都会受影响。例如刚才说的那位经济学教授，他把任何问题都看作一种经济交易。讲成本、讲收益，追求效益最大化，这就是经济学的思维方式。当然他们经济学对自己学科的思维方式有一个很复杂、很抽象的定义，边际效益什么的，让人都看不懂。其实在我来看，就是把所有东西都看作"生意经"，并且是一种追求精准的思维方式。其他的，法学、管理学等，受其专业熏陶日久，都会形成自己独有的思维方式。

以前很少有人讲历史学的思维方式，那历史学有没有自己特定的思维方式呢？我觉得应该有，这就是我这两年经常唠叨的"综合分析"。我试图从不同的学科熏陶形成的一种思维特征角度来作为一个引子，来跟大家讨论这门课。当时我提出设计这么一门课，就是因为很多社会现象给了我触动。人文学与社会科学研究方法的差异在于，社会科学强调解剖，人文学强调综合。我们千万不要把人文学叫作人文科学，人文其实没办法"科学"，哲学怎么"科学"呢？文学怎么"科学"呢？人文学没办法"科学"，没办法计量。所以，有人把历史学叫历史科学，我觉得也不完全贴切。我们就是从这样的立场出发来设计这门课的。

关于新媒体时代的历史学

我们都知道进入21世纪以后，时代变了，人类进入新媒体时代。我经常会说我们这一代人经历的世界变化之大，是新时代这代人感受不到的。为什么呢？我出生在浙江省宁波市，算是城里人，小时候家里连电灯、自来水都没有。家里装自来水得到20世纪70年代末了，电灯早一些。所以，在我成长过程中亲身经历了从半农半工时代，慢慢进入工业化时代，最后才进入信息时代。我第一次用电脑是在1990年。现在已经是后信息时代、信息过剩的时代了。这样的一个转折说明了什么？说明我们的时代变了。我们那个时候在大学听课有点辛苦，要不停地记笔记，哪像现在可以拿起手机，"咔嚓"一下就把PPT屏幕拍了下来，还可以请求老师把PPT文档发给大家。我们当时听课，男同学都比较懒，听课记笔记不认真，考试前大家就要很辛苦地从其他同学那儿借来笔记抄录、背诵。有些女同学很认真，笔记很完整，大家就把她们的笔记借过来抄。我第一次看到复印机真开心，一下子整张纸就复制出来了。原本是一个字一个字抄的，而且常常不止一个男同学借笔记，还要排队等着。有的同学用复写纸，手劲大的人，一次可以复写三四份，我一次只能复写两份。

时代变了，这对我们的学习有非常大的影响。我们现在讲一堂课，信息量比原来大多了。以前老师上课要写很多板书，很辛苦。学生都跟着老师抄板书，记笔记。原来信息是稀缺资源，现在变得过剩了。这种变化是革命性的。我现在展示在PPT上的资料，如果都写在黑板上，要抄好半天，而且很多图像资料原来更不可能展示。所以，我们的时代变了。

如果讲得远的话，还可以有更多例子。比如说，我们从历史中去看信息传递的变化。古代刻石经的故事大家都听说过一些吧，北京周围相关古迹最有名的是房山石经。古人为什么要刻石经呢？仅仅是为了把信息留下来？没那么简单。汉武帝废黜百家，独尊儒术，请了五个博士讲课。为什么要请博士讲课？因为没有教科书，知识都装在博士们的脑子里面。博士讲，学生听。东汉太学发展以后，为什么有那么多学生必须到太学去里听老师讲课？因为买不到书，那时候也没有书卖。但是，不同的老师讲课可能会有出入。比如说讲《易经》，老师逐段背诵经文以及注疏文字，并讲述自己的理解，学生们边听边记。老师有没有可能背错呢？有没有可能差几个字呢？出现这种事是要命的，因为学生要拿老师讲的内容去应付考试，成绩好就可以当官。后来的科举制度就是从两汉太学慢慢演变过来的。学生考试没有标准答案、没有标准文本、没有标准教科书，怎么办？于是官府就把儒家经典刻到石碑上去，公布于众，这样就有标准了。大家去看东汉刻的熹平石经，就是在这样的背景下产生的。当时国家的藏书机构兰台里面藏有儒家经典，用漆书写于简册，称作兰台漆书，太学生们应付考试，有时发现自己的答案写错了，怎么办？甚至有人贿赂兰台掌管漆书的官吏，暗中改漆书文字，让它与自己的答卷文本相符，以致学者们莫辨真伪。主管太学的祭酒蔡邕觉得这样下去不行，"经籍去圣久远，文字多谬，俗儒穿凿，疑误后学"，熹平四年（175），他与几个官员一起给皇帝打了一个报告，请求"正定《六经》文字"，得到汉灵帝的批准。于是蔡邕亲自书写经文，命人刻到石碑上去，将石碑立于太学门外，等于是将一份经过官方校定的儒家经典文本公布于众，于是天下士子都到太学前来抄写这些经文，人数之多，"填塞街陌"。❸

　　石经就沿着这种思路一路发展下来，后来又兼而具备了仪式性的功能，例如房山石经，那是为了做功德，因为刻的是佛经。到唐代初年，随着科举制的发展，需要标准教科书的情况更迫切了。唐太宗李世民命大臣颜师古校勘五经文本，称为《五经定本》，于是士子们参加科举考试就有了统一的教科书。后来又有《五经正义》，将关于儒家经典的那些注疏也都校定、统一了起来，官方给予经典统一的解释。这样科举考试才有一个标准课本、标准答案，最后才可以有统一的录取标准。所以如果我们沿着这个思路去梳理整个历史时期，就会发现这些好玩的事情。这一段历史告诉我们，关于我国古代石经的演变发展可以从不同的侧面去观察它，文化、信仰、政治，甚至技术等要素都在其中产生了相当的影响，不能一概而论。

　　我们现在又处在一个新的历史转折时期。前面提到，我们从半农半工时代走向工业时代，再从工业时代走向信息时代，现在又从信息时代走向了多媒体时代。进入新的时代以后，我们又碰到什么问题呢？信息过剩。我们现在面临的问题常常并不是如何去寻找更多的信息，而是如何判断、选择对我们有用的信息。另一方面同样重要的是，我们关于历史的书写形式不仅有了较大的选择自由，而且可以更方便地与其接受者进行多向交流与互动。在这样的情况下，历史书该怎么写？这也必然会与以前有较大的不同。

这一切都推动我们对历史学的教学方法做出调整，以适应新媒体时代的特点。所以，我们这门课的设计，试图放弃以传授知识为要旨的传统路径，转向思想方法，也就是关于思维方式的选择，试图训练大家慢慢掌握综合分析的方法。

试举一个例子来作说明——关于历史的通俗写作。

现在我们如果到书店去看一看，会发现各色各样的历史书真是汗牛充栋，让人沮丧。已经有了那么多书，自己再写一本有什么意思呢？但是，你再仔细看看那些书，坦率地说，大部分都是非专业人士写的。专业学者往往有点清高，不太看得起那些非专业人士，有时称他们为"民科"。但是冷静想一想，现在"民科"似乎给我们出了一道难题：他们写出来的那些历史读物大多情节曲折，文笔灵活，常常比我们这些专业学者写得细致好看多了。尽管他们笔下那些关于历史的细节不少出自想象，不一定可靠，我们大可视而不见，但是却很无情地映衬出了专业学者的某些不足。写作能力等方面暂且不提，我们就一定了解许多正确的历史细节了吗？

举一个关于我个人的例子。我主要研究宋代历史，有次在本科生的课上，有学生问我，宋人一天吃几餐？我一时懵了，答不出来。因为平时写学术论文，用不着这样的信息，从未关心过。我说容我回去想一想。后来我找到相关资料，第二次上课时回答了他的问题。我告诉他，宋人一般一天吃三餐是没问题的，农闲期间穷人可能会只吃两餐。整个传统社会大体上可能都是这样的，一天三餐应该是符合人的生理需求的，但是粮食供应充裕与否永远是一个问题。历史学的麻烦在哪里呢？比如你说一个答案，你就得证明它，要找到资料来证实它。我这样去回答那个学生，因为我找到了一些记载。后来还碰到过学生提出别的一些问题，也一时难以回答，例如宋人比现在的人高还是矮等。

这样的例子说明此前我们对许多历史信息了解不够，不少历史面相被忽略了。这就是新媒体时代对历史学提出的新挑战。我们习惯于对历史进行社会科学式的分析讨论，知识框架是不全面的。原来我们讨论、分析历史时，获取的信息可能是有欠全面的。

进入新媒体时代后，随着传播手段的进化，以及国民对民族历史的兴趣提高等，这些因素反过来推动着专业学者去掌握更多的历史信息。英国历史学家卡尔（E.H. Carr）的名言大家都熟悉，他认为历史现象纷纭万千，几乎不可穷尽，只有被历史学家所关注的那些历史现象，才有资格被称为历史资料，成为"历史事实"。❹现在是时代推动着历史学家去关注更多的历史现象，让它们成为历史资料，成为历史事实。传统的文字资料之外，新媒体技术也使得图像、视频资料比以往更方便地纳入我们的知识体系。因此不管是历史的写作，还是历史的教学，都应该做出必要的调整。调整的思路之一，就是希望通过拓展历史资料，让大家知道历史现象并不是我们现在所了解的单一面相，它们其实相当复杂，可以从许多不同侧面观察。

我对现在的中学历史教学有一些意见，主要是因为它试图对所有现象都给出一个唯一正确的解读答案。当然我也理解，这里面有一份无奈，因为按目前的考试方法，只能有一个标准答案，弹性答案可能引发复杂的社会问题。但是，如果我们对改进考试的办法无能为力，起码也应该试着告诉学生，那些看似正确的答案，其实只不过是某种选择而已，历史现实远比答案更复杂。所以，怎样让刚刚走进大学校园的新生们走出中学历史教学的误区，也是这门课的一个重要目标。

前两年网上流传葛剑雄教授的一个说法，他认为在史学领域，大学的一个重要任务就是要打破学生在中学建立起来的知识框架，重新来过。其实很多老师都说过这样的话，因为这是大家都看得到的社会现实。

此外同样重要的是，新媒体时代也使得作者与读者之间架起了远比以前方便的交流渠道。且不说线上讨论直接沟通，大量自媒体作者都还可以很方便地表达他们对历史现象的意见，或者发布他们自己编写的历史读物。且不管这些意见与读物是不是可靠，起码是人们所表达的关于历史现象的看法，它们也是所谓"复杂历史面相"的重要组成部分，历史——不是指作为客观存在的那个历史，即人类以前所有的社会活动，而是指我们根据资料复原的"历史"——本来就是人们关于过去的一种认识。

因此，我们强调历史学"综合分析"的思维方式就更加有必要了。

岳飞形象塑造给我们的提示

为什么这么说？让我们再举一个例子——关于岳飞身后形象的演变，来验证一下上面的这些说法。

岳飞是中国历史上伟大的民族英雄，电影《满江红》拍的就是关于他的故事。有人说好看，有人说不好看。除去艺术水平因素之外，这种意见的分歧也许正说明人们心目中的岳飞不完全一样。

岳飞是一个大话题，关于他身后的形象为什么值得讨论，是因为我们今天对岳飞的看法，掺杂着政治、民族、古今不同时代等各种复杂因素的影响，所以他是展示历史学综合分析思维特征的一个很好例证。

相传南宋绍熙年间一个叫刘松年的人，画了一张《中兴四将图》，其中四位将领从左到右分别是岳飞、张俊、韩世忠、刘光世，岳飞排在最末位。这几个人物中其实岳飞的地位最低，辈分最低，年纪也最轻。岳飞早年还曾是张俊的部将，后来地位上升，才成为大将。"大将"在当时有特定的含义,一定要拿中国现在军队中职务去比拟的话,起码相当于大军区司令。今天大家都认为岳飞在这四个人中最厉害,是排在第一位的。大家去查一下百度词条,它上面就说岳飞是中兴四将之首。从南宋时的最末位变成了今天的首位,这个变化怎么产生的?这是我们提出这个问题的一个原因。

如果现在有两个人要争论岳飞是否为四将之首,有点无厘头,因为两个人立场可能不一样,依据的资料也不一样。这样的争论没有什么意义。这就好像网络上的口水战一样。我是江浙人,我觉得江浙的菜肴很好吃,现在网上有很多人却说江浙是"美食荒漠"。当然,也有人说北京是"美食荒漠",那是早就有的说法了。口味其实是相当个性化的事情,江浙的人喜好清淡,强调食材的新鲜,这影响了本地区饮食的口味特色。现在人口流动频繁,大量其他地区的人来到江浙,有一些口味相对重,他们怀念家乡菜,不太习惯清淡口味的江浙菜,在网上抱怨,这才有了江浙是"美食荒漠"的说法,杭州名菜西湖醋鱼尤其成了众矢之的。我长时间在北京生活,仍然不太习惯北京的饮食,觉得没什么美食,但老北京们一定觉得这里好吃的东西太多了。因此,不同的人立场不一样,对同一件事情就会产生不同的判断。

这个道理同样适用于人们关于岳飞的看法。我们的问题是,岳飞在中国古代武将中无与伦比的历史地位是怎么形成的?他的生平梗概我就不介绍了,大家都知道。例如关于岳飞的出生,有个灵异故事:他母亲在生他的时候,天上飞来一只大鹏鸟,鸣叫着停在了他家的屋顶上("有大禽若鹄,自东南来,飞鸣于寝室之上"),随后岳飞就出生了。这个故事非常正面,大鹏鸟的形象很高大,现在我们都采用这样的说法。岳飞表字鹏举,据说也与这个故事有关。这个故事记载在哪里呢?在岳珂所编纂的《金佗稡编》那本书里。❺岳珂是岳飞的孙子,岳飞获得平反以后,岳珂搜集祖父的生平资料，编成了那本书。当时他能够搜访得到的有关岳飞生平的正面资料，都不遗巨细，编了进去，大鹏鸟转世的故事也不例外。

但是，关于岳飞也有一些看起来负面的记载，岳珂就没有编到书里去。比如说，岳飞与皇帝的关系。朱熹（1130—1200）曾说："诸将骄横，张、韩与高宗密，故二人得全。岳飞较疏，高宗又忌之，遂为秦所诛。"❻这是可以理解的，当一个人有了权力以后，他的行为会相对专断一些。时间一久，也会影响其言行举止，就是我们先前说的，会影响人的思维方式。所以，朱熹说"诸将骄横"，当时大将的权力确实非常大。因为刘光世早被免职了，所以朱熹提到了其他三位大将和皇帝的关系。相比于岳飞，张俊和韩世忠与高宗赵构的关系更亲密一些，岳飞与皇帝的关系"较疏"，高宗忌惮他，后来岳飞就被杀了。朱熹没有明说是被赵构所杀，只说为权相秦桧所诛。这可以理解，南宋的人当然不敢公开指责赵构。

高宗赵构在位的时候，尤其是权相秦桧死之前，南宋朝廷不断抹黑岳飞的形象，因为只有树立起岳飞作为罪臣的形象，他们杀害岳飞、与金人和议才显得有正当的理由。所以他们在杀害岳飞之后，还将相关案情"令刑部镂板，遍牒诸路"❼，就是试图把他们编造的所谓岳飞的"罪行"，让天下人都知道。当时一般民众都有皇权思想，崇拜皇帝，无不奉皇帝为至上权威，更何况他们也很难有其他的信息来源，所以，在岳飞被平反，并且冤案信息陆续传播开来之前，大多数的南宋民众将他视作罪臣，是可以想象的。

我们这么说，有一个重要证据。后来有一个文人叫王自中，他曾经为鄞州的岳飞庙写过一篇记文《鄞州忠烈行祠记》，其中提到"岳公事，世所称说者甚多，然其言不雅纯"。王自中的这一篇记文，已经被岳珂收入他的《金佗稡编》，❽但是具体有哪些"不雅纯"传说，岳珂却回避了，没有记，其他文献中有一些相关的记载留了下来，可以让我们稍作了解。例如洪迈编纂的那本著名的鬼怪故事集《夷坚志》，就记载说岳飞在未发迹之前，曾经有一位相士告诉他"君乃猪精也"，以后"未有善终，必为人屠宰"，劝他尽早想办法避祸，但岳飞不信，后来果然罹难。❾这样的故事，属于怪力乱神之说，当然不可信，但它能够广泛传播，说明当时人们试图为一位抗金名将被朝廷所诛杀、成为罪臣这件事，寻找一个合理的解释。这个解释就是岳飞本为精怪，被诛杀情有可原。这一故事还被保留在同时期的另一本书《独醒杂志》中。❿两本书看起来并不是相互抄袭，而是各有独立的信息来源，这更说明这一"不雅纯"之说是传播得比较广泛的。

不过，在岳飞得到平反之后，随着诬陷他的罪名被洗清，民众对他的认识不断提高，关于猪精的传闻也就完全被抛弃。为更广大民众所接受，并在后世长久流传的，就是关于岳飞为意象高远、威武勇健的大鹏鸟转世的传说了。

归纳起来，南宋时期影响岳飞身后形象的关键因素有三个。

第一，是出于宋金和战关系的需要。绍兴和议以后过了二十年，金国皇帝完颜亮撕毁和约，再次出兵南侵。那时已经是1162年，高宗赵构退位，他的养子宋孝宗赵眘继位，南宋政府才开始慢慢为岳飞平反。那一年七月，继位后的宋孝宗赵眘下令追复岳飞的官职。又过了近二十年，到淳熙六年（1179），赐给岳飞谥号"武穆"。到南宋后期，每当南北关系紧张的时候，南宋政府都会抬出岳飞这位前朝的抗金名将，来鼓舞民心。岳飞就在这样的背景之下，不断被南宋政府利用，追封加谥。所以，在这一历史阶段，可以说南北关系是岳飞身后官方形象形成的关键。嘉泰四年（1204）五月，权臣韩侂胄为了北伐，又让宋宁宗赵扩下诏追封岳飞为"鄂王"，岳飞被追赠的封爵才与南宋初年其他几位大将相等。

第二，是岳飞的孙子岳珂。前面说过，岳珂以孝子贤孙的心态，编纂了岳飞的生平资料集《金佗稡编》，集中记载关于岳飞的正面资料,将岳飞的历史地位提升了不少。后人认为岳珂毕竟是岳飞的孙子,他提供的资料理应可信,所以就常常忽视了其他方面的记载。

第三,南宋中期以后,理学士大夫地位上升,开始主导当时的历史书写。理学家们常常用他们心目中理想的武将形象,去改造岳飞,于是岳飞就慢慢变成了儒将的典范。实际上,岳飞是一位相当勇猛的武将,理学家们将他塑造成雍容儒将的形象,不仅失实,甚至有点委屈他。《宋史·岳飞传》篇末的史论说他"文武全器,仁智并施"❶,这就完全是理学化的评价。

事实上,南宋时期不同人群对岳飞的看法都会有一些差别。岳飞的部下,以及他战斗过的那些地区的民众,对他的了解相对为多,应该是持正面看法最为坚定的一部分。士大夫阶层中因为对宋金和战关系立场不同,对岳飞的看法就会有分歧。其他不同人群,出于立场、获取信息渠道不同等原因,即便在岳飞被平反后,大家的看法也会有出入。总之到南宋末年,岳飞还没有成为中兴诸武将之首。

元明清时期,岳飞的形象仍然不断变化。元代的岳飞故事,占主流的是因果报应说。当时人们认为岳飞跟秦桧之间的恩恩怨怨,是受到因果报应的影响。到明代前期,明太祖朱元璋严禁民间讲史,不准随便讲帝王将相或者重要的历史人物的故事。土木堡之变以后,中原地区受到了北方游牧民族的威胁,现实唤醒了相应的历史记忆,岳飞的故事才又开始流行起来。

大家或许会以为,建立清朝的满族也是北方民族,他们理应禁止传播岳飞抗金故事,更何况女真人还被认为是满族的祖先呢。实际上却并不是如此。满族统治者看到了事情的另外一面,对他们统治有利的一面,就是岳飞的"忠",对君主的从无二心。所以,在满族统治下的清王朝,竟然成为岳飞"愚忠"形象定型的关键时期，其中一个重要推手就是乾隆皇帝爱新觉罗·弘历。在君臣之义的语境里强调岳飞的忠孝，无疑也隐含着试图模糊满汉之间隔阂的政治目的。如果说南宋后期的君臣利用岳飞是为了对抗北方的军事威胁，到了清朝，统治阶级利用岳飞则是为了强调忠孝，巩固自己的统治。

在王朝体制之下，我们可以把岳飞定格在三种不同的关系里：第一是君臣之义的上下关系；第二是忠奸之间的平行关系，譬如他跟秦桧的关系；第三是华夷之辨的内外关系，也就是汉族跟北方民族的关系。乾隆把岳飞的形象定格在君臣之义的语境之中，而把另外两个侧面全部忽略、淡化了。从此以后，岳飞愚忠的形象彻底定型。乾隆几次下江南，每次到杭州都要到岳庙去写诗，其中有两句是"读史常思忠孝诚，重瞻宰树拱佳城。莫须有狱何须恨，义所重人死所轻"。他对岳飞的形象下了定义——忠孝诚。于是，汉人与满族皇帝就拥有了共同的偶像，大家可以一起纪念。❷

近代以后，岳飞的形象再次被利用，主要有两次：第一次是清末的反清复明运动，很多革命党人都在岳飞像前歃血为盟，立誓反清；第二次是抗日战争。如果说反清复明还是在传统意义上的民族矛盾中来建立岳飞的形象，那么到了抗日战争时期，岳飞就变成了整个近代民族国家的英雄。因为抗日战争是中国各族人民共同抵抗作为外族的日本侵略者。岳飞形象的这一跨越在抗日战争期间最后定格。1928年，国民政府为了强化国家意识，开展反迷信的社会活动，整顿各地神祠。经过整顿之后，符合国家标准的神祠中，只有岳飞一人作为抗击侵略的英雄入选。从此以后，在国家主导的话语体系之下，岳飞从历史上精忠报国的抗金形象，转化成为近代民族精神集中体现的代表。九一八事变以后，这种趋势越来越明显。岳飞变成中兴四将之首，也就是在这个时期定型的。

1949年以后，岳飞的形象问题进一步复杂化，阶级关系问题掺和了进来。岳家军曾经剿灭民变武装，这成了影响其形象的负面因素。尤其是随着近代多民族共同体的形成，八百多年前的岳飞还能不能被称为"民族英雄"，常常引起争论。从1979年开始，先后有百余家电台播出曲艺名家刘兰芳播讲的长篇评书《岳飞传》，影响空前。这又是为什么呢？当时国家拨乱反正，大量自20世纪50年代以来的冤假错案得到平反，历史上大书"天日昭昭"的岳飞之冤情，成了人们宣泄情绪的象征。

总之，关于岳飞是谁、岳飞究竟是怎样的历史人物的争论永远不会停息。因为在各种立场之下，岳飞总会被片面地利用。如果说"岳飞是谁"，这属于历史学范畴的问题，近年来史学界对岳飞的研究，已经给了我们一个可以把握的方向，很多问题已经基本厘清。我们要面对的其实是"谁的岳飞"的问题。不管是公共化的岳飞记忆，还是国家认同象征里面的岳飞，答案都不止一个。出于不同立场，根据不同信息，基于不同时代背景，不同的人群心目中有许多不同的岳飞形象，这就是岳飞的叙述不断变化的根本原因。

从岳飞的例子推论开去，其他的历史现象何尝不是如此，它们都可能有许多不同的面相。人们既可能因为观察到不同的侧面，从而形成不同的看法，也可能因为时代背景与观察立场的变化，对历史现象的解读也相应发生变化。历史现象就好比一个多棱镜，从不同镜面反射的光线，又随着日照角度的移动而多彩闪烁。任何试图将其归为单一色彩的努力，都可能失真。

时间与空间，是史学分析的两个基本维度。从这样两个维度拓展视野，将尽可能多的因素纳入观察的范围，综合分析，避免片面，是史学训练可能赋予我们的一种优秀的思维习惯。从历史延伸到对一般社会现象的观察，现代社会科学各学科针对不同社会现象所形成的学科方法，使我们得以从其各自独特的视角出发来展开研究。如果能够与重视综合分析的史学思维方式相配合，珠联璧合，必将帮助我们更全面、更客观地去探索人类社会。无论是针对过去的，还是现实中的人类社会，都是这样。

（据2023年2月24日在中国人民大学本科"新媒体时代的历史学"课程授课录音稿整理，7月22日改定于加拿大滑铁卢城）

---

❶ 参见网易新闻《浙江财经大学谢教授提议，穷人可以合娶一个老婆，解决光棍问题》，该报道现已删除。

❷ 网易新闻《专家杨燕绥：退休15年后再领退休金!》，该报道现已删除。

❸〔南朝宋〕范晔：《后汉书》卷六〇下《蔡邕列传》，中华书局1965年版，第7册，第1990页。

❹ E.H. 卡尔：《历史是什么?》，陈恒译，商务印书馆2007年版，第91、93页。

❺〔宋〕岳珂编，王曾瑜校注：《鄂国金佗稡编·续编校注》卷四《行实编年一》，中华书局1989年版，上册，第56页。

❻〔宋〕黎靖德编：《朱子语类》卷一三一《本朝五·中兴至今日人物上》，中华书局1986年版，第8册，第3148页。

❼〔宋〕李心传：《建炎以来系年要录》卷一四四"绍兴十二年正月戊申"条，台湾商务印书馆1982年版，影印文渊阁《四库全书》，第327册，第10页。

❽〔宋〕王自中：《鄂州忠烈行祠记》，载岳珂编、王曾瑜校注：《鄂国金佗稡编·续编校注》卷三〇，中华书局1989年版，下册，第1646页。

❾〔宋〕洪迈：《夷坚志·甲志》卷一五《猪精》，中华书局1981年版，第1册，第132—133页。

❿〔宋〕曾敏行：《独醒杂志》卷一〇，《全宋笔记》第4编第5册，大象出版社2008年版，第199页。

⓫〔元〕脱脱等：《宋史》卷三六五《岳飞传》，中华书局1977年版，第33册，第11396页。

⓬ 参见孙江、黄东兰：《岳飞叙述、公共记忆与国族认同》，载龚延明、祖慧主编《岳飞研究》第五辑，收入龚延明、岳朝军编《岳飞研究论文集汇编》，浙江大学出版社2013年版，第919—933页。

四 ‖《历史学基础文献选读》导言

史学的起源

当接到浙江大学出版社关于选编《历史学基础文献选读》一书的邀约时，我就清楚地意识到这是一件自我折磨的事。这么说，主要当然不是因为这样的书难编，不管怎样都无法得到所有读者的满意，而是因为所谓"历史学基础文献"，借用一个当今信息科学的名词，可以说是"海量"的，就是把自己读得晕头转向，也只能涉及其中很小的一部分。斟酌取舍之难，又在其次了。但我还是答应了下来，因为这是一个促使自己抽出时间来读一些书、静静思考一些问题的机会。读大学本科时，有一个老师曾对我说：你不能一头埋在书堆里，有时候得抬起头来，想一想。这真是至理名言。可是现在当教授比生意人还忙，事情做不完，难得主动地享受这思维的乐趣，于是我将这次编书任务当成了迫使自己"想一想"的动力。

要说史学领域里的"好文章"，自然是多得去了，该如何取舍呢？我们必须首先为本书确定的一个主题，那就是：能够最为典型地反映史学的演变与进步的文章，才能算是"基础文献"。当然，符合这样要求的文献也不少，在筐里挑花、精而又精的同时，首先应该声明的是：本书所选择的篇目，绝非对"基础文献"的标准答案，它们只是选编者的一己之见、十分个性化的理解。

说到史学的演变与进步，就得先来谈一谈我们对历史学的理解。王家范先生说：现在发生的叫新闻，过去发生的叫历史。人类有"过去"，动物也有"过去"。但并不是任何动物的"过去"都可以叫作"历史"的。一些动物可能会有简单的记忆，但那往往只是个体性的，不可能积淀起来，并前后传递，从而构成可以为群体所共享的集体经验。但人类不同，人类发明了语言文字，可以用来记录、传播"过去的事情"，局部的、个体的经验就这样变成了群体的经验。所以我们可以想象，在远古时期，会有一群人围着篝火坐下来，听老人讲讲前辈的故事。这些故事，就是原始人类的历史记忆。人类之外，不管多么聪明的动物，例如黑猩猩，大约总不会坐下来听老猩猩讲故事的吧。

但远古老人们所讲的这些故事，恐怕还不能称之为"历史学"，那只是集体的、简单的历史记忆。拥有对过去的记忆，并且通过口耳相传，将其保存下来，是极自然的事，这就是人之所以为人的原因。当后来有一些聪明人开始思索这些记忆，试图从中归纳出一些经验，以使自己从中受益，我们才可以说：历史学的雏形就此产生了。尽管人们最初对历史的思索还是十分简单、直接、局部性的，根本无法用"研究"这个词去称呼它，但它已经是比"记忆"本身进了一步。早期的那些聪明人，大多是氏族社会中的巫师。

到氏族社会末期，人类的社会制度越来越复杂，国家产生，人们对自身的历史记忆也越来越认真了起来。例如在中国，就出现了史官制度，也就是在国家机构中专门设置一类官员，负责将国家的"记忆"记载下来：这就产生了一个记什么、如何记的问题。人类的古代史学大约就是这样产生的。这时史官与巫师的区别还不十分明确，他们往往兼任司祭之职。在当时，有能力秉笔书事的，多半也就是这些史官了。

再往后，随着人类文明的发展，能断文识字的人越来越多，文化繁荣起来，在官府之外的私学产生，私人也开始拿起笔来记载一些他们认为重要的历史记忆，这就是在官史之外的私史。古代人们对历史的记载就更为精彩了，史书的主题也相应丰富了起来。

在这个时期，官私史家们将自己的历史记忆书写下来时，主要目的，或者说当时史书的最重要特征，其实与初期的"讲故事"相去并不太远，用现代学者的话来说，也就是史学的基本功能在于叙述。这一功能贯穿史学演进的所有阶段，至今不坠。史学相比于其他学科的特殊魅力，也在于此。

可是即便在远古时期，人类的生活内容也是极其丰富的，历史记忆复杂多样，而口耳相传所讲的故事必有选择，书写记载的容量更是有限，人们对此不得不做出自己的抉择。起初，特别是由史官所负责记载的，当然是以一个国家最重要人物即君主为中心、以有助于君主治国平天下为目的的一些历史记忆为主要内容，这构成了古代史学的基本特性，也就是以政治史为主体。

与此同时，古代的史书记载也反映了人们对复杂社会现象的一些思考。某件事情为什么会发生？它又产生了什么样的结果？这就是对历史事件因果关系的思考，它大概是人们"历史研究"最早、最自然的一个议题。由于社会现象的极其复杂性，人们其实不可能将所有历史事件的因果关系都解释清楚。当时人们对自然界的认识同样处于较粗浅的水平，于是他们常常将自己所无法了解的历史事件的起因，归诸超自然的神秘力量。早期史官与巫师的说不清道不明的关系即源于此。一些古代史家殚思竭虑，思索、追寻人类历史事件中所可能存在的神秘因素，就使得他们的史书卓然不群，为后世所景仰。

自人类秉笔记事时起，一个最基本的要求也被随之提了出来，那就是那些被记载下来的史事须得是真实可靠的，是真实的故事，否则史书的记载就没有意义了。可是这个看似蛮简单的要求，做起来却不容易。那些有权有势的人，干了坏事，怕后世名声不好，更怕遭天谴，常常不允许史官记载他们所干的那些坏事。但记载真实的史事是史学的基本要求，于是古代史学——至少在理论上——就对史官们提出了不畏权贵、秉笔直书的要求，古人称之为"实录"。在整个古代，这个要求不断被人们所强调，构成了传统史学理论的核心内容。

本书（《历史学基础文献选读》，下同）所选篇目的第三至第六篇，即司马迁（前145或前135—？）《太史公自序》、希罗多德（Herodotus of Halicarnassus，约前484—约前430至前420）《温泉关战役》、王夫之（1619—1692）《读通鉴论·叙论》与章学诚（1738—1801）《史德》等四篇，属于传统史学的范畴。其中司马迁《太史公自序》与希罗多德《温泉关战役》两篇，都反映了这两位分别被称为中西史学之父的历史学家，叙述他们时代最为重要的史事、思索这些史事前因后果的努力。尤其如司马迁，以不幸遭腐刑之身，忍辱负重，数十年如一日，思索历史演变的因果关系，"究天人之际，通古今之变，成一家之言"❶，终成《史记》这部旷世巨著。《太史公自序》一文，就是他自己所归纳的著述《史记》的主旨与大纲。古代以前人的政治经验为后世的统治服务，所以称史学为资政之学，代表作自然舍司马光（1019—1086）《资治通鉴》而无他。明人王夫之不仅道尽其中奥妙，更提出"故治之所资，惟在一心，而史特其鉴也"❷之说，将资政之学推向道德论的高度，此其《读通鉴论·叙论》不得不读的缘由。自直笔、实录之说兴，古人就开始阐发其中奥义。唐人刘知几（661—721）首次提出史学家须兼备史才、史学与史识"三长"之说。史才指史家的表述与分析能力；史学指史家所掌握的历史知识，即"历史记忆"是否丰富；史识的核心，即史家是否能够尊重史实，秉笔直书。刘氏的史家"三长"之说被后人称为笃论,影响不小,偏偏清人章学诚还不买账,以为"刘氏之所谓才、学、识,犹未足以尽其理也",进一步提出"能具史识者,必知史德"的见解,本人觉得有意思,所以也将它编进了本书。

章学诚也许是对的,"亚圣"孟轲(前372—前289)就曾说过:"孔子成《春秋》而乱臣贼子惧。"❸这是两位一体的表述。一方面,史学所关注的是历史进程的道德意义;另一方面,资政之外,史学的另一功能,更在于利用其所阐发的历史进程的道德意义来扬善抑恶,以使"乱臣贼子惧"。古代中国是如此,西方传统史学也大致如此。史学就这样变成了一种道德"工具"。

史学的特性

将人类的知识有系统地分门别类,是近代西方科学发展起来以后的事。以研究自然界的科学为标杆,人们将以实证分析为主要手段、以人类社会为研究对象的知识系统称为社会科学,而将那些既非自然科学也非社会科学的知识,统称为"人文学科"。"一般认为人文学科构成一种特殊的知识,即关于人类价值和精神表现的人文主义的学科"。❹从前面的阐述可知,历史学毫无疑问属于人文学科。

在这一点上,黑格尔(Georg Wilhelm Friedrich Hegel, 1770—1831)《历史哲学》所表述的关于历史的看法,实属典型。在黑格尔看来,世界历史是精神在时间中自身发展的过程。精神是人类共有的和单一的,表现为人用他们的语言、心灵、文化所创造的一切。历史是精神自我发展的历程,也是世界走向自我意识的过程。历史是一个理性自由的故事。❺在科学主义统治一切的今天,如何评判黑格尔这一纯形而上学的和目的论的历史观，是另一回事。在此我们只要引它来表明历史学的人文主义本质是如何被他张扬到极点就行了。职此之故，黑格尔的《历史哲学》不得不读，我们选编了其中的《历史已经形成了"世界精神"的合理的必然的路线》一篇。

不过近代以来，历史学的进步并不在于它对"人文精神"的坚持与弘扬，恰恰是通过它脱胎换骨的蜕变而表现出来。在科学主义至高无上的近代世界，历史学也被收编、被改造，以至于出现了历史学是否可以被纳入"科学"的范畴的争论。可以说，近代史学演变的基本轨迹，就是它不断受科学的影响，并做出回应的历程。当然直接表现是历史学的不断"社会科学化"，科学隐藏在社会科学背后。

近代历史学之走向社会科学，是极自然的事情。一方面在求实证、讲实用的大潮流之下，历史学的人文功能不可避免地衰落；另一方面，历史学与社会科学共享同一个研究对象，即人类社会本身，所以只要认同社会科学的研究目的，引进社会科学的研究方法，就可以成功转型。事实上，作为资政之学的传统史学，在一定程度上即已具备后世社会科学（如政治学）的某些特征。

如果说作为人文学科的历史学的特征是叙述，它的目的是研究、阐发人类的精神——思想、意志、情感等，那么社会科学则是通过实证与分析，研究各种社会现象、社会运动变化与发展规律，以期进一步认识人类社会自身。它的方法特征是从不同的层面与角度，将社会分解成不同的对象体，如经济、政治、文化等，以现实的社会问题为导向，来研究社会运作的规律。一些相对成熟的对社会运作规律的认识，构成了社会科学各不同学科的基础理论，被引为后人研究的前提，所以多数情形下社会科学的研究又演化成为通过分析不同的案例，来论证特定的理论模式。这一切，当然是相当地科学主义的。

近代西方历史学之走向科学主义的代表人物，非被誉为"科学历史学之父"的兰克（Leopold von Ranke，1795—1886）莫属。兰克在其代表作《拉丁和条顿民族史》中有一句名言："历史学向来被认为有评判过去、以利于将来的职能。对于这样的重任，本书不敢企望。它只不过是说明事情的本来面目而已。"❻这句话简直可以被称为兰克客观主义历史学的宣言：据实直书。表面看，这与中国传统史学的实录精神如出一辙，其实不然。中国传统史学所说的实录，强调的是史学家应有秉笔直书、不曲笔阿世的人格精神与职业道德；兰克客观主义历史学的背后，则是科学主义的求真精神，是一种研究方法。两者的取向有显著差异。

按照兰克的理解，历史著作的基础是史料，史料的准确无误得到了保证，也就保障了历史著作的真实性；而且各种历史事实是独立于史家的主观意识之外的，史家运用正确的方法就能获取这些历史事实。所以兰克尤其重视对其所获得的史料——特别是档案文献——极其谨慎的考订与全面的批判，将其视作历史学家科学研究的基础。兰克认为，只要获得了准确无误的史料，而又能以不偏不倚、公正客观和超然事外的态度，站在中间立场上叙述史实，历史著作就能反映真实的历史。这样，历史学也能像自然科学一样成为一门科学。兰克史学挟科学主义之势，风靡整个19世纪的欧洲，影响深远，至今尚存余韵，实为近代史学一大巨擘。所以，他的《论历史科学的特征》值得一读。

近代历史学另一巨擘就是马克思主义史学了。在19世纪前期的欧洲，由于占主导地位的兰克史学拙于对社会的理论分析，史学体系的社会科学化还不够全面。直至马克思（Karl Marx，1818—1883）的一系列史学论著问世，这一进程才最终完成。在人类的学术史上，大概只有马克思首次如此强调人类为求得生存而从事的经济活动是历史的主要内容，经济因素是推动历史前进的根本动因。人们的经济活动，即所谓经济基础，决定了人们精神文化与社会组织等方面的活动，他把它们称为"上层建筑"——尽管人们的精神文化与社会组织等方面的活动，也时时反作用于社会的经济基础——这就是马克思主义史学的历史唯物主义和辩证唯物主义。马克思特别指出：人类社会运作从表面看虽由不同个人的活动组成，但个人并不是完全自由的，他们受种种因素——实即现实的经济利益——影响与制约。受共同经济利益影响与制约的人们组成群体，他们的行为具有共性，这些人们的群体就是社会的不同阶级。由于经济利益的冲突，不同阶级之间的斗争构成了人类社会最基本的运动。阶级斗争虽然以政治斗争的形式出现，但终极原因是经济领域中生产力与生产关系之间的矛盾；阶级斗争是推动历史前进的基本动力之一。这就是马克思主义史学的阶级分析方法。

本书所节选的马克思《路易·波拿巴的雾月十八日》一文，写于1852年，是马克思主义史学的代表作。1848年法国革命后，路易·波拿巴（Louis Bonaparte，1808—1873）在同年12月选举中以550万张选票的绝对多数当选为法国总统，并于1851年12月发动政变成立了军事独裁政权。马克思此文以历史唯物主义的方法，透过表象，分析了路易·波拿巴政变成功的深刻的政治、经济和社会原因，阐述了他关于个人在历史上的作用及评价历史人物的观点。正如马克思在1869年6月23日为此文第二版写的序言中说："维克多·雨果只是对政变的负责发动人作了一些尖刻的和俏皮的攻击……我则是说明法国阶级斗争怎样造成了一种条件和局势，使得一个平庸而可笑的人物有可能扮演了英雄的角色。"❼

这一具有明显社会科学特征的近代欧洲史学与其他种种近代学说一样，越洋东来，深刻影响中国学界，推动中国史学走出传统，使之逐步形成了自己的近代史学。在这一风起云涌的学术演进历史中，卓有建树者可谓夥焉。本书限于篇幅，仅选了梁启超《史之意义及其范围》、钱穆《国史大纲·引论》，以及陈寅恪《记唐代之李武韦杨婚姻集团》等三篇。

梁启超（1873—1929）的《史之意义及其范围》，是其《中国历史研究法》的第一章，认为"今世之史的观念有以异于古"，旧时"学问未分科"，史书所载既太滥，又太狭，因此他开列一个内容十分广泛的中国史研究大纲，可以视之为中国史学家依样画葫芦，试图以社会科学改造传统史学的早期作品。

钱穆（1895—1990）的《国史大纲》初版于1940年，全书50多万字，以大学教科书体例写成。本书选编了它的《引论》，两万余言。《引论》于《国史大纲》全书出版前，先在报纸上发表，一时曾经引起学术界、知识界的极大注意，陈寅恪誉之为一篇必读的大文章。钱氏的这篇《引论》阐述了他对中国近世史学的看法，厘之为传统、革新、科学三派。他称传统史学为"记诵派"，认为旧史所载，"只可谓是历史的材料"；又称科学派为"考订派"，乃承"以科学方法整理国故"之潮流而起，认为"二派之治史，同于缺乏系统，无意义，乃纯为一种书本文字之学，与当身现实无预"。所以他说："惟'革新'一派，其治史为其有意义，能具系统，能努力使史学与当前现实相绾合，能求把握全史，能时时注意及于自己民族国家已往文化成绩之评价。"由此可知，有意义，具系统，与强烈的现实关怀，是钱氏编写《国史大纲》的宗旨，也是这部鸿篇巨著自异于旧史的根本之所在。唯钱氏时时将探究"先民文化精神"萦怀于心，又提出读史须先具四条信念，尤其强调"必附随一种对其本国已往历史有一种温情与敬意"，可见钱氏"革新"史学的同时，对其人文本质的坚持。

相比于钱穆的鸿篇巨著，陈寅恪（1890—1969）《记唐代之李武韦杨婚姻集团》一文则为精深的专题研究，可为近代史学专题论文之典型。陈寅恪凭借其娴熟的史料考证功夫，借用近代社会学的分析工具，将存在于唐高宗至唐玄宗时期的李武韦杨诸姓通过婚姻关系集结的政治势力，视为一个社会集团，来分析它的历史渊源、导致其成败诸因素，以及其对于同时期唐代政治史的决定性影响。论文鞭辟入里的分析与精彩纷呈的论断，为醉心于人物功过褒贬与政事铺陈的旧史学无所企及，故此也是今日习史者必得一读的佳作。

近代社会科学对历史学的影响非止于提供分析工具，如梁启超《史之意义及其范围》劈头就说："史者何？记述人类社会赓续活动之体相，校其总成绩，求得其因果关系，以为现代一般人活动之资鉴者也。"当今通行的表述是：历史研究就是为了发现人类社会发展的规律，以指导我们的工作。近代以来的学术研究，也确实为后人积累了不少关于这种"规律"的陈述。目前人们一般将分析工具层面的论断称为史学理论，而将社会运行规律层面的论断称为历史理论。本来，这些"规律"之正确与否，还是有待进一步研究证实的，可有那么一些陈述，挟意识形态之强势，声称自己具有普世意义，应该成为学者立论的依据，后人的研究只有为了进一步证明它们的正确性，才是有意义的。这就有点反客为主了。在政权鼎革之际，万众披靡之时，能够清醒自信，持真学理于不失，本已属凤毛麟角；而更不顾身家之忧，平静从容地将自己的信念向权力部门道出，岂可不谓之大义凛然！故此，本书选了陈寅恪《对科学院的答复》一文，并将其置于全书之首，认为当得到所有青年之师宗；同时将他的《清华大学王观堂先生纪念碑铭》附列于下，以揭出"独立之精神，自由之思想"之千古名言。

在这样差不多可称之为先知先觉杰出代表之外，还有一些学者，能够不断地思考，勇敢否定自我，批判陈说，坚持不懈地追随学术发展的步伐，实为促进近代中国史学不断进步的重要推动者，同样应该赢得我们最大限度的尊重。本书所选傅衣凌（1911—1988）《中国传统社会：多元的结构》，是为一例。

史学的演进

大致从20世纪中期起，近代历史学从其经典时期，进入一个新的发展阶段，精彩纷呈。那些新的流派、学说、主义、模式，铺陈开来罗列，会把人头弄得很大。归纳起来讲，大的趋势有二：

其一，进一步拓展历史学研究的领域。

这一趋势起初是从历史学的进一步社会科学化开始的，实即由一个叫新史学的潮流所带动；后来为反对新史学的矫枉过正，又兴起了一股试图回归史学叙事本性的潮流。但两者的实际影响，都是使得历史学研究的领域大为拓展。

20世纪二三十年代，西方有一些史学家因不满兰克学派客观主义史学的主张，提倡广阔开拓史学研究领域，与社会科学及人文学科其他分支合作，强调史学家的解释，重视历史学与现实的关系即历史学的功能等。这些学者的学术主张被统称为"新史学"。真正使新史学的理论与实践成为一股潮流的，是法国的年鉴学派。1929年，法国《经济社会史年鉴》杂志创刊，后来人们不仅将其视作年鉴学派，同时也是新史学诞生的标志。但在30年代之前，新史学的具体研究成果还不多见。大致从战后50年代中期起，新史学开始在西方国家逐渐占据上风，成为史坛的主潮。

新史学在本体论上把历史学视为一门关于人的科学、关于人类过去的科学。而在方法论上，它一方面倡导"问题史学"，即首先提出问题，然后再围绕问题提出假设、确定研究方法；另一方面则倡导多学科合作，即吸取其他相邻学科的理论和方法。由此我们可以看到，历史学被进一步社会科学化了。在20世纪60年代，大致说来，对新史学产生较大影响的有社会学、社会人类学、人口学、计量方法等，如心态史学、数量史学、结构史学、地理史学、历史人类学等便都是这种总体的或综合的方法论的产物。

本书共选了三篇新史学流派的论著：柯林武德的《剪刀加浆糊》、费尔南·布罗代尔的《交换纵横谈》和雅克·勒高夫的《新史学》。

柯林武德（R. G. Collingwood，1889—1943）大概算不上典型的新史学流派学者，但他基于分析的历史哲学对客观主义史学的批判，显然反映着新史学的倾向。《剪刀加浆糊》是其代表作《历史的观念》一书第五编第三节中的一篇。在《历史的观念》一书中，柯林武德批判了实证主义的历史思潮，力图将历史学与哲学联结起来。他认为历史学与自然科学虽然都基于事实，但两者性质却大不一样。他指出："对科学来说，自然永远仅仅是现象"，"但历史事件并非仅仅是现象、仅仅是观察的对象，而是要求史学必须看透它并且辨析出其中的思想来"。因此在考察历史的因果关系的时候，关键在于要找出背后的思想因素。所以他提出了那个著名的论题："一切历史都是思想史。"在本书所选的这一篇文字中，他批评仅靠历史论据的编排、联缀来叙述历史事件的传统史学为"剪刀加浆糊"，无论是晚期希腊-罗马世界或中世纪的旧史学，还是近代以来强调对史料严加"科学"考订的兰克学派，都是如此。

费尔南·布罗代尔（Fernand Brudel，1902—1985）是年鉴学派的第二代学者，他在进行跨学科研究和运用社会科学方法，从事"总体史"研究方面的杰出成就，使他闻名遐迩，成为新史学最重要的代表人物之一。新史学批评旧史学只看重政治、外交等领域，认为应该重视基层社会，重视基层民众的生活，这个取向，在年鉴学派刊物的标题上已经清楚地表达了出来：《经济社会史年鉴》（后改名《经济、社会、文明年鉴》）。由于主张拓宽历史叙述的领域，尤其强调社会经济史研究，所以年鉴学派的这一倾向被称为"总体史"。布罗代尔的代表作《地中海与菲利普二世时代的地中海世界》和《15至18世纪的物质文明、经济和资本主义》，都是"总体史"的佳作。1976年，布罗代尔应美国霍布金斯大学之邀，前去作了三次学术报告，扼要说明《15至18世纪的物质文明、经济和资本主义》一书的要旨。三场学术报告的讲稿后来以《资本主义的动力》为题译成意大利文，《交换纵横谈》是其中的第二章。

年鉴学派前辈们以社会经济为突破口，极大地开拓了历史学研究的领域，后起的一些学者仍觉得意犹未尽，于是年鉴学派第三代进一步拓展历史学研究领域，向文化心态史转型。心态这一概念涉及范围很广，包括社会意识形态、道德风范、生活态度、政治观念、宗教信仰等。随着文化心态史成为新史学的主流，这些内容都成了史家挥笔驰骋的领域。如法国史学家埃马纽埃尔·勒华拉杜里出版于1975年的《蒙塔尤：1294—1324年奥克西坦尼的一个山村》一书，就是心态史的一部代表作。本书选编了年鉴学派第三代学者雅克·勒高夫（Jacques Le Goff，1924—2014）《新史学》一文，此文对新史学流派的学术倾向及其主要成就作了简明扼要的归纳。

大致从20世纪70年代起，当新史学流派在像雅克·勒高夫这样杰出学者的努力下依然生机勃勃之时，学界也开始出现了对其批判性的反思，认为年鉴学派过分强调社会学分析方法和计量方法，强调超越个人的自然-地理结构和物质经济结构对历史发展趋势的决定作用，而完全忽略了历史中的人；同时，由于他们对表示上述结构变动的长时段和表示节奏稍慢的历史趋势的中时段之过分强调，从而忽略了表示历史突发事件的短时段。有一些学者提出应该重新回归叙述的史学："中心讨论表现出从围绕人的环境到在环境中的人这一变化的迹象；研究的问题则从经济的和人口统计的转变为文化的和情感的；影响的主要来源从社会学、经济学和人口统计学转变为文化人类学和心理学；核心对象从集体转变为个人；历史变化的解释模式从分析社会阶层和单因素的转变为相互联系和多因素的；方法论从集团定量研究转变为个人例子。文字组织从分析性的转变为描述性的。史学家功能的概念化从科学的转变为文学的。"❽这一学术倾向被人们称为"新文化史"。

新文化史的兴起，虽被视为"叙述史的复兴"，它当然绝非要回归到前近代的旧史学。据英国史学家彼得·伯克（Peter Burke）的说法，新文化史所关注的主题可以大致分为五个方面："一、物质文化的研究，如食物、服装等；二、身体、性别研究；三、记忆、语言的社会历史；四、形象的历史；五、政治文化史，这里不是研究政治事件、制度，而是非正式的规则，如人们对政治的态度、组织政治的方式等。新的主题带来了对新的史料的关注，文学作品、视觉形象等被发掘为史料；即使是传统的史料，如官方文件等，也以新的方式来阅读，人们力求寻找它们的措辞方式和表达偏见。"❾所以，虽然彼得·伯克认为新文化史的出现，是对过于强调社会科学研究方法的倾向——如计量史学等——的反动，它的实际影响，却又使得史学的研究领域大为拓展。

本书仅选了一篇新文化史的代表作，即美国史学家罗伯特·达恩顿（Robert Darnton）《屠猫记：法国文化史钩沉》中的一节：《工人暴动：圣塞佛伦街的屠猫记》。达恩顿从一群18世纪的印刷工人屠杀猫这样一个事件，揭示当时法国人心态中对猫的种种象征意义，以及屠猫的行为所具有的仪式性和文化解释。

其二，解读史料的方法不断改进。

如前所述，随着史学研究领域的不断拓展、社会科学研究方法的不断引进，尤其是跨学科研究趋势的日益强化，历史学与其他学科的界限变得越来越模糊了,有人甚至认为现在出现了"历史研究一体化的趋势"。⑩尽管如此,历史学与社会科学各不同学科毕竟存在着不可忽视的区别:社会科学所研究的人类社会是现实中存在的对象,研究者得以比较容易地获得资料,有时为了满足研究的需要,还可以通过实地调查,去"创造"资料。历史学则不然。在历史学研究中,史料的数量是既定的,它们总是极其零散与不足,不管是古代史还是近现代史,都是如此。因此,当历史学与社会科学各学科一样面对人类社会这个共同的研究对象,并试图像社会科学一样去分析这个研究对象时,如果说作为一名历史学家需要掌握什么特殊的本领的话,那就是你得学会如何解读史料,尽可能多地从有限的史料中获取更多的历史信息。

从某种角度讲,近代史学的发展,就是一部解读史料方法的演进史。这里又包含了两个不同的侧面:一是尽可能地扩大史料的范围,搜寻利用前人留给我们的一切可能包含历史信息的载体;另一则是尽可能深入地解读既有的史料,将它们背后可能蕴含的历史信息全都挖掘出来。用我一个朋友的话来说,是要"挤干史料里面的每一滴水分"。

我国传统史学在它的后期,已有学者敏锐地意识到了历史信息存在的广泛性,提出了"六经皆史"的说法。但他们更多的是从经与史、文与史的关系来讨论这个问题,且局限于正式的文献资料。近代史学形成后,尤其是20世纪新史学潮流兴起以来,史学的每一次演进,都会伴随着一股扩大搜寻历史信息渠道的努力。年鉴学派的兴起使得原先不被人们所关注,却蕴含着历史上人们社会经济生活重要信息的一些资料,受到史学家们的深度关注,如自然地理信息、民间文书、日常生活用品、档案文献等。近二三十年来新文化史的流行,使得史学家所关注的史料更为多样化,口传史料比以往更受重视,一些反映历史心态的史料更前所未有地受到关注,如人们的生活习俗、传说故事、文学作品等。随着诸如饮食、服饰、身体、性别、表象、记忆等内容进入史家研究的领域，一些原本看似毫无意义的史料开始浮出水面。

科学技术在这一进程中扮演了极为重要的角色。当人们觉得留存于地面的各类史料仍无法令人满意的时候，他们开始利用科学技术，掘地三尺，向地底下去寻找历史信息。那就是现已蔚为大观的考古学。早期的考古学只是掘土而已，现在已经发展到了利用最新的技术手段，如利用物理放射学技术来测定物体的历史年代（如碳十四测定），及利用生物细胞分析技术来测定历史生物遗存的属性（如DNA分析），等等。当然，科学技术只能为史家将历史遗物挖出来，这些遗物所可能附载的历史信息，主要还得靠史家自己来解读。本书选了张光直（1931—2001）《商周青铜器上的动物纹样》一文，以为范例，来展示考古学家如何利用他们所掌握的相关时代的背景知识，解读考古资料背后的历史文化信息。

在扩大搜寻史料的范围之外，史学家们就只有面对现实，静下心来，努力深入地解读他们所可能掌握的每一条既有的史料。

中国传统史学早已发展起了一整套整理文献的方法，如考据、训诂、校勘、辑佚等，清代汉学是其发展的高峰。不过这些方法基本还是直观的，局限于文献整理。近代史学研究方法的发展，大大超越了古人。当兰克史学大行其道之时，他们所尤为用心的，就是"科学"地考订、验证史料，以求获得最为准确的历史信息。自新史学流行，解读的方法就更为复杂了。其要点是不能仅从史料的表象来解读，还得透过表象深入它的内里。前引柯林武德"一切历史都是思想史"论断，强调的就是历史信息的记载、留存与解读过程，无一不受相关人的思想的影响，因此历史信息的留存是一个有选择的过程，对它的解读也不可能全然客观。及至20世纪70年代以来后现代史学的流行，事情就更复杂了。

后现代主义大约不能称之为一种流派，而只是种种反对"现代性"的倾向。后现代主义较早影响的领域是语言学、文学、哲学等，影响到史学并因此形成所谓的后现代史学要迟一些。1973年，美国学者海登·怀特（Hayden White）出版的《元历史学》，可谓后现代史学标志性的著作。后现代主义是一些知识分子对现代主义——实即科学主义——走火入魔的一种反动。就后现代史学的层面而言，它具体反对的东西不少，主要的是要否定历史——无论是史料还是史实——的客观性。如果说柯林武德一派分析历史哲学家们所强调的是历史学家主体作用的话，后现代史学则是把矛头对准了史料与史学的载体：语言。它试图通过分析语言的运用和语言的结构来解构传统史学。它认为，历史描写采取陈述的形式，而陈述要通过语言来实现；我们所了解的历史事实只是通过语言中介构建的历史，历史的真相我们永远无法知道。所以，无论史料还是史实，都不过是不同的文本。历史学家的研究工作就是要"解构"这些文本。在不少史学家看来，这是从根本上否认了历史的客观性，当然不能认同。⓫尽管争论不少，我还是觉得不妨从积极方面来理解后现代史学，它至少提醒我们应该更深入地认识史料的主观性，更审慎地分析史料，以新的方式思考文本和叙事。

本书最后两篇文章，就是从史料解读的层面考虑选编的。

19世纪欧洲兰克学派的客观主义史学影响到中国，引发了史学家们对历史文献的再思考，傅斯年提出"史学便是史料学"，以他为首的一批史家主张以科学的手段整理国故，形成20世纪中国史学的主流。如王国维、胡适、陈寅恪、陈垣、顾颉刚等史学大师都被归入其中。以顾颉刚（1893—1980）等人擎大旗的疑古学派认为传世文献多为后人"层累式"地生成，并非上古历史的直接证据。这种对古文献剥茧抽丝式的解读，虽然对传统的上古历史叙述极具"破坏"性，实际上带来了中国史学的重大进步。1924年，顾颉刚发表《孟姜女故事的转变》一文，轰动学界。此文层层分析孟姜女哭长城故事形成的历史过程，解读其中不同过程所反映的不同历史时期的文化信息，极其经典，至今仍是习史者必得认真阅读的范文。

而后现代史学的文献，坦率地说，都太过抽象，不太适合供初入门者阅读。因此本书选了英国学者凯斯·詹京斯（Keith Jenkins）的《历史是什么》。此文是詹京斯《历史的再思考》（*Re-thinking History*）一书的第一章，从理论与实践两个层面解释了后现代历史学视野中的"历史"，相对容易为初学者所理解。

以上就是编者对为什么视这19篇文献为"历史学基础文献"，将它们入选本书的一些考虑。

最后，让我们回到前面的话题。从目前的情形看，科学对历史学的影响恐怕远未结束，其发展趋势非我辈所能预测，总的说来该会有一些益处，有点意思。不过在当今的中国，"科学"却似乎正在找历史学的麻烦。比较直接的是老问历史学"有什么用"，全然没有钱穆先生所说的对本国历史的温情与敬意。这倒不碍我们什么事。人家愿意自我贬低，想当不会听历史故事的黑猩猩，由他去就是。比较讨厌的是"科学"已经不耐烦老做背后的指使者，直接跳将出来表演一番。一些出身于技术领域的学官们，看了几本通俗历史读物，发现满纸都是汉字，自己也能懂；或者听了几场电视上的说大书，有些想法，就觉得自己其实很懂历史学了，于是就开始拿他们自己所熟悉的那些学科的条条框框，来指挥历史学干这干那。这可真有点令人啼笑皆非了。当然明眼人也看得出，这些其实并非真正的科学，学官们是否能算科学家，也得另说。他们的目的显然也并非要拿科学来彻底改造历史学——人家操这份闲心干什么，而是想要让历史学家们替他们多制造一些政绩数据。面对这样的情况，合格的历史学家只会向他们笑笑，转身去读自己的书。

2007年8月于杭州小和山

（选自包伟民编选《历史学基础文献选读》，浙江大学出版社2007年版，第1—15页）

---

❶〔汉〕班固：《汉书》卷六二《司马迁传》，中华书局1964年版，第9册，第2735页。

❷〔明〕王夫之著，舒士彦点校：《读通鉴论·叙论》，中华书局1975年版，第956页。

❸〔汉〕赵岐注、〔宋〕孙奭音义并疏：《孟子注疏》卷六下，中华书局影印十三经注疏本。

❹ *Encyclopaedia Britannic*（《不列颠百科全书》），第8卷，1982年版，第1180页。

❺ 参见张汝伦《黑格尔的〈历史哲学〉》，载《中华读书报》2001年11月21日。

❻ Leopold von Ranke, *Fürsten und Völker: Geschichten der romanischen und germanischen Völker von 1494–1514*, Wiesbaden: Emil Vollmer Verlag, 1957, p.7. 转引自易兰《兰克史学之东传及其中国回响》注3，载《学术月刊》2005年第2期，第76—82页。

❼〔德〕马克思：《路易·波拿巴的雾月十八日》"1869年第二版序言"，人民出版社1962年版，第IV页。

❽ Lawrence Stone, "The Revival of Narrative", in *Past and Present*, 1979, p.85. 转引自陈新《论20世纪西方历史叙述研究的两个阶段》，载《史学理论研究》1999年第2期，第93—105页。引文在第93页。

❾ 转引自杨豫、李霞、舒小昀《新文化史学的兴起——与剑桥大学彼得·伯克教授座谈侧记》，载《史学理论研究》2000年第1期，第143—150、161页。引文在第144页。

❿ 参见于沛《历史学的"界限"和历史学的界限何以变得越来越模糊了》，载《历史研究》2004年第4期，第3—5页。

⓫ 参见仲伟民《后现代史学：姗姗来迟的不速之客》，载《光明日报》2005年1月27日第C1版。

五 ‖ 数字人文及其对历史学的新挑战

近代以来，人文学研究一直为科学的发展所左右。数十年来，已经开始深刻影响其演进走向的，是日新月异的计算机信息技术。据说，目前我们已经处于一个被称为"数字人文"的时代。

史学研究也不例外。

学界已经为历史资料数据库的建设，投入了巨大的人力物力。也有一些敏感的商界人士，将此视为攫取商业利润的新场域，投入巨资，开疆拓土。各方面先后建立起来的各种类型的历史资料数据库，不胜枚举。例如在中国古代历史研究领域，具有标志性意义的，先是有香港迪志文化出版有限公司在1999年推出的文渊阁《四库全书》全文检索数据库，后更有北京爱如生数字化技术研究中心开发制作的《中国基本古籍库》。这些数据库，已经将中国存世古籍的绝大多数收录其中。与中国古代历史研究直接相关的当代学术文献数据库，执其牛耳者则非中国知网莫属。尽管因其明显地轻视学者个人著作权益而多受诟病，这个始建于1999年，集学术期刊、硕博士学位论文、会议论文、报纸、工具书、年鉴、专利、标准、海外文献资源于一体的巨无霸式的网络出版平台，已经成为学者从事史学研究工作须臾不可离的帮手。另一方面，资本对于高额回报的期待，也开始对学术机构产生越来越沉重的经费压力。

在差不多每一个从业人员都感受到了新技术无所不在影响的同时，历史学作为人文学的重要组成部分，其在数字人文时代的境遇，也引起不少学者的关注与讨论。多数意见，是竭力称颂新技术将给历史学带来全新的发展机遇，出现了"大数据时代似乎给史学研究带来了前所未有的兴奋"的现象。❶例如有学者认为"大数据使历史资料利用产生革命性变革"❷。在研究方法层面，有学者归纳出了关于利用信息技术的所谓"e-考据时代"的概念，认为"e-考据""已使文史学界的研究环境与方法面临千年巨变"❸。更有人将"传统史学"与数字人文时代的"新史学"直接对立了起来，❹甚至提出了"信息技术革命会'终结'人文学科吗"这样耸人听闻的问题。❺但也有学者持冷静迟疑的立场，从近年来数字化技术在史学研究中实际应用的情况出发作观察，指出："当我们以数字化的方式在一定范围内穷尽史料之后，我们所期待的'史料大发现'的时代却并没有到来，我们依旧要在那几部最基本史著的字里行间寻求突破。技术手段的更新，也并没有带来终极意义上的学术思维革命……"❻

可以说，相关议题已经展开了比较充分的讨论，各位论者所言，基本也可以自成其说。只不过，对于涉及领域极为宽泛的历史学研究，论者常常仅就其所熟悉且相对有利的部分来举例论证，涵盖面常有不足，不免难以周全；与此同时，不少看法则明显陈述多于论证，属于"愿景"而已。

因此，本人谨以自己具体研究的心得为例，在中国古代史研究领域的范围之内，对论者的讨论提出几点补充，以期有助于"数字史学"的发展——如果可以如此来称呼它的话。

检索资料

在实际史学研究工作中，近年来计算机数据库的发展真正产生广泛影响的，是多数学者们已经习惯利用历史文献数据库来搜寻资料。这也是我们首先应该讨论的。

新技术在给研究工作带来极大便利的同时，也带来了一些前所未有的新问题，值得注意。

利用数据库来搜寻资料这一方法的广泛应用，所带来的第一个结果，无疑是从中得到的搜索结果的数量大增，正如黄一农所指出的，"随着出版业的蓬勃以及图书馆的现代化，再加上网际网路和数位资料库的普及，一位文史工作者往往有机会掌握前人未曾寓目的材料，并在较短时间内透过逻辑推理的布局，填补探究历史细节时的隙缝"。正由于学者们"有机会在很短时间内就掌握前人未曾寓目的材料"，就可以经分析研究，得出新的结论。❼这也正是他"深感史学研究已晋入一前人所无法想象的新局"的原因，❽也是他提出"e-考据"说的依据所在。

尽管这种检索的结果可能极大地扩展学者们搜寻资料的范围与数量，并帮助他们在不同类型的资料之间建立起联系，推进分析思考，不过这种搜寻资料的路径，本来就是"传统"考据学所要求的，只不过学者们常受条件之限，不太容易做到而已。因此就其本质而言，从传统考据到"e-考据"，仍属量变而非质变。这也是为什么有论者以为"e-考据作为一种考据方法的创新，并未改变考据学的性质"之故。❾另一方面，黄一农所实践的两个案例，无论是关于第一代天主教徒，还是关于曹振彦的生平事迹，都发生在明末清初，其存世的历史文献相比于前代要丰富得多，有例如《明人文集资料库》那样信息量十分丰富的数据库，其所能够提供的帮助就十分显著。如果事涉更早一些的历史时期，情况也许会有所不同。

第二个结果，这也是本人在日常研究工作中常常感到困惑之处，那就是对于某一史事，常常难以确定哪些词汇应该被纳入检索字串的范围，而且检索出来的成百上千条的结果，常常绝大多数与研究主题并不相关,对检索结果一条条地分析阅读,徒然增加工作量。因此有学者感叹数据库检索并未使得搜寻资料变得容易,反而是更难了。

这就反映了文史类数据库建设所面临的一大难题:中国传统历史文献绝大多数是出于文人之手的描述性文本,其中最大量的是文学作品,到了数字人文时代,不管是"细读"还是"远读",计算机的阅读,只可能落实于文字表面,将数据信息与检索字串机械地一一对应。至少在目前的条件下,还不太可能应对传统文人士大夫笔下常见的各种看似"词不达意"的、灵活多变的表述方式。简言之,当文本未能在字面上直接反映历史信息时,我们该怎么办?

这里又可以分为三种不同的层次。

其一,一个对象物,文献中可能用不同的词汇来指称它,研究者非遍览史籍,否则难以知晓,不太可能仅依靠检索数据库来完成资料的收集。黄一农在讨论曹振彦生平时,就曾举"瞿汝稷"一例指出:在资料库中可以发现其人共有十数种称谓,他一共举出了诸如"瞿元立""瞿洞观"等17种不同的称谓。[10]一个历史人物有他的姓名、表字、雅号、别名、官职、籍贯等,这当然是常见的现象。有的时候,厘清历史人物这些雅号别名就已经是一项并不轻松的研究议题。[11]更麻烦的是,相比于同名同姓的案例,一个字号为多人所共享的情况则更为普遍。例如仅据《宋人传记资料索引》,一些典雅的字号,往往相同者众多。例如"子文",相同者有王埜等26人,"子正",相同者则多至方宙等33人。即便如"希文"这样相对冷僻的字号,也有范仲淹(989—1052)等相同者5人。[12]

不仅是历史人物,制度、事物等也常见一事多名的现象。例如南宋时期有一个中央向地方征调财赋的重要项目,叫作月桩钱,文献所载,又称月给钱、月解钱、月桩大军钱等,甚至简称"大军钱"。而且"大军钱"一词,当时同时还指另外的财政项目,相互间的辨别，全凭研究者细读文献的上下文才能作出判断。

这样一来，在具体的研究过程中，以往依靠通读文献，细细品味，遗漏、返工的情况相对较少。现在如果主要依靠数据库检索来搜寻资料，则往往需要每发现一个新的与研究议题相关的关键词，就返工再作一次检索，最后却仍无法保证是否已经将相关记载搜寻无遗。这无疑会给研究工作带来不小困惑。

也许，技术专家会告诉我们，现今大数据技术的发展，已经完全可以由研究者归纳出其中的规律，设置必要的前提条件，让计算机经过学习，掌握相关的分辨判断技术，再让它将相关记载的文本"挖掘"出来。这样的设想是否适合于中国古代历史资料的搜寻，笔者尚无法判断。不过比较明确的是，归纳词频规律与为检索设置必要的前提条件，当然是只有史学工作者才能够胜任的一项工作。而且，这样一来，实际上研究过程恐怕已经完成，本无须再烦劳机器了；同时其可能需要的人力物力投入，也多半会得不偿失。

其二，在中国古代历史文献的记载中，文本字面含义与史实之间常常存在错位，这就使得事情变得更为复杂了。

笔者近年从事的两个专题研究，有一定的示范意义。

讨论宋代乡村基层管理组织，存世的宋元地方志是核心文献。从宋到元，存在着一个从乡里、乡管到乡都的制度演变过程，这是公认的史实。但是数十种存世宋元方志关于乡村基层管理组织的描述，从南宋及至元代，在"乡"之下，超过80%却仍记载着已经退出历史舞台的"里"，至于当时实际运行之中的"都"与"保"，则甚少记载。如果完全依赖于数据库的检索统计，就可能使人误以为当时的乡村基层管理组织，仍是以"乡"与"里"为核心来建构的，这就反而远离史实。实际上这些"里"，看似乡村基层管理组织，却不过是经过演变的某种地理单元而已。⑬这样的认识，仅凭数据库的检索阅读，当然是无法达到的。

又关于宋代城市的城区布局与管理，存世地方志的记载无不以"坊"为中心，无论是"坊巷""坊市"或者"坊陌"，都是如此。多数地方志几乎不记载关于街巷的情况。即便有的地方志，如《嘉泰会稽志》，设有"衢巷"之目，看似专为街巷而立，实际记载的内容，却仅有坊而无巷。这就给了读者一个直观的印象，似乎当时的城区一切都以"坊"为中心来展开。实际上，"坊"在宋元方志的文本中有多重含义，它既可能是城市管理组织"坊区"，又多指耸立于街巷两端的兼具装饰与实用功能的坊额坊表，同时也有可能是纯粹作为纪念性建筑物的牌坊，如各地常见的状元坊、功德坊之类的东西。但是宋元地方志对于其间的区别几乎都不作说明，只是将它们混杂在一起记载了下来。究其原因，就是因为地方志编纂者们"历史书写"的用心所在，是要凸显各地城区坊额的"为美名以志"[14]，即其某种"为邑之壮观"（形象工程）与"此政也而有教焉"（宣传栏）的功能[15]。同时，对于在民众日常生活中扮演着主角的街巷，他们却嫌其名称"出于俚俗"，"多非驯雅"[16]，不屑于记述了。这种在历史书写中畸轻畸重的失真现象，长期误导了人们对当时城市制度的认识。如果仅仅依靠数据库对历史文本的统计分析，无疑也会得出坊主巷从的结论，难以解开这个历史的谜团。[17]

其三，更进一步，文人士大夫行文遣墨，笔下常见的隐语、反讽、比拟、转喻等手法，有时文本与史实之间隔着好几层关系，史家常常不得不依靠自己对史事大背景的掌握，以及上下文的逻辑联系，有时甚至还得依靠揣摩作者行文的语气与心态，来作出判断。这就使得事情更加复杂了。

例如，古人书信中，常以"某氏""某丈"之类简称，类似于今人所言"老张""老李"之类泛称，来指称通信双方都熟悉的某位人物。如南宋理学家吕祖谦（1137—1181），在其与朱熹（1130—1200）的信函中，经常提到一位"张丈"，熟悉南宋理学史的学者很容易判断，这应该是指当时另一位著名的理学家张栻（1133—1180）。[13]但是仅凭类似于今人"老张"这一泛称，想要请计算机通过数据检索来追索到具体是哪一位"老张"，无疑太过难为机器了。

又如，古人还常见有以兄弟排行来指称人物的书写方法，类似于今人称某人为老大、老二等。若无其他更为明确的信息，计算机恐怕也是难以作出判断的。如北宋末年权臣蔡京（1047—1126）的小儿子蔡絛，因与长兄蔡攸（1077—1126）不谐，在其于南宋初年所著笔记《铁围山丛谈》中，概以"伯氏"一词指称之，其他信息全无，依靠数据库检索，恐怕也是难以从此书中把关于蔡攸的记载挖掘出来的。

古人又多以官职、籍贯来指称人物，如杜工部（杜甫）、康南海（康有为）之类就是显例，黄一农就曾提到瞿汝稷还有"瞿黄州""瞿太虚运使"等别称。但如果这类指称连姓氏都被省略，学者有时不免得考索一番，才弄得清究竟所指为何人。数据库看来是无能为力的。例如北宋后期宰臣曾布（1036—1107）所撰《曾公遗录》，因属于私人日记性质，指称人物的用词就相当简单。如"元符二年三月丁卯日"条载："是日，夔、辖不入。"[19]这里被简略仅至一个字的"夔"与"辖"所指何人，就颇费思量。据同书卷九"元符三年正月己卯日"条载宋哲宗驾崩之后，向太后与宰执们商量帝位继任大事："章惇厉声云：'依礼典律令，简王乃母弟之亲，当立。'余愕然未及对，太后云……余即应声云：'章惇并不曾与众商量，皇太后圣谕极允当。'蔡卞亦云：'在皇太后圣旨。'许将亦唯唯，夔遂默然。"[20]可知"夔"即为时任宰相、尚书左仆射兼门下侍郎章惇（1035—1105）。然而此一"夔"字，既非章惇的表字，更非其雅号，显然是曾布因与其政见不合，在自己的私记中为其所取带有鄙意的别称。至于"辖"，文中也多见有"两辖"一词，则当指"左辖"与"右辖",即尚书左丞与尚书右丞的别称。时任尚书左丞蔡卞(1048—1117)、尚书右丞黄履(1030—1101)。㉑从人名到其官职,又从官职到别称,更将别称简化,这中间几重转折的线索,检索工具怕是接不上的。

又如南宋乾道八年(1172),朱熹致信吕祖谦"熹自泉、福间得侍郎中丈教诲,蒙以契旧之故,爱予甚厚"㉒。这里提到的"郎中丈"究系何人,就有点没头没脑。查吕祖谦年谱及其他相关资料,才得以明了原来指的是吕祖谦之父吕大器。绍兴二十五年(1155)吕大器任福建提刑司干官,当时朱熹应该拜见过他,因此才说自己在泉、福间得其教诲。吕大器于乾道八年二月初七日过世,朱熹得知此消息后,致信好友表示慰问。吕大器官至右朝散郎,所以朱熹以"郎中丈"尊称之。

但是,我们若要讨论吕大器这样的历史人物,是否会想到将其曾任之右朝散郎之简略词"郎"等词汇列为检索字串,就已经是一个问题。即便检索字串的设置周全得无以复加,能够将其列入,那么,不管是某氏某丈、伯氏季氏,还是夔、辖、郎之类,利用《中国基本古籍库》那样的数据库,当然都能很快地将它们全部检索出来,罗列无遗,但是每一字串所得到的起码数千及至十数万个检索结果,在实际的研究工作中显然也是没有任何利用价值的。

所以说,仅就全文检索这一层面而言,对于以上这几类现象,计算机数据库看来仍然无能为力。如果仅仅依靠数据库来搜寻历史资料,至少在目前的技术水平下,仍有其明显不足,难以将资料搜寻完备。黄一农曾指出:"当然,别忘了,'e-考据'的研究方法,不仅得熟悉网路或电子资源,还必须建立在深厚的史学基础之上。而清晰的问题意识与灵活的搜寻技巧,亦将是考据功力的深浅所系。"㉓我们或许还可以对此稍作补充,在清晰的问题意识与灵活的搜寻技巧之外,对于一些基本历史文献,认真通读、细心体会,仍然是中国古代历史研究必不可少的一道"工序"。

提出议题

当然，正如不少论者所指出的，全文检索远未能发挥出计算机数据库的所有功能，其所强调较多的，还有提出议题与统计分析两个方面。

议题是史学研究的起点。人们观察历史，不免站在当今的立场上来提出要求，以求了解过去。但如何提出有意义、得以真正展开讨论的议题，还有赖于我们对历史社会的认识，去发现那些有意义的历史现象。正是在这一意义上，历史资料数据库的发展，给我们展示了新的可能，也带来了新的困惑。

由于数据库能够帮助研究者比以前更加方便地搜集资料，并据以展开分析讨论，因此有论者特别强调"量化研究的一个重要优势是，能够发现靠传统文献阅读无法发现的隐藏在历史资料堆中的史实"[24]；甚至更进一步，可以经过"同时比对上千条数据，辨识其中模式"[25]，也就是认为利用数据库的分析，可以在复杂的历史现象中发现传统研究方法所难以觉察到的问题。这样的推论，在逻辑上自然顺理成章。不过，更为周全的观察还提醒着我们，这一推论的适应面存在着明显的局限性。除非我们能够满足它所有必要的前提条件，否则推论的结果难以达到。那就是：第一，相关研究领域保存有丰富的档案文献，可以构建起信息量足够的数据库；第二，利用计算机来阅读历史资料，如前文所论，至少在目前，还停留在词义直接对应的水平，这就要求历史文本的字面含义与它所可能蕴含的历史信息完全对应，否则机器阅读就无能为力。但是这在中国古代史研究领域，条件似乎尚欠充分。

人类历史内容极其广泛，不同领域存世的历史资料差别明显。不少学者在讨论中经常举为论据的"大数据"，大多需要以丰富的存世档案文献为基础，在中国古代历史领域，却基本不存在这样的条件。在印刷术未能普及应用之前的那些历史阶段，更是如此。所以信息技术在中国古代史研究领域的应用，可能与近现代史领域有一些不同，不应忽视。

因此，在意见的另一方面，常被论者提及的则是王国维的"读书得间"之论："宜由细心苦读以发现问题，不宜悬问题以觅材料。"强调从细心从阅读历史文献之中来发现问题。[26]

所谓经过大数据分析比较来发现问题，不可能将史学分析完全交给计算机自发地操作，而必须由研究者设置一定的前提条件。也就是说，其实是由研究者事先提出研究目的或者目的范围，也就是"悬问题以觅材料"。这些问题当然不可能凭空得来，必然有其依据。除了研究者对特定历史社会的认识之外，比较直接的应该就是现代社会科学一些范式的指引。这就难免会与作为研究对象的历史社会之间存在一定的隔阂。这样一来，岂非坐实了关于"实际情况则是研究者预先设定的思路往往成为搜寻和筛选数据的藩篱而不自知"的批评？[27]

而所谓"读书得间"之论，"由细心苦读以发现问题"，强调的是要通过分析存世历史文本，在字里行间的细节中发现前人所忽略的问题。其与前者的差别，主要体现在立足点之不同，即立足于客体（历史社会），从深入观察之中来发现问题，还是立足于主体（研究者），根据今人的主观目标来设定问题。尽管这两者之间还存在着相当复杂的联系，但立场的区别是明显的。

史学研究的目的是理解历史。所谓一代人有一代人的历史，指的是每一代人都会对历史有与前人不同的理解。因此在史学研究中，主体与客体常常相互影响。相对而言，强调主体，在于其研究目的，即从今人理解历史，使之服务于当今的目的出发来提出问题；立足于客体，则是强调从研究对象本身的实际情况出发，来发现问题、提出问题。也就是所谓要"贴近史实"。笔者的理解，这里可以包含两层意思，一是要在总体上把握研究对象的全貌，二是要充分发掘历史的细节。

具体到笔者相对熟悉的宋代史研究领域而言，其中相比于其他历史时期的一些突显的现象，是任何观察者都不能忽视的，一直为人们所重视。如多民族政权并存、赵宋政权文官制度的发达与武功之不振、经济与技术的突破性发展、思想文化领域新气象的形成、南方地区的开发以及随之带来的地域格局的变化、城市新面貌的形成，等等，是任何观察者都不能忽视的。论题虽旧，其命弥新。只有在基本把握了全貌的前提之下，再将各方面历史现象联系起来，以研究者独到与深邃的目光作观察，才有可能从历史文本的字里行间，发现隐藏于其中的一些重要历史现象，找出可以深入讨论的问题。也就是从中去寻找某一历史现象可能蕴含的意义，来解答它的"为什么"，即所谓"得间"。更为重要的是，也才有可能使得对问题的讨论契合于历史发展的大趋势，将局部与总体有机结合起来。

正是在这一意义上，目前学界多所批评的所谓"检索体"类文章，即主要依靠数据库检索来完成资料搜寻工作，或者依靠机器阅读来确立讨论议题的，可能正在于它们既不能把握住特定历史社会的基本脉络，对于引为论据的历史文本又常常割裂其与上下文之间的有机联系，更割裂了其与历史大背景之间的联系，在典型地"寻章摘句"之余，更以今人之心，揣古人之腹，可以说在其所提出的议题与其对议题的论证两方面，都脱离了历史实际。

也因此，能否通过大数据分析来发现史事中的问题，其前提仍在于研究者对于历史社会基本脉络及其细节的掌握是否充分。"读书得间"，尤其在史学训练的初步阶段，不可跨越。

统计分析

不少论者都曾指出，数字人文的发展，早已从简单的全文检索进化到了"关系型"数据库——比较著名的如中国历代人物传记资料库（CBDB）与 Markus 古籍半自动标记平台等，它们能将各种要素有机地联系起来作统计分析，以得出个体研究者不容易得到的结论，甚至做到所谓"精准型研究"。[28]

可是，这些数据库在处理历史文本时，如前文所说，当文本未能在字面上直接反映历史信息时研究者该怎么办的困窘，依然存在。另一方面，在充分意识到这种"关系型"数据库的潜能，以及有时抱怨它们的用户界面大多不够友好的同时，笔者不免得陇望蜀，期待它能够发挥更大的作用。因此还有几点困惑之处，提出来讨论。

首先，如何应对存世记载零散、数据库的统计分析难以保证结论的普遍性的问题。在中国古代史领域，存世记载大多零散，具有明显的偶然性与或然性，很难具有系统性，这与近现代史领域存在着相当大的差别。在"传统"的以全文阅读为基础的研究中，成熟的学者往往可以通过对不同案例的全面考量，判断其典型性，才举为例证。这一过程尽管看似主观，事实上可能反而更接近史实。但是根据这些记载建立起来的数据库，看似精确，实际上只能将复杂、立体的描述性历史文本转化成为平面的数据，抹杀了它们相互间的差异性，这样一来，数据库统计还能够在多大程度上反映历史现象的普遍性，不免令人存疑。

以历史人物研究为例，坦率地说，近年来学界为建设"关系型"数据库，投入了大量的人力物力，但学者们在各自的研究工作中真正利用了这些数据库，并做出有影响学术成果的，则极为有限。笔者曾见有论者利用CBDB数据库，来研究宋代处州的家族群体，还补充以其他一些碑铭资料，共发现了36个符合"有影响力"条件的家族，其中丽水县10个、缙云县7个、松阳县5个、青田县5个、龙泉县5个，遂昌县与庆元县各仅2个。作者据此得出结论，认为在宋代处州地区，除了政治中心丽水"有影响力"条件的家族数量较多外，在其他各县分布较为均匀，县域之间的差别较小。同时这些家族及其区域的发展有着明显的"内生性"特点。㉙查考作者所列这35个家庭的资料出处，坦率说，基本不出文史研究者目力可及的范围。而且，以每县仅仅个位数的例证，来论证300年时间跨度之中"家族群体"的特征，不能不说是太过试探性了。更重要的是，处州的这35个家族虽然按一定条件都可以被认定为具有"影响力"，在数据库的资料处理方式中，他们都变成了一个简单的计数单位，在每个"1"的背后，不同家族间可能存在的各种差异——豪族与寒士、显宦与下僚，全都被忽略、抹平了。其与史实之间究竟存在多少距离，就令人不得而知。

其次，与此相类似，在人物研究领域，以CBDB为代表的"关系型"数据库，在将本质上属于描述性的文献转化为可供统计的量化数据的过程中，经过一定的条件界定，难免会筛选、过滤掉历史信息，造成信息的衰减。例如关于宋末入元士人对新朝的态度问题，学界曾有一些研究。观察的视角之一，是统计这些士人入元后是否入仕新朝。经过"是"与"否"的统计，得出不同地区、不同群体之间的不同数据。应该说，在将描述性文献转化为量化数据的处理中，这一个"是"与"否"的统计，当属于逻辑关系比较明晰、信息衰减相对较少的类型，却仍不能保证其结论不偏离于史实。数年前，笔者曾以明州（庆元府）入元士人为例，来校正这类数据，发现实际情形远比"入仕"或"未入仕"这样两大简单归类为复杂。入仕者，其与新朝可以有亲与疏，或者自愿与无奈之异；未入仕者，也可能存在着不愿仕与不得仕之别。特定的入仕者与未入仕者之间对于新朝的情感立场，相比同一类别内部之间，甚至有可能更为接近。但是非此即彼的统计归类，只能摘取文本所反映的丰富历史信息中的一个节点而已，完全忽略了这些重要内容。人们的社会活动是极为复杂多样的，数据库式的历史资料处理方式，将本来丰富多彩的社会活动简单地转化成是与否、0与1，在资料统计追求全面、可视、多样化的同时，有时无疑也存在着简单化、反而背离了史实的情形。

最后，偶然存世、零散残缺与每一单篇都颇具个性色彩的古代历史文本，在被统合到数据库后，或者被分解开来以其局部与其他资料相联系、对比、分析，或者以其一部或整体与其他资料相加、统计、核算，都会存在一个损失其个性、脱离其历史背景的问题。典型案例，可举存世的一些财政数据来作说明。目前保存在正史、政书、地志、文集等文献中的一些古代财政数据，即便是相对全面的那些记载，也无不存在着统计口径不一、计量单位各异等复杂问题，非经对每一个案认真解读、换算，不易解读。数据库的处理，如果仅仅因为其表面看来财政项目相同，就简单展开统计分析，难免不会出现失之毫厘谬以千里之误。例如马端临《文献通考》卷二三《国用考一》载有宣和元年（1119）"诸路上供钱物之数"，涉及17个路分，合计1532万贯匹两，其中数额高者如两浙路，达443万余贯匹两，占诸路总额的29%，而四川地区的成都、利州、潼川、夔州四路合计起来仅为14万有奇，只占诸路总额的0.9%。❹根据当时四川地区的经济地位，其上供财赋绝不可能如此之少。这说明《文献通考》所载宣和元年"诸路上供钱物之数"，并非当地所有被朝廷征调的财赋的原额，应该只是供送到京师开封府的那部分，亦即狭义的上供，四川上供财物绝大部分估计已被截留于陕西了。但是这样的认识，非经对北宋后期国家财政调拨体系作出全局性分析之后，不可能得出。可知宣和元年的这一"上供钱物之数"记载，与存世的当时其他一些关于四川地区的财政数据，出于不同的统计口径。数据库的统计，如何综合这些分析性的认知，避免简单化地加加减减呢？其他大量的更为个性化的记载，如何避免在数据库统计过程中损失背后的历史信息，将立体的文本扁平化呢？这些都是我们在将数字化技术应用到中国古代历史研究领域时，所不得不面对的问题。

上述例子说明，史家读书，除了某一词句与其上下文的逻辑关系外，还得关心通篇文本与其时代背景之间的复杂关系。在数字人文时代，若将读书的任务完全交给计算机来完成，是否会恰好显露出文史类资料与现代信息技术之间某种程度的方枘圆凿呢？

余 论

回到本文的标题，所谓在数字人文时代历史学遇到的新挑战，当然并非如某些论者所言，"传统史学"将被"具体、细致和精确"的"新史学"所取替，而是指如何在符合学科特点的基础之上，更有效地利用信息技术，以推动历史学研究的深化发展，对史学从业人员来说，的确是一个新课题、新挑战。在这里，历史学与计算机学科等领域的携手合作非常重要。本文所谈到的这些困惑，正是希望"具体、细致和精确"地来指出在应用数字技术来分析历史信息时可能产生的一些BUG，既提醒史学界同人，我们应该将数据技术放到一个更为恰当的位置，在更好地利用它的同时，避开它所可能带来的一些弊病；同时，更试图为计算机等学科提供参考意见，期待有关学者改进技术，帮助史学研究更好地融入数字化时代。

总之，正如王家范先生所指出的："世界上有一种职业是任何再先进的机器人也无法替代，那就是历史学家。"❸对于史学研究来说，"大数据"只不过是一种新的更加有效的工具而已，它当然不可能取代学术研究的主体——历史学家。

（原载《史学月刊》2018年第9期，第5—12页）

---

❶ 郭辉：《大数据时代史学研究的趋势与反思》，载《史学月刊》2017年第5期，第5—9页。

❷ 姜义华：《大数据催生史学大变革》，载《中国社会科学报》2015年4月29日第B05版。

❸ 黄一农：《e-考据时代的新曹学研究：以曹振彦生平为例》，载《中国社会科学》2011年第2期，第189—207页。

❹ 李振宏：《论互联网时代的历史学》，载《史学月刊》2016年第11期，第97—113页。

❺ 徐英瑾：《信息技术革命会"终结"人文学科吗？》，载《文汇报》2017年1月20日第11版。

❻ 陈爽：《回归传统：浅谈数字化时代的史料处理与运用》，载《史学月刊》2015年第1期，第14—17页。

❼ 黄一农：《e-考据时代的新曹学研究：以曹振彦生平为例》。同氏：《两头蛇：明末清初的第一代天主教徒》，（台湾）清华大学出版社2005年版，第43—44、63—64页。

❽ 黄一农：《两头蛇：明末清初的第一代天主教徒》，第63页。

❾ 张鑫洁：《e-考据的荣耀与困窘》，载《鲁东大学学报（哲学社会科学版）》2016年第1期，第17—21页。

❿ 黄一农：《两头蛇：明末清初的第一代天主教徒》，第43页。

⓫ 例如关于宋代名相王安石的表字，吴曾《能改斋漫录》卷十四曾载："（王）荆公少字介卿，后易介甫。"今人对此有专文讨论，但莫衷一是。参见张海鸥《王介甫又称介卿、介父》，载《阴山学刊》2001年第3期，第31页；侯体健：《"王安石字介"说》，载《古典文学知识》2008年第2期，第114—119页。

⓬ 昌彼得、王德毅、程元敏、侯俊德编，王德毅增订：《宋人传记资料索引》，中华书局1988年版，第6—8、136页。

⓭ 参见拙文《中国近古时期"里"制的演变》，载《中国社会科学》2015年第1期，第183—201页。

⑭〔宋〕戴栩：《浣川集》卷五《永嘉重建三十六坊记》，台湾商务印书馆1982年版，影印文渊阁《四库全书》，第1176册，第720页。

⑮〔宋〕参见凌万顷、边实纂修《淳祐玉峰志》卷上《坊陌桥梁》，上海古籍出版社2002年版，《续修四库全书》第696册，影印北京图书馆藏清黄氏士礼居抄本，第573页；戴栩：《浣川集》卷五《永嘉重建三十六坊记》。

⑯〔宋〕谈钥：《嘉泰吴兴志》卷二《坊巷·州治》，中华书局1990年版，《宋元方志丛刊》第5册，影印《吴兴丛书》本，第4689、4690页。

⑰参见拙文《说"坊"——唐宋城市制度演变与地方志书的"书写"》，载《文史哲》2018年第1期，第85—103页。

⑱参见吕祖谦《东莱吕太史别集》卷七、八，《与朱侍讲元晦》，浙江古籍出版社2008年版，《吕祖谦全集》第1册，第396—439页。

⑲〔宋〕曾布：《曾公遗录》卷七，中华书局2016年版，第10页。

⑳同上书，第174页。

㉑《宋史》卷二一二《宰辅表三》，中华书局1977年版，第16册，第5509页。

㉒〔宋〕朱熹：《晦庵先生朱文公文集》卷三三《答吕伯恭》，上海古籍出版社、安徽教育出版社2002年版，《朱子全书》，第21册，第1434—1435页。

㉓黄一农：《两头蛇：明末清初的第一代天主教徒》，第64页。

㉔梁晨、董浩、李中清：《量化数据库与历史研究》，载《历史研究》2015年第2期，第113—128页。

㉕徐力恒、陈静：《我们为什么需要数字人文》，载《社会科学报》2017年8月24日第5版。

㉖转引自陈爽《回归传统：浅谈数字化时代的史料处理与运用》。

㉗胡优静：《历史学数字资源利用的误区及其应对》，载《史学月刊》2017年第5期，第26—29页。

㉘郭辉：《大数据时代史学研究的趋势与反思》，载《史学月刊》2017年第5期，第5—9页。

㉙黄军杰：《"数字人文"技术视角下区域史研究新取径——以宋代处州家族群体的梳理为例》，载《地方文化研究》2017年第2期，第106—112页。

㉚〔元〕马端临：《文献通考》卷二三《国用考一》，中华书局2011年版，第2册，第691—692页。

㉛王家范：《机器人永远无法替代历史学家》，2017年9月4日，http://www.thepaper.cn/newsDetail_forward_1783896。

六 ‖ 走出"汉学心态":
中国古代历史研究方法论刍议

改革开放三十多年,是我国学术进步最为显著的一个历史时期。其中一个比较突出的现象,就是人文社会科学的各个学科,都广泛地受到西方学术的影响,中国古代历史研究领域也不例外。西方汉学对它的推动与影响相当明显。❶

关于一个文明古国历史文化的观察与研究,局外人的"话语权"有时甚至超过本民族学界,不能不说是一件颇为奇异的事情。造成这一现象的原因是多方面的,很难简单评判。不过,研究古代历史对于深入理解民族文化,具有基础性的意义,如果我们希望中国古代历史这个研究领域今后能够得到持续的与实质性的进步,认真分析、思考这一现象则是十分必要的。

因此,本文试图举笔者所熟悉的学术领域——主要是关于唐宋历史研究的一些例子,对于这种现象的表现、原因与利弊稍作分析,并就如何树立学术自信的路径略陈己见。

理论饥渴与汉学心态

笔者此前曾撰小文,指出当前史学界存在着一种"理论饥渴"的症状。❷这里再稍作补充。

所谓理论饥渴症，指学者们痛惜本学科可用以指导学术研究的理论方法有所不足，渴望引入新说的一种焦虑心态。这首先可以从近年学界对探寻新理论方法的不绝呼声来观察。有学人甚至将自20世纪80年代以来中国古代史领域的理论范式未见更新的状态，描述为一种"理论危机"[3]。也有学者反思近三十年中国大陆的宋史研究学术史，认为其中的一个不足就是"史学理论的匮乏甚或缺失"[4]。当时，笔者虽然指出了"饥渴"的各种症状，却并未及深入分析其成因，只是简单提出，这可能与新一代学者对传统经典理论失于教条主义而造成的疏远感，以及困惑于如何推动学术发展的心理压力有关。其实如果稍加深入，还可以发现，经典理论的主体内容，是关于人类社会历史发展基本规律的一些总体性的宏观结论，因此也常常被称为"历史理论"或曰"史观"[5]。它虽然在理论信仰的层面给了学界以指导，不过宏观理论与落实到可供具体"操作"的研究方法——也被称为"史学理论"者，存在着一定距离。经典理论属于具体研究方法的那部分内容，大多是关于某时某地具体史事的结论。一方面，理论界一向认为这些具体结论对于历史研究虽然有重要指导意义，但仍有进一步深化的可能性；另一方面，涉及研究不同方面的人类社会活动，其中有一些，经典理论的积累较为丰厚，例如关于经济学就是如此，但也有许多方面，或者涉及不多，或者是社会演进过程中产生的新问题，经典理论无法给予我们以现成的答案。

经典理论无法包揽一切，是可以理解的。实际上，历史学将已往的人类社会活动作为研究对象，但由于这一研究对象许多必要信息的缺失，以致历史学很难归纳演绎出一整套针对当时人类社会各不同侧面的分析研究方法，以形成一种"历史的社会科学"——如果可以如此命名的话，所以不得不经常借用人们针对现代社会归纳演绎而成的现代社会科学，借鉴引用其中各不同门类的研究方法。

其中最主要的是人类学、社会学，以及政治学等学科，常有待于它们研究的进展，提出新见，以便得到帮助。可是及至改革开放之前，在中国社会科学领域，尤其如前面提到的那些学科，发展比较迟滞，其所能够提供给历史学借鉴应用的学术资源，也就极为有限了。

再一方面，虽然我国传统史学源远流长，不过近代史学并非传统史学的自然延续，而是20世纪初年在西方学术影响之下构建起来的一门新的人文学科。长期以来，因受各种复杂因素的影响——甚至包括战争，发展很是缓慢。及至20世纪80年代，仍然相当不成熟，甚至一些基础性的学科规范，都不甚健全，亟须参照一些成熟的学科，引为借鉴，以有利于提高。

于是，出现了大量译介西方汉学研究成果的现象。

20世纪80年代是一个我国学术思想开始"走向世界"的历史时期，"文化热"方兴未艾，知识界与出版界联手，开始大量译介西方的学术著作。其中有几种大型译介丛书尤其引人注目，例如从1981年开始由商务印书馆出版发行的"汉译世界学术名著丛书"，至2012年共出版14辑600种。在关于海外汉学方面，最具代表性的则非数江苏人民出版社于1989年开始出版的"海外中国研究丛书"不可。截至2013年，这套丛书共译介西方研究中国历史文化的学术著作161种，既囊括了费正清等名家的代表作，也推出了一些作者相对年轻，但在丛书主持者看来其论说不乏价值的著作。近年来更按专题，推出了"女性系列""海外学子系列""环境系列"等子系列。至今，依然每年推出新书十余种，在知识界与出版界享有盛誉。在此之外，其他一些出版社分别推出的各种译介西方汉学著作，面广量大，比较重要的如中国社会科学出版社出版的多卷本《剑桥中国史》的中文本，中华书局推出的"世界汉学论丛"数十种，各省市出版社几乎无一未推出过数量不等的译介海外汉学的著作，例如上海远东出版社的"史景迁中国研究系列"，浙江人民出版社的"外国学者笔下的传统中国"丛书，等等。三十余年来，虽未见有人作过精确的统计，如果说这样的译介著作已超过千种，估计不致夸大。

专著之外，各类学术杂志也多开辟专栏，或撰文，或传译，介绍西方学界关于中国历史的研究成果。与此同时，一些专业研究机构陆续被建立起来，展开对海外汉学的学术研究。这些机构大多办有专门以研究、介绍海外汉学为主题的专业集刊，如由北京外国语大学中国海外汉学研究中心主办的《国际汉学》，由中国艺术研究院中国文化研究所主办的《世界汉学》，由陕西师范大学国际汉学研究所主办的《国际汉学集刊》，以及由北京语言大学主办的《汉学研究》等。这些研究机构还经常性地组织召开关于海外汉学的专题国际学术会议，出版学术专著，讨论、介绍海外汉学。

更为重要的是，随着译介工作的推进，国内学者接触了解西方汉学学术成果越来越方便，在中国古代历史的几乎每一个研究领域，都出现了重视、借鉴西方汉学的现象。

在这样多方面的推动之下，西方汉学开始对中国古代历史研究领域产生持续性、全方位的影响，是可以想见的。正如"海外中国研究丛书"丛书主编刘东曾不无自豪地说："我们引进的不仅仅是一批书，而是一个知识领域、一个学术传统。当今中国学界，几乎罕有人不受这套书的影响。"❻

这种"影响"表现在中国古代历史研究领域的方方面面，其对学术的正面推动意义不容置疑。在各个专题具体研究之外，最有意义的，一是有助于基础性学科规范的确立，另一则是对一些新研究领域的开拓，起着推波助澜的作用。无论是以"新史学"为标榜的社会史，或者以"华南学派"为重要代表的历史人类学，还是常常搅动学界一池静水的个别争议性议题的提出，例如所谓"新清史"

的说法等，无不如此。2004年，邓小南在梳理国内宋代史研究学术史时，就曾指出："近年来，我们在研究取径、方向乃至议题的选择方面，许多是受海外学界的影响。"❼所以有学者这么说："在我们看来，我们一直是在做中国自己的学问，其实背后却受到国外汉学治学模式的很深影响，它在不断地重构我们的学术。"❽

可是，人们对事物的认识，总是在曲折中前进的。矫枉过正往往是最为常见的认识路径。在"几乎罕有人不受这套书的影响"的格局之下，一些为推动者所始料未及的现象于焉产生。这就是刘东所说的"现在国内一些学者研究中国也净是汉学意识，年轻学子更是唯恐学汉学家的风格学得不像，这恐怕也是问题"❾。张西平这样界定所谓的"汉学心态"："但另一方面，西方汉学作为主导世界文化的欧美文化的一部分，中国学术界对它的接受也显现了另一种特点：汉学心态的出现。这就是对西方汉学的一味追求和模仿。""急切地套用西方汉学著作中的学术术语，照搬西方汉学的研究方法，这已经成为当前文科研究中，特别是在传统人文学科研究中的一个很普遍的现象。一些看似很新潮的著作，看似很玄妙的理论，如果我们深究一下，几乎都可以在西方汉学（中国学）的著作中找到原型。"❿一些尽管相当不经，却比较能迎合民众心理的西方学者的论点，经过一些文化人士的鼓噪，其影响甚至已经溢出学界，波及社会，例如关于"宋代GDP的全球占比"论即是。⓫

影响过于强化所带来的"一味追求和模仿"，以及以西方学者的论说为标准的现象，这些当然不仅无法对学术研究产生正面的促进作用，更有可能反过来阻碍它的发展。因此，有学者甚至将对这种复杂影响的评判，提升到了文化上的"自我殖民化"这样严重的程度。⓬在一些具体的研究取向上，类似的批评也不少。典型的例如葛兆光批评近年来西方汉学流行的区域研究方法，认为它"至少在欧洲，对于民族国家作为论述基本单位的质疑，我相信，是出于一种正当的理由，因为民族国家在欧洲，确实是近代以来才逐渐建构起来的"。但在中国，由于民族国家发展历史与欧洲存在差异，这种方法虽然也有一定的可取之处，"却意外地引出了对'同一性中国历史、中国文明与中国思想是否存在'的质疑"，不能不令人担忧。❸

在大量译介三十余年，并且目前势头仍未稍见消减之时，针对西方汉学对我国学界所产生的复杂影响，冷静客观地评估这一学术潮流，并站在学术本土化的立场上，就如何推动中国古代历史研究走向深化，提出自己的思考，是这一学术领域每一个具有责任心的学者不应回避的任务。

西方汉学的主体性与其特点

这就提出了一个我们应该如何看待西方汉学的问题。

简单说来，西方人之所以研究中国，自然是出于他们了解中国的需要，以及反映了随着中国在世界上影响的扩大，汉学日益成为一门世界性学问的必然趋势。不过深究起来，主体与客体之间的关系无疑会受到各种现实因素的影响，因而变得复杂起来。

最早比较有系统地观察了解、进而初步研究中国历史文化的，是从明代末年开始进入中国的耶稣会传教士。这批"上帝的仆人"向西方世界介绍中国历史文化带有明显的功利目的，因此在相当程度上扭曲了历史的真相，已是学界常识。出于更有效地向中国民众传播"上帝福音"的需要，基于对中国社会主导阶层的认识，在利玛窦从最初穿着僧服，到后来更换为儒服的所谓"易服事件"之后，耶稣会士们将传教对象集中在士人阶层，并在反馈回西欧本土的关于中国社会的信息中，尽量放大其作为一个由知识阶层所管理的"开明君主制"的形象。这既是为了尽可能地将他们在东方的传教事业描绘得前途光明，以便争取本国教会信众的支持与捐资，更是对当时西欧贵族专制君主统治的一种下意识的反应。以至于后来欧洲的启蒙思想家们得以借用耶稣会士所告诉他们的关于东方"开明君主制"的信息，来批判西欧的君主制度，从而在东西方文化交流历史上形成了一个典型的以偏概全的盲人摸象故事。❹东西文化交流史上的这一逸事，无非告诉我们，一个文明对于另外一个文明的了解，无不出于实际的目的，而这种目的，有时就可能扭曲学者观察的眼光。

当今西方世界之研究中国，也不脱这一规律。

当今以美国学界为代表的西方汉学研究，是在二战以后发展起来的。如果说20世纪五六十年代，西方的政府部门与一些私人基金会资助汉学研究项目，曾带有明显的意识形态背景，那么，自从冷战结束以来，东西方关系缓和，个体学者的一些研究项目呈现出多样化的价值取向，比较显见。尽管如此，在观察与被观察两者之间的关系中，前者作为主体的地位不可能改变。也就是说：研究者总是会站在自己的立场之上，来作出对研究对象的观察，以服务于自己的目的。对于中国这样一个明显的"他者"，撇开宗教、政治等因素，对于西方的研究者来说，它的意义何在呢？

以西方学界为主导的近代学科体系建立以来，尽管因为西方文明所表现出来的一些根深蒂固的弊病，有时使得其学界困惑与沮丧，或者因为世界民族主义思潮的兴起，也促使学者们去反思他们观察非西方世界的眼光是否客观，于是所谓"中国中心观"这样的命题被提出，但究其根本而言，他们对外部世界的研究，都是为了构建一个在他们看来可能更为客观、更为正确的学科体系，这个体系的主体自然只能是西方的，而不可能是其他。在这里，他者只能是西方的一个映衬物。

一些学者的研究个案给我们以很好的例证。张西平曾举法国汉学家于连（Frangos Jullien，1951— ）的例子来作说明。于连认为只有从外部来重新审视欧洲，欧洲才能获得自我的认识。他说："从严格意义上讲，唯一拥有不同于欧洲文明的'异域'，只有中国。"因此，于连是为了解决欧洲思想的问题而找到了中国，他研究中国不是为了做一个汉学家，而是做一个欧洲的哲学家。中国不是他的目的地，只是他为冲破欧洲思想的藩篱反思自己的工具，他的目的地是希腊，是欧洲。[15]

与于连相似但更具普遍性的例证，则非在西方汉学界著名的施坚雅（G. William Skinner，1925—2008）莫属。国内有不少学者曾将施氏所谓中国帝制后期的"基层市场理论"，即城镇分层与正六角形分布结构，应用于不同的地区，试图"检验"其假说的适用性。不过往往都会发现，或者某地城镇的分布，仅"在某些方面与施坚雅模式存在一定的吻合"[16]，或者不得不直言"施坚雅的'作为社会体系的市场结构'的基层市场理论似有修正的必要"[17]。也有学者采用实证的方法，建构了清代华北及陕甘两个不同区域的城市人口等级模式，据此对施坚雅分区理论从历史学方法的角度提出异议，认为无论是清代中期还是清代末年，中国都不存在一个统一的城市人口等级模式。上一级城市人口与下一级城市人口之间的关系，在区域之间表现为非常复杂的关系，城市等级与人口数量之间的关系呈现较大的差异。施氏试图建立一个统一模式的做法，从根本上来说是错误的。[18]殊不知，施坚雅作为一个经济人类学家，其最终目的是建立一个具有普遍意义的分析模型，中国历史只不过是他在研究过程中所使用的素材。他所建立的分析模型是否能够吻合中国广大农村地区的各种复杂情形，本来就不是他的目的。所以才会有"大多数学者觉得施坚雅的分析模型过于规则和'理想'"的问题。[19]

因此，那些"检验"工作当然不可能得到令人满意的结果。这也就是说，如果我们忘了西方观察家们的这种"外来者"立场，误将他们"内化"了，就免不了会陷入自作多情的窘境。

有学者已经指出，西方学者研究中国历史，常常陷入一种矛盾的境地。"一方面，他们力图运用中国素材来评论西方社会理论的一般性问题，使其研究在理论界获得一席之地；另一方面，为了突出其研究的独特意义，他们也十分强调西方理论在解释中国素材时表现出的弱点。"[20]或曰："一方面，他们为了突出其研究的独特意义，对西方理论在解释中国素材时所表现出来的弱点，进行不遗余力的抨击；另一方面，为了使自己的研究在西方获得一席之地，又力图运用中国素材来说明西方社会理论的一般性问题。因此，即使是一些被称为是'中国中心观'的学者，他们虽注重从中国的传统中探求历史发展的真相，但由于受西方学术传统的影响，在具体的研究中往往把西方的学术规范套用于中国研究。"[21]造成这种矛盾境地的根本原因，正在于汉学家的这种外来者的立场。中国历史研究似乎成了西方理论的试验田。所以说，汉学"本质上仍然属于一种西学"[22]，它是一门西方的学问，我们不可能，也不应该要求西方汉学家在研究中国历史的时候，从立场到情感都转移到本土这一方面来。

根据这样的分析，再来观察学界长期以来批评的西方汉学家们所提出的一些学术假说，其背后往往隐藏着他们本民族历史经验的影响，也就可以理解了。

余英时先生在评说"汉学一望无际，触处皆是"，"可是'汉学中心'却未在任何地方出现"现象时，认为"主要由于研究的传统和关注的问题彼此不同，每一地区的汉学都或多或少地展现出一种独特的历史和文化风貌"[23]。如果对余先生的评说略作补充，是否可以这么认为，世界各地汉学所展示的"独特的历史和文化风貌"，当然不是指中国历史这个研究对象，而是可能指这样两方面的内容：其一，研究者有意无意地受到其本民族不同历史经验的影响；其二，受不同地区汉学学术传统的制约。

也就是说，西方不同地区的汉学研究，其发生与发展自有因缘。西方汉学家们对中国历史的研究，无论是他们提出的议题、观察的取向，还是其所采取的分析方法与归纳总结的学术倾向，都有着内在的隐情。中国学界作为汉学研究成果的接受者，若非真正深入了解隐藏在每一部汉学著作背后的文化因素与学术史背景，也就很难把握如何才能恰当地借鉴利用的分寸。对于绝大多数的中国古代史研究者来讲，这样的学术要求也许是勉为其难的。这大概是有人会对西方汉学"一味追求和模仿"的部分原因吧。

走向实证与学术自信

那么，"汉学心态"之惑究竟应该如何破解呢？

空洞地指责学界缺乏学术自信是没有意义的。学术自信与否并非单纯的学术问题。在现阶段，就中国古代历史研究领域而言，可行的路径之一，就是发挥本土学者在掌握历史资料与感悟历史情景方面的长处，通过复原更为准确的史实，来为进一步的理解阐释奠定基础。易言之，就是要通过发挥实证史学的优势，在各专题研究中取得切实的进展，来构建以本土经验为基础的历史阐释学，树立民族学术自信，从而走出"汉学心态"。

下文，笔者将以近来讨论唐宋城市史专题的体会，略作说明。

当今，作为人文学科的历史学在其研究方法的层面，正越来越趋向于社会科学化。不过受历史学基本特性的制约，在研究方法层面，史学也有自己的一些显著特点。例如，史学研究不得不被动地依赖于存世历史信息才能展开研究，而无法像研究现代社会的社会科学的一些门类那样，可以主动地去寻求研究信息。而且，存世的历史信息总是那么地残缺不全。因此，如何应对研究信息残缺不全的困难，就成了史家们无法逃避的功课。也因此，史学研究就必然是一个史实重构与现象解释（概念演绎）并重的过程，这也是我们评判学术进步与否的主要标尺。

现代社会科学各门类的研究过程当然也需要有论证的环节，不过它们与历史学研究显然存在着相当大的差异。因为社会科学研究当代社会，许多社会现象为众所周知，既不必为那些社会现象的存在与否大费周章，论证过程更常常是概念演绎多于实证归纳；历史学则不然，特定历史现象的存在与否，本身就需要复杂的论证研究。所以，史实重构工作是否可靠，就成了下一步概念演绎的基础，前者失之毫厘，后者就可能谬以千里。

在中国古代的唐宋城市史研究领域中，有一个所谓宋代发生了"城市革命"的假说，比较典型，可引以说明本文的论点。

宋代"城市革命"说最初由英国学者伊懋可（Mark Elvin）在他的《中国的历史之路》一书中提出。[24]此书所讨论的议题与中国古代科学技术史领域的所谓"李约瑟难题"[25]如出一辙，它试图回答近代中国为什么未能产生工业革命的问题。伊氏的基本观点是：传统中国的经济发展，在宋代达到了当时技术所可能利用资源的顶峰。宋代以后，受资源与技术等因素的制约，中国经济的总量虽然仍有所增长，但在质量上却再无提高，即所谓只有数量上的增长（Quantitative Growth）而无质量上的发展（Qualitative Development）。这就是他所说的"高水准平衡陷阱"（High Level Equilibrium Trap）。[26]为了证明宋代经济达到传统时期的顶峰，他主要利用出自日本学者研究的二手成果，来描述在宋代产生了一场中世纪的"经济革命"，所谓的"城市革命"正是这场"经济革命"的重要组成部分。关于唐宋城市历史的描述，伊氏主要利用了加藤繁等人的研究成果。统计其书中有关描述史实的引文注释，超过90%出自日本学者的论著。

值得指出的是，伊氏此书的议题，反映了明显的将中国历史纳入欧洲发展轨迹的企图。这当然说明了前文所讲的西方汉学家们总是站在本民族历史经验的背景来理解中国历史的现象。也因此，这也就说明了伊氏在引用学界关于唐宋城市史的研究成果时，有着明显的选择倾向。所谓中世纪"经济革命"说的描述是否成功，是他全书主题能否成立的前提。

由此可见，所谓宋代产生"城市革命"之论在伊氏推论结构中的地位，并非在于其对宋代城市史的研究作出了哪些重要推进，而只是作为他的"高水准平衡陷阱"假说的一个铺垫。因此这一论说充其量只不过是对宋代城市发展现象的一种定性描述而已，用以表达对主要由日本学者所重构的唐宋间城市发展史实的认可，以及伊氏本人对于如何描述这种城市发展水平的概念选择："革命"。这一概念既在史实重构方面全无贡献，对于历史现象的解释也不见得是什么重要的创新。而且，这原本也并非伊氏论述的重点之所在。

数年后，当美国的施坚雅主编《中华帝国晚期的城市》这部论文集时，他在全书第一编的《导言》中，归纳传统中国在帝制晚期之前城市的发展史，专列一节，题作《中世纪城市革命》，主要就引用了伊懋可关于宋代产生"城市革命"之论，列出了"这个革命的鲜明特点"：（1）放松了每县一市、市须设在县城的限制；（2）官市组织衰替，终至瓦解；（3）坊市分隔制度消灭，而代之以"自由得多的街道规划，可以城内或四郊各处进行买卖交易"；（4）有的城市在迅速扩大，城外商业郊区蓬勃发展；（5）出现具有重要经济职能的"大批中小市镇"。㉑很显然，"革命"的概念既非施氏首创，这些关于"革命"的"鲜明特点"的史实描述，也几乎全出自日本学者之旧说。仅就这一点而论，若说施氏对于唐宋城市史的研究没有什么贡献，自是实话。不过施氏的研究，其目的也并非针对唐宋时期，他归纳那些"鲜明特点"，也只是为他讨论我国帝制晚期的城市作铺垫而已。

令人不解的是，从伊懋可到施坚雅，他们关于宋代产生"城市革命"之论，虽然有着相当明确的论述目的与论证特点，当这个概念被中国大陆的一些学者反复征引之后，却被不断"哄抬"，最终被誉为"理论"，认为它的提出，反映了"唐宋城市变革研究的深化"[28]。关于宋代产生"城市革命"的说法也被众多论著所征引。个中缘由，除了它迎合了数十年来主导这一研究领域的"发展"模式的心态外，看来就是"汉学心态"在作怪了。

如何破解这种心态，在"革命"与否的概念上与之纠缠是无谓的。解决问题的根本取径，是重新检验日本学者关于唐宋间城市演变史事的描绘，是否符合史实。核心内容当然在于如旧说所描述的，从唐代的城市居民区（坊）与市场区（市）相互分隔、封闭状态，随着坊墙倒塌和市制崩溃，转向宋代的沿街开店、居民区与市场区相互混合的开放状态，亦即所谓从"坊市制"向"街市制"的转变。这一转变所蕴含的，则是中国古代城市从封闭到开放的革命性转折。这样一来，中国古代城市发展演变的历程，在相当程度上，也就可以与西欧城市史相互映衬了。

在这里，关于市制，旧说的核心论据，就是唐中宗景龙元年（707）十一月敕令，"诸非州县之所不得置市"[29]。新近的研究已表明，这一敕条指令"不得置"者，并非泛指一般的市场，而是指要限制在高级市场设置市官。在当时的农村地区，一般市场（草市）正在不断产生，政府并未颁下专条予以取缔。将商业活动集中在特定区域，与其说是为了"限制"商业的发展，不如说是为了方便官府征取商税。到了宋代，商贾虽然有了在城市其他区域设立店铺的自由，但在实际的城市生活中，商铺仍多集中于传统的市场区域。宋代历史文献所记载的州市县市，并未成为如加藤繁所称之"单纯的地名"㉚，大多仍为活跃的城市市场地块。与此同时，由城墙等物体所标识的整个州县城区，又由国家法规界定为广义的城市市场，商品进出城市须纳门税，与前期市的区块相仿。其与前期的差异性，基本体现在市的区块与市民阶层的扩大上。㉛

与此同时，由唐代律令所描述的严格的、由围墙封闭起来的坊区制度，显然只推行于以京城为主的少数规划城市。这一制度相对多地被地方城市所模仿推行，已经是晚唐五代时期的史事了，而且大多出于军事防御的需要，各地扩建罗城，才乘机重新整顿城区里的里坊布局。但是，在大多数情况下，从唐初到唐末五代，地方城市的坊区都只不过是一种以户籍控制为目的而编组的基层行政单位，它以居住区块为基础，但却并不一定就是封闭性的区块。在现存文献中，均未见有在罗城中营筑坊垣的记载，考古发掘也未见有可以确证的坊墙遗迹。中唐以后各州府城市（特别是节镇驻在城市）大规模地兴筑或扩修罗城，在罗城内普遍推行里坊制，正说明各地军阀、官府对城市居民及其经济社会生活的控制呈现出逐渐强化的趋势，而非如旧说所云，晚唐五代时期城市中里坊制逐渐松弛，终致崩溃，城市居民的经济社会生活日趋自由。㉜

总之，所谓从封闭的"坊市制"转向开放的"街市制"的描述，无疑夸大了唐宋间城市结构演变的力度，并不符合史实。唐宋之间城市无论在经济还是其他方面的发展，虽然极其显著，不过新近的研究已经可以证实，以所谓从唐到宋坊墙倒塌、市制崩溃为主要论据的"城市革命"说，恐怕无法成立。这样一来，在这些虚构的史实基础之上演绎出来的关于中国古代城市史的一些认识，并进而牵扯关于中国帝制后期历史演进轨迹的一系列推断，显然就有了重新考虑的必要。我们也就有了可能，来勾勒一条与西欧不太一样、更重视唐宋间历史承续而非断裂的演进轨迹。

关于宋代"城市革命"说的检讨虽然只是一个个案，但它向我们展示了在中国古代历史研究领域如何切实提高研究水准、走出"汉学心态"的一条路径，或曰一个方法：发挥本土学者掌握历史资料方面的长处，更具体、更细致地重构史实。有时候，这种重构不一定非得着力于那些"前人尚无研究的空白点"，用心于重新检验前人的旧说，其实也是一个值得努力的方面。前人的研究无不都是从史实考释逐步展开的，他们的研究条件在某些方面其实不如今天，史籍的搜寻既已困难，现代化的大型全文数据库更不可得，因此在不少方面存在疏误并不意外。可是，迷信旧说，不假思索地接受前人旧说的现象，在史学领域却不胜枚举，这就使我们的不少研究建立在了可疑的基础之上。"汉学心态"只不过是其中一个表现而已。

结　语

外国人看中国，当然会与中国人看中国存在显著差异。我们不可能要求外国人如同中国人一样来观察中国，也不必要赋予如本文所讨论的学术问题以过于沉重的政治使命。而且，关于中国古代历史研究的学术领域之深入发展，仍需要在方法、规范、思想等多方面向西方汉学学习。译介工作仍然很有意义。当然，如果对于译介哪些汉学专著的筛选工作做得更用心、更专业化一点，效果会更好。不过，我们还是将西方汉学放在"他山之石"的位置上去吧，不应让它喧宾夺主。

应该走出"汉学心态"，主要的理由只在于：中国人看中国应该也必然比外国人看中国来得更准确、更深刻一些。为什么？除了对历史资料掌握可能更全面，理解可能更准确，解读的立场可能更贴近实际等理由之外，一个重要的原因在于：当史学研究越来越趋向于社会科学化之际，对民族历史文化的贴近感悟，仍然应当在人文学术研究中占据至关重要的位置。

由于存世历史资料的偶然性与零碎性，它们所反映的历史现象难免是局部的、片面的，乃至不可避免地——表面的。所以史学研究的一个重要工作，就是要在充分认识历史资料不足的前提下，鉴别它，解读它，尽力从局部与个案中，拼凑出触及事实真相的历史全貌，以期收到窥一斑以见全豹之功效。所以历史资料的解读总不得不先于论题的构建。更由于历史资料的不足，史实的重构无法通过依据大量、全面的历史信息来统计归纳，而经常不得不利用一些描述性的文献，采取"举例子"的方法得出。在这一过程中，对资料的解读既已面临不小的挑战，"例子"的选择是否具有典型性，更考验着研究者的判断能力。于是，对特定阶段历史全局的掌握，对民族历史文化的感悟，有时就起着关键的作用。这大概就是史学作为一门人文学科，其与更具"技术"意味的社会科学式研究方法的重大区别。在我国，历史学作为传统"学问"的一个基础组成部分，强调的是读圣人之书，行圣人之道，内圣与外王合为一体。用现代学术语言来讲，即研究者与研究对象不是分离的，而是合而为一的。虽然在现代社会科学的角度看来，这种物我不分的状况必然会影响学者的客观立场，有着莫大的不利，不过它也有着社会科学方法所无法企及的长处：研究者与研究对象物我一体，抱有一种"温情与敬意"，浸淫其中，感悟其中，常能给零碎的历史信息补充一些至关重要的、背景性的历史场景，以达到真正理解历史的目的。在这里，本土学者对于民族历史文化的感悟力，自然是西方学者所无法比拟的。我们实在无法想象，那些连汉语都说不顺溜的洋学者，对中国历史文化可能具有比本土学者更强的感悟能力。

同时，时至21世纪，我国相关社会科学的发展，已经为史学理论体系本土化奠定了可能的基础。历史学科经过这几十年的发展，也已经拥有了比较丰厚的学术积累。如果我们文化自觉的意识能够更强一点，学术管理体制能够更科学一点，史学研究更多地走向本土创新是必然的。

（原载《中国社会科学评价》2015年3期，第60—68页）

---

❶ 关于西方研究中国历史文化的学问，学界有不同的命名，或称之为汉学，或称之为中国学。考虑到本文讨论的是关于中国古代历史的研究领域，笔者以为名之为汉学比较恰当。参见张西平主编《西方汉学十六讲》第一讲，外语教学与研究出版社2011年版。

❷ 参见拙文《"理论饥渴症"——中国古代史领域学术生态一瞥》，载《中国社会科学报》2011年6月2日第1版；《"理论与方法"：近三十年宋史研究的回顾与反思》，载《史学月刊》2012年第5期，第20—29页，收作本书第九篇。

❸ 李华瑞：《"唐宋变革"论的由来与发展（代绪论）》，第33—34页，载李华瑞主编《"唐宋变革"论的由来与发展》，天津古籍出版社2010年版。

❹ 张其凡：《三十年来中国大陆的宋史研究（1978—2008）》，第555页，载浙江大学宋学研究中心编《宋学研究集刊》（第二辑），浙江大学出版社2010年版，第529—564页。

❺ 参见张艳国《马克思主义唯物史观与史学理论》，载《学术研究》1996年第2期，第51—55页。"史观"或称"世界观意义的方法论"，参见吴承明《中国经济史研究的方法论问题》，载《中国经济史研究》1992年第1期，第1—20页。

❻ 参见王洪波《一套书与一个知识领域的引进》，载《中华读书报》2013年3月17日第14版。

❼ 邓小南：《近年来宋史研究的新进展》，第23页，载《中国史研究动态》2004年第9期，第18—24页。

❽ 参见崔秀霞《汉学研究的发展、影响与交流——"汉学研究：海外与中国"学术座谈会综述》，载《中国文化研究》2005年秋之卷，第177—180页。

❾ 王洪波：《一套书与一个知识领域的引进》。

❿ 张西平主编：《西方汉学十六讲》第一讲，第27、28页。

⓫ 参见魏峰《宋代"GDP"神话与历史想象的现实背景》，载《国际社会科学杂志（中文版）》2014年第2期，第145—149页。

⑫ 顾明栋：《汉学与汉学主义：中国研究之批判》，第93页，载《南京大学学报（哲学·人文科学·社会科学）》2010年第1期，第79—96页。

⑬ 葛兆光：《宅兹中国：重建有关"中国"的历史论述》，中华书局2011年版，第4、9页。

⑭ 参见周宁《永远的乌托邦：西方的中国形象》第二章《大中华帝国（天堂传说之二）》，湖北教育出版社2000年版，第95—140页。

⑮ 张西平：《汉学作为思想和方法论》，第143页，转引自张西平主编《西方汉学十六讲》，第16页。

⑯ 胡勇军、徐茂明：《"施坚雅模式"与近代江南市镇的空间分布》，载《南通大学学报（社会科学版）》2012年第3期，第28—34页。

⑰ 朱炳祥：《"农村市场与社会结构"再认识——以摩哈苴彝族村与周城白族村为例对施坚雅理论的检验》，载《民族研究》2012年第3期，第55—64页。

⑱ 曹树基：《清代北方城市人口研究——兼与施坚雅商榷》，第28页，载《中国人口科学》2001年第4期，第15—28页。

⑲ 参见陈倩《从韦伯到施坚雅的中国城市研究》，第103页，载《重庆大学学报（社会科学版）》2007年第3期，第100—104页。

⑳ 王铭铭：《社会人类学的中国研究——认识论范式的概观与评介》，第117页，载《中国社会科学》1997年第5期，第106—120页。

㉑ 陈君静：《施坚雅中国城市发展区域理论及其意义》，第68页，载《宁波大学学报（人文科学版）》1999年第3期，第64—68、118页。

㉒ 刘东：《清华国学和域外汉学》，第9页，载《清华大学学报（哲学社会科学版）》2010年第6期，第13—15页。

㉓ 余英时：《开幕致词》，载李宗焜主编《"中央研究院"第四届国际汉学会议论文集：出土材料与新视野》，"中研院"2013年版，第i—ii页。

㉔ 伊懋可：《中国的历史之路》，王湘云、李伯重、张天虹、陈怡行译，浙江大学出版社2023年版，第153—168页。

㉕ 关于"李约瑟难题"，参见 Joseph Needham, *Science and Civilisation in China*, Vol. I, *Introductory Orientations*, The Syndics of the Cambridge University Press, 1954。中译本题作《中国科学技术史》第一卷《导论》，袁翰青等译，科学出版社、上海古籍出版社1990年版，第1—2页。

㉖ 伊懋可：《中国的历史之路》，第281—318页。

㉗ G. William Skinner (ed.), *The City in Late Imperial China*, Stanford University Press, 1977。中译本题作《中华帝国晚期的城市》，叶光庭等译，中华书局2000年版，第24页。

㉘ 参见宁欣、陈涛《"中世纪城市革命"论说的提出和意义——基于"唐宋变革论"的考察》，载《史学理论研究》2010年第1期，第126—159页。

㉙ 〔宋〕王溥：《唐会要》卷八六《市》，上海古籍出版社1991年版，下册，第1874页。

㉚ 〔日〕加藤繁：《唐宋时代的市》，第296页，收入氏著《中国经济史考证》，商务印书馆1962年版，上册，第278—303页。

㉛ 参见拙作《宋代城市研究》第三章《城市市场》，第172—236页。
㉜ 鲁西奇：《城墙内外：古代汉水流域城市的形态与空间结构》，中华书局2011年版，第267—274页。参见成一农《"中世纪城市革命"的再思考》，载《清华大学学报（哲学社会科学版）》2007年第2期，第77—87页。

七 ‖ "唐宋变革论": 如何 "走出"?

栏目主持人语[*]：

有的时候，一个学术命题的生命力，倒并不一定是因为它多么准确无误地揭示了相关事物的真相，而更在于事物本身的重要性，因而能够促使人们对它持续关注。所谓"唐宋变革论"大概就是如此。明人陈邦瞻称宇宙风气，其变之大者有三，"宋其三变"："今国家之制，民间之俗，官司之所行，儒者之所守，有一不与宋近者乎？非慕宋而乐趋之，而势固然已。"可知前人早已认识到从唐到宋世事之"变"。可是，所"变"者为何，如何认识这个"变"，未易遽论。逮至20世纪初，遂有日本学人内藤湖南称之为"变革"的论说之提出，并在中外学界引发了长达一个世纪的论战。近年来，主要在中文学界，人们越来越意识到它的不足，因此呼吁要走出"唐宋变革论"。不过，如何认识"宋其三变"，余义尚多，似乎并不能简单地一"走"了之。我们因此延请学者，对这一学术命题再作讨论。

有意义的是，本期专栏刊出的三篇论文，从各不同侧面展示了从不同学科入手来探讨"唐宋变革论"这一学术命题，其所蕴含的

---

[*] 此文作为"多元视野中的唐宋变革"专栏三篇论文之一篇，原刊载于《北京大学学报（哲学社会科学版）》2022年第4期，作者为栏目撰写了如下的主持人语。今特将此主持人语附录于全文之前，以便读者能够更清晰地了解此文撰写的背景。

可拓展性。包伟民的《"唐宋变革论":如何"走出"?》,并未执着于变革论的正与误,而是从实证史学的路径出发,试图揭示"清晰明了"的理论归纳与复杂历史现象之间可能存在的落差,认为只有改进思想方法,才有可能真正"走出"变革论。张泰苏的《从"唐宋变革"到"大分流":一种假说》,指出唐宋变革与大分流这两大学术命题在理论与分析元素方面具有相通之处,从国家能力的维度入手,存在着打通两者的可能性。也就是从唐宋变革论出发,将观察的要点落到了不同历史时期的前后比较、中外历史现象之间的相互比较,拓展了观察的视野。罗祎楠的《认识论视野中的唐宋变革问题》则更进一步,深入此命题相关的"另一层真实",也就是由此显示的不同史学家对于唐宋间历史的认识模式,向我们提出了学者理解世界的认识论主体的问题。这样多维度的观察,无疑是我们不断接近"宋其三变"客观的有效途径。

三位作者所言是否得当,还请读者诸君批评指正。

关于"唐宋变革论",大家将该说的话似乎全都说完了,甚至已经有点令人心生厌倦。

但是,坊间议论依然不绝。这或许表明此题尚存余义,可以再稍作讨论。

学术史视角

1910年,时任日本京都大学讲师的内藤湖南(1866—1934)发表《概括的唐宋时代观》一文,因为"过去的历史学家大多以朝代区划时代",但他认为"这样的区划法有更改的必要",应该跳出朝代体系,"从历史特别是文化史的观点"来考察中国历史的发展过程，于是提出了关于中国历史的所谓上古、中世、近世的三分法。尽管内藤本人在此文的结语中只说"中国中世和近世的大转变出现在唐宋之际，是读史者应该特别注意的地方"❶，并没有明确提出"唐宋变革"的概念，后人梳理学术史，几乎无异议地将"唐宋变革论"的发明权归功给了他，因此又称此论为"内藤假说"。

任何一种学术假说或者范式一经提出，解释权就交给了后人，不太可能完全遵照原创者的初意而一成不变，关于"唐宋之际"出现"大转变"之论即如此。所以，我们对它的梳理也应该从实际着眼，既观察其内涵与外延的演变发展，更关注影响其演变发展的社会文化背景因素。

尽管内藤氏强调他的这个范式系出自"文化史的观点考察"，但其学术思想的渊源来自欧洲史，尤其是受到19世纪末20世纪初在日本学界流行的几部欧洲史著作的影响，形成了以封建制（即贵族制）与绝对君主政体等概念为历史演进依据的历史观，这是清晰无误的。所以日本学界就有人指出："我们毕竟无法否认他的观点也是将西方历史学作为文明论来学习的事实。"❷有论者强调这个范式的提出"根源于上个世纪初现代化浪潮中对中国历史中现代性的反思"，似有过度阐释之嫌。❸尽管内藤氏当年能够从传统的断代体系思维框架中跨越出来，视野超越同侪，未可以我们今天的认识水平去衡量一百年前的学术发现，不过说到底，它毕竟不过是对中西之间历史分期法的一个参照与类比。或者也可以说，随着西风东渐，欧洲近代工业文明以其强势展现于东亚地区，人们在感受震撼之余，开始不自觉地以欧洲的各项事物为参照体，在历史文化领域也一样。当他们将中西之间的历史演进联系起来作思考时，这样的类比之"自然"形成，是可以想见的。事实上，在内藤氏之前，已有欧洲的汉学家提出过类似的看法。❹这对于作为参照物主体的欧洲人来说，无疑更为自然。

也正是在这样一个思想路径与学术脉络上,他的一些门生弟子对其范式作出了重要的补充论证,其中尤以宫崎市定(1901—1995)贡献为多。内藤氏《概括的唐宋时代观》一文要言不烦,不过短短五千余言,其讨论虽然涉及政治、文化、社会等多个方面,主旨则在于设定了中世贵族政治与近世君主专制政治相对立的概念和相互比较的框架。可以说他只是对这些方面作了条理性的归纳,并未能展开论证。宫崎氏等人的补充论证,除了进一步详细论述其在政治史方面的一些见解之外,还集中阐发了科举制与士大夫阶层的形成、以佣兵制为基础的武备建构等要素形成的中央集权体制的各方面内容,更主要的是弥补了内藤氏原说对社会经济领域的忽略与不足,相当全面地列举了自宋代而下的中国作为"近世社会"的各种特征,例如佃农普遍以契约形式与地主形成租佃关系,因此具有某种自由的身份,社会"几乎完全进入了商业经济的时代"与国家对商业的统制,大规模的都市与以大运河为动脉的交通,等等。1950年,当表述这些学术思想的专书出版时,宫崎氏就给它取了一个立意鲜明清晰的书名——《东洋的近世》。后人也因此开始称"内藤假说"为"内藤-宫崎说"。

宫崎氏补充论证固然是出于尊奉师说,不过从内藤氏的主要着眼于政治体制,推进到社会经济等领域,更为重要的还在于从20世纪初期到中期学术生态变化对他的影响。那就是如张广达先生所指出的,是时值历史唯物主义思潮的盛行之故。❺

这无非说明,无论是内藤氏最初提出的概念,还是经由其弟子进一步发挥的"内藤-宫崎说",其主旨都是试图将对中国历史的理解,纳入以欧洲史为标准的路径。在他们看来,唐宋之间社会所发生的,是决定社会性质的结构性与根本性的变化。也因此,日本东洋史学界不同学派之间从而演发出持续了数十年的关于中国唐宋社会性质的大讨论。参与讨论的学者基于不同的立场与对中国社会的不同理解，先后提出了许许多多关于唐宋社会不同的变革论，甚或完全不承认变革的存在。到20世纪80年代，这场讨论才慢慢落下帷幕，"从研究者最关注的位置上退出"。❻影响这一系列学术史演进的因素，主要也在于二战以后数十年间世界形势的变化，西方学界关于社会史与文化史研究范式的辐射，以及更为重要的是新一代学者的成长等。其间，讨论的具体展开与内藤氏立场的距离，也已经并非学者们所关心的主要内容了。

多少有点令人称奇的是，正当日本学界逐渐疏离之时，内藤范式在中国学界却迎来了"新生"，产生广泛的影响。大致从21世纪初开始，不仅有学者专门撰文介绍这个产生于大半个世纪之前的范式，不少学术单位召开了多场以唐宋之间社会变迁为主题的研讨会，至于专文专书更难以胜数。一时间，凡涉及这个历史时期研究，"唐宋变革论"似乎成了最现成的"理论"，谁也无法绕开它。

不过，如果我们再作仔细观察，或许还可以发现，关于"变革"概念的借用虽然比比皆是，甚至"近世"这样的名词也不时出现在一些讨论之中，在中国唐宋史学界，事实上少有人认可内藤氏的那个中国历史三分法，或者真正将宋代视同于欧洲的文艺复兴时期。内藤范式的确在相当程度上将学者们引向了关于唐宋之间历史变迁的讨论，但是讨论的立场与目的却与其范式的出发点存在着相当的距离。如李华瑞所指出的，除了当世纪之交人们开始重新定位宋代历史地位的因素之外，关于中国古代历史分期的旧理论范式被新一代学者冷落与回避，新的分期理论没有产生，正是内藤范式开始在中国学界流行的重要原因。❼这里或许可以稍作补充，大动乱之后改革开放的大潮流，也促使学者们更倾向于引用海外的学术思想，无论是西洋的还是东洋的。

换句话说，尽管出现了被学者尖锐批评的胡乱套用"唐宋变革"说的泛化现象，❽但近二十余年来这一范式在中国唐宋史学界大行其道，人们所关心的并不是它试图确立的所谓宋代近世说，而是谁也无法忽视的在唐宋之间出现、相比于其他历史时期更为凸显的社会变迁现象。

固然，人类社会的历史总是处在不断变迁的过程之中，唐宋之间的不同，是"很多中学生都可以指出一长串的"❾。不过我们也清楚，人类社会历史的演变如同江河大川之奔流入海，在不同河段因地势有别，水流或湍急或平缓，风景各异。唐宋之间，如果截取的起止点不一样，观察到的历史现象与归纳得出的结论不可能全然相同。但总的看来，它是中国历史长河中比较湍急的一段，可以肯定。这也就是自宋末元初以来，如学者们所已经熟悉的，强调唐宋间社会变迁，或者指出自宋代形成的社会格局长期延续，影响到明清及至近代之论不绝于耳之故。尽管那些议论或者仅仅站在指出历代之治乱兴衰的立场，或者出于某一特定的视角，并不如内藤氏那样，是从解释中国历史演进的全过程出发的，但将两者等量齐观，相提并论，如果径直也称之为"唐宋变革论"，的确有失精准。不过它们都关注到了唐宋之间社会变迁现象之凸显，则是相同的。正如张邦炜所指出的，对于日本学者的一些论点，"无论是其'宋代近世说'还是其'宋代中世论'，中国大陆学者大多至今仍然难以认同。我们只是抽象地赞成其宋代进入中国历史新阶段的见解"❿。

所以也可以这么认为，近年来涉及"唐宋变革论"相关学术史的实际演进，只要仍然执着于对"宋代进入中国历史新阶段"现象的探索，那么是否已经逸出了内藤范式的外延，其实并不太要紧。总之仍然可以在相当的程度上归功于这个学术范式的影响，则可以肯定。

可是，也就是在这一点上，学者们发现自己开始面对着一个新的困境。

内藤范式的介入，无疑在相当程度上帮助唐宋史学界超越传统的断代史思路，转向更多地根据历史现象演变本来的线索，而不是从王朝体系出发去观察它们。尤其是承前启后的五代时期，从此前大多被忽略而过，到现在已经成为学者们探讨唐宋之间制度承续不可或缺的中间环节。如果说在二三十年前一位研究唐史的学者将其观察视野下探至宋代，或者一位宋史学者将观察视野上溯至唐代，还可以被认为具有相当的前瞻性，那么到了今日，这差不多已经是学界的常识了。尽管许多讨论因为用上了"变革"等名词，站在内藤范式本意的立场而言显属泛化，从学术史演进的视角去观察，又应该说是相当"自然"，可以理解的。

也就在这一过程中，一方面，除了有人将所有社会现象的更新，例如从抄本时代进化到印本时代，文人士大夫更多在生前汇编自己的文集，甚至包括高足家具的流行与跪坐习俗的消失，从分餐制变为合餐制等那样琐碎的生活习俗，统统视为"变革"，这些不妨归因于"方法论层面的惰性"[11]，近年来对唐宋之间社会变迁的探索，的确使得我们的认识得到了显著的深化。正如本人曾经归纳的那样，经过多年的扩张，每年刊布的专文专书近乎海量，举凡存世资料相对丰富、足以展开讨论的议题，差不多都已经有学者撰写了专书，更不必说数量无法统计的专文了。关于唐宋之间经济的增长、制度的演进、文化的更新、生活的别样，各种变化现象都得到细致的梳理。有学者认为，近四十年来中国古代史差不多每一个知识点都得到了重新的研究，这样的结论对于唐宋之间的历史来说也是符合事实的。

可是在另一方面，这些认识更新大多只是处于"点"状，而未能连缀成片，未能整合成整体的认识框架，获得一个新的体系。因此，人们开始批评史学研究中的所谓"碎片化"现象，"丢失了理解整个中国历史的线索"[12]。所谓"碎片化"，指的是针对不同的个案，利用新的或旧的资料，得出一些人们已经了解的认识，而未能深入到不同个案之间的联系，止步于孤立的分析。或者沉迷于社会现象的细节，未能关联到整个社会大背景，停留于表面的观察。实际上这种现象在国际学界也具有一定的普遍性，谷川道雄曾指出："（20世纪）80年代以后的中国史研究，就其整体而言，已失去追求中国史的体系化，另一方面则趋于博收新旧资料，解明事物情况细部的趋势。"⑬

因此，随着近年中国国力的不断提升，人们的文化自信心增强，对在大动乱之后的拨乱反正时期囫囵吞枣式地引进的那些外部世界的学说，开始梳理、反思与批判，指出内藤范式的先天不足与后天失调，呼吁应该"走出"之时，⑭一个令人为难的问题就不可回避地摆在了学者们前面：我们用什么来替代"唐宋变革"这个用起来如此称手的"理论"呢？

牵动性因素

关键或者还在于怎样"走出"。

有不少学者分析了内藤范式与中国历史之间的扞格，特别是指出了中国从秦始皇建立帝制以来一直都是君主专制政体，作为其核心概念的所谓从封建制向绝对君主政体在唐宋之间转型的说法，无法成立，"其所论率多削我国隋唐五代历史之足，以适欧洲中世纪之履"⑮。的确，在其前期相比较于从宗法制之走向帝制的春秋战国时期，后期相比较于帝制崩溃、走向共和那样翻天覆地式的社会结构根本性变革，唐宋之间历史的那些变化，"至多只能算是一个小变革期"⑯。

看来，问题不在于"唐宋"，而在于"变革"。

有一些研究者在介绍内藤范式时，对于那一段历史也偶见有

"根本性"变化或者"极为深刻的变化"等表述，那可能只不过是在用词上受内藤范式的影响所致，并非真正是他们在对史实加以深入观察以后的客观归纳。也正因为意识到"变革"论有太多的建构成分，更多学者（包括笔者本人在内）倾向于使用"转折"，而非"变革"一词，来指称唐宋之间的各种历史变迁。可是，仅仅改用一个相对平和的名词，也未见得真正解决问题。

如果还是像内藤氏那样，视"变革"为"'从中古变为近世'这个史观的代名词"[17]，更在意"理论"的建构，而不是真正面对复杂的史实，小心抽象，谨慎揣量，认真比较中国历史长河中各不同阶段的变迁特点，即便在概念用词上"走出"，心态上可能还在原地踏步，也难以避免在研究实践中左支右绌的困境。

例如，绝大多数学者尽管"只是抽象地赞成其宋代进入中国历史新阶段的见解"，但是在其思想方法的影响之下，过于强调唐宋之间的跳跃性发展，与其前后之间的差异变化，就将历史理解成了近乎前后断裂，忽略了延续。笔者近年通过具体分析唐宋间城市形态演进的史实，指出了此前差不多已经成为国民常识的、从唐代封闭式坊市制城市跳跃性地发展到宋代开放式的街市制城市，即所谓"中世纪城市革命"之说，虽然有部分的史实依据，例如对于少数规划性大都市或许不差，但对于绝大多数的地方中小型城市而言，则基本上属于主观的建构，有违史实，因此总体上无法成立。历史演进之中的复杂与周折，在线性的、看似清晰明了的理论建构之中全被抹平了。更重要的是，这必然使得它在中国城市发展全过程之中的定位失准。有学者称笔者的意见为"会通论"，当然是过誉。笔者的本意无非是试图以具体案例，来说明历史远比理论复杂。而且，越是看起来清晰明了的"理论"，在史实论证上失真的可能性越大。

也许正是因为有感于新的分期说的缺位，以及对内藤范式的不足有着足够的警惕,有一些学者开始尝试建立自己的分期学说,五花八门。大致而言,有主要针对唐宋间的历史变迁而提出来的,也有涉及唐宋之后元明清历史的,略有不同,值得关注。

例如有学者着重从社会阶层更替的视角来作分析,提出其自己关于中国古代历史分期的新说,认为唐代两税法"人无丁中,以贫富为差"的税制原则,说明了一个作为新社会阶层的"富民"阶层的形成。"富民"阶层与国家的关系是唐宋以来中国社会最核心的关系,中国传统社会历史进程应该依次是上古的"部族社会"、秦汉魏晋的"豪民社会"、唐宋以来的"富民社会",以及明清而下的"市民社会"这样几个历史进程。[18]另有学者则更看重社会产业结构的变化,认为汉唐以来单一农业为主的结构到两宋时期已经转变为农商并重,并延续到明清时期,遂使社会的经济结构发生了"部分质变",直至20世纪后期才逐步进入现代工商社会。因此提出自宋代进入了"农商社会"的看法。[19]虽然论者并未明言,但我们据此来归纳其在所谓"中国传统社会特质及演进轨迹的背景下提出的"关于中国历史分期的认识,大概不至差误,即总体三分法,关于传统时期则只两分:宋代以前的农业社会与宋代开始的农商社会。汉唐以前未见言及,大概也是农业社会吧。

另有一些学者在认同唐宋之间历史发生了较大变化的前提之下,进而讨论宋元以下的历史分期问题。例如关于元明以下,就有元明变革论与明中期变革论等,因其已经逸出了本文议题的范围,不必详述。[20]关于宋元之间,还有宋元明过渡论与宋元变革论等。前者强调宋元明时期历史的延续递进,[21]与"变革"论的关系稍远。后者则明确提出,"唐宋变革与宋元变革,在中国历史长河的流段中,具有不可切割的连续性"。也就是,它们是前后相衔接的、连续的两个社会变革。因为"唐代的因素到北宋发展到了极致,而北宋又积淀并酝酿了下一轮的变革"。其观察的思路落实在士人的命运这个维度，认为因为科考日益困难，即便中式入仕，大多数低级官员也终生沉沦于下僚，于是这就推动士人们"目光向下"，走向地方，以在地方社会的地位为自己终生奋斗的目标。及至宋元鼎革，科考长期停废，新的变革于焉发生。[22]论者从士人的命运出发，勾连相关的一些社会层面，例如士大夫政治、士人在地域社会的活动，以及由此带来的一些基层社会的变化等，以此来观照整个社会的"变革"。

老实说，笔者本人对这样关乎中国历史全过程的宏观分析是望而生畏、不敢问津的。因为可能涉及的因素之复杂，超出想象，绝难把握。

平心而论，前面举例所及的那几个分期学说都有相当的合理性。改"以丁身为本"而为"以资产为宗"的建中新制，的确是我国古代赋税制度最为重要的一次更革。推动了这一经济制度重要变革的社会阶层更新具有某种结构性的意义，自是题中应有之义，也必然会对社会其他方面产生辐射性影响，理应重视。至于是否可能由此推动形成一个全新的社会结构，并且以此为线索，可以将整个中国古代历史分成几个前后特征鲜明的阶段，以呈窥一斑而见全豹之效，则未易遽言。例如，"富民"的确是全新的社会阶层？他们与"豪民"能够不那么拖泥带水地区分开来吗？以"市民"来作为明清时期社会结构的代表性阶层，是否具有足够的涵盖度？当时社会人数最多的农村人口往哪儿安放呢？这一切都颇费思量。至于怎样将这样的阶层更新与社会其他方面勾连起来，并以实证来说明它具有的结构性意义，更是任重道远。进入宋代以后，商品交换关系的确明显比前代为活跃，引人注目，但是，在当时生产技术并未出现革命性进步的前提下，商品经济的发展是否达到了"农商并重"，并且可以使整个社会结构"部分质变"的水平，也许真的需要当下声势夺人的数字人文研究方法的助力，以期提出更多可靠的定量而非定性的实证性研究。目前学界主要利用征榷财政数据来讨论交换关系，距离真实的社会经济生活还存在明显距离，能够触及基层经济生活的个案性探索似乎也难以打破记载不足的天花板。而且，在农业社会与现代工商社会之间划分出一个农商社会，在生产力与生产关系上前后间是否足以构成一个级差水平，也令人迟疑。至于从唐宋到宋元的连续变革，士人地方化这一个切入点能否让整个社会结构变动起来，其间的关系可能更复杂一些。

这么看起来，新旧分期法其实具有一个明显的共同点，那就是都试图通过某个切入点来观察整个社会，这大概就是学者们常说的所谓牵动性因素。就内藤范式而言，虽然经过不断补充论证，从政治、文化拓展到了经济生活，看起来相当全面，根本支点还是所谓从封建制向绝对君主政体的转型。其他各家新说也都是如此的由点及面。其不同之处可能在于内藤氏是先有了欧洲的范本，再来据此裁剪中国历史；各家新说则是以社会分期为目的，分头寻找分析的支点，再从各自的支点入手将历史演进按阶段切开来。

思想方法上既然与旧范式相近，想要"走出"它，恐怕并不那么容易。

多层面观察

人类社会历史的演进过程本来就是一个不可分割的整体，将其划分成不同的阶段，原不过是人们的一种认识方法，类同于在江河大川或宽或狭、或缓或急的不同河段做出标记而已。中国传统农业社会悠久绵长，其中帝制时期就长达两千余年，其前后必然存在着许多变迁，将其标识、区分开来，有助于我们认识它，观察它。不同的学说——无论是在经典理论体系框架下对"长期延续"的中国封建社会所作的前后分期，❸还是本文谈论的内藤范式，以及从古到今的许许多多学者，虽然他们所划定的具体起讫时间并不完全相同，但都不约而同地将目光投向了唐宋之间，可以证明它的确是变迁比较凸显的一个历史时期，我们的任务在于如何去认识它。

事实上，除了像基础性工具更替、帝制存废、科学革命、工业文明兴起等这样根本性的因素之外，对于我国传统社会而言，缓慢递进才是历史的常态。在社会的不同层面，演进也并不总是相互同步的。有一些相对活跃，例如政治制度；有一些则明显平缓，例如经济生产、人们的日常生活，等等。传统农业技术更新缓慢，制约了它的结构性更革。在文化层面上更复杂一些，其中有一些相对表面化，例如文学创作，楚风唐韵，各领一代之风骚，灵活多变；但是一些核心的内容，例如文化信仰、价值体系等，则最顽固难变。尽管人类社会是一个有机的整体，试图找到一个切入点就将历史进程完整分割开来，并不容易。比较可行而且也是更贴近历史的方法是分层观察。

唐宋之间当然不过是缓慢递进之中的"小变革期"，相比于中国帝制时期其他变迁比较凸显的阶段是否更加重要，非笔者所能断言。一定要比出个高低短长来，意思也不大。不过，历史的演化不太会只是由哪一个要素决定性地推动了整个社会的前进，只是各不同层面都经过长期积累而产生了较为显著的变迁，相对集聚于唐宋之间而已。下面略举几例来作说明。

若"目光向下"，从与基层生活关系比较密切的层面去作观察，缓慢递进的态势在经济领域往往表现得最典型，所以李伯重根据江南地区的个案，通过对其发展连续性和对农业生产率等指标的分析，提出了从宋到清中国经济具有一贯发展的趋势的看法，农业生产前后的变迁"在方向上是一致的，因此可以说是同质的。在此意义上我们可以说：这个时期只是江南农业长期发展过程中的一个中间阶段，而不是一个'转折点'"[24]。不过在这一方面，就唐宋之间而言，的确有一个相当重要的内容值得关注，那就是经济地理格局的大调整。

南方地区的开发是一个相当长的历史过程，经过长期积累，到唐宋之间南北经济地位才发生了逆转。隋代开凿大运河，唐中后期起江南财赋地位日隆，到宋代"国家定都于梁，非有山河形势以临天下也，直仰汴渠之运以养百万之师耳"[25]。从这个视角观察，因为牵扯到强制性的财政因素，与区域经济的关系还是隔了一层。比较直接的是人口数据，盛唐时期约八千万人口中的六成居住在淮河以北，到北宋末年约一亿两千万人口中，六成已经居住在淮河以南了。这一逆转发生的时间节点不容易具体化，估计到北宋前期已完成把握比较大，影响深远而复杂。随便举一两个例子来讲，譬如随着人口密度的增大，相对容易开垦的平原坡地开发殆尽，人们不得不转向主要开发低湿地、山地等相对"边缘"的土地类型，从而引起南方地貌生态的变化。农田开垦在南方不同地域的进展当然是相当不平衡的，在长江三角洲地区，大致到北宋中期关于人地矛盾的记载明显多了起来。附带地，由于南方人口开始占多数，从而也使得稻米等南方粮作在我国主粮结构中的比重占先，尽管这一点与社会"变革"关系不大。

与社会变迁关系比较密切的，是南方地区不同土地类型的开发，直接推动了交换关系的发展。如北宋曾巩（1019—1083）对洪州分宁县（今江西修水）的描述："其人修农业之务，率数口之家，留一人守舍行馈，其外尽在田。田高下硗腴，随所宜杂殖五谷，无废壤。女妇蚕杼，无懈人。茶盐蜜纸竹箭材苇之货，无有纤巨，治咸尽其身力。"[26]就这样，平原、湿地、丘陵、滩涂等多种土地类型开发的齐头并进，农村的产业结构更加多元化，使得生产者之间交换的需求扩大，应该是从唐入宋以后经济交换关系显著活跃的重要背景性因素。若就技术进步对于农业经济总量增长的影响而言，一些新农耕技术的推广与作物品种改良等当然都十分重要，更为有力的推动因素，则可能来自江南地区农业日益趋向于精耕细作的经营路线。社会需求从来都是技术进步最直接的动力。

至于赵宋国家在土地正税之外较多依赖于榷卖征商的财税政策，其相关记载是学界利用来讨论当时商业活动的主要数据性资料，它的原因及其与经济的关系，目前的研究尚未能给出真正令人满意的答案。不过以长时段的眼光来观察，笔者以为唐末五代以来中央政府因为对地方控制力不足，不得不另创税源，从而造成北宋财赋政策对此的"路径依赖"，关系最大，并不能将那些政策与社会经济活动直接画等号。

国家财税政策的革新则更早一些，那就是人们所熟知的两税法。尽管"以资产为宗"制税原则完全落地还需要经过多年磨合，作为一种制度更革的标志毕竟在唐建中元年（780）已经确立，明显早于其他一些社会现象。关于两税法的研究是学术史积累最为丰富的领域之一，可惜对于在时人所谓"农夫输于巨室，巨室输于州县，州县输于朝廷"㉘的格局之下，各社会阶层之间，以及他们与国家之间的关系，究竟呈现了哪些新现象，实证性的前后比较研究仍然少见。这既有存世资料前后不对称的困难，也有认识不足的原因。在笔者看来，基层社会关系其实是社会结构中相对惰性的一个侧面，具体的阶层与人群在不同历史时期可能会有新旧更替，它的核心内容基本由官民与贫富两种关系所规定，具有很强的延续性。有的时候，甚至比经济关系更加平缓。因此，如果试图从这一层面来观察唐宋之间的社会变迁，对研究者来说无疑任重而道远。

另一个关乎唐宋之间基层社会结构的重要因素，当推科举。诸科举人制度的兴起无疑是当时上层政治结构变迁中最为重要的内容之一，一向被研究者所重视，纳入分析框架，内藤氏也不例外。它对基层社会影响之深刻，实与其影响上层政治者相当，却未能得足够的关注。科举之制虽然早在隋唐之际已确立，经李唐一朝的推进，至少到北宋初期，应举者仍然有限，还需要假托于宋真宗的《励学篇》那样的文字，赤裸裸地诱人入彀。所以等到它真正渗透到基层社会，差不多已经到了北宋中期了，明显比税制的更革等为迟，显示了各不同层面的差异性。不过能够登天子堂的诱惑之大，一旦被人们所认识，则势不可当，迅速成为全民向往的目标，以至于到宋仁宗时，据大臣富弼（1004—1083）所说，开封城中甚至那些最卑微的负担之夫，吃了上顿没下顿的阶层，尚且"日那一二钱令厥子入学，谓之学课，亦欲奖励厥子读书识字，有所进益"[28]，终于形成全民尚文的社会风气，有学者称之为"科举社会"[29]。其影响之深远，至明清为甚，关乎民族性格的形塑。具体而言，无论是识字率的提高、儒家观念向基层的渗透，还是一些生产知识得以经由书籍更便捷地传播等，都与之相关。

与"科举社会"现象相互关联的上层文化，最令学者们关注的自然是儒学的创新，具有时代的特征。儒学思想之推陈出新，发轫于唐代中后期，一百多年以后，到北宋中期，经过几位代表性学者的努力，才开始产生比较广泛的影响；后来慢慢形成宋学的几个流派，到南宋中期辐射及至中下层士人，作为一种具有广泛社会性影响的现象，可以说至此才最终定型。相比于同时期其他层面社会现象的变迁，可能是最为迟缓的，渗透到基层社会则更待来日。

至于被内藤范式视为核心因素的所谓由封建制向绝对君主政体的转型，可能并不具备结构更新的意义。其原因，与其说与统治阶层结构更替有关，还不如说与唐宋间中枢权力机构调整的关系更密切。学者已有研究表明，唐代中后期君主的"走向政务前台"，是随着君权强化，中枢三省制逐渐演变为中书门下制的过程中呈现出来的。[30]而作为阶层更替说主要论据的士大夫阶层形成与士大夫政治成熟，至少得到北宋中期了。更何况我们如果真正想要理解士大夫政治，可能还需要更为深入的观察。科举作为当时核心的选士制度，其影响笼罩一切，但却并非人数最多的入仕渠道。门荫入仕者仍占所有官员人数的六成，而且在官员荐举升迁等各种制度的制约之下，低门寒士即便经科举入仕，多数人也仍只能一辈子困于选海，有时比那些有家世背景的门荫入仕者更不容易得到升迁。这么说当然并不是要质疑关于士大夫政治等内容的一些既有看法，而是试图指出，历史现象往往远比看似清晰的结论为复杂。

余 论

总之，在未出现疾风暴雨式大变革的唐宋时代，社会现象之分层与演变的前后明显错位，说明了当时并不存在结构性的大调整，正体现了"小变革期"的特征。

研究的进一步深入，路径之一是多元化，既在视野上坚持全局观，将尽可能多的要素纳入思考的范围，综合分析，尤其要注意到当时多民族政权并存的现状，塞北江南，不以偏概全；又从各不同层面具体分析，在个案能够支撑的范围之内来作归纳，避免流于表面的概念式的推衍，以期使我们能够真正深化对历史的认识。长时段的眼光将永远是我们观察历史的有效方法，前观后瞻不能偏废。对于每个不同的社会生活层面，只有将它变迁的全过程都梳理清楚，才可能明确关键的节点何时发生，以及它与其他历史现象的关联。至于凸显时代特征的总括性概念，变革，转折，还是其他，目前阶段或许不必着急于此，不妨诸说并存，不宜有独霸武林的想法。以一个支点撬动整个地球，在学理上虽然可以成立，毕竟只是一个比喻，现实中不可能做到。只要能够在观察方法上有所创新，并且清晰表述自己的研究目标与概念界定，以便于研究讨论与学术交流，大概就可以算是"走出"旧范式了。在这一点上，如果有人一定要问笔者个人的倾向，我以为尽管不同层面变迁步伐不一致，到北宋中期在主要方面可以说已经面貌一新，大致不误，陈寅恪先生的"赵宋以下之新局面"之说，比较贴切。

（原载《北京大学学报（哲学社会科学版）》
2022年第4期，第73—82页）

---

❶ ［日］内藤湖南：《概括的唐宋时代观》，原载《历史与地理》第九卷第五号，1910年，黄约瑟译，刘俊文主编《日本学者研究中国史论著选译》第一卷，中华书局1992年版，第10—18页。

❷ ［日］葭森健介：《唐宋变革论于日本成立的背景》，载《史学月刊》2005年第5期，第20—23页。

❸ 罗祎楠：《模式及其变迁——史学史视野中的唐宋变革问题》，载《中国文化研究》2003年夏之卷，第18—31页。

❹ 陈怀宇：《英国汉学家艾约瑟的"唐宋思想变革"说》，载《史学史研究》2011年第4期，第89—94页。

❺ 张广达：《内藤湖南的唐宋变革说及其影响》，第39页，载《唐研究》第十一卷，北京大学出版社2005年版，第5—71页。

❻ ［日］宫泽知之：《唐宋社会变革论》，载《中国史研究动态》1999年第6期，第22—27页。

❼ 李华瑞：《"唐宋变革"论的由来与发展（代绪论）》，天津古籍出版社2010年版，第33—34页。

❽ 柳立言：《何谓"唐宋变革"？》，原载《中华文史论丛》总第81辑（2006），第125—171页，后收入氏著《宋代的家庭和法律》，上海古籍出版社2008年版，第3—42页。

❾ 前引柳立言文，第127页。

❿ 张邦炜：《"唐宋变革论"的首倡者及其他》，载《中国史研究》2010年第1期，第11—16页。

⓫ 陆扬：《唐宋变革论究竟是怎么回事》，2016年5月29日，https://www.thepaper.cn/newsDetail_forward_1475403。

⑫ 参见拙文《走向深化：辽宋夏金史研究展望》，载《文史哲》2019年第5期，第115—120页。收作本书第十一篇。

⑬〔日〕谷川道雄编著：《战后日本的中国史争论》，河合文化教育研究所1993年版，第24页。转引自岸本美绪《20世纪80年代以来中国古代史研究——以宋至清中期为中心》，第22页，载《中国史研究动态》2005年第1期，第21—27页。

⑭ 参见杨际平《走出"唐宋变革论"的误区》，载《文史哲》2019年第4期，第122—141页；李华瑞：《走出"唐宋变革论"》，载《历史评论》2021年第3期，第76—80页。

⑮ 前引杨际平文，第137页。

⑯ 王曾瑜：《宋朝阶级结构（增订本）》，中国人民大学出版社2010年版，第1页。参见同氏《唐宋变革论通信》，载《纤微编》，河北大学出版社2011年版，第212—217页。

⑰ 前引柳立言文，第137页。

⑱ 林文勋：《中国古代"富民社会"研究的由来与旨归》，载《湖北大学学报（哲学社会科学版）》2020年第1期，第68—73页。

⑲ 葛金芳、柳平生：《"农商社会"说的学术背景与理论资源》，载《云南社会科学》2019年第1期，第11—18、185页。

⑳ 参见李新峰《论元明之间的变革》，载《古代文明》2010年第4期，第83—102页。

㉑ 参见Paul J. Smith & Richard von Glahn（eds.）, *The Song-Yuan-Ming Transition in Chinese History*, Harvard University Press, 2003。

㉒ 王瑞来：《近世中国：从唐宋变革到宋元变革》自序，《研究历程：从唐宋变革到宋元变革》，山西教育出版社2015年版。

㉓ 参见白钢《中国封建社会长期延续问题论战的由来与发展》，中国社会科学出版社1984年版。

㉔ 李伯重：《多视角看江南经济史（1250—1850）》，生活·读书·新知三联书店2003年版，第92页。

㉕〔宋〕王称：《东都事略》卷一〇八《唐恪传》，齐鲁书社2000年版，《二十五别史》本，第923页。

㉖〔宋〕曾巩：《曾巩集》卷一七《分宁县云峰院记》，上册，第272页。

㉗〔宋〕王柏：《鲁斋集》卷七《赈济利害书》，台湾商务印书馆1982年版，影印文渊阁《四库全书》，第1186册，第115页。

㉘〔宋〕李焘：《续资治通鉴长编》卷一五〇"庆历四年六月戊午日"条，中华书局1995年版，第11册，第3646页。

㉙〔日〕近藤一成：《宋代科举社会的形成——以明州庆元府为例》，载《厦门大学学报（哲学社会科学版）》2005年第6期，第15—24页。

㉚ 刘后滨：《唐代中书门下体制下的三省机构与职权——兼论中古国家权力运作方式的转变》，载《历史研究》2001年第2期，第15—28页。

八 ‖ "大宋史"三题

"大宋史"之说最初在四十年前由邓广铭先生提出，影响深远，历来学界对其阐发不足，内涵或有未明，甚至偶有歧见，因此下文作一些解释。

概念内涵

1982年10月，中国宋史研究会在郑州召开第二届年会，邓广铭先生在开幕词中，提出了如下的看法：

……我们的学会虽是以宋史研究会为名的，而实际上，不论北宋或南宋，都只是当时中国大陆上先后或同时并立的几个割据政权之一。既不应把宋朝作为正统王朝看待，更不能把它与那时的中国等同起来。宋史研究会的会员同志们所要致力的，是十至十三世纪的中国历史，而决不能局限于北宋或南宋的统治区域。事实上，想这样严格地区分畛域也是行不通的。因为，北宋与契丹、西夏、回鹘等政权，南宋与金及大理等政权，彼此之间的和平交往与矛盾斗争的事件是大量存在的，在论述这类事件时，只谈其中的任何一方而不涉及其对立的一方，那是断然讲不清楚的。所以，我们宋史研究会的会员与辽金史研究会的会员,所属学会名称虽异,其均以研究那一有关时期的中国史为职志,则是并不两样的。因此,在这两个学会的会员之间,也万万不可以严格划分此疆彼界,而互相不越雷池一步。❶

邓广铭先生这一段论述的要义,一方面,他强调不管北宋还是南宋,以及辽、金等,都不过是当时中国内部的一个政权;另一方面,又指出不管是宋史学界,还是辽金史学界的同行们,"均以研究那一有关时期的中国史为职志",所以大家都应该统观全局,不能严格划分此疆彼界,将自己的研究范围局限于某个政权的范围之内。这就是他的"大宋史"观。在此之后,邓广铭先生虽然并没有在自己的著作文字中专门提出,但在各种不同场合的言谈、讨论中,他关于"大宋史"这个概念的提法,是明确的。

归纳言之,邓广铭先生强调的是学者们对于宋、辽、金,包括西夏各个政权,都应该诸史兼治。他如此提倡,自己也正是如此身体力行、做出示范的。同时,对于诸史的次序,他还主张摒弃传统的以"宋"为首的惯例,认为应该根据诸政权创立的时间先后来排列,作"辽宋西夏金"。后来漆侠先生主编《辽宋西夏金通史》,❷就体现了邓先生的这个主张。

这就引出了一个怎样具体落实,也就是如何做到诸史兼治的问题。

我国传统史学很早就认识到治史应该有全局观。唐代杜佑解释《通典》各典的结构安排,"夫理道之先在乎行教化,教化之本在乎足衣食……是以食货为之首"❸,认为一朝之典制相互间存在着有机的逻辑联系,不能孤立地去观察。换作现在的话来讲,也就是人类社会是一个有机的整体,一个部分的运作必然与其他部分存在着千丝万缕的联系,想要研究某个历史时期的特定专题,不管是政治史还是经济史,如果对其他领域全无了解,必然流于表面而难以深入。在另一方面,西汉司马迁早就有"通古今之变"之论,南宋郑樵编纂《通志》,进一步提出了"会通"之说。郑樵批评以断代为史的编纂方法,认为"自班固以断代为史,无复相因之义"❹。总之,所谓良史应该具有从横向与纵向两个方向通览历史的全局视野,是毫无疑问的。

近代史家也多有相同的看法,具体到辽宋西夏金史领域,就是要诸史兼治。例如金毓黻就认为"盖治本期史,惟有三史兼治,乃能相得益彰"❺。近年来许多研究者对此也有不少论述。所以,也可以说邓广铭先生在这方面的贡献,在于他以学界引领者的身份,在再作呼吁的同时,提出了"大宋史"这样一个具有标识性的核心概念。

"大宋史"观更多关注的是通览整个历史时期横剖面的视野。与此同时,邓广铭先生还常常强调应该打通不同断代,提高纵向的观察能力。关于这一点本文暂不展开讨论。

令人遗憾的是,除了少数几位杰出学者之外,学术的实际进展似乎并不明显。刘浦江曾对此提出尖锐的批评意见:"……若是说到研究状况,宋史和辽金史俨然是井水不犯河水。尽管有不少宋史研究者声称他们兼治辽金史,可深究起来,他们感兴趣的无非是宋辽、宋金关系而已。而所谓的宋辽关系史,实际上是宋朝对辽关系史;所谓的宋金关系史,实际上是宋朝对金关系史。这与辽金史有甚相干?至于辽金史研究者呢,则颇有两耳不闻窗外事的雍容。"❻近年来也看不出有明显改观。学界检讨于此,常常强调今人与前贤之间能力的落差。恕笔者直言,这样的看法如果是出于学者自我要求的立场,当然值得称道,但未必完全符合事实。所谓"江山代有才人出,各领风骚数百年",一代人有一代人之学。从某种角度来分析,史学研究领域分割的固化,在很大程度上是史学研究越来越"专业化"造成的,甚至可以说是学科发展与深化带来的某种副作用。近年来强调多写快产的学术生态也在相当程度上起着推波助澜的作用。

学问之道,专与博的关系是一个永恒的话题。专以其一而精,或失之于狭;博以其兼而通,或失之于泛。近代史学的发展,尤其是近年来受社会科学深刻影响,日益走出编纂的传统,远离叙述之本义,而走向专题分析,以精深而非广博取胜。于是,10—13世纪辽宋西夏金诸政权其中的任意一史,就成为一般学者足够驰骋智力的"专业"领域,无暇——似乎也不必——他顾。有的时候——这主要在宋史领域,可能因为存世的历史文献相对丰富,甚至可以长期专注于某些侧面的专题,连一史的全貌都顾不上。跨出"专业"兼治他史,就更不容易做到了。

据此看来,对于如何做到辽宋西夏金诸史兼治,落实邓广铭先生的"大宋史"观,或者也可以从另一角度来理解。对于某些优异者而言,的确能够掌控巨量信息,自如地驰骋在几个不同的领域。而对于绝大多数研究者来说,在史学发展越来越专业化、趋向精深分析的前提之下,一生能够涉足的研究专题本来就有限,横跨几个不同的研究领域显然就更不容易了。但是,研究者如果想要真正深入观察10—13世纪时期的中国历史,不管是针对辽宋西夏金哪一史之中的哪些具体专题,都不能孤立地、仅仅立足于某一政权的范围去观察分析,而应该具有通览整个中国史的全局观。易言之,真正能够在辽宋西夏金某一史之外的领域有所创见,自然难得;但对于局部的研究专题,只要观察分析的视野摆脱某一政权的局限,拥有全局的眼光来展开分析,就可能已经具有兼治的意味了。奉行"大宋史"观主要当落实在观察视野的超越,或曰"旁通"(刘浦江语)。

打一个不一定恰当的比喻,所谓辽宋西夏金诸史兼治,就好比社会科学领域的科际整合，除了有利于拓展原来属于不同学科之间"边缘"的一些研究领域外，更多地是指利用他学科的方法来分析本学科的研究对象，而不是要求研究者从本学科跨越到他学科去发表意见。

这么说来，随着当今学术研究条件的明显改善，辽宋西夏金史研究从划分此疆彼界走向"大宋史"，并非不可企及，关键在于研究者首先得有全局意识。

争议回应

"大宋史"观提出后，许多学者给予了积极的回应。例如王天顺指出："学者自限封畛过严，通识互补不够。此弊以西夏史研究最甚。宋史学界的前辈、名家邓广铭等曾提出'大宋史'的思路，从整体的角度出发把宋、辽、夏、金史打通研究，从而推进了此段中国史研究的深入与发展。"[7]王晓龙等介绍漆侠先生晚年的一些著述时，认为它们"均初步反映了先生大宋史的宏大构思"[8]。张志勇在综述近年辽金史的研究方法时，也认同"大宋史"观，认为"只有这种'大宋史'的研究，才能真正推动辽宋夏金史的研究和发展"，并且提到"陈述先生也希望将辽夏金史学者整合起来，共同开展研究"[9]。

不过也有一些不同的看法，意见集中在是否应该以"宋"来指代整个10—13世纪的中国史。景爱的《辽金史研究中的"大宋史"》一文，提出了相当直率的批评意见。他把"大宋史"观的学术源头追溯到了民国年间的金毓黻，认为"他（金毓黻）从汉族正统观念出发，断定宋辽金三朝的关系是'以宋为主，辽金为从'。现在的'大宋史'论，就是直接从金毓黻'以宋为主，辽金为从'

脱胎而来"。甚至断言"'大宋史'是将辽金史纳入宋史,将辽金史研究变成宋史研究的附庸,破坏辽金史研究的正常发展"。⓫

这当然是误解。

提出一个新概念来表达某种学术思想,是史学研究中常见的方法。提出新概念者的学术贡献,体现在准确的概念抽象、恰当的内涵界定,以及必要的学术推介等方面。这样的新概念既可以归纳某些凸显的历史现象,也可以指称特定的研究范式,领域广泛。在辽宋西夏金史领域,类似的例子不少,最著名的则非"唐宋变革"说莫属。而且在大多数情况下,这些概念的不断提炼与阐发也需要有一定的积累过程。由邓广铭先生提出来的"大宋史"观正是如此,他用这个新的概念强调了辽宋西夏金诸史兼治的学术思想,简明扼要,使人能够一目了然,因此是有重要学术意义的。

至于这个概念的提炼,为什么是"宋",而不是"辽"或者其他?当然,这里绝无所谓传统的汉族正统观掺杂其间,无须赘言。这无非是考虑到辽宋西夏金诸政权的不同特点所作的一个相对性的选择而已。这是因为:

首先,在辽宋西夏金诸政权中,除了比辽政权建立略迟了几十年,两宋政权先后存在了三百余年,时间的涵盖度最高。辽政权不过存在二百余年,其中除去属于五代的五十余年,不过一百五十来年,金政权则只有一百余年。至于西夏政权,也不到二百年,而且它毕竟一直"对外自量、境内自尊"⓫,处于附属政权的地位。

其次,中华文明数千年来在东亚地区发育、成长,汇合了长城内外、五岭南北众多民族的文化因子,但是它的核心地带一直在黄河与长江这两大流域。前期黄河流域相对重要,从唐末五代时期起,全国经济重心逐渐南移,长江流域的重要性超过黄河流域,到12、13世纪更是如此。而在辽宋西夏金诸政权中,只有两宋王朝一直占据了黄河流域与长江流域的核心地区。北宋灭亡之后,女真族金政权虽然占据河南地区，但经济明显衰退，而且其统治中心更远在黄河之北地区。南宋政权的统治范围以长江流域为中心，包括淮南、川蜀与岭南，无疑也是当时中华文明的核心区。

复次，中华文明海纳百川，农林牧渔兼营，但相对而言，无疑是以农业为其最重要的经济基础，是一个以农业为主的文明体。在辽宋西夏金诸政权中，则以两宋政权农业经济的占比最高。辽政权的燕京地区与后来金政权的河南地区，虽然也以农业经济为主，但在整个文明体中的占比毕竟不高。所以称两宋政权所统治的地区是当时中国的经济主体，是没有问题的。

最后，汉、契丹、党项、女真、白、苗、瑶等众多民族共同创造了10—13世纪时期的中华文明，他们相互之间有时不免兵戈相向，但更多的时候则和平共处，在政治、经济、文化等方面几乎全方位地相互交流、影响。这些交流与影响当然是双向乃至多向交叉的，各民族都吸取了其他民族大量优秀的文化因子，同时也反馈输出。在这一波澜壮阔的文化交流网络中，以汉民族为主体的、占据黄河流域与长江流域的两宋政权无疑是主要的输出地。

正如史金波所指出的："宋朝在全国政治、经济、文化中具有核心地位，是当时各民族发展的压舱石。各少数民族王朝互学互鉴，为构建'中华民族多元一体'格局，共同缔造中华文明做出了历史性贡献。"[12]所以，从以上各方面来看，以"大宋史"来指称整个对于辽宋西夏金时期的史学研究，有充分的理由。而且究其本意而言，这只不过是一个简称，本来并无主辅之争的用意。或者，也不妨将"大宋史"概念视为一个偏义复合词，其要义在于"大"，而不在其他。

研究举例

那么,"大宋史"观到底应该如何具体落实?

从学界目前对学术史的反思与批评的情况看,集中在两个方面,一是研究议题不同区域间的不平衡,二是分析讨论具体议题的视野狭隘,未能揭示出更深刻的历史真相。"大宋史"观的落实或者也可以从这两个方面来具体考虑。

在相当程度上,也许是受存世历史资料现状制约的缘故,目前关于10—13世纪中国历史的研究存在着明显的区域性不平衡性。辽、西夏、金三个政权中,除了西夏史因为近年来大量考古文书的公布与出版,研究拓展明显,但也受文书类型的制约,在政治、经济、文化等不同领域间存在着不平衡现象。在辽、金史领域,刘浦江在二十多年前所说的"遭受冷落"与"萧条"的状况[13],近年来随着学术的发展,已经有明显的改观,但相比于宋史,仍有许多领域未能展开充分的讨论。

在两宋史领域,这种研究的区域不平衡现象则表现得更为显眼。李华瑞指摘学术史现状,认为近年来宋史学界因受"唐宋变革"论的影响,未能统观漠北与中国西部的历史进程,视中国历史只是汉族的历史而不包括辽西夏金。至于两宋史研究本身,大多数人把研究视野从整个宋政权,缩小到南宋,再到江南,"历史的空间一步步缩小"[14]。虽然,称"大多数人"略显绝对化,但作为一种警醒提示也有其必要性。

所以,问题就回到了如何克服资料不足的困难,展开对此前相对受冷落地区与议题的讨论。近年来一些优秀的研究成果给了我们一些有意义的提示。

历史资料永远是史学研究的首要前提，辽宋西夏金时期存世历史资料的南北不平衡，对于学界来说，既是巨大挑战，同时也可能提供某些机遇，端看研究者如何应对。任何历史文本都会带上记述者的印记，如果这些文本的产生过程较多周折，它们背后的这种印记也必然更为复杂。例如关于契丹、党项、女真等民族的早期历史，大多出于传说，各政权建立后又往往对这些传说进行整理与有意识的建构，元末编纂三史时复行裁剪、编凑，文本与史实之间的关系不免就存在好几层隔阂。又例如存世的一些文献不少出自宋人之手，或依据使臣之笔，或来自探马之言，或出于无影传闻，形成文字，引入章奏，载之史册，甚至由书铺编印售卖。所以，如果能够清醒地认识到这些文本的复杂史源，层层剥离那些记述者留下的印记，就不仅可以探知文本记载的真实信息，同时也能够了解与这些印记形成过程相关的一些史实。

近来苗润博从细致的文本批判入手，对以元修《辽史·营卫志》部族门为主的关于契丹早期史的记载，条分缕析，还原作为其史源的中原文献系统和契丹文献系统的核心内容，揭示中原文献系统出于构建华夏正统秩序目的与对周边地区少数族裔历史的了解欠周所造成的误书，以及阿保机家族以自身家族史取代改造契丹集团历史的政治化塑造过程，以此造成的目前存世的关于契丹早期史记载之出于"三重滤镜"之下图景的结果，就是很好的例证。[15]还有一些史籍，显例非《契丹国志》与《大金国志》莫属，学界曾经展开长期的讨论，才逐渐厘清它们出于后世书商之手、真伪杂糅的性质，使得研究者得以发现其中可靠的历史信息，展开利用与研究。[16]其他又如《裔夷谋夏录》等书，向来被认为出处可疑，使得人们对它们的记载缺乏信心，近年经过进一步探索，却发现其史源可征，其史料价值超乎传统的认识。这也为我们"关照南宋初，乃至宋元时期历史编纂学的发展与转变，理解辽、宋、金易代之时史家的现实关怀,提供了又一处发微的门径"[17]。

在对传统历史文献剔抉发微的同时,如何发现新资料,拓展历史信息的来源,从来都是史家最为用心的方面。对于辽西夏金诸史而言,除了前贤一向强调的,熟练掌握民族语言,充分利用存世以及新发现的民族语言资料之外,近年来各地大兴土木,许多地下资料经考古发掘被整理公布,也引起了学者们的重视与研究的投入,取得了不少成果。例如日本学者饭山知保关于科举制度在金朝统治的河北地区扩展的研究,就是利用了大量的旧拓与新见的碑铭资料,颇有启示意义。[18]此外,又如易素梅关于晋豫之交地区女性社会活动的观察,吴淑敏关于晋东南地区乡村社会的讨论,等等,都主要利用新发现的碑铭资料,将研究的视野下探到了此前相当不容易触及的宋金时期华北基层社会。[19]

似此对北方史实的"补白"式研究或者重新探讨,空间实大。举一个核心议题来讲,历来关于经济重心南移的讨论,关注点差不多全都在南方,对于被"移出"的北方地区,其原因与影响,虽然也有少量的讨论,相比于对其"移入"地而言,无疑是瞠乎其后的。

实际上,关于10—13世纪北方地区的历史资料虽然远不及同时期的南方那么丰富,相比于唐代以前,则未必不可企及。如果我们能够像上古史学者那样仔细研读每一则历史文本,榨取其中所有的历史信息,学术史现状也可能会有不小的改观。所以,问题的关键还在于研究者是否拥有全局观,能够关照到在"热点"之外同样重要的地区与议题。

多方面探索10—13世纪北方地区的史实,其意义当然远不止于"补白"而已。李华瑞认为只有具备辽宋西夏金诸政权的全局观,"才能全面书写11—13世纪中华民族的社会发展及疆界形成的断代史"[20]。类似的看法不少。实际上也可以说唯其如此,才可能客观归纳这一个历史时期的总体特征，对辽宋西夏金时期在整个中国历史长河中的地位，给出更准确的定位。李锡厚曾经指出，辽宋金时期由于北方民族空前规模的南迁，并加速与汉民族融合，迁徙杂居、经济文化交流以及语言风俗的相互仿效，以至于"金亡以后，北方地区已经形成了融合北方民族文化的、与以前历史时期明显不同的民族文化，并且在此基础上形成了中原各民族共同的心理状态"[21]。如此看来，无论是傅乐成关于从唐型文化转向宋型文化说，还是刘子健关于中国转向内在论，[22]都不免有过于强调汉族的文化影响之嫌，因而存在着某种可以调整的余地。

因此，学界也尝试着从另一个角度来做归纳，那就是大家已经熟悉的所谓"第二个南北朝"论。刘浦江甚至把辽金史研究者力倡辽宋金时代为中国历史上的第二个南北朝之说，理解成"为辽金史研究者争名分"，是"辽金史研究者对长期以来遭受冷落所流露出来的愤懑和不平"[23]。其实，如果从历史的纵向发展去观察，这样的看法也有相当的启发性。李治安归纳第二个南北朝南、北两条线索的发展路径，"二者并存交融，先后经历元朝、明前期以北制为主导及明中叶以南制主导的三次整合，明后期最终汇合为一，此乃宋元明清历史的基本脉络和走势"[24]。事实上如果考虑到整个帝制后期南北之间文化影响的此消彼长，也许观察还不能止于明代后期。宋史研究者——即便是"宋粉"们——都无法回避的，是如何回应宋人在与北方民族对峙中的国力不振的这一尴尬问题。不管从哪些角度来作解释，南北之间武力此消彼长的事实毕竟不得不正视。可是如果纵观而言，除了明代前期稍有振作之外，整个帝制后期可以说都是处于北强南弱的格局之下。天水一朝并非唯一的"积弱"者，它只不过是八百年来汉民族武功不振的起点而已。以此立场回观历史，就有可能帮助我们超越一时一事的局限，从更广阔的视野去理解辽宋西夏金诸政权之间的关系。

最后，让我们就专题研究问题略举几例。

刘浦江曾对考古学者关于一些墓葬壁画的鉴定意见提出质疑，认为不能凡见到髡发者就认定他们是契丹人，其中有一些应该是当时北方地区具有胡化倾向的汉人。[25]这就典型地展示了不同的视野对于研究观察力的影响。就笔者相对熟悉的两宋史研究领域而言，这样的例子也不少。

整体看来，多民族政权并存的格局对于赵宋政权最为凸显的影响，就是使得它一直处于强大的外部压力之下，自始至终都面临着生存危机，所谓生于忧患，长于忧患。到南宋沦为附属政权，更多了一层屈辱感。尽管社会生活不同层面各自的位置不能等量齐观，但是覆巢之下安有完卵，细究起来，鲜有不受立国大势影响者，国家各方面的制度设计更是如此。例如面对北方强敌，两宋政权不得不维持一支数量庞大的军队，以致对国家财政造成前所未有的压力。朱熹（1130—1200）就认为："财用不足皆起于养兵。十分，八分是养兵，其他用度止在二分之中。古者刻剥之法本朝皆备，所以有靖康之乱。"[26]而"财用不足"的一个直接结果，就是迫使赵宋统治者不得不从社会基层攫取远超前代的财赋收入。这样一来，远居荒村的乡野农夫尽管对国势多半茫然无知，却不得不承受它的直接影响。

相对而言，社会文化层面对于外部压力的反应更为直接，也更为显眼一点。

人们对美的追求是服饰猎奇求异的根本原因。辽宋西夏金时期中原地区虽然受到北方民族的巨大压力，仍然无法阻挡民间仿效胡服之风，这是当时各民族间文化交流、"熏蒸渐渍"的重要表现。时人称北宋后期"汴京闺阁妆抹凡数变"，各种新异服饰"皆自北传南者"[27]。南宋时也有臣僚批评"今来都下一切衣冠服制习外国俗"[28]。赵宋政权因此不时颁布诏旨，禁人胡服，以正风俗，不过这类禁令的出台往往受一定时期朝政走向的影响。徽宗政宣年间禁令频出，引人注目。其实所谓胡服，主要为了适应漠北风土，有一定的共性，当时宋廷却尤以禁契丹服饰为言，如政和七年（1117）有诏，"敢为契丹服若毡笠、钓墩之类者，以违御笔论"㉙。这一方面在于契丹是赵宋政权的主要外敌，同时可能也是当时宋徽宗自我作古，推行仪礼新制，整饬民俗之故。其实还另有一个比较隐蔽的历史原因，为论者所忽略，那就是谋复燕云。自绍圣年间直至徽宗即位，宋军在河湟地区拓展，压制西夏，颇获成功，当时主持西边军务的宦官童贯（1054—1126）野心膨胀，"既得志于西边，遂谓北边亦可图"，于是征得宋徽宗的同意，于政和元年（1111）九月以副使的身份，跟随端明殿学士郑允中出使辽国，窥觇军情，途中碰到"献取燕策"的马植，改其名为李良嗣，带回开封见徽宗。徽宗又赐李良嗣国姓赵，史称"复燕之议盖始此"㉚。在这样的政治动向之下，宋廷上下对于契丹族文化影响也就愈加敏感了起来。由此可见，如果能够以"大宋史"全局观来分析这一时期北宋朝廷高频度颁布胡服禁令的现象，或许就可以从中发现一条观察当时赵宋君臣重要政治动向的线索。

有意思的是，人们对外部压力的反应往往是复杂的，在新异服饰"皆自北传南"的同时，中原民族更为主流的反应无疑是正面反弹，表现在政治、文化与社会生活等方方面面。南宋叶适（1150—1223）就曾经指出："自赵元昊反，重之辽人求关南地，天下之士始稍奋发，深思远虑以为之说。"㉛有论者认为持续百余年的宋夏战争影响了北宋词风的演变，"在宋夏战争的现实背景下，北宋后期词在创作主题及艺术形式上均发生了明显转变，侧重以闺情离怨承载苍凉绮怨的悲情体验"㉜。到南宋，岳飞、陈亮之锐志恢复，辛弃疾、陆游之悲愤激昂，当然都是应对北敌而发。与此同时，汉民族的文化趣味也发生了令人寻味的变化。学界以往讨论集中在雅文化层面的内省、经济生活的精致与政治机制的文治走向等诸多方面，这些是否能够充分解释"走向内在"，显然仍留有一定空间。伊佩霞（Patricia B. Ebrey）分析汉族妇女缠足习俗在两宋时期开始流行的原因，认为面对北方"蛮夷"的粗悍鄙陋，中原汉民族更加有意凸显自己的文雅、精致，甚至纤弱，以得到某种文化心理的优势感。所以，妇女缠足或许应该与其他众多社会文化现象，例如文人画与金石学的流行，舍马乘轿，以及文学史、思想史等各种现象联系起来讨论。❸这样的观察显然是从时代全局出发，因而具有相当的启发性。

推而广之，持续不断并且多方位的人口迁徙对不同地区包括宗教在内的复杂影响，南北对峙之下各种地理格局的演变，高丽、吐蕃、大理等其他民族政权的应因之道，等等，仅从单个政权的立场出发去考察，都是难以深入的。例如，讨论宋夏关系不能不考虑吐蕃的因素，高丽政权的历史演变离开了其与辽宋金诸政权间的复杂关系，也无从谈起。尤其是中原士大夫们须臾难以忘怀的华夷之辨，在南北对峙、天有二日的大背景之下，产生了哪些变化？当南宋成为金人之附属国后，士大夫复杂的心理反应，更耐人寻味。这些议题都留有一定的拓展空间。

总之，无论从宏观还是微观，强调全局观的"大宋史"研究取向都可能给我们一些新的可能性，因此值得重视。

（原载《光明日报》2023年10月23日第14版）

---

❶ 邓广铭、郦家驹等主编：《宋史研究论文集》，河南人民出版社1984年版，第3页。
❷ 漆侠主编：《辽宋西夏金通史》，人民出版社2010年版。

❸〔唐〕杜佑:《通典·自序》,中华书局1988年版,第1页。
❹〔宋〕郑樵:《通志二十略·总序》,中华书局1995年版,第3页。
❺金毓黻:《宋辽金史》,台湾商务印书馆1982年版,第2页。
❻刘浦江:《辽金史论·自序》,辽宁大学出版社1999年版,第1—2页。
❼王天顺:《西夏史如何走进"大宋史"》,载《中州学刊》1999年第5期,第134—139页。
❽王晓龙、施治平:《漆侠先生与河北大学宋史研究领域的拓展》,载《河北大学学报(哲学社会科学版)》2011年第6期,第74—78页。
❾张志勇:《辽金史研究理论方法的回顾与思考》,载《辽宁工程技术大学学报(社会科学版)》2014年第6期,第561—567页。
❿景爱:《辽金史研究中的"大宋史"》,载《理论观察》2017年第7期,第5—7页。
⓫史金波:《论西夏对中国的认同》,载《民族研究》2020年第4期,第103—115、141页。
⓬史金波:《深入推进宋辽夏金史研究的思考》,载《河北学刊》2020年第5期,第1—8页。
⓭刘浦江:《辽金史论·自序》,第2页。
⓮李华瑞:《唐宋史研究应当走出"宋代近世说(唐宋变革论)"》,载《光明日报》2017年11月20日第14版。
⓯苗润博:《记忆·遗忘·书写:基于史料批判的契丹早期史研究》,北京大学2018年博士学位论文。参见同氏《〈辽史〉探源》,中华书局2020年版。
⓰刘浦江:《关于〈契丹国志〉的若干问题》,原载《史学史研究》1992年第2期,后收入氏著《辽金史论》,第323—334页。
⓱李京泽:《汪藻〈裔夷谋夏录〉再探》,载《文献》2020年第3期,第53—66页。
⓲[日]饭山知保:《另一种士人:金元时代的华北社会与科举制度》"结论",浙江大学出版社2021年版,第501、504页。
⓳易素梅:《家事与庙事:九至十四世纪二仙信仰中的女性活动》,载《历史研究》2017年第5期,第34—54页;吴淑敏:《宋金时期晋东南地区的乡村社会——石刻史料中的管窥》,北京大学2020年博士学位论文。
⓴李华瑞:《唐宋史研究应当走出"宋代近世说(唐宋变革论)"》。
㉑李锡厚:《宋辽金时期中原地区的民族融合》,载《中州学刊》2005年第5期,第164—167页。
㉒傅乐成:《唐型文化与宋型文化》,原载(台湾)《编译馆馆刊》1972年第4期,后收入氏著《汉唐史论集》,联经出版事业公司1977年版,第339—382页;[美]刘子健:《中国转向内在——两宋之际的文化转向》,赵冬梅译,江苏人民出版社2001年版。
㉓刘浦江:《辽金史论·自序》,第2页。
㉔李治安:《两个南北朝与中古以来的历史发展线索》,载《文史哲》2009年第6期,第5—19页。

㉕ 刘浦江:《说"汉人"——辽金时代民族融合的一个侧面》,原载《民族研究》1998年第6期,后收入氏著《辽金史论》,第109—127页。

㉖〔宋〕黎靖德编:《朱子语类》卷一一〇《论兵》,中华书局1986年版,第7册,2708页。

㉗〔宋〕袁褧:《枫窗小牍》卷上,《全宋笔记》第四编,大象出版社2008年版,第5册,216页。

㉘〔明〕黄淮、杨士奇编:《历代名臣奏议》卷一二〇《礼乐》,"淳熙年间袁说友上奏",上海古籍出版社2012年版,影印明永乐内府刊本,第2册,第1591页。

㉙〔清〕徐松辑:《宋会要辑稿·舆服》四之九,上海古籍出版社2014年版,第4册,2235页。参见同书《舆服》四之七、《宋史》卷一五三《舆服志五》、吴曾《能改斋漫录》卷十三等。

㉚〔宋〕陈均:《皇朝编年纲目备要》卷二八是月条,中华书局2006年版,下册,第703—704页。

㉛〔宋〕叶适:《水心别集》卷一〇《始论二》,中华书局1961年版,《叶适集》第三册,第759页。

㉜ 郭艳华:《论宋夏战争对北宋后期词风的影响》,载《北方民族大学学报(哲学社会科学版)》2014年第4期,第76—79页。

㉝ Patricia B. Ebrey, "Women, Marriage, and the Family in Chinese History", in Paul S. Ropp ed., *Heritage of China, Contemporary Perspectives on Chinese Civilization*, Berkeley: University of California Press, 1990, pp. 197-223.

九 ║ "理论与方法"：
近三十年宋史研究的回顾与反思

　　学术史的回顾与反思，因其能促进学者对相关学术领域研究现状的理性思考与批判，因此有特殊的意义，为学界所重视。笔者效颦，试图对近三十年来——大致上相当于自改革开放以来——宋代历史研究领域的理论与方法，略作回顾，并提出自己的一些思考。

　　与专题讨论"理论"问题的高头讲章，以及锐意推介域外新科利器的深瞻宏文不同，下文所述只是本人在教学与研究工作中形成的一些粗浅思考，借用数十年前曾颇为流行的一个名词，亦即只是一些"朴素"的思想。本文的目的，自然不是在"理论"上有什么建树，而只是为了与像本人一样持"朴素"立场的同行们交流思想，以求识者指正。

　　也因此，本文的讨论，试图尽量以浅近的语言，介绍自己的一些理解；所谓的回顾，也不欲作广征博引式的归纳，只是在梳理学术史发展趋势时，略举在笔者看来具有代表性的论著以为例证，作出说明。

学术史

　　宋代历史研究领域对理论方法认识的演进，主要与研究者人员构成的变化直接联系在一起。

20世纪70年代末80年代初,中国大陆的社会生活逐渐走向正常,学术研究也首次获得平稳发展的机会。当时史坛学术队伍的组成,领军者多为成熟于1949年之前、复经五六十年代思想改造洗礼的老一辈学者,一大批在五六十年代接受专业训练的中青年学者,则作为学术研究的生力军,在经过政治运动长期压抑之后,迸发出惊人的学术创造力,促使史学研究很快呈现繁荣景象。受教育背景、政治环境,以及当时中外学术交流不足等因素的综合影响,指导史学研究的理论方法,承续着五六十年代以来的主流观念。宋史研究领域也不例外。也就是,在史观方面,坚持此前学界归纳马克思、恩格斯的经典论著所得出的,关于人类历史发展必然经过五个发展阶段的学说,认为宋代社会属于中国封建社会的中期;在理论方面,强调辩证唯物主义与历史唯物主义的指导,重视阶级对立立场与阶级分析方法,坚持社会结构分析中的经济基础决定论;等等。落实到具体的研究领域,前期的一些中心议题仍然受到不少学者的热捧,例如宋代在"长期延续"的中国封建社会发展进程中的地位、资本主义萌芽是否在宋代产生、宋代社会的阶级结构、土地制度、租佃关系、农民战争、宋初中央集权强化与中后期的政治改革、思想史领域的唯心主义与唯物主义的对立,等等。

例如,1980年,中国宋史研究会在上海成立,并召开了第一届学术讨论会。两年后,提交这次年会的论文由上海古籍出版社出版。在论文集中,仅专题讨论宋代阶级结构与土地制度的论文就有8篇,占全书31篇论文的四成,比例可谓高矣。邓广铭先生在论文集"前言"中指出:"论文所涉及的方面比较广泛:占比重较大的,是论述宋代社会经济发展或专就宋代封建生产关系中的某个侧面进行了考察。"❶

由周宝珠和陈振主编、出版于1985年的宋史领域第一部断代史著作《简明宋史》，全书关于两宋时期在中国古代历史中地位的论述，以及将阶级斗争视为认识宋代历史的主线的结构安排，就相当明显地反映了作者的理论立场。❷

又如出版于20世纪80年代后期、可谓那个时期宋史领域最主要研究成果之一的漆侠《宋代经济史》，作者在他的"代绪论"中，开宗明义阐述全书写作的指导思想："与世界上许多国家一样，我国也遵循着社会发展的一般规律，经历了以封建经济制度为基础的社会历史阶段。"接下来，在征引了一段马克思关于相同的经济基础，可能由于"无数不同的经验的事实，自然条件，种族关系，各种从外部发生作用的历史影响等等，而在现象上显示出无穷无尽的变异和程度差别"的论述后，指出："我国封建经济制度的发展，又具有它自己的民族的特点，而不同于其他各国。"❸因此，作者关于宋代经济史的讨论，就是集中在它遵循人类社会发展一般规律、呈现封建经济制度共同特征，以及我国封建经济制度发展不同于其他各国的民族特点这样两条主线展开。分析《宋代经济史》全书的叙述可知，作者坚持阶级分析方法，强调经济基础的决定意义以及商品经济在封建经济肌体中的异己性，等等，这些在当时主流观点看来代表着马克思主义史学理论基本立场的内容，是一目了然的。

与此同时，也许可以归因于1949年后三十年持续政治运动的后遗症，更多的学者，尽管当他们在偶尔对历史现象作抽象分析时，受马克思主义宏观理论长期灌输的潜移默化的影响时有表现，在主观上，则开始更倾向于回避宏观理论分析的传统实证性研究。最为典型的，就表现在对宋朝国家典章制度的讨论研究中。分析这一时期关于宋史研究的论著目录就可以发现，举凡涉及赵宋国家职官、科举、行政、法律、军事、赋役、货币制度等各个方面，都有大量实证性论著刊出。❹例如前引邓广铭先生为1980年年会论文集所写"前言"，就又提到论文集内容有"论述宋王朝所制订的典章制度"，以及"少数关于史事考证和史籍校勘"。

出版于1983年的王曾瑜《宋朝兵制初探》，可谓这一时期典章制度实证研究的典型。❺虽然作者在书前"说明"中有"自人类进入阶级社会以后，出现了国家，作为阶级统治的机构，而军队是国家的重要组成部分"这样的点题，说明了他以阶级分析方法作为研究出发点的立场，全书的章节编排与史事叙述，上编五章讨论兵种、编制与指挥系统，下编五章讨论募兵制、装备、通信、后勤、军费、军法与军政，则完全围绕着典章制度实证阐释来展开，一无空言，基本不延伸作抽象分析。此外，这一时期所出版的宋史研究论著，不少是老一辈学者的旧作，如聂崇岐《宋史丛考》❻、陈乐素《求是集》❼等，更增强了求实学风的氛围。从20世纪80年代末起，当时的杭州大学宋史研究室在徐规教授的推动下，开始执行《宋史》各志的补正计划，先后完成《职官志》《选举志》与《食货志》的补正工作，❽可以说是实证研究学风的集中体现。1989年，文科最重要的学术杂志《中国社会科学》在第5期刊出程溯洛考据专文《〈宋史·回鹘传〉补正》一文，可被视为当时学界氛围的导向标。

大体上讲，20世纪80年代可谓近三十年学术史发展的第一阶段。接着，随着思想的进一步开放，海外文化影响扩大，以及人们对传统理论方法的不满感日甚等原因，史学领域也慢慢开始出现努力寻求新颖解释工具的热潮，构成了当时所谓"文化热"的一个侧面。这一"文化热"大致在80年代中期发轫，后来渐次影响到史学界。一些学者热衷于试探用一些新颖的社会科学，乃至自然科学的方法，来解读中国传统历史。❾在宋代史研究领域，"文化大革命"后招生的研究生已陆续毕业，加入学术研究队伍。不过，可能主要受师辈的影响，大多追随求实学风，由"文化热"所带来的对史学新方法的探求，在宋史研究领域却表现得并不明显。

进入20世纪90年代中期后，主要随着新生研究力量的成长，中国大陆宋代历史研究的基本格局才有了比较明显的更新。当新旧世纪交替之际，一些代表性学者都撰文讨论相关领域的成就与现状，对这种新格局已作了不少梳理。❿归纳而言，学术史的新格局主要表现在两个方面，一是新的理论思考，另一是新的研究议题。

所谓新的理论思考，指学者们开始更加主动地思考：研究中国传统时期的历史，究竟采取哪些研究方法更为合适，更为契合中国历史实际，或者通俗地说，更"有用"？除少数学者外，多数研究者都更倾向于在传统的理论方法之外，尝试着从当代社会科学领域去寻找新的分析工具。正如李华瑞所指出的："到了世纪之交，随着前辈学者或谢世，或退休，旧的范式危机开始显露出来——土地制度、租佃制、地租形态、封建社会、农民起义、阶级关系等以往讨论的问题和理论范畴大都被中青年学者回避，而新的分期理论没有产生。"⓫如果我们去观察一下近十几年来宋史研究领域的博士学位论文，就可以发现，大多数当代社会科学的理论方法都被借用到本领域的研究中来了——至少从那些学位论文作者关于各自研究方法的陈述看是如此。以至于某些似是而非的现代"学科"，也受到了年轻宋史学者的青睐，例如据称"中国特有的学科"——"治安学"，就是如此。⓬相对而言，当代经济学、社会学以及政治学的一些理论方法最受宋史学者的关注。邓小南就曾指出："举例而言，80年代以来，西方经济学、政治学研究中新制度主义学派的崛起，极大地拓宽了制度史的研究领域。目前大陆的经济学、政治学、社会学界都对此有积极的反应，对于宋代制度史的研究，或许也不无启发。"⓭笔者此前就曾在一篇综述性小文中提到过新制度经济学在宋史研究中推波助澜的例证。⓮李立也认为："至于借鉴社会科学理论，对权力的分配和实际行使等进行动态方面的考察，直到近些年才真正得到学者们的关注。"⓯不过总体看，不那么刻意用心于理论方法的考证式史实阐述，仍在刊出的论著中占最大的比例。与此同时，由于多年的灌输传播，传统理论范式的影响根深蒂固，常常在一些论著中不自觉地表现出来，例证不少。

相对而言，形成近年来学术史新格局的主要表现，还在于学者们对新研究领域的开拓。正如李华瑞所归纳的："建国以来特别是1980年以后，宋代经济史、典章制度和人物评价一直是众多研究者关注的重点，但自20世纪90年代中期以来社会史、文化史，渐次成为新的研究热点或增长点，士人阶层、家族宗法、性别观念、民间信仰、社会生活、基层社会、地域文化、宋学诸学派等课题纷纷进入研究者的视野。"❿邓小南曾逐项举例，说明"新的研究领域迅速发展"的态势。例如她谈到社会史："新的研究领域迅速发展。得风气之先的是对于宋代区域（例如太湖流域、福建江西等地区）、人口、移民、家族、基层社会、地方精英、乡村势力、民间信仰（美国、日本学者有不少研究，国内亦有讨论国家祭典与民间祭祀、祈雨、地方神灵崇拜的著述及博士硕士论文）以及妇女史等方面的研究。这些研究对于理解宋代的社会关系网络、社会流动与社会秩序的重建，都有积极的意义。"⓫此外，她还以宋代思想史等为例，说明了"传统研究领域的新取向"。

当然，前述两个侧面是相辅相成的。新理论方法的应用，主要是在学者们对这些新研究领域的探索中体现出来。当前中国大陆宋代历史研究领域仍然持续着这种态势。

"饥渴症"

有意思的是，正是在这种学术史新格局渐次展开的同时，学界对探寻新理论方法的呼声仍一直不断，表现出一种明显的"理论饥渴症"。这种"理论饥渴症"的产生自有其深刻的原因,本文不欲讨论。关于它的表现与影响,倒是试图一述。

在宋史领域,一些领军学者历来强调理论方法的重要性,即便在传统理论方法占主流地位时期也是如此。邓广铭先生强调史学研究中宏观研究方法的重要性,他认为:"即使前代人已经作出了研究成果的一些问题,在今天,我们也应当在辩证唯物论和历史唯物论的思想、方法的指引下,去一一重新给予估价和考察,用武之地就更为无限了。"[18]点明了正确的理论方法是研究工作深入的关键。王曾瑜则将中国传统史学思想中所说的"史才",理解为"正确的理论和方法":"史学不可无理论……伟大的唐朝史学家刘知几提出史才、史学和史识三个概念,用今天的话,掌握正确的理论和方法,尽可能丰富而准确的史料,以及文字表达能力,可说是治史成才的三要素。"[19]

进入20世纪90年代后,对新理论方法的渴求与探索更加迫切了。

李华瑞将20世纪80年代宋史研究的理论范式在传统基础上一直没有新发展的现象,称作"理论危机"[20]。他认为"理论的缺失",是近年来宋史领域博士学位论文水平有待提高的重要原因:"虽然部分青年学子尝试改变这种现状,试图用新方法、新视角来撰写博士学位论文,他们对西方社会科学的理论很感兴趣,并以此作为建构及解释历史发展的因素。如用欧美社会学中的精英理论解释宋代的士人社会,就是一个显例。"[21]他还指出:"对于缺少新材料、以传世文献为主的宋史研究来说,运用新方法、新理论、新视野,显得尤为重要。"[22]张其凡反思近三十年中国大陆的宋史研究学术史,也认为其中的一个不足就是"史学理论的匮乏甚或缺失"[23]。近年来,宋史研究领域一些代表性学者在各种不同的场合,差不多都有类似的一些表述。有些老一辈学者在认识到当代社会科学理论方法的重要意义的同时,更对中青年学者冷落甚至厌弃传统理论的现象,深表叹惜。[24]

也有学者关心中国大陆宋代历史研究在国际学术界的地位,认为:"近年来,我们在研究取径、方向乃至议题的选择方面,许多是受海外学界的影响。国内学界对于这些内容有批评,有修正,但未能以'新议题'建设者的形象,在国际学术界建立有影响的、属于自己的学术流派;在国际汉学界宋史研究交流的平台上,我们能够主导潮流、影响研究取向的方面相当有限。"[25]虽然这里说的主要是关于议题,核心问题实际上还是在于引导议题的"研究取径"——理论方法的另一种表述形式。

"理论"

那么,什么是"理论"呢?

目前,学者们经常使用的类似概念,还有研究方法、分析工具、范式、取向等,相互间确切含义各有侧重,主旨相同。综观之,"理论"一词最能代表它们的共性。

《现代汉语词典》对"理论"所下定义是:"人们由实践概括出来的关于自然界和社会的知识的有系统的结论。"[26]这个定义精辟地归纳了"理论"三个最为基本的特性:其一,它是人们从实践中"概括"出来的;其二,它有系统性;其三,它是一种"结论"。

通俗地讲,所谓史学研究的理论,就是人们经过分析与归纳,得出的关于人类社会规律性现象的一些结论。由于并不存在抽象的"人类社会",人们分析归纳的对象,必然是某一特定时期与特定民族的具体的社会现象。可是由于人们认为这些现象具有相当的普遍意义——也就是经分析归纳所得出的结论,不仅对某一特定社会来说是正确的，对其他一些社会也可能是正确的，于是就将它借引到了对其他社会现象的分析讨论之中。例如，马克思分析西欧经济史，发现自11、12世纪以后城市与商品经济的发展，逐渐侵蚀欧洲传统的经济结构，促进了新经济因素的产生。他因此认为："商品流通是资本的起点。商品生产和发达的商品流通，即贸易，是资本产生的历史前提。"❷"商人资本的存在和发展到一定的水平，本身就是资本主义生产方式发展的历史前提。"❷ 这一论述就包含了前述关于"理论"的三大要素：概括、系统性与结论。后来中国的一些历史学家将它视为马克思关于资本主义起源理论的重要组成部分，也按照这一思路，根据商品经济发展的线索，来从中国传统经济体中寻找新型社会要素——资本主义萌芽，以致形成了某种带有中国特色的商品经济万能论。

可以想象，对人类社会种种现象的这种分析与归纳，它所可能涉及的不同层面，相互间差别是巨大的。有一些可能局限于具体的侧面，另一些则可能相当宏观，所得出的结论也必然有具体与宏观之别。中国大陆学术界一些专门讨论史学理论的学者，就大致对它们给出了"历史理论"与"史学理论"这样两个不同层面的区分。所谓"历史理论"指宏观层面，就是前人关于人类社会历史发展基本规律的一些总体性的结论，例如关于人类社会发展必然经过五个前后相继的不同发展阶段的结论就是。现在看来，这些结论大多带有信仰的意味，因此它也被称作"史观"❷。所谓"史学理论"，则多指中观或微观层面，也就是一些相对具体的结论，例如前面所引马克思关于"商品流通是资本的起点"之类论述即是。关于人类社会基本结构的一些认识，例如马克思主义关于国家创建后人类社会由不同的阶级所构成、阶级之间相互的对立与斗争是人类社会最基本的规律，以及关于经济基础决定上层建筑的结论等，都是。不过，综观起来，这些"理论"都是从某些具体研究对象分析归纳所得出的结论。

历史研究为什么需要这样的结论（理论）借用？这是因为：其一，不同民族与不同历史时期的社会现象，往往具有某些共性，可以相互参照；其二，人类社会太过复杂，研究者往往一时难以由表及里，从极其繁杂的表象中发现本质性的内容，前人从其他研究对象所得出的已经梳理成具有系统性的一些结论，可以启发、帮助学者分析与归纳；其三，更何况史学研究不得不面对存世历史信息零星残缺的现实，史实的复原既已大成问题，史实之间的联系分析更是不易。理论在分析过程中的"引导"作用就更不可或缺了。

从这一角度看，所谓理论——无论是宏观的还是具体的——都可以被视作研究的工具或方法。吴承明就认为："马克思的世界观和历史观，即历史唯物主义，是我们研究历史的最高层次的指导，但它也只是一种方法。马克思的经济理论，在研究经济史中，也是一种方法，即分析方法。"[30]一语中的。换言之，就其对社会规律性现象的归纳之系统性而言，人们誉之为"理论"，但当研究者将这些归纳出来的结论借用到对其他社会现象的分析之中时，它就只不过是引导研究者着手分析的一种方法。

"范式"

有时，分析讨论同一民族、同一历史时期的社会一些具体侧面的结论，也常常可以被借引来比照研究同一对象其他的侧面。宋史研究领域的典型案例，非"唐宋变革论"莫属。近一个世纪前，日本学者内藤湖南从几个特定的侧面入手讨论，其所得出的关于经过唐宋之间的历史变迁、两宋时期已经进入了"近世"社会的结论，被后人归纳为"唐宋变革论"，广泛借引，以致出现了概念泛化的现象——凡属唐宋之间的历史演变,不管性质如何,都被纳入"变革"的范畴,背离了内藤氏原初的定义。[31]近年来,约略相近的是美国"宾州学派"所提出的所谓南宋士大夫"地方化"论,也存在被广泛借引的现象。

也许是认为类似"唐宋变革"这样的结论还不够经典,学者们往往更多将它们称作"范式"(Paradigm)而非"理论"。这与现代社会科学一些"理论"的待遇差不多。

既然分析历史时期不同社会的结论可以相互借引,人们研究现代社会规律性现象的一些结论被借引到历史研究领域,也十分自然——历史的与现代的人类社会相互间也存在着共性,可以相互参照。这就是已被史学界充分认识并广泛实践的借鉴现代社会科学理论或范式的问题。在宋史研究领域,近年来数量可观的博士学位论文比较集中地体现了这一借鉴的努力。绝大多数博士学位论文都会在绪论中阐明自己之所借引的现代社会科学理论方法,内容相当广泛。例如一篇讨论唐宋礼制的博士学位论文,声明"本文将借鉴和使用社会学、文化人类学、政治社会学、民俗学、经济学、诠释学等社会科学理论,使之与历史学相结合,解决有关唐宋制度研究中的一些重要问题"[32]。另有一篇讨论宋代畜牧业的博士学位论文,则声明自己的研究涉及"畜牧学、草地学、家畜生态学、气候学、现代经济学、地理学的一些理论"[33]。这种对研究方法有意识的追求,无疑是近年来宋史研究领域的新气象。

不过,目前学术界对理论的追求,其不足也是很明显的。关键在于:社会现象相互间虽有一定的共性,却也必然存在着不可忽略的差异性。毋宁说:共性是相对的,差异性则是绝对的。因此任何理论方法的借引,都存在一个是否适合的问题。近年来传统理论方法之受冷落,在很大程度上就是那种被称为"教条主义"的现象的后遗症。长期以来,学术界不顾中西之间历史的明显差异,将源自异域经验的那些结论，不加分析地套用到对中国历史的分析之中，所得出的结论必然是失真的，最终使得学术界离弃那些理论。然而，尽管学术界对"教条主义"已有了充分的警惕，类似的弊病却并未根除。只不过迷信的对象从传统的经典理论，变成了现代社会科学理论而已——它们的主要内容同样源于异域。正因此，近年来学术界呼吁史学研究的"本土意识"，尤其有意义。❹

所谓"本土意识"，不仅仅指在借引那些源自异域的理论方法时，清醒地分辨研究对象的异同，做出必要的修正，更重要的在于强调在本民族历史的研究中，强化思辨抽象，分析归纳源自本土的理论范式，从而使我们的历史学最终摆脱主要借助异域理论从事研究的局面。就宋史研究领域而言，目前在这方面的成果虽然仍相当有限，上述认识显然已经得到多数学者的认同。

不足的另一方面表现，还在于对各种"理论"——不管是西方史学界的一些新观点，还是当代社会科学的各种学说——不少还处在一知半解的水平，真正能融会贯通地应用于自己的研究工作中的，尚属少数。就如前文所举近年来宋史研究博士学位论文的概况而言，声称应用了某某学科理论的，很大一部分只不过是贴上一个标签而已。常常通读全文，茫然不知作者所声称应用的"理论"究竟体现在何处。为了刻意追求"理论"，生造概念的也不在少数。如有一篇讨论宋、高丽间海上贸易的博士学位论文，声称他在研究中应用了考据法、历史比较法、统计法、具体问题具体分析法等众多的"方法"，❺这就使人更不知所云了。至于一些盲目地崇拜西方学术的倾向，以为凡来自西方的都是"先进"的，并未读懂，就胡乱套用的，就近乎"信仰"问题，自可置而不论。

"问题意识"

另一个与理论方法相关的概念,就是近年来宋史研究领域常被强调的所谓"问题意识"。

邓小南曾指出:"相对而言,与其强调不断地提出'新'问题,还不如关注如何提出问题更来得重要。这就是所谓'问题意识',即如何提出具有实质意义的、对研究全局具有'牵动'作用的问题。"㊱

什么是对"全局具有'牵动'作用的问题"?

史学研究的目的是理解历史,"问题"是史学研究的起点。如果说生死与爱情之于文学为永恒的话题,那么因果关系就是史学的永恒话题——它要回答历史为什么如此发展,某件历史事件为什么发生,等等,这就是"问题"。因此所谓"问题",其实就是史学研究中的议题。

在不同的历史时期,人们有不同的问题。古人有古人的问题,今人有今人的问题。传统史实汇编式的叙史方法,在今人看来,没什么"问题"在里面。因为它只是叙述史事,而非讨论历史。实际上,高明的历史叙述也有问题在里面。更何况当今的史学研究,基本是论述式,而非叙述式的。在20世纪五六十年代长期占据宋史研究领域主流的问题,如阶级结构、土地制度、租佃关系、农民战争等,都是从当时为史学家们所信奉的理论体系中引发出来的。这就是当年史学家们的"问题意识",因为在他们看来这些都是我们理解人类社会历史的要点。例如:既然农业是传统社会的主要经济成分,而土地又是农业生产的基本生产资料,关乎人们如何管理、经营土地的土地制度,当然也就成了我们理解传统社会的核心问题。

土地制度又牵扯到社会生活的方方面面：地主与农民（当时最主要的社会阶级）、赋税财政、经济生活，等等。因此，这就是在当时的史家看来具有"牵动性"的问题，反映了当时的"问题意识"。

但是，随着历史的演进，人们所关心的历史问题也发生了变化。一些旧的问题不再被学者所关注，许多新的问题又萌生了出来。这主要当然是因为史家理解历史的理论体系发生了变化，例如此前不那么被关注的社会史，现在就被赋予了理解历史的核心地位。以前的一些小问题，现在具有了"牵动性"的地位。

大体说，目前关于宋代史研究的论题有三类不同情况：一是基本按传统史学叙述的路径，以"讲清楚"史实为主要目的，如各种国家制度的阐释、人物生平介绍与评介、事件过程铺叙等；二是延续前人——包括两宋时期——观察这一段历史的一些归纳性议论，来展开讨论，如强干弱枝、崇文抑武、先南后北、积贫积弱、国用理财、田制不立、士风人心、忠奸清浊等；三是借用现代社会科学的概念所提出来的一些议题，如较早形成的一个重要论题是"经济重心南移"，此外如政治制度、社会结构、民族关系、思想流派、商品经济等，都是。近年来受时势以及海外学术的影响，有一些时新的议题越来越流行，如基层社会、经济开发、城乡关系、士大夫（精英）政治等。

实际研究时，这三类论题当然不可能截然分离，而是相互交融，只是每一项具体研究各有侧重而已。如前所述，第三类论题在当前学界占有主导地位，今后宋代史研究的拓展，也必然主要表现在这一方面。不过，由于宋代历史与现代社会科学的研究对象毕竟存在显著差异，后者的理论方法不可能不加修正地套用到前者上面，至少在笔者看来，目前学术界的困境倒并不在于学者们对借引社会科学理论方法的认识不足，而在于一知半解地生搬硬套。例如，由于商品经济发展的影响，近年来一些专文与专书常将一些相当时髦的概念应用于宋代经济史研究之中,如市场化、城市化、开放型市场、外向型经济等,却未能分辨这些概念内涵的特殊规定性与宋代社会之间的落差,不仅显露了历史学研究的思想贫乏,更有"趋炎附势"的嫌疑。

笔者十分同意邓小南所指出的,"与其强调不断地提出'新'问题,还不如关注如何提出问题更来得重要",也就是从怎样的视角来分析与讨论问题。史学探究的对象永恒不变,不同时代的人们却能从中得到不断更新的智慧,读史的魅力正在于此。另一方面,也正因为它的研究对象之恒定性,"传统"的观察往往总能够抓住特定历史时期某些比较显著的特征,在多数情形下,这些特征理应为历代读史者所关注。换言之,史学研究论题的拓展,有时并不一定非得采用以新议题扬弃旧议题的形式,完全另起炉灶。更常见的是以新的取向不断探讨"旧"的议题,史家见识之高低也就尽见其中。从这一角度讲,视角之"高下",即能否透过表象观察到历史的真相,有时要比议题之"新旧"更为重要。宋代史中相比于其他历史时期的一些突显的现象,如多民族政权并存、经济与技术的突破性发展、思想文化领域新气象的形成、赵宋政权文官制度的发达与武功之不振、民变之相对平和、南方地区的开发以及随之带来的在经济文化政治等各方面地域格局的变化、城市新面貌的形成等,是任何观察者都不能忽视的。论题虽旧,其命弥新,要之在于论者的眼光之独到与深邃。而这种视角转换与眼光的深化,就蕴含着学者所依凭的研究方法——理论的更新。例如"祖宗之法"作为赵宋朝廷政治的核心概念,并不是"新"问题。从北宋中期起,就一直为士大夫们所关注。邓小南借用现代政治学关于政治文化的方法,从观念与政治相互关系的角度入手,来讨论"祖宗之法",不仅涉及宋代制度史、文化史与思想史的内容,与社会史也有着密切关联。❺因此关于"祖宗之法"的讨论,可以加深我们对这些领域的理解。这大概就是所谓"牵动"作用的很好例证了。其他的一些议题如果从新的视角观察起来，也未尝不能得到类似的效果。例如，关于重文轻武，哪里是仅仅讨论军事制度所能理解的，它所牵扯到的问题，同样十分广泛。[38]

总之，所谓"问题意识"，借助于新理论来提出新议题固然重要，更有意义的，还在于着眼于宋代历史中那些古今共识的特征，从更为综合、更为深入的视角去讨论它们。

"历史学的研究方法"

有一篇宋史研究领域的博士学位论文这样归纳他所应用的研究方法："（本文）研究过程中，将综合运用社会学、民俗学、文化人类学等多学科的理念和方法对一些问题进行分析和论述。不过，从总体上来说，本文仍将以历史学的研究方法为主……"[39]这位作者将"历史学的研究方法"视为与社会学、民俗学等现代社会科学理论方法的对应物，可见在他看来，这种研究方法当属历史学所特有。这个提法比较有意思，不妨借来一用。

什么是"历史学的研究方法"？

广义说来，前文所讨论的都可以被纳入历史学研究方法的范畴。不过本文所指，当然是狭义的，也就是仅为历史学所独有的一些研究方法。笔者曾有谬论，以为历史学所研究的为以前的人类社会，它与现代人类社会本质相同，因此应用社会科学各不同门类的研究方法去研究它，自是题中应有之义。唯一的不同，在于历史学无法像现代社会科学那样，可以在研究中充分获得所需要的资料，历史学不得不面对存世历史信息残缺不全的现实。因此解读历史资料的种种方法，就成了历史学在研究方法上的独门功夫。

所谓解读历史资料的功夫,大体可有两个层面:其一指如何在关联不清、背景欠明的前提下,尽可能发掘出某一相对孤立的历史信息片段(文本的或非文本的)之所有内涵;其二指如何利用残缺不全的历史信息,将它们拼缀起来,最大限度复原史事原貌。这是史学研究所必须面对的独有的困难。

前辈学者无不重视这种狭义"历史学的研究方法",往往称之为"史学基本功"。邓广铭先生曾精辟地将历史学研究方法归纳为宏观与微观两方面。所谓宏观的研究方法,就是指史学理论;微观的研究方法,即指史学基本功。他还将它归纳为目录、职官、年代、地理四个方面,称其为"治史的四把钥匙"[⑩]。据笔者粗浅的理解,这"四把钥匙"的主要功能,正在于能帮助治史者准确地解读历史文献——历史信息的主要来源。

准确解读历史文献的能力首先应建立在上乘的史识、广博的知识与严谨的治史态度之上。王曾瑜曾撰文,列举自己以前解读史料中的一些小疏误,说明史学基本训练的重要性,[⑪]典范地显示了前辈学者的识见与胸襟。梁庚尧也特别强调:"牵涉到史料处理的问题则似乎较应予以正视。"[⑫]

与此同时,近年来学界对于历史资料解读问题的认识,有一些新的进展。表现之一,就是对历史文本越来越持小心存疑的态度,越来越注意从各不同历史文本之所形成的独特语境去理解它们。在这里,近年海外学术思想的影响是比较明显的,应该被视为对以乾嘉学术为代表的文献考证传统的一种提高。

举例来说,曾瑞龙、赵雨乐在分析宋代军事史研究的个案时曾指出,今人对宋代佣兵制的批判,很可能受到了文献记载的误导:"一个社会对国防力量的评估通常受到军事信念(Military Doctrine)的过滤,而这种过滤可能在史料的文本形成时已经发生。儒家的民本论认为一个政权只要得到人民的拥护,便很容易把这种优势转化为军事胜利,这种信念会否成为宋代士大夫对'寓兵于农'抱有较大期望的文化根源?宋代士大夫对募兵的批评当然是有一定的事实基础,但观乎'浮浪''游手'之类字眼常被加诸构成士兵的社会成员身上,是否可能同样反映了农业社会对新兴城市人口的偏见?在研究宋代的个案时似乎也要充分预计到这些问题。"同时他们还进一步分析道:史家本身所生活的时代,对他们的学术研究也不免有种种影响。"清末民初军阀的军队良莠不齐,品流复杂,会否成为近代史家对募兵制度的负面印象得以进一步加强的背景因素"?❸这就是在传统的主要利用版本、训诂以及相关制度等知识来解读文本的基础之上,更从文本形成的语境,以及后世史家解读这些文本时可能受客观与主观因素影响以致造成理解偏差的角度,来深入探讨传世文本所传递的真实信息。它的角度虽然与前辈学者所强调的研究方法略有不同,但从如何真正深入理解文本原意的层面讲,本质相同,也可以被纳入史学基本功——扩充了的——范畴之内。近年的不少论著,在文本解读方面所表现出的类似的努力,比较明显。

推而广之,学者们在讨论宋史领域的一些流传已久的核心概念时,多注意从观念传播与发展的角度去观察,在研究方法上也与此相似。例如李裕民经过分析宋代的史实,指出了赵宋国家并非"积贫积弱"。在此基础之上,邓小南更从"近代以来的中华民族,饱受列强欺侮,积郁着强烈的民族情感,充溢着建设强国的期冀"这种状况与心境出发,来讨论"积贫积弱"这一概念的形成过程。❹又如有学者从不同时期社会背景差异造成的人们对前代历史认识变化的视角,分析近代以来岳飞作为尽忠报国的民族精神象征之形成,也是如此。❺

在宋代历史研究领域,具体讨论史学研究方法的论著不多。近年来比较受关注的,有李伯重的一篇专文。他认为,目前海内外不少学者所认同的关于"宋代江南农业革命"的假说,其实只是一个虚象。这是因为论者采用了"将某一或某些例证所反映的具体的和特殊的现象加以普遍化"的论证方法，他称之为"选精法"和"集粹法"。这样论证的结果是使结论"丧失了真实性"❹。这无疑反映了史学研究——尤其中国古代史研究——一个无法避免的困难：由于存世历史信息不足，学者的论证，往往无法依靠广征博引的统计归纳，而不得不采用"举例子"的方法，依靠少数例证来演绎推论。❼但对所举例证是否具有典型性，往往无法顾及，甚或无法验证。存世历史信息的这种现状虽然无法超越，近来学者们对例证非典型性的推论陷阱，的确更为警惕了。例如对在针对前后期历史比较时，由于后期存世文献相对丰富所可能造成的论据不对称现象的关注，就是一例。❽要之，某一则存世历史信息是否具有必要的典型性，也必须依靠上乘的史识、广博的知识与严谨的治史态度，审慎分辨，小心判断。

在此之外，学者们关注存世数据性记载分析方法的，似略多见一些。例如郭正忠讨论宋代财政、盐业等相关记载的论著，细心分辨，条梳摭实，不少相当精彩。❾2010年笔者讨论宋代城市人口，强调存世的不少人口数据仅具意象而非实像的意义，正是受前辈学者启迪的结果。❿

总之，目前具体讨论的专文虽然很少，但对于如何在前辈学者所强调的史学基本功的基础之上，改进"历史学的研究方法"，以期更深入、更准确地解读存世历史信息，无疑已经为学者们之所用心。

结　语

史学研究的对象永恒不变，人们对历史的认识则随着时代的演进而不断深化。因此，人们研究历史的理论方法，也必然会随着认识的深化而不断改进。近三十年宋史学界在理论方法领域进步的主要体现，既不在于有哪些旧貌换新颜般的弃旧扬新，也没有太多令人惊异的创见，而是表现在越来越多的研究者开始自觉地审视、理性地思考研究方法问题。理论方法服务于研究工作，而不是相反，抽象的理论研究意义不大。从实际的研究工作出发来体会、归纳理论方法的要义，应该是理论研究的主要途径。每一位理性地从事史学研究的学者，都必然会思考如何改进自己的研究方法，这就是史学研究理论方法得以不断改进的基本动力。越来越多的学者已经认识到，从更为综合的视域与更加多样化的取向，以追求更为敏锐的抽象能力，是改进史学研究方法的必由之路。这正是学术史所给予我们的启迪。

（原载《史学月刊》2012年第5期，第20—29页）

---

❶ 邓广铭、程应镠主编：《宋史研究论文集》（中华文史论丛增刊），上海古籍出版社1982年版，第1页。

❷ 参见周宝珠、陈振主编《简明宋史》，人民出版社1985年版。

❸ 漆侠：《关于中国封建经济制度发展的阶段问题（代绪论）》，氏著《宋代经济史》上册，上海人民出版社1987年，第1页。其所引用马克思的论述，见中共中央马克思恩格斯列宁斯大林著作编译局译《马克思恩格斯全集》第25卷，人民出版社2001年版，第892页。

❹ 参见方建新《二十世纪宋史研究论著目录》，北京图书馆出版社2006年版。

❺ 王曾瑜：《宋朝兵制初探》，中华书局1983年版。后增订再版，标题改作《宋朝军制初探》（中华书局2011年版）。

❻ 聂崇岐：《宋史丛考》上下册，中华书局1980年版。

❼ 陈乐素：《求是集》第一、二集，广东人民出版社1986年、1984年版。

❽ 参见龚延明《宋史职官志补正》（浙江古籍出版社1991年版），何忠礼《宋史选举志补

正》(浙江古籍出版社1992年版)，梁太济、包伟民《宋史食货志补正》(杭州大学出版社1994年版)。

⑨ 例如，金观涛、刘青峰《兴盛与危机——论中国封建社会的超稳定结构》(湖南人民出版社1984年版)一书，主要借引某些自然科学的理论，以演绎出关于中国"封建社会"何以形成一个"超稳定结构"的解释体系，可谓当时学界追求新颖解释方法的典型案例。

⑩ 具有代表性的综述专文专书有：王曾瑜《宋史研究的回顾与展望》，载《历史研究》1997年第4期，后收入氏著《丝毫编》，河北大学出版社2009年版，第578—602页；黄宽重《海峡两岸宋史研究动向》，载《新史学》1992年第1期，第131—160页，复载于《历史研究》1993年第3期；黄宽重《宋史研究的过去与未来》，载《学术史与方法学的省思》，后收入氏著《史事、文献与人物——宋史研究论文集》，东大图书公司2003年版，第221—238页；邓小南《近年来宋史研究的新进展》，载《中国史研究动态》2004年第9期，第18—24页；李华瑞《建国以来的宋史研究》，载《中国史研究》2005年S1期，第119—138页，后收入氏著《宋夏史研究》，天津古籍出版社2006年版，第1—28页；包伟民编《宋代制度史研究百年》，商务印书馆2004年版；张其凡《三十年来中国大陆的宋史研究（1978—2008）》，载浙江大学宋学研究中心编《宋学研究集刊》（第二辑），浙江大学出版社2010年版，第529—564页；等等。

⑪ 李华瑞：《"唐宋变革"论的由来与发展（代绪论）》，第33—34页，载李华瑞编《"唐宋变革"论的由来与发展》，天津古籍出版社2010年版。

⑫ 参见郑迎光《宋代地方社会治安问题初探》"绪论"，河北大学2007年博士学位论文。

⑬ 邓小南：《走向"活"的制度史——以宋代官僚政治制度史研究为例的点滴思考》，第19页注1。原载《浙江学刊》2003年第3期，第99—103页，后收入氏著《朗润学史丛稿》，中华书局2010年版，第497—505页。

⑭ 参见拙文《唐宋转折视野之下的赋役制度研究》，载《中国史研究》2010年第1期，第17—23页，后收入李华瑞编《"唐宋变革"论的由来与发展》，第263—277页。文中提到作为利用新制度经济学研究宋代历史之例证的，如有黄纯艳《经济制度变迁与唐宋变革》，载《文史哲》2005年第1期，第42—45、47页；刁培俊《乡村中国家制度的运作、互动与绩效——试论两宋户等制的紊乱及其对乡役制的影响》，载《中国社会经济史研究》2006年第3期，第10—20页；郑学檬《中国古代经济重心南移和唐宋江南经济研究》，岳麓书社2003年版；等等。

⑮ 李立：《宋代政治制度史研究方法之反思》，第23页，载包伟民编《宋代制度史研究百年》，第20—39页。

⑯ 李华瑞：《建国以来的宋史研究》，天津古籍出版社2006年版，第8—9页。

⑰ 邓小南：《近年来宋史研究的新进展》，第20页。

⑱ 邓广铭：《谈谈有关宋史研究的几个问题》，第137—138页，原载《社会科学战线》1986年第2期，第137—144页，后收入《邓广铭全集》第七卷，河北教育出版社2005年版，第59—71页。

⑲ 王曾瑜：《我和辽宋金史研究》，载《学林春秋》第三编下册，朝华出版社1999年版，后收入氏著《丝毫编》，第636—649页。

⑳ 李华瑞：《"唐宋变革"论的由来与发展（代绪论）》，第33—34页，载《"唐宋变革"

论的由来与发展》，第1—39页。

㉑ 李华瑞：《近三十年来国内宋史研究方向博士学位论文选题取向分析与思考》，第76—77页，载《历史教学》2009年第12期，第72—77页。

㉒ 李华瑞：《改革开放以来宋史研究若干热点问题述评》，第26—27页，载《史学月刊》2010年第3期，第5—27页。

㉓ 张其凡：《三十年来中国大陆的宋史研究（1978—2008）》，第555页。

㉔ 王曾瑜：《对以马克思主义治史的一些思考》，载《历史学家茶座》2009年第4辑，后收入氏著《点滴编》，河北大学出版社2010年版，第1—10页。

㉕ 邓小南：《近年来宋史研究的新进展》，第23页。李华瑞也有类似论述："我们之所以从20世纪以来，在国际汉学界宋史研究交流的平台上能够主导潮流、影响研究取向的方面尚相当有限，主要原因即在于我们的研究方法和理论尚不足以让我们开拓新的研究领域。"载李华瑞《近三十年来国内宋史研究方向博士学位论文选题取向分析与思考》，第76页。

㉖ 商务印书馆2005年第5版。

㉗ ［德］马克思：《资本论》第1卷，人民出版社1975年版，第167页。

㉘ ［德］马克思：《资本论》第3卷，第365页。

㉙ 参见张艳国《马克思主义唯物史观与史学理论》，载《学术研究》1996年第2期，第51—55页。"史观"或称"世界观意义的方法论"，参见吴承明《中国经济史研究的方法论问题》，载《中国经济史研究》1992年第1期，第1—20页。

㉚ 吴承明：《经济学理论与经济史研究》，第1页，载《中国经济史研究》1995年第1期，第1—7页。参见吴承明《中国经济史研究的方法论问题》，载《中国经济史研究》1992年第1期，第1—21页；《论历史主义》，载《中国经济史研究》1993年第2期，第1—9页。

㉛ 参见柳立言《何谓"唐宋变革"？》，原载《中华文史论丛》2006年第1期，第125—171页，后收入氏著《宋代的家庭和法律》，第3—42页。

㉜ 王美华：《唐宋礼制研究》，东北师范大学2004年博士学位论文。

㉝ 张显运：《宋代畜牧业研究》，河南大学2004年博士学位论文。

㉞ 参见包伟民、吴铮强《认识论、史学功能与本土经验：关于历史学方法论的几个问题》，载《浙江社会科学》2007年第2期，第21—24页。

㉟ 芦敏：《宋丽海上贸易研究》，厦门大学2008年博士学位论文。

㊱ 邓小南：《走向"活"的制度史——以宋代官僚政治制度史研究为例的点滴思考》，第7页。

㊲ 邓小南：《祖宗之法：北宋前期政治述略》，生活·读书·新知三联书店2006年版。

㊳ 参见方震华《权力结构与文化认同：唐宋之际的文武关系》，社科文献出版社2019年版；《文武纠结的困境——宋代的武举与武学》，载《台大历史学报》第33期（2004年6月），第1—42页；《军务与儒业的矛盾——衡山赵氏与晚宋统兵文官家族》，载《新史学》2006年第2期，第2—54页。

㊴ 康武刚：《论宋代基层势力与基层社会控制》，华东师范大学2009年博士学位论文。

㊵ 邓广铭：《谈谈有关宋史研究的几个问题》，第143页。

㊶ 王曾瑜：《谈谈中国古代史料的标点与校勘及其他问题》，载高国祥编《文献研究》2010年第1辑，学苑出版社2010年版。

㊷ 梁庚尧：《宋代南北的经济地位——评程民生〈宋代地域经济〉》，第132页，载《新史学》1993年第1期，第107—132页。

㊸ 曾瑞龙、赵雨乐：《唐宋军政变革史研究述评》，第208页，载包伟民主编《宋代制度史研究百年》，商务印书馆2004年版，第165—228页。

㊹ 参见李裕民《宋代"积贫积弱"说商榷》，原载《陕西师范大学学报（哲学社会科学版）》2004年第3期，第75—78页，后收入氏著《宋史考论》，科学出版社2009年版，第1—6页；邓小南《宋代历史再认识》，原载《河北学刊》2006年第5期，第98—99页，后收入氏著《朗润学史丛稿》，中华书局2010年版，第493—496页。

㊺ 孙江、黄东兰：《岳飞叙述、公共记忆和国族认同》，载龚延明、祖慧主编《岳飞研究》第五辑，中华书局2004年版，第15—41页。

㊻ 李伯重：《"选精"、"集粹"与"宋代江南农业革命"——对传统经济史研究方法的检讨》，第177页，载《中国社会科学》2000年第1期，第177—192页。

㊼ 参见拙著《宋代地方财政史研究》，中国人民大学出版社2011年版，第7—8页。

㊽ 参见拙文《精英们"地方化"了吗？——试论韩明士〈政治家绅士〉与"地方史"研究方法》，第667页，载荣新江主编《唐研究》第十一卷，北京大学出版社2005年版，第653—672页。

㊾ 参见郭正忠《宋代盐业经济史》（人民出版社1990年版）、《两宋城乡商品货币经济考略》（经济管理出版社1997年版）相关部分。

㊿ 参见拙文《意象与现实：宋代城市等级刍议》，载《史学月刊》2010年第1期，第34—41页。后改编为拙著《宋代城市研究》第六章，中华书局2014年版，第304—323页。

十 ‖ 近四十年辽宋夏金史研究学术回顾

1978年12月召开的中共十一届三中全会，标志着中国的历史进入改革开放的新时期，社会生活从此逐渐走向正常，学术研究也首次获得了正常发展的机会。关于中国古代历史的学术研究，由此得以迅速发展。辽宋夏金史领域也是如此。

不过，相比于中国古代的各个断代而言，四十年来辽宋夏金史领域的学术推进尤其明显，最重要的表现就在于，国人对公元10—13世纪——尤其是赵宋王朝——历史的看法，产生了近乎逆转性的变化。

时代背景

任何学术研究的推进，都会受到时代背景的制约，历史学尤其如此。因为史家观察历史，于技术、资料等外部条件之外，在思想认识与分析方法等许多方面，更受到其所生活时代的影响与制约。史学的研究对象虽然恒定不变，不同时代的人们对历史却都会有自己不同的理解。归纳而言，四十年来，影响辽宋夏金史领域发展的内外部因素，大致可有如下四个方面。

第一，随着改革开放的推进，学术领域的思想禁锢逐步被打破，引领学者观察历史社会的分析方法产生了明显的弃旧扬新现象。传统的经典理论虽然一直被学界所尊奉，不过主要出于对理论教条主义弊病的警惕，尤其在年轻一代学者中间，其实际影响力无疑是减弱了。国门打开之后，在海外学界的影响之下，一些当代社会科学理论渗透日深，其中当数经济学、社会学和政治学等学科的范式与分析方法，最受本领域学者们的关注。表现在具体的研究工作中，除了对于一些历史现象解释与性质判定产生差异外，最为明显的是研究议题的移易。一些新的研究议题受到关注，传统的、根据经典理论所提出的一些关于中国历史的核心议题，明显受到冷落。

第二，学术思想的弃旧扬新，主要是通过研究人员的更替换代表现出来的。

四十年来，在本领域大致有四个代次的学者先后登临学术舞台。第一代是成熟于1949年之前、复经五六十年代思想改造洗礼的老一辈学者。在本阶段前期，他们引领了学术研究的走向，辽宋夏金各个领域都是如此。同时，一大批在五六十年代接受专业训练的中年学者，作为学术研究的生力军，在经过政治运动长期压抑之后，迸发出惊人的学术创造力，促使史学研究很快呈现繁荣景象。他们是第二代学者，大致到20世纪90年代中期开始占据主导地位。第三代学者则以七七、七八届毕业生为主，在"文化大革命"后经高考进入高校学习，复经研究生课程的训练，在90年代开始崭露头角，成为学界的生力军。进入21世纪后，更进一步成为本领域学术研究的主导者。紧接着，第三代学者薪火传人，在高校扩招政策的助力下，每年又训练出来相当数量的辽宋夏金史方向研究生。近十余年来，学界在各方面都明显感受到了这一大批学术"新新人类"——第四代学者——的影响。

在讨论议题与研究方法方面，受教育背景、政治环境，以及中外学术交流条件等因素的综合影响，学者代际之间存在着比较明显的差异。前期在第一代学者的引领下，从五六十年代以来的一些主流学术观念与讨论议题仍占主导地位，例如强调辩证唯物主义与历史唯物主义的指导，重视阶级对立立场与阶级分析方法，坚持社会结构分析中的经济基础决定论等。落实到具体的研究领域，早先的一些中心议题仍然受到不少学者的热捧，例如宋代在"长期延续"的中国封建社会发展进程中的地位，资本主义萌芽是否在宋代产生，宋代社会的阶级结构，土地制度，租佃关系，农民战争，宋初中央集权强化与中后期的政治改革，思想史领域的唯心主义与唯物主义的对立，等等。辽、夏、金史等领域与此类似，例如一如既往地强调它们作为奴隶制国家的性质，并在此基础之上提出议题。从第二代学者开始，议题与方法已经出现某些弃旧扬新的态势，及至第三代学者进入主导地位，新旧之间的更替则成定势。第四代学者基本上是追随其师长的学术路径，而有所拓展。

总体看，本领域前后之间的学术面貌有较大改观。一些旧议题逐渐被以社会史、文化史为中心的新议题所取代。以至于近年来有学者综述本领域的研究状况，屡屡提及作为传统研究议题之基础的经济史研究"不容乐观，至少在成果数量上持续走低，后备的研究力量明显不足"❶；或者经济史中"有新见的论文不多，重复、细碎性研究日趋严重"❷。与此同时，士人阶层、家族宗法、性别观念、民间信仰、社会生活、基层社会、地域文化、民族关系、思想流派等议题，开始成为新的学术热点。核心概念与分析取向也有不少调整。例如，年轻学者更倾向于使用"精英"这样中性，甚至相对正面的概念，来取代此前"地主豪强""猾吏劣绅"之类明显具有贬责意味的用语，以指称地方社会中的权势人物；对于文献中所见之"盗""寇""贼""匪"之类记载，此前大多不加分辨地归为"农民起义"，新近的论著则往往更为审慎地以"民变"一词来作指称。又如讨论历史人物，也更多地将研究目的从此前的"肯定"或

"否定"等功过评判与道德审视，调整为对于其多重历史影响的具体分析。

第三，四十年来中国经济持续奇迹般地发展，国力大幅度提升，使得国人对于民族历史的自豪感大增，直接促使了学界调整对辽宋夏金时期——尤其是宋朝——历史的看法。

长期以来，根据人类历史发展五阶段说的理论框架的界定，10—13世纪处于中国封建社会中期末端或后期开端，被认为已经走下发展高峰，开始进入衰退期。可是在现实社会经济发展的刺激之下，随着中国与世界列强并驾齐驱进入21世纪，以及国际学界出于反思欧洲中心论的目的，开始重新认识中国帝制后期在世界历史上的地位，这使得中青年学者越来越不满足于只把宋代的高度发展定位在中国封建社会内部的认识，而是希望将其置于当时的世界历史背景下给予新的评价。尤其是，正如有学者早已研究证明，差不多已经成为国人共识的、关于宋代国势积贫积弱的看法，是近代学人鉴于当时中华民族饱受列强欺凌，反观历史，出于对汉唐盛世的怀恋，以及对赵宋王朝国势不振之史的自惭，在积郁着强烈的民族情感背景之下归纳出来的。近年来国力的增强，使得学者们慢慢摆脱那种情绪化的心境，得以相对平静、全面地来观察两宋历史，以充分认识它在经济、文化、学术、技术等许多方面空前的成就。

支持宋朝国力积贫积弱看法的一个关键"史实"，是它的武功不振，对外妥协，依靠向周边民族政权交纳岁币来维持边境的和平。近年来，不少论点有明显调整。例如关于北宋向辽国交纳岁币问题，就有学者通过具体分析澶渊之盟的历史影响，例如宋朝从宋辽双方榷场贸易中赢得了超过岁币的商贸收入，中原、契丹人民从此得以和平相处等，来否定此前的一些看法。

比较典型的案例，是国人对南宋历史看法的转变。如果说"积贫积弱"是国人对于宋朝的一般性看法的话，那么相比较而言，长期以来,南宋历史在国人眼中则更为不堪。长期以来加给南宋的标志性指称"偏安小朝廷",就是一个完全贬义的概念。进入新世纪以后,南宋历史的这种负面形象发生了令人称奇的变化,地方政府开始将其视为难得的文化资源,设立机构,投入巨资,来推动南宋历史的研究。也有不少学者开始重视南宋历史的意义,强调"南宋在传承中华文明中所作出的巨大贡献"❸。

第四,支撑学术研究的外部条件明显改善,这里主要指可能直接影响学者研究条件的资料提供与数码技术的应用。

随着经济的起飞,出版行业也开始快速发展,大量古籍被影印或经整理出版,为学者提供了最为基本的研究条件。由于从宋代起存世古籍成倍增加,其中不少为孤本善本,各地馆藏情况不一,所以它们对于宋元以下各断代的研究来说,实比隋唐以前各个断代的关系更为密切。例如作为研究宋史最主要史籍之一的北宋编年体史书《续资治通鉴长编》,直至它在1986年由上海古籍出版社影印出版,各地学者才得以比较方便地应用。古籍影印与整理工作的推进,使得一些原本相当稀见的古籍成为学者们案头的常备书,京、沪之外的各地研究人员才逐步在基本资料方面具备了相对方便的条件。同时,因为各地大兴土木,作为它的"副产品",本阶段所发现的辽宋夏金时期地下历史文物相当丰富,这也在很大程度上刺激了学术研究的深入,其中尤以城市考古领域为突出。另外,一些重要历史资料从域外的引进出版,例如俄藏黑水城西夏文书等,其对相关领域的促进作用,可为显例。这一切,若非社会经济明显改善,是不可能实现的。

与此同时,近几十年计算机信息技术的发展,也深刻地影响到了本领域的学术研究,例如学术期刊数据库的广泛应用,大规模古籍全文数据库的建设等。尽管福祸相依,新技术的应用难免也带来了一些反作用。综合起来看,尤其在近一二十年以来,学科的发展已经在相当程度上感受到了它的推力。在相当大程度上，新技术使得研究者搜寻资料更为方便，数十百倍地扩大了他们搜寻资料的数量与广度，也帮助年轻学者得以迅速进入具体专题的学术场景。一些相当冷僻的文献，现在频繁地在硕博士研究生毕业论文的参考文献目录中露面。如果应用得法，必然对研究带来相当正面的影响。例如学者得以依据更多、更为全面的论据来对史事作出归纳分析，一些原本不太容易讨论的议题，也有可能变得相对轻松。近年来涉及统计分析的议题，如某一名词在文献中出现的频率等，明显增多，可为明证。某些历史现象最早见诸记载的时间，就变得比较容易确定了。

时代背景对于史学研究的影响是全方位的，例如研究者基本的生活条件如何，无疑也是一个不可回避的因素。国家政治、就业市场、学术管理机制、现实生活中各种"后现代"观念的流行等，更不容忽视。不过相对而言，前面所述是比较重要的几个方面，它们对本领域研究的影响当然不是一直平铺展开，而是在不同阶段各有侧重的。

概况归纳

在内外各种因素的影响与推动之下，辽宋夏金史领域的发展差不多是全方位的。若对其中的主要表现作一番概览式的梳理，就可以相当清晰地呈现出来。

首先是关于研究人员与研究机构。

四十年来，辽宋夏金史领域的专业研究人员增长了数倍，这是本领域学术发展的一个明证，也是它的基础。由于研究者的学术领域常有跨界，人数的精确统计并不可能。不过如果以宋史领域的例证看，参加1980年首届年会者60余人，目前注册的学会会员近500人，其中经常参加学会学术活动的近400人，数十年间增长了五倍有余。辽夏金史领域的情况不会完全平衡，不过当与此约略相近，可以肯定。

辽宋夏金各个专史都成立了作为学术交流平台的全国性学术组织，明显推进了各自领域的学术研究。在中国古代各断代史领域中，宋史于1980年10月首先成立了全国性的研究会，组建理事会，指导会员们的研究工作。作为本领域最主要的学术交流平台，研究会按每两年一次的频率召开学术年会，并编集出版年会论文集。自1980年至今，已经总共召开了17次大规模的学术年会，出版了17卷《宋史研究论文集》。辽夏金史领域与此相似。1982年6月成立中国辽金史学会，定期组织召开学术年会。2003年，转为中国民族史学会辽金暨契丹女真史分会。从1987年出版《辽金史论集》以来，至2016年，总共已经出版了14辑。西夏史则基本是通过中国民族史学会展开学术活动。本领域主要的学术出版物，有李范文自2005年起主编出版的《西夏研究》，前后共计出版了8辑。自2010年起改为由宁夏社会科学院编辑出版的学术季刊。此外，各地还成立有一些地域性的学术组织。例如于1984年成立的辽宁省辽金契丹女真史研究会，迄今已经30余年，会员从40多人扩展到300余人，定期召开学术年会。在宋史领域，也成立有岭南宋史研究会等。

这些专史领域的各种研究会，作为学术共同体，是学界不可或缺的学术交流平台，它们所编集出版的专史论文集，则是重要的学术阵地。虽然近年来由于行政原因，各学术机构大多重期刊轻专集，其影响力有所下降，但在学者们的心目中，某种程度上它们仍然起着学术导向标的作用。

四十年来本领域也成立了不少重要的专史研究机构，其中最为引人注目的，就是由教育部设立、作为"人文社会科学重点研究基地"的几个研究机构。其中有最初由教育部批准、成立于1982年的北京大学中国中古史研究中心，辽宋夏金史研究为其中重要的组成部分。2000年纳入教育部人文社会科学重点研究基地系列，改名为北京大学中国古代史研究中心。此外还有宁夏大学西夏研究中心（2000年，2009年改名为西夏学研究院），以及河北大学宋史研究中心（2001年）。

与此同时，一些学术单位也成立有不少与本领域相关的学术机构，重要的如中国社会科学院西夏文化研究中心、河南大学宋代研究所、宁夏社会科学院西夏研究院、吉林大学民族研究所、中国人民大学唐宋史研究中心、浙江大学宋学研究中心、杭州市社科院南宋史研究中心等。

这些研究机构大都编集出版有相应的学术专刊，重要的有河北大学宋史研究中心自1990年起编集《宋史研究论丛》，迄今已经出版了20辑；宁夏大学西夏研究中心（西夏学研究院）于2006年起编集《西夏学》，迄今已经出版了12辑；杭州市社科院南宋史研究中心自2006年起组织学者撰写"南宋史研究丛书"，迄今已经出版了67种。

其次，论著的数量增长惊人。

四十年来，总共刊布了多少关于辽宋夏金史研究的论著，无法统计，也不一定有意义，唯一可以肯定的是数量惊人，逐年增长，近年尤多。这在一定程度上反映了研究推进的事实，更印证了数量化的研究人员考核制度之推波助澜作用。例如2013年，据估计在宋史领域大约出版有论文集和专著50部，发表论文600余篇，❹在辽夏金史领域，全年出版、发表著作和论文1200余部（篇）❺。如果拿20世纪80、90年代的情况与之相比较，当然是瞠乎其后了。

比较具有指示意义的现象是近一二十年来各领域博士学位论文数量的增长。根据中国知网"中国博士学位论文数据库"的统计，以"宋代"为主题的博士学位论文，1999年仅2篇，2000年10篇，此后直线增长，到2007年超过百篇，此后一直持续在八九十篇左右，直至2015年后才略有下降。这里当然反映了高教扩招政策的直接影响（参见图1）。

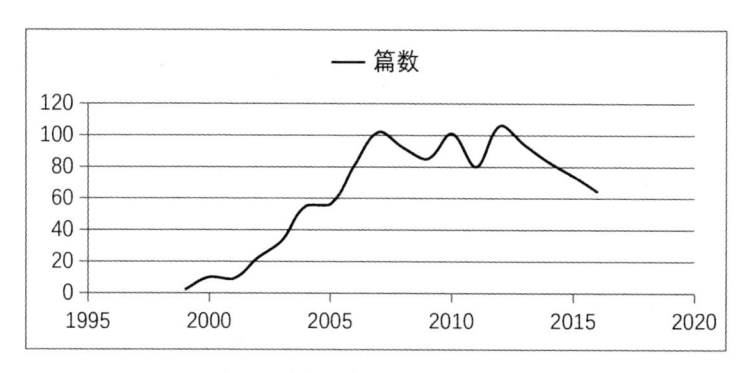

图1 1999—2016年以"宋代"为主题的博士学位论文数量增长曲线图

辽夏金史领域的博士学位论文数量增长趋势与之相同，2000年仅2篇，后来持续增长，到2011年遂超过了20篇（参见图2）。

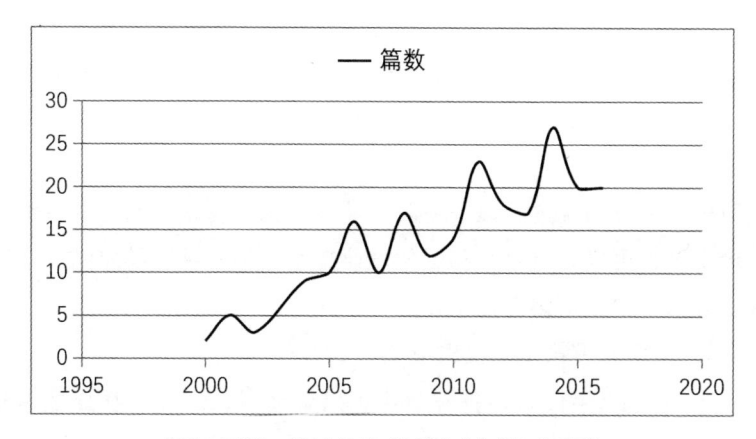

图2 2000—2016年以"辽代""金代""西夏"为主题的博士学位论文数量增长曲线图

数量当然绝非等于质量，不过由此展示的学术大跃进的态势则是十分明晰的。

第三，断代史陆续问世，相关专题研究全面铺开。

通史式的全面铺叙与专题式的深入探讨，是观察史事的两种有效方式。这两种方式相互之间又是密切联系的，前者须以后者一定程度的积累为基础，一部编纂得当的断代史往往是某一时期相关领域综合水平的指示器。四十年来，辽宋夏金史领域断代史的陆续问世，比较直观地展示了学术推进的过程。

早在20世纪70年代末至80年代，辽宋西夏金各个领域都陆续出版了几部断代史。1979年，蔡美彪等编《中国通史》第6册由人民出版社出版，此书分三章分别叙述辽、西夏、金三朝历史。这既是通史著作中最早以较大篇幅为辽、金各自单独设立专章来作完整叙述的，更是第一次将西夏史作为一个独立的政权，为之设立一个单独章节的。同年，张正明所著《契丹史略》由中华书局出版。也是在同一年，钟侃、吴峰云、李范文等编写出版了第一部西夏通史《西夏简史》（宁夏人民出版社1979年版）。次年，吴天墀《西夏史稿》由四川人民出版社出版。此书积作者数十年之功，所搜集的汉文史料相当丰富，还提出了很多有价值的观点，深得学术界好评。

宋史方面，第一部断代史直至1985年才问世，即由周宝珠、陈振主编的《简明宋史》（人民出版社）。此书关于两宋时期在中国古代历史中地位的论述，以及将阶级斗争视为认识宋代历史的主线的结构安排，可以说是当时相关领域研究水平的一个归纳总结。在南宋史方面，则差不多在三十年后，由何忠礼等编写了八卷本《南宋全史》，由上海古籍出版社出版。

20世纪80年代后，各种断代史出版渐多，主要是在辽金西夏史领域。例如1984年辽宁人民出版社出版了张博泉的《金史简编》与杨树森的《辽史简编》，等等。与此同时，在邓广铭先生关于打通辽宋夏金、构建"大宋史"理念的影响下，学者们试图重新搭建历史的架构，从一个更为全面的视角来叙述10—13世纪的历史，于是出现了通述辽宋夏金史的努力。1986年，杨树森、穆鸿利等编著出版了《辽宋夏金元史》（辽宁教育出版社）。到2010年，河北大学宋史研究中心出版了由漆侠主编、380万字的鸿篇巨著《辽宋西夏金代通史》（人民出版社），集中反映了相关领域学术研究的新进展。

在辽宋夏金史的各个专题领域，相关研究论著的数量则不可胜数。可以说，举凡存世资料相对充沛、足以展开讨论的议题，差不多都已经有学者撰写了专书，更不必说数量无法统计的专文了。一些热门的议题，例如核心的国家制度、重要的历史人物、著名的文艺作品、主要的思想流派等，专书专文更是集中，其中免不了就有相当比例的重复现象。

例如，关于沈括的生平，除张家驹最早出版于1962年的《沈括》评传被不断重印出版外，据国家图书馆馆藏目录统计，1980年后，被列为"专著"的《沈括》《沈括传》或《沈括评传》等，就共有18种。除全国性议题外，一些地方性的史事、人物与建置等都有了专著讨论。例如关于南宋行都临安城的研究专著，仅仅收入"南宋史研究丛书"中的，就有10种由不同作者撰写的专著问世。❻除各领域名人外，一些相对次要的历史人物或者人物群体也开始进入学者关注的视野。例如关于南宋的历史人物，就有丁式贤讨论南宋初年的宰相吕颐浩，沈如泉讨论鄱阳洪氏，王三毛讨论南宋文学家与经学家王质，方勇关注南宋遗民诗人群体，丁楹关注南宋遗民词人群体，陈书良关注南宋的平民诗人群体，等等。❼

一个比较具有指示意义的现象就是，一些范围较小或相对冷僻的议题，也开始有学者为之撰写研究综述，分析其学术史的展开与研究现状，由此可以证明在那些领域都已经有了不少的学术积累。例如南宋的《平江图》，虽然是研究当时城市史的重要资料，但议题空间毕竟有限。据中国学术期刊网的统计，从20世纪80年代以来，却已有16篇专题讨论《平江图》的论文问世，以至于许文刚得以为之撰写专题的学术综述。[8]又如"买扑"，是宋代官府市场经营（征榷、和买等）中的一个制度环节，自从1984年裴汝诚、许沛藻发表第一篇专文《宋代买扑制度略论》[9]以来，至今已刊布有20多篇专文，更有专书一种，对它展开讨论。杨永兵还撰有研究综述专文一篇，归纳了这一议题的学术史。[10]议题相对冷僻的，例如合灿温综述近三十年高丽遣使金朝问题的讨论，征引研究文献49种。[11]郑玲分析河西回鹘与西夏关系史的研究状况，列出相关研究文献32种。[12]又武婷婷归纳关于辽、宋、夏、金婚礼服饰及其礼俗内涵的研究，列出的今人所撰参考文献达70种。[13]此外，类似的例子还有不少。

研究举例

在议题全面铺开、论著数量成倍增长的同时，四十年来我们对辽宋夏金史的认识也大大地深化了，尽管深化的程度未能与数量增长成正比。

总体观察起来，学术范式的推陈出新、研究领域的拓展与新议题的提出，多领域、多学科融合研究之受重视与一些视野更为宽广的核心概念（例如"宋学""大宋史"等）的推出，考古资料、文书档案等新史料的大量发现与整理研究，制度史等重要史事研究的精深化等，这些研究深化的具体表现，尽管不一定绝对平衡，却无疑是辽宋夏金各个专史领域的共同现象。内容相当丰富，下文在不同领域略举几例，予以说明。

研究范式的推陈出新，无疑是本阶段最令人注目的学术进展之一。在坚持尊奉经典理论的同时，学界借引了不少当代社会科学的分析方法与学术范式，其中主要来自社会学、经济学与政治学等学科。这使得研究者得以从更宽广的视野，用更多元的分析方法，来讨论不同的研究对象，从而进一步展示历史的复杂面相。

例如在宋代思想史领域，学术史上存在着以唯心主义与唯物主义为分野，给具体的思想与人物贴标签、划线站队的现象，将"学统四起"、精彩纷呈的宋代思想史领域，描写成了失真而又乏味的两条路线斗争战场。经过多年的努力，这种现象大为减少了。相反，深入历史文献内部、深入历史上客观存在的话语体系、深入人物主观世界的立体研究大大丰富起来。此前，很多人物和流派被认为是缺乏研究价值的，在历史上起到了"开倒车"的负面效应，譬如理学派的二程、朱熹、陆九渊及其学派，客观的研究很少，仅有者也主要基于批判的立场。四十年来，情况被根本扭转，对程朱理学、陆九渊心学的研究禁区不但无形取消，而且在生平研究、思想研究两方面都取得了极大的成果。陈来、张立文、束景南的朱熹、朱子学研究是其中的佼佼者。此外，对于李觏、范仲淹、司马光、王安石的研究也得到了大大的深化。四十年来研究者在面对思想史文献时不但重视思想者在文献中主观上"说了什么"，也重视他的主观思想表述是否被他人、被社会所接受，是否影响，或在多大程度上影响了历史进程，客观考察思想观点的历史后果，因此也使得我们对宋代思想史的理解，更加贴近历史实际了。

尽管如前所述，本阶段从前期到后期，经济史受关注的程度减轻，其在整体研究中所占的比重下降，但它同时又是学界借引当代社会科学的分析方法与学术范式的努力比较明显的领域之一，近年来不少研究成果在深度上有许多推进。例如关于宋代的土地制度、租佃制与地租形态等问题，传统的观察大多强调地主与农民之间的阶级对立，从大土地占有制的发展、租佃关系中人身依附减轻与否、地租形态之从劳役转向实物、租佃契约的内容与性质等，来展开讨论。近一二十年来，这些议题明显受到经济学等学术范式的影响，效益、产权、风险控制与交易成本等核心概念与分析方法开始在讨论中扮演重要角色。

就如对于在10—13世纪占主导地位的分成租与定额租这两种主要地租形态，传统的分析聚焦在它们所反映的地主与佃农之间阶级关系的差别上，在定额租之下，地主对佃农的人身控制可能有所减轻，以及这种变化可能蕴含的社会形态的变迁。近一二十年来的研究则更多从佃农与地主双方的利益关系与经济动因来作观察。有研究者认为，社会生产力发展低、佃农经济条件差、缺乏基本生产资料和风险承受能力的环境，比较适合采用分成制的契约安排。[14]而对于官田来说，它们之所以更多地采用定额租的经营方式，则是因为对佃农生产管理、监督不便，是为了减少交易成本。同样地，宋代官田之所以被大量、持续地出卖，在很大程度上，也是出于节减经营成本的考虑。[15]

就如从两宋时期开始，土地关系日趋复杂，土地出售中的以典就卖、租佃关系中的一田二主与永佃权等现象开始出现，新近的研究在关注到这些现象可能影响到社会阶级关系的同时，更多地将分析的立足点落脚在了产权关系方面。有学者指出，北宋时官田佃户的永佃权事实上已经形成。民田方面，佃农则已经拥有稳固的租佃权，永佃权尚处于发育成长阶段，只在局部地区出现。土地产权这种多元化的发育成长，对于进一步激发产权权能所属各方的经营和生产积极性，提升经济发展的内在动力，具有积极意义，并对后代产生深远影响。对于宋代土地买卖中存在的典卖现象，学者们在深入梳理产权多元化趋势，强调田主、典主、佃农三者依托市场交易构筑的共享地权的新格局的同时，还注意到国家赋税和户口登记制度视田产的出典为财产转移，并不将出典田地作为财产来登记。在国家管理制度中实行的这种"一元制"产权形态,与流通领域存在的"一田两主制"形态不同,它是国家从降低社会管理成本出发,行使财税和行政管理职能的结果。❿

实际上,差不多在辽宋夏金史的所有领域,我们都可以感受到学术范式转换的影响。例如政治文化分析工具之被应用于关于"祖宗之法"这样的观念与政治的相互关系,⓱在辽宋西夏金各政权关系的讨论中跳出传统的华夷分野与中原正统观念,以现代国际政治的一些基本概念(如"外交")与分析工具着手讨论,等等。当然也有一些学者,因为疏于分辨历史与现实之间的落差,甚至将现代社会生活中流行的一些概念,直接应用到辽宋夏金史领域的分析之中,例如外向型经济、市场化、人才培养之类,或者模仿社会心理学的方法,来揣摩历史人物行为的心理动因,等等。

似此学术推进有不少也许并非跨越式的,不可能全面重构学术史,有些范式调整与新概念、新分析方法的引入,更可能尚显生硬,不过其所代表的学术发展方向令人鼓舞。

研究领域的拓展与新议题的提出,则无疑是重塑本领域学术史概貌最重要的推动力。尤其对于第三、第四代次的学人来说,20世纪五六十年代以来主要根据经典理论提出的那些议题,不再具有往日的主导地位;随着国门开放,西方新史学等史学流派的著作被大量译介进来,恰好回应了他们的需求。于是,议题重心之从传统的国家政治与阶级结构,转向社会史与思想文化史,也就是顺理成章的了。地方社会、精英阶层、婚姻家族、社会性别、日常生活、物质文化、民间信仰、疾疫灾害、理念认同等方面的议题,慢慢成为新的研究热点。在一些专史领域,例如历史地理学,也开始讨论起历史上的环境与生态等问题。

有的时候,研究议题的更替并不一定以"新"覆盖"旧"的方式呈现出来。在社会史、思想文化史特有的视角及研究方式的引领之下，不少"旧"领域得到了有意义的拓展。例如作为传统国家制度重要组成部分的礼仪制度，日渐成为新的研究热点。仅从近年来本领域博士论文的选题看，明堂、朝会、祭祀、丧葬、乐制、服制，乃至礼器等，都被纳入了讨论的范围。

这也说明，历史研究的对象恒定不变，尤其是对于像辽宋夏金这样文明高度发达的历史时期，其中一些凸显的社会现象，从来都是人们关心与研究的重点。10—13世纪相比于其他历史时期的一些凸显的现象，如多民族政权并存、赵宋政权文官制度的发达与武功之不振、经济与技术的突破性发展、思想文化领域新气象的形成，等等，是任何时期的观察者都不能忽视，必须予以悉心分析的。议题虽旧，其命常新。于是在这里，视角的"高下"有时就要比议题的"新旧"更为重要了，端看研究者能否透过表象观察到历史的真相而已。正因为此，有学者就开始关心如何从旧议题中发现新意义。邓小南就明确提出了政治史研究"再出发"的口号。[18]近年来不少学者展开了对国家管理中信息流通渠道的研究，成绩斐然；包伟民对宋代城市史的研究，也是旧题新作的显例。[19]

正如礼制与信息渠道等议题所展示的，前者主要涉及国家制度与文化思想两个不同的领域，后者虽然以国家管理制度为主要讨论对象，与传统的观察有所不同的是，它更强调各个部门、各种层级之间的联系。如果从一个更为宏观的层面来归纳，可以发现四十年来多领域、多学科融合，是推动辽宋夏金史研究的一个相当重要的因素。其中显例，可举一些通贯性大概念的提出，与民族语言学研究对辽夏金史等领域的重要意义，来作说明。

邓广铭先生在为中国宋史研究会1982年年会编刊撰写"前言"时，就曾明确提出，后来并一再强调，应该视辽、宋、夏、金各王朝史为一个整体来开展研究，打破"严格划分此疆彼界，而相互不越雷池一步"的学术史现状；并且特别指出，应该按各王朝建立的时间顺序，将"宋辽金夏"调整为"辽宋夏金"。这就是他的"大宋史"理念，旨在强调当时前后并存的辽、宋、夏、金各王朝相互之间的联系与影响，揭示在这种联系与影响之下社会生活的各个方面。数十年来，这个"大宋史"理念已经对学界产生了深刻的影响，不仅推动了诸如《辽宋夏金代通史》那样的鸿篇巨著，以及许多专题研究各个政权相互之间关系的著作问世，[20]更重要的是，多数研究者在讨论辽宋夏金各王朝的具体专题时，它已经本能地成为一种内在的观察视角。此外，在两宋思想史领域，邓广铭先生对传统学术史上以"理学"来涵括所有思想流派的做法展开自我批评，提出"宋学"这样一个核心概念，大大拓展了研究者的视野。近四十年来，"宋学"逐渐成为两宋思想史的标志，凸显了其在方法论上的重要意义。[21]

关于辽夏金等王朝，旧学术史一向主要依靠汉文资料展开研究，存在着明显的不足。自19世纪以来，随着各民族语言的资料相继被发现，对契丹、女真与西夏语的研究也随之开始。由于资料情况不同，各自的推进水平有前后差异，不过四十年来都取得重大进展，这是辽夏金史领域学术进步的最主要表现之一。例如20世纪70年代以来，清格尔泰、刘凤翥等民族语文学者以汉语借词为突破口，并利用汉文文献所记契丹语词，解读契丹小字获得成功，其研究报告《契丹小字研究》于1985年由中国社会科学出版社正式出版，成为具有里程碑意义的契丹语言文字研究著作。此后，民族语文学者利用这一成果，并结合蒙古语、达斡尔语等契丹语的亲属语言，对一批新出契丹小字资料加以研究，成效显著，同时对于契丹大字的研究也取得突破。与此同时，国内女真语言文字研究也取得长足进步，先后有几部重要的研究著作问世，[22]大大推进了女真语言文字的研究。在这些研究的基础之上，还有几部重要的工具书被编纂出来，[23]极大地便利了学者们对民族语言资料的应用。与此同时，利用民族语言研究的最新成果，将其真正与历史研究相结合，充分利用契丹、女真文字资料，给辽金契丹女真史研究带来新的机遇，重要成果迭出。刘浦江关于阻卜与鞑靼、契丹父子连名制等问题的研究最具代表性。[24]

四十年来，历史资料的整理与研究主要成就体现在古籍整理、出土文物和历史文书等新资料的发现与整理研究方面。

由于学术发展本身的推动与国家制度的保障，四十年来古籍整理工作成绩巨大，在辽宋夏金史领域范围内，大量善本孤本被影印出版，传世四部书之中除经部被整理者相对较少外，其他三部中的主要史籍差不多已经全被校勘出版。本领域卷帙最大的史书《宋会要辑稿》已经出版有一种点校本，新的点校工作正在全力推进。近年来整理工作的对象已经转向一些相对次要的史籍。新大型史籍图书的编纂也成绩斐然，《全宋文》《全宋诗》《全宋词》《全辽文》《全辽金文》等已经出版，计划达10编、100册的《全宋笔记》已经出版了8编，剩下2编也接近完成。

新资料是史学工作永远的追求。在辽宋夏金史领域，它们大致上可以分为非文字类的出土文物与新发现的历史文书两个方面。在存世文献相对丰富的宋史领域，除城市、建筑、物质生活等议题外，出土文物在多数情况下起着作为文献资料佐证的作用。2012年被整理出版的南宋官员徐谓礼的告身印纸等文书，[25]是宋史领域首次出土的历史文书。近年来不少学者致力于传世及新出土的碑铭资料与书背文书等的整理利用，对某些具体专题的研究也有重大意义。新资料对学术史产生结构性影响的是在传世文献相对匮乏的辽夏金史领域，尤以西夏史研究为典型。

20世纪初，数量惊人的多数为西夏文、少量为汉文等文字的西夏文书在黑水城遗址中被发现，这使得西夏史研究进入了一个全新的阶段。不过在20世纪七八十年代以前，由于黑水城文书主要被收藏在海外，国内学者仍不得不主要利用传世的汉文资料，辅以极少量海外公布及国内发现的西夏文资料来做研究。四十年来，情况发生了根本的转变。除传世汉文等资料被进一步整理、利用外，[27]一方面，关于西夏语言文字的研究取得了巨大成就，李范文所编150万字的《夏汉字典》可为其代表。[28]一些基础性的西夏文献被译成汉文出版，如西夏法典《天盛改旧新定律令》等。[28]同时，以西夏王陵为中心的考古工作全面展开，为西夏史研究提供了丰富的出土文物。另一方面，更为重要的是域外黑水城文书的陆续被整理出版。主要是经中俄双方合作整理研究，从1996年起由上海古籍出版社陆续出版的《俄藏黑水城文献》，迄今已经出版了26卷，计划共出版32卷。此外，还有国内及其他国家所收藏的不少西夏文文献也被整理出版。[29]西夏史研究的全面铺开，就有了充实的基础。在此之后研究论著的数量快速增长，一些具有代表性的研究专著的问世，充分证明了新资料对学术史直接的推进作用。例如主要利用《天盛改旧新定律令》，关于西夏法律制度及其与中原汉族法系关系的讨论遂得以深入展开。[30]史金波、雅森·吾守尔两位学者综合利用出土文物与传世文献，解决了我国活字印刷术在历史上早期传播的关键问题。[31]同时，利用黑水城文书中汉文字资料的研究工作也取得了喜人的成果。[32]迄今，关于西夏王朝的研究已经在西夏语言、文字、社会、历史、文学、艺术、宗教、法律、文物、文献等方面全面展开，形成了一个综合性的学科——西夏学。为了全面总结西夏学研究的成就，据报道，宁夏大学西夏学研究院正在推进由杜建录领衔主编、400万字《西夏通志》的宏大项目。

最后，在上述各种因素影响下，许多重要史事研究趋向精深化。这可以说是辽宋夏金史领域的普遍现象，无论在经济生活、思想流派、宗教信仰、人物群体、民族关系、文学艺术、科学技术、区域社会等各个方面，都是如此，尤以关于国家制度的部分，表现最为突出。其代表著作就难以枚举了。一个显眼的结果就是，主要在宋史领域，随着社会进步的史实不断得到证明，在时代背景的推波助澜之下，人们对宋代的认识终于从"积贫积弱"这样负面的贬斥，转向了正面的推崇。前贤关于"华夏民族之文化，历数千载之演进，造极于赵宋之世"的看法，终于得到多数人的认同。社会上大量的所谓"宋粉"，正是在这样的背景之下涌现的。

1980年，邓广铭先生在为宋史研究会第一届年会论文集撰写的"前言"中，曾指出："从我国史学界对各个断代史的研究情况看来，宋史研究是较为落后的。……因此，关于宋代史事的研究，还亟需我们继续尽最大努力，去生产成品，去培育人材，去追赶国内各断代史的研究水平，并夺取国际上宋史研究的最高水平。"❸今天，我们可以自豪地宣布，邓广铭先生在四十年前提出来的这个目标，应该已经基本达到。在"大宋史"范围内的辽、西夏、金等王朝历史研究的领域，也是如此。尽管，这绝非意味着我们可以就此固步自封。

推进展望

有意思的是，研究进步带来的更多却是临深履薄之感。归纳四十年持续扩张的辽宋夏金研究学术史，可以发现它的另一个结果，是带给了这一领域学者们一种普遍的焦虑心态。那就是本领域如何百尺竿头更进一步，在论著数量增长的同时提升研究的质量。

这种焦虑有几方面具体的表现。

其一，研究方法的缺失感。自从新中国史学形成以来，老一辈学者大多强调学习经典理论的重要性。除了政治原因之外，这在很大程度上也是因为，他们最为娴熟的以文献考据为中心的传统研究方法，已无法满足新型社会科学化的史学工作要求了。20世纪八九十年代以来，这样的强调呼声虽从未中断，由于各种可以理解的原因，年轻学者们却更多地转向了当代社会科学以寻求帮助。但实际的研究工作提醒他们，某些新颖的概念与时髦的方法，也并不能总是那样令人满意。于是，追求"有用"的理论方法，就成为本领域不同代次学者的共同特征。本人此前曾称这种现象为"理论饥渴症"。

其二，对时代定位的困惑。按照经典理论的解释，辽宋夏金时期大致位于中国封建社会后期的开端。新一代学者对经典理论日渐疏离，可是具有说服力的、对于那一个时代框架性的新认识体系则未能产生，以至于许多研究者在处理具体的历史议题时，常常有难以把握其时代定位的困惑。20世纪90年代以来，日本东洋史学界在20世纪初年提出来的"唐宋变革"说曾大行其道，并出现了明显的泛化现象，某种程度上就是这种困惑的一种反映。近年来，有一些学者试图通过强调历史的某一侧面，来综合归纳其时代特征，例如认为中国历史自两宋时起进入所谓"富民社会"，也有人称之为"农商社会"等。这些极富勇气与雄心的尝试，值得赞赏。我们期待这些论点的进一步周全与成熟。

其三，平面推进与议题枯竭的矛盾。毋庸讳言，四十年来，平面梳理历史现象的讨论，仍占出版物的大多数。经过一段时间的扩张，这样的方式自然会碰到存世历史资料不足的瓶颈。新议题难以发掘，旧议题则大多已经有了许多学术积累的困境，就现实地摆在了研究者的面前。简单重复遂成为一种可行的选择。在学术评价机制存在各种不足的现实面前，泥沙俱下、劣币驱逐良币现象遂不可避免。

其四，作为双刃剑的新技术。以全文检索数据库为代表的数字化新技术的应用，在给本领域研究以巨大方便与推动的同时，也在相当程度上造成了新一代学者研究习惯与分析能力的改变。长于通过检索工具来搜集历史资料的表面信息，拙于经过深入阅读来发现隐藏于历史文本背后的历史真实，这种情况已非罕见。被调侃为"检索体"的一些硕博士研究生学位论文，正是这种现象的产物。

这些令人焦虑的问题，虽然不能说比较全面地反映了当前本研究领域的不足之处，但均属倾向性现象，可以肯定。今后本领域学术研究的推进，必然在这几个方面形成焦点，也是可以预期的。

数年前，笔者在一篇小文中曾归纳数十年来本领域学术进步的主要表现，认为所谓进步，既不在于有哪些旧貌换新颜般的弃旧扬新，也不一定指许多令人惊异的创见，而是表现在有越来越多的研究者开始自觉地审视、理性地思考研究方法问题。"越来越多的学者已经认识到，从更为综合的视域与更加多样化的取向，以追求更为敏锐的抽象能力，是改进史学研究方法的必由之路。这正是学术史所给予我们的启迪"。今天，笔者仍坚持此说。

本文写作过程中承蒙杜建录、程妮娜、余蔚、王宇、邱靖嘉等先生提出宝贵意见，特此志谢。

（原载《中国史研究动态》2018年第1期，略有删节，
题作《改革开放40年以来的辽宋夏金史研究》，
今原题全文收入本书）

---

❶ 梁建国：《2011年宋史研究综述》，载《中国研究动态》2012年第6期，第25页。
❷ 李华瑞：《2014年辽宋西夏金元经济史研究综述》，载《中国研究动态》2016年第1期，第40页。

❸ 何忠礼：《略论南宋的历史地位》，载《浙江社会科学》2008年第9期，第72页。
❹ 梁建国：《2013年宋史研究综述》，载《中国史研究动态》2014年第3期。
❺ 周峰：《2013年辽金西夏史研究综述》，载《中国史研究动态》2014年第6期。
❻ "南宋史研究丛书"所收入的这10种专著是：顾志兴《南宋临安典籍文化》、唐俊杰、杜正贤《南宋临安考古》、徐吉军《南宋都城临安》、王勇、郭万平《南宋临安对外交流》、方建新《南宋临安大事记》（以上均由杭州出版社2008年出版）；林正秋《南宋临安文化》、鲍志成《南宋临安宗教》、何兆泉《南宋名人与临安》、徐吉军《南宋临安社会生活》（以上均由杭州出版社2010年出版），以及徐吉军《南宋临安工商业》（人民出版社2009年版）。
❼ 以上参见丁式贤《南宋贤相吕颐浩研究》，浙江古籍出版社2011年版；沈如泉《传统与个人才能：南宋鄱阳洪氏家学与文学》，巴蜀书社2009年版；王三毛《南宋王质研究》，凤凰出版社2012年版；方勇《南宋遗民诗人群体研究》，人民出版社2011年版；丁楹《南宋遗民词人研究》，凤凰出版社2011年版；陈书良《江湖：南宋"体制外"平民诗人研究》，中国国际广播电视出版社2013年版。
❽ 许文刚：《〈平江图〉研究综述》，载《江苏地方志》2015年第5期。
❾ 载《中华文史论丛》1984年第1辑。
❿ 杨永兵：《近30年来宋代买扑制度研究综述》，载《中国史研究动态》2009年第10期。
⓫ 合灿温：《近三十年来国内高丽遣使金朝研究述评》，载《赤峰学院学报（汉文哲学社会科学版）》2015年第3期。
⓬ 郑玲：《河西回鹘与西夏关系研究综述》，载《西夏研究》2016年第2期。
⓭ 武婷婷：《辽、宋、夏、金婚礼服饰及其礼俗内涵研究综述》，载《黑龙江史志》2013年第3期。
⓮ 参见张锦鹏《宋朝租佃经济效率研究》，载《中国经济史研究》2006年第1期；张明《唐中叶至宋代租佃契约思想研究——基于规避风险视角下的契约安排的选择》，载《天府新论》2015年第3期。
⓯ 参见梁太济《两宋阶级关系的若干问题》第七章第二节《官田的民田化和官田的出卖》，河北大学出版社1998年版；姜密《宋代官田契约租佃制及地租选择的经济学意义》，载《河北学刊》2010年第2期；姜密《宋代"系官田产"产权的无偿转化和佃权转移》，载《河北学刊》2015年第6期。
⓰ 参见戴建国《宋代的民田典卖与"一田两主制"》，载《历史研究》2011年第6期；戴建国《从佃户到田面主：宋代土地产权形态的演变》，载《中国社会科学》2017年第3期；龙登高、温方方、邱永志《典田的性质与权益——基于清代与宋代的比较研究》，载《历史研究》2016年第5期。
⓱ 参见邓小南《祖宗之法：北宋前期政治述略》，生活·读书·新知三联书店2006年版。
⓲ 邓小南：《宋代政治史研究的"再出发"》，原载《历史研究》2009年第6期，后收入氏著《朗润学史丛稿》，中华书局2010年版，第515—524页。
⓳ 参见拙著《宋代城市研究》，中华书局2014年版。
⓴ 例如李华瑞《宋夏关系史》，河北人民出版社1998年版。

㉑ 参见邓广铭《略谈宋学——附说当前国内宋史研究情况》，原作为"前言"，刊于《宋史研究论文集》（1984年第三届年会编刊），浙江人民出版社1987年版，后收入《邓广铭全集》第七卷，河北教育出版社2005年版；漆侠《宋学的发展和演变》，河北人民出版社2002年版。

㉒ 参见金光平、金启孮《女真语言文字研究》，文物出版社1980年版；道尔吉、和希格《女真译语研究》，载《内蒙古大学学报》1983年增刊；孙伯君《金代女真语》，辽宁民族出版社2004年版。

㉓ 例如金启孮：《女真文辞典》，文物出版社1984年版；刘浦江：《契丹小字词汇索引》，中华书局2014年版。

㉔ 参见刘浦江《再论阻卜与鞑靼》，载《历史研究》2005年第2期；《契丹名、字初释——文化人类学视野下的父子连名制》，载《文史》2005年第3辑；《再论契丹人的父子连名制——以近年出土的契丹大小字石刻为中心》，载《清华元史》第1辑，2011年。

㉕ 包伟民、郑嘉励编：《武义南宋徐谓礼文书》，中华书局2012年版。

㉖ 参见韩荫晟编《党项与西夏资料汇编》，宁夏人民出版社2000年版。

㉗ 李范文：《夏汉字典》，中国社会科学出版社1997年版。

㉘ 史金波、聂鸿音、白滨译：《中国珍稀法律典籍集成》甲编第五册《西夏天盛律令》，科学出版社1994年版。

㉙ 例如有史金波等编《中国国家图书馆藏西夏文献》（上海古籍出版社2005年版）、谢玉杰等编《英藏黑水城文献》（上海古籍出版社2005年版）、塔拉等编《中国藏黑水城汉文文献》（北京图书馆出版社2008年版），以及武宇林等编《日本藏西夏文文献》（中华书局2011年版）等。

㉚ 参见孙效武、杨蕤《近二十年来〈天盛律令〉研究综述》，载《西夏研究》2016年第4期。

㉛ 史金波、雅森·吾守尔：《中国活字印刷术的发展和早期传播——西夏和回鹘活字印刷术》，社会科学文献出版社2000年版。

㉜ 参见孙继民《俄藏黑水城所出〈宋西北军政文书〉整理与研究》，中华书局2009年版。

㉝ 邓广铭、程应镠主编：《宋史研究论文集》（中华文史论丛增刊）。

十一 ‖ 走向深化：辽宋夏金史研究展望

改革开放四十年来，关于中国古代各断代历史研究的学术进步，有目共睹，辽宋夏金史领域也不例外。本人在《近四十年辽宋夏金史研究学术回顾》一文中，对其概况已有所归纳。❶不过关于这一史学领域的研究展望，所言过简，谨此略作补充。

研究推进及其动因

近来学界有不少回顾与反思四十年来学术史的佳作，对于推动这一时期学术进步原因的探讨，多有共识。

具体就辽宋夏金史学术领域而言，在本人看来，重要原因首推随着国家社会生活从多年内乱趋向正常，史学研究也首次赢得基本正常的学术环境，起码能够相对安定，各项工作才有可能从容展开。也正是受这种大环境转变之赐，社会一步步地走向开放，由此带来的思想解放，对于史学领域而言，影响最为直接的，是对于僵化的教条主义的离弃与批判。这就使得学者们观察历史社会的分析方法产生了明显的弃旧扬新现象，以及研究议题的移易。依据经典理论提出来的那些传统议题，被新兴起的以社会史与文化史为中心的新议题所取代，以至于有学者因为意识到新格局下存在着研究议题的失衡现象，呼吁政治史研究"再出发"。随着国民经济的复苏与逐步发展,物质条件明显改善,学术研究得到了更多的经济支持。无论是学者生活境况还是研究条件的改善,都是推动研究的不可忽略的正面因素。与此同时,四十年来中国经济持续奇迹般地发展,国力大幅度提升,使得国人对于民族历史的自豪感大增,也直接促使了学界调整对辽宋夏金时期——尤其是赵宋王朝——历史的看法,从以前鄙视其为所谓的"积贫积弱"之世,转向誉之为"最适合生活的朝代"。学术史上的这些转型与推进,更在学术人员的更替换代上集中体现出来。新一代研究人员的主体,当数在"文化大革命"后经高考进入高校学习,复经研究生课程的训练,在20世纪90年代起开始崭露头角,成为学界生力军的那个研究群体。所谓新一代之"新",主要当然就体现在他们是在新的学术环境之下培养起来的、具有新学术立场与学术思想的研究主体。此外,受"高教大跃进"之赐,进入本领域的研究人员数量成倍增长,也是一个不可忽略的因素。

不过,也正是在这些因素的影响之下,四十年来的学术推进与学术扩张,"造就"了本研究领域的现状与其基本特点,成为继续推进学术研究的某种"前置条件",值得我们认真总结与思考。

首先,可以说在整个中国历史研究领域具有普遍性的,那就是在疏远了传统的教条学说之后,学者们却表现出某种不适应感,觉得"丢失了理解整个中国历史的线索"。也有学者认为,近四十年来中国古代史差不多每一个知识点都得到了重新的研究,但是获得的认识并未能整合成一个新的体系。具体到辽宋夏金历史时期而言,许多学者所面临的主要是对其时代定位的困惑,以至于日本学者在20世纪初提出来的所谓"唐宋变革论",在90年代以后的中国史学界大行其道,成为学者们理解那一历史时期的重要框架性认识。因此之故,人们开始批评史学研究中的所谓"碎片化"现象,越来越多的学者感叹目前史学研究中"理论"的缺失,这就是笔者此前曾经撰文讨论的"理论饥渴症"。

其次，显而易见的是，经过多年的扩张，每年刊布的专文专书近乎海量，可以说，举凡存世资料相对丰富、足以展开讨论的议题，差不多都已经有学者撰写了专书，更不必说数量无法统计的专文了。一些热门的议题，研究"论著"更是集中。但是，这样的"盛况"所带给这一领域学者们的，更多的并非欣喜，却是一种普遍的焦虑心态。一方面，四十年来平面梳理历史现象的讨论，仍占出版物的大多数，经过一段时间的平面扩张，自然会碰上资料不足、议题枯竭的瓶颈。大量硕士博士研究生毕业论文选题之不易，正是这种困境的体现。另一方面，在种种制度与非制度性因素的影响之下，简单重复已经成为一种可行的选择。于是，研究的平庸化遂不可避免。如何在论著数量不断增长的同时提升研究的质量，也就成为有责任心的学者们一种无法释怀的心病。

最后，具体到辽宋夏金史研究，除了域外黑水城文书陆续被整理出版对于西夏史研究具有特殊意义之外，这个领域既不像前期各个断代，在大量简牍纸帛等文书发现的刺激推动之下，为整个研究注入新的活力，也不如帝制后期的明、清等断代，除数量远超前代的存世文献外，还存在着海量的地方文书、档案文献等对于学者个体而言绝难全面掌握的资料，因而有着更多议题拓展的余地。缺乏核心新资料注入的辽宋夏金史领域，一如既往地平淡沉寂，刺激研究创新的因素有限。这样一来，研究平庸化的困境似乎就更加凸显了。

学术创新的可能性

那么，在"后"四十年时期，本领域的学术创新如何可能？

首先必须面对的自然是关于唐宋时代的定位问题。李华瑞曾撰文，批评本领域从20世纪90年代以来普遍以"宋代近世说"或"唐宋变革论"为基本认识框架来讨论宋代历史的现象，❷认为将内藤湖南的这一假说视为"公理"，甚至泛滥化，还衍生出一系列新的"变革论"，既无视这一假说的帝国主义学术背景，更忽略了它对当时中国历史发展全景的狭窄化，仅仅以赵宋王朝，甚至以南宋日趋狭小的疆域空间来代表整个辽宋夏金历史整体。批判目光十分敏锐。不过，如果我们将其与学界对经典理论的疏远相联系来思考，或者还可以进一步指出，除了某种可能的跨越朝代体系的用意之外，这一假说之所以能够流行，还在于它给了学者们一个比较清晰的、对于唐宋时代定位的替代性的概念。也正因此，在某次学术会议上讨论如何"走出""唐宋变革论"时，就有学者提出了"那我们将以怎样的概念来替代它"的问题。李华瑞也认为："要走出'唐宋变革论'，就需要中国学者对唐宋历史做出符合我国历史发展原貌的断代分期说。"

这无疑反映了我国学界长期以来形成的一种思维定势，总是希望有一种现成、统一、正确的认识框架，来供自己利用。定位某个特定的历史时期，也是如此。事实上，关于宏观的人类社会历史发展基本规律的"历史理论"，学界从无异议，本无须赘言于此。学者们之所纠结的，是那些相对具体的讨论取径与分析方法，即所谓"史学理论"问题。笔者以为至少以下三方面可能深入的取径是具有潜力的：

第一，走向多元化。

历史的真相是唯一的，探索真相的取径则不妨多元化。更何况任何学术研究总是始于假说，真理的追求不可能一蹴而就，多元化的探索有助于我们一步步地接近历史的真相。在这方面任何排斥异说、唯我独尊的心态都是不科学的。近年来，有一些学者通过强调历史的某一侧面特征，试图以此来指称，甚至概括整个唐宋时代。例如有学者认为中国历史自两宋时起进入所谓"富民社会"，也有人称之为"农商社会"，等等。坦率说，这些努力都具有明显的试探性，无论在史实的复原与论证的周全等方面，都还有不少不足之处。这些论点最终是否得以确立，有待于时间的检验。但这些都是我们走向历史真相过程中不可或缺的尝试，因此是有意义的。

第二，更强化的全局意识。

学者们批评的所谓"碎片化"，大致有两个相互联系而又略有差别的层面。除了前面所讲对历史发展总线索的困惑之外，对特定历史阶段通观性知识的缺乏也比较明显。尤其是年轻一代的学者，深受现代社会科学范式的影响，设问在先，读书在后——历史文献数据库的大行其道更加强化了这种倾向——而不是通过精读体悟基本历史文献，读书得间，再从中发现值得探究的历史问题。因此对历史的观察具有一定的局限性，只知其一，不及其他，以致无法将具体知识与历史演变的大背景相联系。新一代学者知识结构的特点，以及学术大跃进环境之下多攒快写的学术生态等，都是造就这种现象的客观原因。

应对之道，唯有追求更强的全局意识而已，无论在纵向还是横向，都是如此。

关于纵向观察，经过多年的努力，在本领域一个已经成为共识的看法就是，辽宋夏金时期的史事，无论是国家制度还是社会现象，都应该跨越断代的间隔，从更长的时段也就是隋唐时期开始来作观察。近年来，不少学者更强调五代在其中承上启下的特殊地位，并已经取得了许多令人欣喜的发现。此外，笔者还认为，纵向的长时段观察不应局限于向前的追溯，也需要注意到如何通过观察历史后续的发展，也就是元、明、清各代的历史，前观后瞻，再反过来验证自己对辽宋夏金时期历史的分析，或者在对其后续发展的观察之中,来对前期彰显未明的史事的走向,获得一些启发。尤其是南宋时期的许多史事,例如经济活动、基层社会控制等,如果不能了然它们后期演进的基本路径,想要把握到位,是困难的。

至于横向观察,具体就本领域而言,除了讨论经济史也必须熟悉政治、文化等其他方面史事等一般意义的全局观之外,一个重要的议题是如何跨越各不同民族政权的隔阂,对整个10—13世纪的中国历史有一个全局性的关照。这就是先师邓广铭先生所倡导的"大宋史"的理念。邓先生在为《宋史研究论文集》(1982年年会编刊)所撰写的"前言"中,明确指出:"宋史研究会的会员同志们所要致力的,是十至十三世纪的中国历史,而决不能局限于北宋或南宋的统治区域。"他提出要破除在辽宋夏金史领域"严格划分此疆彼界,而互相不越雷池一步"的现状,做到通力协作。不过,学术史的现状距离真正落实先师所提出的这个重要理念,仍有明显差距。实际上所谓"大宋史",并不是要求我们每一个人非要同时涉足辽宋夏金史的专题研究,身兼数职,这不现实,也没有必要。邓先生提出这个理念的落脚点,在于我们要从一个全局眼光来观察历史。无论是讨论赵宋王朝,还是契丹辽朝的某个具体议题,都不应该局限于某一个政权的立场,而要考虑到当时几个不同政权同时并存、相互角逐的大格局,这样一来,对于历史因果关系的观察,可能就会不一样了。

第三,深化核心议题的探讨。

历史现象千头万绪,错综复杂,其间的各种关系不可能等量齐观,而必然有某些侧面更具基础性,可以视之为观察特定历史时期的核心议题。不断深化对这些核心议题的探讨,对于我们理解那个历史时期有着引领性的意义。而且,尽管关于这些核心议题的讨论积累一般都比较丰厚,但是由于它们所涉及的历史要素比较复杂,有关历史资料也相对丰富,所以也不太可能全无深化的余地。

就笔者相对熟悉的两宋历史而言，就颇有一些为人们所熟知、实际却并未真正深入的重要议题，有待学者们的智力投入。

若就相对宏观的议题而言，例如，学者们无不熟悉近代严复（1854—1921）的名言："……中国之所以成为今日现象者，为善为恶，姑不具论，而为宋人之所造就，什八九可断言也。"大多数学者也认同两宋对于帝制后期中国历史的结构性影响。但是宋人究竟怎样"造就"后世中国？"造就"又具体表现在哪些社会生活的层面？鲜见有深入客观的分析讨论。事实上，我们只有厘清了两宋社会与后代历史之间的复杂关系，无论是例如后世缙绅阶层的源起、国家制度的衔接演变，还是社会文化现象的前后嬗递，关于它的历史定位问题，才有可能找到真正的答案。

又如，从历史演进的大趋势来观察，辽宋夏金史可谓是南北民族关系的大变局，中国历史不仅再次进入多民族政权共存的时期，以至于有学者称它是"第二个南北朝"，而且在此之后直到近代，中原地区就长期处于北方民族的统治之下。其间虽有朱明王朝的中兴，其影响力不免远逊于汉唐。所以才有如刘子健所论，从南宋以降，中国文化开始"转向内在"。这里既有南北民族关系演变的外部原因，又有中原农业文明趋于精熟之后的内在因素。无论如何，这样的内外影响必然渗透于人们历史活动的方方面面，影响到他们的日常生活。且不论落入女真政权统治之下的北宋旧地百姓"久习其俗，态度嗜好，与之俱化"❸，即便在南宋政权的行都临安府，据记载其风俗也是"自十数年来，服饰乱常，习为边装"❹。当然，从文化性情到生活习俗的"熏蒸渐渍"，也必然是各民族之间相互交叉影响的。不过这样一幅极其重要的历史画面，学界显然尚未将其描绘清楚。对于"走向内在"的方方面面，也还只停留在一般的概念表述而非史事的实证。

有的时候，这些宏观的观察可能更适合作为一种讨论的视角，内化到其他一些具体的议题之中，而不是非得作为单独议题来专门探讨。这当然需要论者具备更为强化的全局意识。

若就相对微观的层面而言，关系到辽宋夏金史时代性格的一些核心议题，例如关于经济史研究，近年来的推进就明显迟缓。中原地区农业文明精熟化的原因与表现等议题，已较少为年轻一代学者们所关心。商品交换的发达及其与农业经济以及国家财政制度等多方面的复杂关系，也不是本领域学者所习惯的发展模式这一单向性的思路所能够探究清楚的，更为精细的史实复原与多元化的观察取向，是研究深化的必要前提。此外，例如随着经济重心南移所带来的整个中原地区经济地理乃至文化地理格局的大调整，是我们理解那一时期社会经济的基础。它对于各不同地域之间的具体影响，特别是在江南的一些边缘地区，例如两淮，以及作为"旧中心"移出的中原核心地带的境况等，不乏深化的空间，自不应该满足于宏观式的通论，分地区细致的个案式探讨实有必要。但是它们所受到的关注与其在分析结构中的重要性，仍无法形成正比例关系。

最后，在所有的核心议题当中，最具有引领性意义的内容，无疑是那些直接影响了一定历史时期的国家制度，并最后规范了那个时期人们行为的国家政治及其走向，所以才有学者指出，许多具体领域的问题最后都得回到政治史的层面来解决。不过尽管几年前已有学者呼吁辽宋夏金政治史研究应该"再出发"，其与那些热门议题之间的不平衡现象并未消失。

几点建议

前文谈到了我们应该以多元的取向与更强的全局意识，认真探讨辽宋夏金时期一些核心议题，以此作为深化研究的重要基础。关于研究工作究竟如何具体展开，下面再提出三点建议。

其一，更敏锐的批判意识。

这里所说的批判意识，指不盲从于一切成说，并且在可能的情况下质疑之，验证之。笔者并非倡导哗众取宠式的史学翻案之作，而是因为我们所熟知的关于辽宋夏金史的知识框架，是从20世纪三四十年代以来由前辈学者的一系列研究所构建起来的，其中的一些基本内容已经被人们广泛接受，甚至视为既定事实，并引以为进一步研究的基础。近四十年来的研究虽然进步显著，但一方面集中在社会史、文化史等领域，关于政治史、经济史等领域则相对有限，认识基调未改；另一方面，学术史已经向我们提供了太多的实例，有一些我们已经不假思索地引以为常识的内容，常常被证明在史实重构或者认识方法上都存在着无法忽略的缺陷。有一些案例，当新的研究揭示了历史的另一面相之后，我们才恍然大悟原来如此，而且会发现史实真相其实相当简单，诧异此前自己的思索为什么未能及此。这一切，当然都是我们常常迷信于权威，对成说丧失了批判能力之故。实际上，前辈学者在研究条件上远不如今天，有一些甚至连基本史籍都无法齐备，更不可能有功能强大的历史资料数据库可资利用。在近代史学发展的早期，学术积累有限，认识或者有失周全，也不可避免。所以笔者以为，本领域的许多基础知识，都有待于重新验证。而且，只要有耐心真正深入历史的细节就会发现，它们都存在着一定的深入余地。

其二，更扎实的基础研究。

笔者这里所说的基础研究，指关于辽宋夏金时期的史事复原工作。

近四十年来的学术史，从某种角度来观察，也可以说是一个历史学日益社会科学化的过程，这种趋势推动着史学从业人员急迫于为自己的研究对象寻找更为新颖有效的解释工具。四十年来，主要从域外引入的众多新方法、新观念，尽管从它们原初的规定性来看，都相当有意义，但最后往往不免被泛化，甚至歪曲。无论是在经济史研究中几乎无所不在的新制度经济学，还是所谓新文化史的研究方法，都不能例外。至于辽宋夏金史领域的关于"唐宋变革"的假说，更是如此，以至于有学者不得不专门撰写一篇题为《何谓"唐宋变革"》的专文，以作澄清。有一些当今社会流传的热门名词，也常常被人在一知半解之中生搬硬套，直接借引到史学研究之中。例如，由于商品经济发展的影响，像市场化、城市化、开放型市场、外向型经济等概念，就常见有人将它们应用到宋代经济史的研究之中。每当某个所谓的新方法被译介吹捧，大量的专文专书应运而出，等兴奋过后，潮水退去，我们才发现，留在沙滩上的金子不过一星半点，其对于本领域历史核心问题研究的推进极其有限。

这在某种程度上当然是因为历史学与社会科学在研究方法上存在着明显的差异。社会科学所研究的是现代人类社会，其研究对象客观存在，虽然无论是社会调查，还是取样分析，都是重要的研究环节，但研究者不必为某一社会现象之存在与否，大费周章。历史学则不同，研究者首先不得不花费极大的精力来复原史实，再在准确的史实复原的基础之上，来展开分析讨论，对历史现象作出合理的解释。易言之，历史学研究是一门必须做到史实复原与现象解释并重的学问。因此，尽一切努力，走向细节，复原史实，不得不成为所有深入研究的起点。

在辽宋夏金史领域，经过多年的积累，看似专文专书近乎海量，以至于新入门的年轻学者无处着手，冷静分析下来，简单重复式的文字仍占大多数，是不争的事实。也有一些论著，虽然主观上力求有所发现，但仍不免失于粗枝大叶，满足于通论式的铺叙，其所依据的史实，浮于表面，未能花功夫深入细节，讨论分析之无法深入，也就可以想象了。实际上在本领域，一些基础性的史事，无论是核心的国家制度，还是人们社会生活的重要内容，其史实细节，并不能说已经发掘殆尽。我们不必一一举例，近年来一些有实质性推进的研究论著，包括不少水平上乘的博士学位论文，都昭示着这种基础性研究的重要意义。几乎所有新说的提出，无不是建立在新的史实复原的基础之上的。有的时候，我们甚至不一定要纠结于什么研究方法、时代定位等观念性问题，等到将此前未被人们所认识的新的历史细节发掘出来之后，关于现象解释的新思路往往也就水到渠成了。

其三，更坚定的常识立场。

历史学研究的是过去的人类社会，尽管由于科学技术的革命性进步，人们的社会生活已经完全今非昔比，但在许多基本规律方面，却与传统社会具有相当的共性。对于中国这样文明长期延续的研究对象来说，更是如此。因此，有时候相比于那些看似高明的理论方法，或者稀见的资料，基于常识的判断可能反而更为重要。那是因为通过历史资料所复原的史实不得不总是零碎的与片面的，我们对历史社会的认识也总不免是主观的，所以对于任何有悖于常识的研究结论，都应该持十二分的警惕。

例如关于宋代城市史的研究，笔者曾经吐槽有些研究者太过浪漫，大笔轻松一挥，就在两宋大地上描绘出众多数十万人口的大都市，全然不顾那些都市人口吃不吃得饱。要知道在北宋时期，赵宋朝廷动员全国的财力，才做到每年从东南地区漕运600万石粮食，以满足京师开封府人口的消费需求。其他的那些大都市既无开封府那样来自朝廷的财力支持，又如何满足其庞大人口的粮食消费需求呢？事实上到了南宋时期，我们可以在历史资料中发现不少城市粮食供应不足的蛛丝马迹。又如本人生活多年的杭州市，到20世纪八九十年代，它的主城区面积比南宋时期的临安府城已经扩大了三四倍，常住人口不过百万；直到近年，主城区面积扩大了十来倍，常住人口也不过300万。所以每当看到有学者提出南宋后期临安城市人口已超过百万，就直觉不太可能，因为它有违常识。后来的研究也证明了笔者这种基于常识的直觉的合理性。

历史研究涉及人们社会生活的方方面面，政治、经济、军事、文化等无所不包，因此相比于人文学的其他学科，历史学对从业人员知识面的要求也最高。说句通俗的话，在人文学诸门类中，历史学应该是最接地气的一门学问。研究者当然不可能天生样样都懂，所以就应该视研究课题的需要随时学习，补充常识。这里所说的常识，除了日常生活知识之外，还包括与研究议题相关的各专业门类的基础知识。譬如试图研究宋代的农业经济，却对农学知识一无所知，五谷不分，想要做到研究的精进，岂非南辕北辙？

以上所论，不过一得之见，有待识者指正。不过最后笔者仍然要重复一句旧话：有越来越多的研究者能够开始自觉地审视、理性地反思如何改进自己的研究，这才是本领域研究进步的最终保障。

（原载《文史哲》2019年第5期，第115—120页）

---

❶ 载《中国史研究动态》2018年第1期，第54—67页。收作本书第十篇。
❷ 李华瑞：《唐宋史研究应当走出"宋代近世说（唐宋变革论）"》，载《光明日报》2017年11月20日第14版。
❸〔宋〕范成大：《揽辔录》，大象出版社2012年版，《全宋笔记》第五编第七册，第6页。
❹ 佚名：《宋史全文》卷二五上"乾道四年七月壬戌"条，黑龙江人民出版社2004年版，第三册，第1702页。

十二 ‖ 新世纪南宋史研究回顾与展望

进入21世纪以来，在关于中国古代的宋代史研究领域，一个相当引人注目的现象就是关于南宋时期历史的研究有了显著的进展。

经常回顾、归纳一个学术领域的状况，冷静客观地分析其成绩与不足，思考其学术成长的动因，讨论其今后可能深化的着力点，是推动它进一步发展的有效方法。有鉴于此，本文首先大致归纳近十余年来南宋史研究的学术动态，并在此基础之上，对这一学术领域今后可能深化拓展的方向略述己见，以求教于方正。

渐成气象

近十余年来南宋史研究的显著进展，主要表现在正式刊布的论著数量大增。由于讨论南宋历史，很多情况下是被包括在关于整个宋代历史的研究之中，很难以论著是否标明专门讨论"南宋"来显示，所以不容易得出准确的统计数据，只能略作估计。

出版专著数量最为集中的，当数由杭州市社会科学院南宋史研究中心组织各地学者撰写、出版的"南宋史研究丛书"。至2014年，已达70种。今年又陆续推出几种新书，加上中心与中国社会科学杂志社合作编刊《国际社会科学杂志》"南宋史专辑"3期，总量可近80种。此外，海内外陆续出版的以南宋史为重点，或者相当一部分内容讨论南宋历史的学术专著也不少，本人初步统计在200种以上。合计起来，近十余年来关于南宋历史研究的学术专著或可近300种。

论文的数量当然更多，也更难估计。在"中国期刊全文数据库"以"南宋"为主题词的检索结果，从2001年至今，达9000余篇。不过在这一数据中具有学术研究意味的论文可能不到十分之一，或者更少；同时未标出"南宋"主题词、实际却有相当内容讨论南宋历史的论文，肯定也不少。我们似乎不必勉强给出一个数量估计。一个相对清晰的统计数据是：据"中国博士学位论文数据库"，自2001年至今，明确以南宋史事为研究主题的中国大陆博士学位论文达213篇。十余年间每年的数量呈上升趋势。其中前几年每年都不到10篇，近七八年来，则每年都有20来篇。2010年最多，达34篇。这些博士论文有一些经修改已作为专著整体正式出版，未整体出版的，不少也有一部分拆分作为单篇论文刊出了。硕士学位论文学术含量低一些，数量当然更多，无法统计。

数量激增之外，比较有意义的是关于南宋史某些专题的探讨有了明显的深入。

首先，一些领军性学者的开创性研究，既解决了某些重大议题，更对整个学术领域发挥着引领性的作用。其中最典型的，自然非余英时于2003年出版的《朱熹的历史世界》一书莫属。❶余著所提出的"宋代士阶层不但是文化主体，而且也是一定程度的政治主体"这一结论，虽仍或有进一步讨论的余地，不过他试图"重建十二世纪最后二三十年的文化史与政治史"的努力，无疑是相当成功的。这一巨著的影响所及，在议题与方法两方面，都引导着越来越多学者的研究工作。此外，例如黄宽重关于南宋基层社会、梁庚尧关于南宋盐法等的研究，❷虽然大部分完成于20世纪，但均在近年集结出版，应该被视为本领域具有代表性的学术进展。又有柳立言的《宋代的家庭和法律》一书，❸其讨论南宋的部分也比北宋部分分量为重。

其次，也正是随着论著数量的激增，研究者用心于寻找有深入空间的研究对象，一些相对冷门的议题也开始被人关注。就研究领域的整体而言，似乎正呈现一种讨论议题全面铺开的趋势。除全国性议题外，一些地方性的史事、人物与建置等都有了专著讨论。例如仅仅关于明州，与日本学界推动的"明州计划"相呼应，[4]就有范立舟等讨论明州"甬上四先生"，郑丞良讨论明州的先贤祠，陈晓兰讨论四明的教育和学术等。[5]关于南宋行都临安城的研究专著更多。仅收入"南宋史研究丛书"中的，就先后有何忠礼、辛薇主编的《南宋史及南宋都城临安研究》论文专集之初编与续编，[6]以及其他10种由不同作者撰写的专著问世。[7]研究南宋历史人物专著的数量也不少。除各领域名人外，一些相对次要的历史人物或者他们的群体也开始进入学者关注的视野。例如丁式贤讨论南宋初年的宰相吕颐浩，[8]沈如泉讨论鄱阳洪氏，[9]王三毛讨论南宋文学家与经学家王质，[10]方勇关注南宋遗民诗人群体，[11]丁楹关注南宋遗民词人群体，[12]陈书良则关注南宋的平民诗人群体，[13]等等，都是。制度史领域出现了一些讨论相当细致深入的专著，例如刘馨珺研究南宋县衙的狱讼，更在梳理制度的同时，兼具一种社会史的视野，这就使得讨论更有意义。[14]

最后，可能是因为比北宋相对晚近，南宋历史文物的遗存略多，同时也是近年各地大兴土木之故，作为它的"副产品"，近十余年来所发现的南宋时期历史文物相当丰富，这也在很大程度上刺激了学术研究的深入，其中尤以城市考古领域为突出。例如由杭州市文物考古研究所主持的南宋临安城考古，临安府治府学、恭圣仁烈皇后宅、修内司窑等遗址的发掘，均被列入当年全国年度十大考古新发现，近年来整理出版有《南宋太庙遗址：临安城遗址考古发掘报告》等考古报告四种，都是关于南宋历史重要的考古资料。[15]

此外还有由唐俊杰、杜正贤编著，全面介绍临安城考古成果的《南宋临安考古》一书，[16]以及马亦超对修内司窑瓷器的专题讨论，[17]姜青青依据宋版刻本对《咸淳临安志》所附《京城四图》所做的复原工作，等等。[18]其他一些地区的宋代城市考古也成绩斐然，例如扬州宋大城北门水门遗址、[19]成都江南馆街唐宋街坊遗址、[20]广州宋代城墙遗址，[21]以及重庆白帝城宋城遗址、江苏泰州宋代南水关遗址、四川南充青居城遗址等的发掘工作，[22]都极有学术价值。此外，近年由蔡东洲教授领衔的西华师范大学四川古城堡文化研究中心大范围调查四川地区南宋时期堡寨遗址，已发现有不少新资料。[23]

新材料发现对学术研究的刺激有时相当直接。例如1990年由上海古籍出版社影印南宋龙舒本《王文公文集》纸背文书出版的《宋人佚简》，至今已见刊布有数十篇研究论文，其中多数是近十余年来发表的。2011年，孙继民、魏琳还出版有《南宋舒州公牍佚简整理与研究》研究专著一部。[24]2012年由包伟民、郑嘉励编集出版的《武义南宋徐谓礼文书》，[25]更引起学界广泛重视，两三年间已有不少学者利用这一新资料，就官制、地方政治、书法等领域，发表了十余篇论文。当然，学界最为关注的考古信息，则非1987年在广东阳江海域被发现、2007年被整体打捞出海的"南海一号"莫属。关于这艘南宋外贸沉船的考古报告虽然尚未问世，由于其可能提供的关于南宋经济史、海外贸易史等方面的海量信息，已经使人可以明显感受到它对于相关研究领域的影响力。[26]

总之，以"渐成气象"一词来归纳近十余年来南宋史研究的基本状况，可能是比较贴切的。

转变原因

早在20世纪80年代，刘子健曾指出："普通谈宋史，难免头重脚轻。详于北宋，略于南宋。"[㉗]及至目前，虽然就整个宋代历史研究而言，仍不免存在"重前期轻后期"的现象，[㉘]但南宋史研究毕竟已经有了明显的进展，"渐成气象"。个中原因，值得探究。

李华瑞曾敏锐地观察到这一变化，并指出："促成这种转变的原因，大致与经济重心南移到南宋完成的观点普遍被接受、朱熹及程朱理学的地位重新得到认可并形成研究热点等新的研究进展分不开；而刘子健先生《略论南宋地位的重要性》则直接推动了这一转变。"[㉙]这一分析是很到位的。

本文略作补充。

史家观察历史，不免常受其生活时代的影响，南宋史研究学术史的演进也不能例外。进入新世纪后，南宋历史学术地位的变化，是与我国国力提升、国人对民族历史的自豪感增强直接相关的。正如学者分析关于宋朝"积贫积弱"一说的源起，认为是因为近代以来，国人痛感国力不强，备受外族欺凌，并且到民族历史上去寻找例证，才使关于宋朝"积贫积弱"的看法逐渐定型。[㉚]只不过如果说"积贫积弱"是国人对于宋朝的一般性看法的话，那么相比较而言，长期以来，南宋历史在国人眼中则更为不堪。所谓"偏安小朝廷"就是一个完全贬义的概念。这种否定的看法，在曾经作为南宋行都的杭州地区就一度占据主流，乃至以地方政府为代表，人们将南宋的历史地位与前期的地方政权吴越国对立起来，有所谓的"腐朽"与"先进"的文化对立。进入新世纪以后，南宋历史的这种负面形象发生了令人称奇的变化，地方政府开始将其视为难得的文化资源，设立机构，投入巨资，来推动南宋历史的研究。从某种角度讲，至今已经出版的近80种的"南宋史研究丛书"，正是这种行政力量推动的成果。事实上，对待民族历史这种立场的变化并非仅仅发生在杭州一地，而是近年各地的一种普遍现象。各地政府为"发扬地方文化"而大规模推动编纂、出版的地方历史——当然包括南宋历史，也正在丰富着关于南宋历史研究的论著目录。㉛究其原因，正来自国人对民族历史立场的变化。近年来的"国学热"，也在某种程度上（绝非全部）映衬着这种立场的变化。

与前面所论时代变迁约略相近的另外一个原因，是从20世纪末开始的"高教大跃进"，从1999年起，中国高校进入以远超国民经济增长速度比例的大规模扩招的十年，研究生招生也相应大幅度增加。作为人文学科的历史学的扩招规模，虽然未像其他能够"经世致用"的理工社会等学科那样疯狂，却也远远超过了学科发展所能承受的速度。这就推动着指导教师与硕士、博士研究生们不得不全力寻找那些可能拓展的学术空间，此前相对被忽视的南宋历史的许多议题，就这样得到了他们的关注。除掉相当比例的不尽符合学术规范的选题外，这种外部因素对南宋史研究的正面推动作用仍然是相当明显的。近年来一些经修改出版的关于南宋史研究的博士学位论文，其中就不乏优秀学术成果。杭州市社科院南宋史研究中心在其编纂出版的"南宋史研究丛书"中单列一项"博士文库"，经严格审稿出版的几部博士学位论文，就是显例。㉜

时代的影响也反映到了史家对南宋历史的态度上。许多学者开始正面强调南宋的历史地位，其中尤以何忠礼为典型。他的《略论南宋的历史地位》一文，集中阐发关于南宋历史贡献的看法，从经济繁荣及经济赋税制度对后世的影响、文化发展、在抗击金和蒙古（元）军事进攻的战争中表现出的民族独立精神等六个方面，来评述南宋的历史地位，认为："南宋立国153年，以往人们对它的历史地位评价颇低。实际上，这种评价缺乏对南宋国内外环境的总体认识，忽视了南宋在政治经济、思想文化、科学技术等方面所取得的巨大成就，忽视了南宋人民在抗击金和蒙古（元）的战争中所表现出来的崇高民族气节和不屈的斗争精神，更忽视了南宋在传承中华文明中所作出的巨大贡献。"❸这些看法当然是正确的，也得到了许多史学界同行的认同。

只不过，如果我们只是停留在简单否定批评南宋历史地位的意见的立场，从"其实南宋有着许多历史贡献、不能简单地批评它为偏安的小朝廷"的理由出发来说明它的重要性，那么，似乎仍未超越批评者的那种以成败论英雄的立论层面。

人类历史现象纷杂万千，史家自然不可能全都关心。讨论民族历史，立意于阐发其文化精神遗产，当然极为重要，不过它的一个重要前提是必须对民族历史发展的全过程有充分的理解，而无论其"强大"与否。历史上的"盛世"因其强大，可能在社会生活各个方面富于创造力，对后世产生了重大影响，因而有着被史家关注的充分理由，其他的一些历史时期，例如像南宋这样国力不强、疆域局促的朝代，同样是民族历史演进过程中不可或缺的一环，史家也必须给予充分的关注。这就是本文试图对前人的意见略作补充之处。

这样一来，我们观察的眼光就不能仅仅局限于南宋时期，而应该从历史发展更长的时段着眼，来作分析。李治安、李新峰两位学者关于宋元明时期国家制度的历史继承问题的讨论，对我们有启发意义。

近年来李治安刊发多文，讨论宋元明时期国家制度的历史继承问题。他于2009年刊发的《两个南北朝与中古以来的历史发展线索》一文，梳理从宋元到明清中国历史的"南朝化"问题。他认为"南北朝、隋朝及唐前期的历史的确存在'南朝''北朝'两条并行的发展线索或迥然有异的两种制度状况。隋朝及唐前期基本实行的是'北朝'制度，但同时存在'在野'地位的南朝因素（主要在江南）"。及至唐代中期，均田制、租庸调制和府兵制这三大作为"北朝"制度核心、隋唐王朝依以立国的支柱性制度相继瓦解，取而代之的则是与南朝相近的租佃制大土地占有、两税法和募兵制，"于是，国家整体上向'南朝化'过渡"。从另一视角观察，所谓唐宋变革，"实际上也是以上述整合及'南朝化'起步的"❸。经过北宋时期的进一步发展，最终由"南宋承袭唐宋变革成果"，所以南宋所代表的南朝线索是当时历史的"主流"，尽管"辽夏金元反映的北朝线索也作用显赫"。这就是他所说的中国历史进入第二个南北朝时期的论点之所指。❸他凭借其对元代历史的深入观察，进一步归纳了"元朝与唐宋变革有明显异常的若干条"，认为具体表现在职业户籍制与全民服役、贵族分封制与驱口制、官营手工业的重新繁荣、农业经济的财税的南北差异、儒士的边缘倾向与君臣关系主奴化、由军事征服派生的行省制和直接治理边疆政策这六个方面。至朱元璋起兵反元，虽然在政治上打着"驱除胡虏，恢复中华"的口号，"事实上，由于元统一及后述朱元璋父子的个性政策，北朝线索或北方体制在13—16世纪三百年间扮演的角色非常重要，有时甚至是主导性的。16世纪中叶，才最终完成了它与江南体制的复合、交融与整合，最终建构起经济上江南因素为主、政治上北方因素为主的混合体"❸。他所说的"江南体制"，就是指前文所说由南宋代表的"唐宋变革成果"。后来，他又另有专文，分别强调明代前期的北方体制，以及明中叶以后的南北整合与最终走向江南体制。❸

李新峰对李治安关于朱元璋父子奉行北方本位、继承北制的结论提出质疑，认为明初政治制度的来源相当复杂，汉唐、宋与元三个来源都存在，需要辨明的是孰轻孰重。"综合而言，明初的君主专制既有独特性，又有对各代大趋势的继承，对元朝的继承性则并不突出。"❸不过他对于明代中叶以后制度的转向，即走向"南朝化"并无异议。

这一学术讨论对我们的启发，正在于它从历史长时段发展的视角，点明了南宋历史的价值，将它对后世历史影响的观察落到了实处。以往学者们虽然也常常谈宋朝的历史影响，喜欢引用近代严复等前贤关于近代中国"为宋人之所造成"等评论，但囿于断代史研究的旧习，并未能真正深入去观察南宋对后世的历史影响究竟表现在哪些方面。实际上，也就是未能在更高的层面上来认识"承袭唐宋变革成果"，并作为明代中期以后走向"江南体制"出发点的南宋历史的意义。所以说，只有超越以成败论英雄的认识水平，以一种无论在纵向与横向都更为深邃全面的观察视野，以及持有一种更为平静通达的文化心态，才可能进一步推动南宋史研究的真正深入。

推进可能

不过，近年来南宋史研究的进展，毕竟只不过是"渐成气象"而已，与学界的期望还存在着一些差距。

所谓差距，无非表现在数量与质量两个方面。近年来在出版的论著数量明显增加的同时，观察南宋历史的水平是否与之成正比例地提高，就成了问题的关键。分析以"南宋史研究丛书"为代表的论著目录，可以发现，平面的史实铺述占了大多数。其中占最大比例的是各种专史，共有22册，如《南宋交通史》《南宋人口史》《南宋思想史》等。此外还有《南宋全史》8册，如《南宋全史：政治、军事和民族关系》等；南宋名人传记系列10册，如《陆游研究》

《朱熹研究》等；临安研究系列10册，如《南宋临安文化》《南宋临安宗教》等；再加上前文提到的博士文库，各种论文集、《国际社会科学杂志》，等等。尽管这些论著大多有所创见，有一些比较优秀，总体而论，多数以史实铺叙为主。而且，当前学界常见的以综合归纳为主要手法的简单重复式文字，仍占不小的比例。"南宋史研究丛书"之外的一些论著，情况与之相近。

因此，归纳起来看，可谓在史实复原与现象解释两个方面都留有相当的深入余地。就史实复原方面看，一些相对清晰、凸显的历史现象比较受人们的关注，而且一再被复述，例如关于一些名人的生平事迹等就是如此，另一些相对隐匿不显的历史现象，则由于资料有限与认识不足等多方面的原因，未能得到充分梳理。例如黄宽重指出的南宋中晚期的政治与文化变化，就长期以来未能得到充分的重视。㊴就现象解释方面看，可以说关于南宋历史的许多重要问题，目前仍然停留在一些空洞的概念与说法上面。二十多年前，黄宽重讨论大陆与台湾两岸宋史研究走向，指出四个共同的不足之处，其中所谓"大观念尚待形成"㊵，虽然是针对整个宋史研究状况而言，南宋史领域无疑尤为突出。及至今日，研究领域整体状况的改善不能不说仍然比较有限。

研究的实际展开，所谓史实复原与现象解释两个方面当然是相互牵制的。一些关键性史实的隐匿不显，必然会妨碍史家对历史现象的正确解释。同样地，如果未能相对准确地解释历史现象，亦即未能合理地梳理各种不同历史现象之间的联系，也会导致史家忽视某些重要的史实，无法推动他们去发现那些虽然隐匿但实系核心的史实。所以，研究水平的提高必然同时体现在史实复原与现象解释两个方面。

不过，所谓知易行难，从对研究领域的点滴认识到将它落实在具体的研究工作中，两者是有距离的。在这里，如何发现一些切合实际的研究取径是学人们应该努力的方向。笔者粗浅的体会是，改变观察史事的角度，争取从平面走向立体，从铺叙孤立现象走向分析现象间的联系，也许是一个有效的途径。下文略举几例。

如前文所述，相比于简单、孤立地强调南宋对后代的历史影响，不如将这种影响落实到具体论证明代中叶以后的南北整合与最终走向"江南体制"——由南宋代表的"唐宋变革成果"。这不仅使我们可能在关于南宋史意义方面跨越旧认识，同时也是一个不应被忽视的重要研究取径：从历史的前后联系之中来观察它。如果说近二三十年来，关于讨论宋代历史应该首先了解唐代历史的看法，已经被越来越多的学者所认识，并程度不等地落实在他们的研究工作之中，那么，如何通过观察历史后续的发展，也就是元明清各代的历史，再反过来验证自己对宋代历史的分析，或者在对其后续发展的观察之中，来就前期彰显未明的史事的走向，获得一些启发，则似仍未能得到应有的重视。

笔者近来观察乡村基层组织问题，略有体会。存世地方志所载南宋时期乡村基层组织的情况，纷杂无比，不同时期、不同地区的记载，似乎了无规律可循。如元人张铉所纂《至正金陵新志》称当地"盖初以乡统里，宋末易里之名曰保，或曰管，曰都"[11]，与常识完全不符，若非纵向地从南宋中后期乡都组织的地域化过程，尤其是联系元代初年的一些建置来作观察，就无法读懂这种看起来了无章法的记述文本。同时，若非联系到明代初年江南地区乡村基层组织的建置，站在"里以编户……图以领圩""图与里亦有不同"的基点之上，[12]也就是认识到乡村基层管理组织从中古时期单一的联户制走向了近古时期户籍与地籍分头管理的双轨制的史实，我们是说不清楚以经界法为代表的一系列行政措施的时代意义，更无法理解南宋时期乡村基层组织新旧叠加式的演化过程的。[13]

类似的例子尚多，已经大致梳理清楚的却相当有限。典型的例如关于后代以族权、绅权为核心的乡村社会的权力结构，是如何从南宋一步一步演进的，就是一个迄今为止未能讲清楚的大题目，实际上也就意味着我们对南宋时期乡村社会的权力结构仍然只有含混的认识而已。因为这是相互联系着的一个问题的两端，不能将它们割裂开来孤立地去观察。

这样前后联系的观察方法，当然并非仅仅在讨论南宋对后代历史影响相关问题时才有意义，对于它与前期历史的联系，也同样有意义。落实到关于国家制度建设问题，也就是不能孤立地观察王朝初期的一些制度设计，视其为静止之物，而应该充分地认识到：国家制度常常会随着历史的演进而调整，王朝初期构建起来的制度框架虽然重要，后续的调整同样有意义。北宋如此，南宋也当如此。

仍然拿笔者相对熟悉的领域来举例。譬如国家财政，南宋初年的种种建置、征榷制度的更张、征调项目的创设、赋役征敛的扩张、中枢财政管理机构的调整，乃至经界法的推行等，若非充分了解北宋后期的财政史，与之相联系，恐难以理清。特别是宋徽宗（1082—1135年，1100—1126年在位）年间的创设，实为南宋初年许多制度的溯源所在，是理解南宋初年建置的起点。另一方面，炎兴（1127—1162）以下，若以为南宋国家财政就依其初年建置的格局而一成不变，当然也有违史实。实际上每一个重要历史阶段，随着政治经济以及内外军事形势的变化，赋税与财政管理层面都会出台一些调整措施。简单举例，宝祐（1253—1258）以后，地理格局上西川残破，广西从大后方变成了战略前线，军政体系上兵力的重新布局与新军的组建，从中央到地方财政管理体系的更张，都必然会使得从南宋初年形成的户部-总领所体制以及与之相适应的中央与地方财赋调拨系统做出必要的调整，可惜迄今未见学界有具体深入的讨论。即如郑兴裔（1126—1199）所言"自军兴以来，计司常患不给，凡郡邑皆以定额寄名予之，加赋增员，悉所不问"❹，实际的状况，在炎兴、乾淳（1127—1189）及其之后各不同时期，演变过程也很复杂，存在着相当的讨论余地。

与此相类似，即便就南宋初年的建国过程而言，目前在许多方面我们仍停留在想当然的认识之上。相对而言，学界对南宋中枢行政演变的讨论略多，例如三省制度等，其他方面则多语焉不详，认为是北宋制度的自然延续而已。实际上当然不可能如此简单。例如关于北宋的漕司路到南宋的帅司路的变化，就值得深入分析，其他各方面大多类此。

这样从"关系"出发来观察南宋时期的史事，值得引起史家关注的内容是极为广泛的，绝非仅限于前面举例所及的范围。李华瑞讨论淳祐四年（1244）阳枋（1187—1267）《广安旱代赵守榜文》，提出了一个极有意义的话题。他认为这篇榜文提示了南宋广安军地方社会的四个问题，其中之一就是"这篇榜文把朱熹感召和气以救荒的思想运用到广安救荒活动中，昭示着朱熹的理学思想在理宗时代已深入基层社会，成为下层民众普遍接受的一种行为准则，或认识问题的方法原则"❺。坦率说，仅仅因为某位道学家在其为郡守撰写的谕民榜文中提到了朱熹"感召和气以救荒"的说法，是否足以证明朱熹的道学（理学）思想已经深入基层社会，成为下层民众普遍接受的一种行为准则，笔者有所保留，但是他从这篇榜文所观察到的关于道学思想如何渗透基层社会的问题，的确是关乎南宋乃至整个帝制后期中国社会的不可忽视的重要议题。在文化史与政治史相关联的领域，此前学界已就道学何以在党禁打击之下仍能保持其影响力问题，有了不少讨论，但是在文化史与社会史相关联的领域，类似的关心与讨论则仍多阙如。

南宋史领域一些相对传统的议题，例如权相政治、宋金宋蒙关系、经济发展与区域开发、科考与社会文化等，如果能够调整视角，更多地从不同历史现象相互之间的联系而不是孤立地去作观察，都可能有新的收获。就拿权相政治来说，将各不同历史阶段分别孤立起来讨论，还是重在相互比较与联系，有时就可能会有不同的观察结果。❹

最后不得不提一下历史资料与研究现状的关系问题。论者无不意识到南宋——尤其是其后期——存世资料过少，对学术研究存在着不利影响，这当然是不容忽视的客观现实。不过需要指出的是：首先，不同历史时期存世资料各有特点，一般所谓南宋后期存世资料过少，是与北宋或者南宋前期的情况作比较而言的。如果与明清时期相比较，那么即便是北宋或者南宋前期仍难称充沛，但如果拿南宋后期的情况与隋唐五代或更早的历史时期相比较，则应该可算是相当丰富了。因此，所谓资料少影响了研究的展开，从某种程度讲，主要也是指对南宋中后期文献的处理方法类同于北宋或南宋前期那种类型而言的。实际上，学界对于处理隋唐以前印刷术未普及时期历史资料的方法，已经积累了相当丰富的经验，我们如果能够认真参照、借鉴，更精心、深入地研读存世文本，南宋史研究状况也许会有所改观，可以肯定。其次，与北宋及南宋前期相比较，所谓南宋后期资料过少，主要指诸如《续资治通鉴长编》《建炎以来系年要录》与《宋会要辑稿》那样一些重要文献的阙如，影响所及，主要关乎国家上层政治层面，但在另一些方面，例如文集、地志、笔记、考古材料等，则并不见得少，有些还明显增多了。所以，在关于社会、经济、文化等领域，研究拓展的余地是并不比北宋或南宋前期为少的。学术史上也已经有学者为我们作出了明确的示范。❺当然，相比于资料更为丰富的那些时期，讨论南宋中后期历史，要求研究者投入更多智力与毅力，是可以肯定的。

从传统的中原大一统帝国的立场看来，赵氏南宋王朝疆域局促,国势萎靡,似不值得后人更多的关注。可是如果我们能够从纵向与横向两个方面都拓宽视野,就可以发现无论从它"承袭唐宋变革成果",并深刻地影响了帝制后期的中国历史,还是在社会、经济、文化,乃至政治、军事各方面的璀璨成就来看,都向我们展示着其突出的历史地位与非同一般的文化吸引力。如果我们在观察立场与研究取径上也尽可能地拓展视野,潜心投入,更重要的是,时刻保持不断反思观察视野与研究方法的自觉意识,南宋历史研究这一学术领域从"渐成气象"最终走向"气象万千",是可以预期的。

(原载《唐宋历史评论》第二辑,
社会科学文献出版社2016年版,第310—324页)

---

[1] 余英时:《朱熹的历史世界》,允晨文化实业股份有限公司2003年版。
[2] 参见黄宽重《南宋地方武力:地方军与民间自卫武力的探讨》(东大图书公司2002年版)、《宋代的家族与社会》(东大图书公司2006年版)、《政策·对策:宋代政治史探索》(联经出版事业公司2012年版),梁庚尧《南宋盐榷——食盐产销与政府控制》(台湾大学出版中心2010年版)等。
[3] 柳立言:《宋代的家庭和法律》,上海古籍出版社2008年版。
[4] 关于"明州计划",参见郭万平《日本"东亚海域交流与日本传统文化的形成——以宁波为焦点开创跨学科研究"科研项目综述》,载《中国史研究动态》2006年第8期,第24—28页。
[5] 参见范立舟、于剑山《南宋"甬上四先生"研究》,人民出版社2014年版;郑丞良《南宋明州先贤祠研究》,上海古籍出版社2013年版;陈晓兰《南宋四明地区教育和学术研究》,凤凰出版社2008年版。
[6] 何忠礼主编:《南宋史及南宋都城临安研究》,人民出版社2009年版;辛薇主编:《南宋史及南宋都城临安研究》(续编),人民出版社2013年版。
[7] "南宋史研究丛书"所收入的这10种专著是:顾志兴《南宋临安典籍文化》,唐俊杰、杜正贤《南宋临安考古》,徐吉军《南宋都城临安》,王勇、郭万平《南宋临安对外交流》,方建新《南宋临安大事记》(以上均由杭州出版社2008年出版);林正秋《南宋临安文化》、鲍志成《南宋临安宗教》、何兆泉《南宋名人与临安》、徐吉军《南宋临安社会生

活》(以上均由杭州出版社2010年出版)，以及徐吉军《南宋临安工商业》(人民出版社2009年版)。

❽ 丁式贤：《南宋贤相吕颐浩研究》，浙江古籍出版社2011年版。

❾ 沈如泉：《传统与个人才能：南宋鄱阳洪氏家学与文学》，巴蜀书社2009年版。

❿ 王三毛：《南宋王质研究》，凤凰出版社2012年版。

⓫ 方勇：《南宋遗民诗人群体研究》，人民出版社2011年版。

⓬ 丁楹：《南宋遗民词人研究》，凤凰出版社2011年版。

⓭ 陈书良：《江湖：南宋"体制外"平民诗人研究》，中国国际广播电视出版社2013年版。

⓮ 刘馨珺：《明镜高悬——南宋县衙的狱讼》，五南图书出版股份有限公司2005年版。

⓯ 参见杭州市文物考古研究所《南宋太庙遗址：临安城遗址考古发掘报告》，文物出版社2007年版；杭州市文物考古研究所《临安城遗址考古发掘报告：南宋恭圣仁烈皇后宅遗址》，文物出版社2008年版；杭州市文物考古研究所《临安城遗址考古发掘报告：南宋临安府治与府学遗址》，文物出版社2013年版；杭州市文物考古研究所《南宋御街遗址——临安城遗址考古发掘报告》，文物出版社2013年版。

⓰ 唐俊杰、杜正贤：《南宋临安考古》，杭州出版社2008年版。

⓱ 马亦超：《南宋杭州修内司官窑研究》，中国美术学院出版社2006年版。

⓲ 姜青青：《〈咸淳临安志〉宋版"京城四图"复原研究》，上海古籍出版社2015年版。

⓳ 中国社会科学院考古研究所等：《江苏扬州宋大城北门水门遗址发掘简报》，载《考古》2005年第12期，第24—40页。

⓴ 严文明、李伯谦、徐苹芳：《浓墨重彩2008年度全国十大考古新发现》，载《中国文化遗产》2009年第2期，第76—87页。

㉑ 参见陈鸿钧《广州宋代修城铭文砖数种考》，载《岭南文史》2012年第3期，第23—28页；《广州发现保存最好的宋代城墙 墙砖有"番禺"字样》，载《广州日报》2015年6月8日第A6版；《广州市一大道下发现宋代明代城墙遗址》，2015年6月9日，http://news.so-hu.com/20150609/n414657903.shtml。

㉒ 参见黄豁、陈敏《白帝城宋城遗址大规模发掘》，载《瞭望新闻周刊》2002年第13期，第50页；南京博物院、泰州市博物馆《江苏泰州城南水关遗址发掘简报》，载《东南文化》2014年第1期，第43—52页；符永利等《四川南充青居城遗址调查与初步研究》，载《西华师范大学学报（哲学社会科学版）》2015年第2期，第18—27页。

㉓ 参见蔡东洲提交"'宋代的巴蜀'学术论坛"（重庆大学，2015年10月24—25日）会议论文《大良城与虎啸城》，以及蒋晓春提交同一学术论坛的论文《巴蜀地区宋蒙城寨田野考古工作述要》。

㉔ 孙继民、魏琳：《南宋舒州公牍佚简整理与研究》，上海古籍出版社2011年版。

㉕ 包伟民、郑嘉励编：《武义南宋徐谓礼文书》，中华书局2012年版。

㉖ 参见张澜《"南海一号"的时空之旅——访广东省文物考古研究所水下考古研究中心主任魏峻、水下考古队队长张威》，载《中国科技奖励》2007年第12期，第22—26页；佚名《"南海一号"科考成果展 珍贵宋瓷首度亮相》，载《国学》2008年第7期，第4页。

㉗〔美〕刘子健：《背海立国与半壁山河的长期稳定》，第38页，载氏著《两宋史研究汇编》，联经出版事业公司1987年版，第21—40页。

㉘黄宽重：《"嘉定现象"的研究议题与资料》，第191页，载《中国史研究》2013年第2期，第191—205页。

㉙李华瑞：《改革开放以来宋史研究若干热点问题述评》，第15页，载《史学月刊》2010年第3期，第5—27页。

㉚参见李裕民《宋代"积贫积弱"说商榷》，又同氏《破除偏见，还宋代历史以本来面目》，载《求是学刊》2009年第5期，第123—126页；葛金芳《两宋历史地位的重新审视（笔谈）》，载《求是学刊》2009年第5期，第122—123页；曾瑞龙《经略幽燕：宋辽战争军事灾难的战略分析》，香港中文大学出版社2003年版，第36页；邓小南《宋代历史再认识》，载《河北学刊》2006年第5期。不过近来李华瑞另有新说，认为"宋朝'积弱'之说本自宋人，也是元明清乃至民国和改革开放以前较为一致的看法，并非因20世纪初中国受帝国主义国家欺凌才被特别提出"。见李华瑞《宋朝"积弱"说再认识》，第33页，载《文史哲》2013年第6期，第33—42页。

㉛如许怀林《江西通史》第六卷《南宋卷》，江西人民出版社2009年版。

㉜迄今为止，"南宋史研究丛书"的"博士文库"已出版五部专著，均由上海古籍出版社出版，即何玉红《南宋川陕边行政运行体制研究》（2012年）、郑丞良《南宋明州先贤祠研究》（2013年）、熊鸣琴《金人（中国）观研究》（2014年）、李辉《宋金交聘制度研究》（2014年）、朱文慧《南宋社会民间纠纷及其解决途径研究》（2014年）。

㉝何忠礼：《略论南宋的历史地位》，第72页，载《浙江社会科学》2008年第9期，第72—79页。

㉞李治安：《两个南北朝与中古以来的历史发展线索》，第8页，载《文史哲》2009年第6期，第5—19页。

㉟李治安前引文，第19页。

㊱李治安前引文，第14页。

㊲分别参见李治安《元和明前期南北差异的博弈与整合发展》，载《历史研究》2011年第5期，第59—77页；以及《中古以来南北差异的整合发展与江南的角色功用》，载《文史哲》2015年第1期，第27—34页。

㊳李新峰：《论元明之间的变革》，第89页，载《古代文明》2010年第4期，第83—102页。

㊴参见黄宽重《"嘉定现象"的研究议题与资料》，第194页。

㊵黄宽重：《海峡两岸宋史研究动向》，载《新史学》1992年第1期，第151页。

㊶〔元〕张铉：《至正金陵新志》卷四下《疆域志二·坊里》，中华书局1990年版，《宋元方志丛刊》第6册，影印文渊阁《四库全书》，第5518页。

㊷〔清〕沈彤等：《乾隆震泽县志》卷三《疆土志三·乡都图圩》，江苏古籍出版社1991年版，《中国地方志集成·江苏府县志辑》第23册，影印乾隆刻本，第33页。

㊸参见拙文《中国近古时期"里"制的演变》，载《中国社会科学》2015年第1期，第183—201页；《新旧叠加：中国近古乡都制度的继承与演化》，载《中国经济史研究》2016年第2期，第5—15页。

㊹〔宋〕郑兴裔：《郑忠肃奏议遗集》卷上《请宽民力疏》，台湾商务印书馆1982年版，影印文渊阁《四库全书》，第1140册，第201页。

㊺李华瑞：《南宋地方社会管窥——以阳枋〈广安旱代赵守榜文〉为中心》，第18页，载《西北师大学报（社会科学版）》2013年第3期，第18—25页。

㊻参见韩冠群《史弥远与南宋中后期中枢政治运作（1194—1260）》，中国人民大学2015年博士学位论文。此文讨论是否深入，结论是否得当，容或再议，不过它将不同时期"权相"现象作联系与对比的努力，是明确的。

㊼例如，梁庚尧利用明清时期地方志资料来讨论南宋的社会经济史，取得显著成果，就是明证。参见梁庚尧《南宋的农村经济》，联经出版事业公司1984年版。又黄宽重强调文集资料对南宋中后期历史的重要意义，他的一些研究工作也在这方面为我们提供了示范。参见黄宽重《"嘉定现象"的研究议题与资料》。

十三 ‖ 视角与史料：关于宋代研究中的"问题"

"宋代"一词，可以有两层含义，一指中国帝制中期的赵氏王朝，另一指我国古代多民族政权并存的、公元10—13世纪的那一个历史阶段。目前学界所论之"宋代史"，似仍以朝代史为主要取向，且常不免以赵宋王朝史涵盖整个历史时期。不过近二三十年以来，随着"大宋史"之说的影响日渐扩大，努力从全局而非仅限于赵宋一姓的取向获得越来越多学者的认可。本文所论，关注于作为历史时期整体的"宋代"。

讨论宋代史有什么特殊意义？

人类历史的演进就像一条长河，或平缓，或湍急。中国古代历史也一样。在进入帝制时期以后，历代都在不同方面呈现着自己的特色，其中尤为后代所敬仰、所推崇的，首推汉、唐。其武功之显赫、疆域之辽阔、文明之昌盛，确乎值得后人为之骄傲。不过，两千年帝制时期的历史演化，不可能全然平缓推进，必然有迟疾缓急之差异，从而形成一定的阶段性。在其中的一些时期，历史"集聚"性发展，使得社会呈现与前一时期很不相同的特征，并深刻地影响着以后历史发展的路径，因此格外重要。这样的历史时期，往往就会被学者们视为在某种程度上带有"转折"意味，而予以特别的关注。宋代就是这样一个带有"转折"意味的特殊时期，不同历史解释体系于此似无异议。

学界先贤对宋代历史地位的重要性，有过许多清晰的论述。❶

这样的"转折时期",常常一方面总结前期的历史,另一方面又影响着此后历史发展的基本路径,因此理应占据独特的地位。这就是陈寅恪所说的"赵宋以降之新局面"❷。不过今人关于宋代史的研究,似仍未能反映出其"转折"的全貌,体现出其重要性。曾有学者令人信服地解释了今人轻视宋代史的历史原因,❸时至我国经济起飞的21世纪,我们理应超越前人认识的局限,来心平气和地重新评估宋代的历史地位。

不过尤为学界所关心的,似乎还不在于今人对宋代历史地位的认识之不足,更多地还在于思索如何提高宋代史研究的总体水平。自20世纪末以来,可能也是由于千禧年的特殊时机给予了人们以回顾学术史的契机,不少学者撰文总结宋代史研究的成绩,表达他们对这一学术领域的期许与研究取向的意见。❹总体看,以如何切实推进宋代史研究的水平,为学者们关心的重点。个中心理,称之为集体性焦虑,或不为过。

就某种程度而言,这种焦虑来自于关于宋代史研究的源源不断刊出的专文专书之庞大数量。近年来,每年刊出的关于宋代史研究的专文多在四五百篇,专书也不下三四十种,如何在数量扩张的同时提升研究质量,就成了压在不少学者心头的一个挥之不去的重负。

实际上,近年来在宋代史研究领域,已有不少学者在许多方面作出了相当有意义的开拓性工作,只是多被隐没在众多水平参差不齐的出版物之中,一时未能彰显,造成领引性的影响,宜予阐发。下文尝试以论题与资料两个侧面,略述己见。

论　题

如何发掘新的、有意义的论题,无疑是当今宋代史研究者最为关心的一个问题。

中国的史学源远流长，20世纪初以后受到西学影响，才渐次形成近代的学科体系，呈现越来越明显的社会科学化的趋势。其所关心的论题，前后有不同的特征。大致讲，20世纪三四十年代近代史学创立初期，虽已有一些时新的社会科学化的议题，但传统史家一些观察仍占相当比例。五六十年代，大陆学界在政治理论的影响下，热衷于讨论那些政治取向比较明显的命题，如庄园制与地主制、农民战争、资本主义萌芽等。80年代以后，宋代史研究复苏，前期的一些论题渐受冷落，尤其自90年代以来，因受西方新史学的影响日深，社会史等领域的论题日益受到重视。当前，学者们都在思索如何通过开拓新视野，采用新方法，以讨论新论题。麻烦的是，这种对新论题的探求并非总能得心应手。

大体说，目前关于宋代史研究的论题有三类不同情况：一是基本按传统史学叙述的路径，以"讲清楚"史实为主要目的，如各种国家制度的阐释、人物生平介绍与评介、事件过程铺叙等；二是延续前人——包括两宋时期人——观察这一段历史的一些归纳性议论，来展开讨论，如强干弱枝、崇文抑武、先南后北、积贫积弱、国用理财、田制不立、士风人心、忠奸清浊，等等；三是借用现代社会科学的概念，将其应用到宋代史研究领域之中，如较早形成的一个重要论题是"经济重心南移"，此外如政治制度、社会结构、民族关系、思想流派、商品经济等都是。近年来因受时势以及海外学术的影响，有一些时新的论题越来越流行，如基层社会、经济开发、城乡关系、士大夫（精英）政治等。

实际研究展开中，这三类论题当然不可能截然分离，而是相互交融，只是每一项具体研究各有侧重而已。客观讲，上述三类论题各有其意义所在，如传统的史学叙述，因其能厘清史实，以作为进一步讨论的基础，无疑具有长远的价值。只不过随着学术研究的不断积累，简单的厘清史实式的讨论，空间已越来越小，必须结合其他方式，才可能有所收获。

相对而言，第三类论题在当前学界占有主导地位，今后宋代史研究的拓展，也必然主要表现在这一方面。近年来的一些研究，借用社会科学的分析工具与概念，讨论宋代史的问题，多有创见。如邓小南从观念与政治相互关系的角度入手，从"祖宗之法"这一关乎赵宋朝政的核心概念，讨论思想、制度与社会阶层之间的关系，明显可见政治文化分析工具的影响。❺黄宽重多年来致力于南宋地方武力研究，从议题看，似乎主要针对传统的"强干弱枝"说别出新见，但其受新史学影响，重视基层社会史研究的取向，清晰可知。❻在辽夏金史研究中借用现代民族学的分析工具，或在关于赵宋与辽夏金各政权关系的讨论中跳出传统的华夷观念，以现代国际政治的一些基本概念（如"外交"）与分析工具着手讨论，已成常态。近来关于宋代社会经济的讨论，更多见借用一些流行的经济学分析工具展开讨论，如新制度经济学关于"交易成本"的定理，几近泛滥。

现代社会科学理论与方法之所以有助于史学研究，是因为两者的研究对象是一致的：一为现代人类社会，另一为历史上的人类社会。只是由于两者所涉及的时间段有异，且史学研究受存世资料的制约，所以根据现代社会的实际归纳提炼而成的、具有明确的地域性和时代性的一些假说与概念，不一定能完全应用于宋代社会的研究。如果不加辨别，盲目搬用，难免造成认识的错位。前面提到的带有明显政治化取向的论题之外，由于商品经济发展的影响，近年来一些专文与专书常将一些相当时髦的概念应用于宋代经济史研究之中，如市场化、城市化、开放型市场、外向型经济等，却未能分辨这些概念内涵的特殊规定性与宋代社会的落差，不仅显露了历史学研究的思想贫乏，更有"趋炎附势"的嫌疑。

因此，与当下时新的倾向稍显距离，本文愿意略多花一些笔墨，讨论一下前述之第二类论题，即依据前人关于宋代历史一些归纳性的观察，来展开研究，或者可以称之为"旧题新论"。

史学探究的对象永恒不变，不同时代的人们却能从中得到不断更新的智慧，读史的魅力正在于此。另一方面，也正因为它的研究对象之恒定性，"传统"的观察往往总能够抓住特定历史时期某些比较显著的特征，在多数情形下，这些特征理应为历代读史者所关注。换言之，史学研究论题的拓展，有时并不一定采用以新论题扬弃旧论题的形式，完全另起炉灶。更常见的情形是以新的取向不断探讨"旧"的论题，史家见识之高低也就尽见其中。从这一角度讲，视角之"高下"，即能否透过表象观察到历史的真相，有时要比论题之"新旧"更为重要。

所谓视角，指对具体历史现象的观察角度。同样的一个研究对象，如果采用了不同的观察角度，就有可能得出与他人不尽相同的结果，"横看成岭侧成峰"，这是常识。前文提到的引入现代社会科学的一些分析工具，也可以理解成采用新的研究取向，以期得到与传统的以制度阐释与道德褒贬不尽相同的、新的观察结果。例如对于传统史学中占主流地位的人物研究，就不应仅仅限于以往的评判研究对象的功过与品行，以期得出"值得肯定"或"应该否定"的结论，而是或借助于社会学的分析工具，考察其所代表的社会阶层，或从"长时段"的取向分析其行为的历史影响，或依据社会心理学的方法，讨论其行为的心理动因等。史学的任务不在于评判历史，而在于理解历史。另一方面，我们仍应该坚持传统史学的一些有意义的观察方法。在历史学这样一个具有悠久传统的学术领域，我们完全没有必要一味地唯新是崇。古人的一些经典论述，如观察历史的"会通"之说，起码在本人肤浅的理解中，与新史学所强调的"长时段"观察方法，实可谓不谋而合，具有长远的意义。只不过我们也许还可以对前人旧说略作补充：治史者不仅需要有通古今之变的深邃洞察力，还需要具有对社会不同层面复杂现象的综合分析能力，亦即所谓"会通"或许可以理解为纵向与横向两个方面视野的拓宽。

宋代史中相比于其他历史时期的一些凸显的现象，如多民族政权并存、经济与技术的突破性发展、思想文化领域新气象的形成、赵宋政权文官制度的发达与武功之不振、民变之相对平和、南方地区的开发以及随之带来的在经济文化政治等各方面地域格局的变化、城市新面貌的形成等，是任何观察者都不能忽视的。论题虽旧，其命弥新，要之在于论者的眼光之独到与深邃。

下文略举两例：

其一，关于北宋初年经略燕云地区的努力及其失败的历史过程，无疑是一个十分"陈旧"的话题，经学者数十年的论说，已经形成了一系列近乎不言而喻的定说，如北宋强干弱枝的国策，先南后北的统一方针，崇文抑武的取向，以及宋军与辽军之间步骑不敌的兵力对比等即是。近年来所见相关出版物，议论不出这些成说的窠臼。2003年香港中文大学出版社出版曾瑞龙遗作《经略幽燕：宋辽战争军事灾难的战略分析》一书，运用大战略的架构，以跨学科的整合研究视野，来重新讨论10世纪初的宋辽战事，就提出了许多相当新颖的见解。例如关于宋辽军事力量对比中的"步骑不敌"问题。针对这一草原文明和农业文明在兵种上的差异，自秦汉以来，古人即已形成了相应的军事信念。《经略幽燕》却指出：在鼓吹兵种差异的同时，也需要避免简单化地认为单凭一个兵种即足以赢得战争的看法，"有必要具体地探讨骑兵如何击败步兵的过程和手段"（第15页）。这里就涉及了步兵如何配备多兵种编制，应用各种具技术对抗意义的兵器，以及如何保护侧翼及粮道，来抵御骑兵的进攻。同时，骑兵也需要应用大量的间接手段，而不是仅凭简单的正面冲击,来冲溃步兵。因此,"整个立体架构的战略分析变成不可避免"(第16页)。而通过这种"立体架构的战略分析"来观察宋辽间的历次战役,我们才会发现原来这中间还存在如此幅度的讨论余地。此外如关于"先南后北"的统一方针,关于宋初的战略文化等,此书不仅展示了理解宋初战争的全新视角,同时也在研究方法论层面上给学界以刺激。

其二,相比于唐代辽阔的疆域与因民族融合而呈现的"胡化"风貌,长期以来,宋代文化以其精致、收敛、内向,❼而有"保守"之名。经过学界长期的絮叨,这差不多已经成了民众的常识。比较显著的,例如在服饰文化方面,与盛唐时期女装之袒露与华丽相比,宋人服饰的"拘谨保守"似乎表露无遗。不少专文专书更将其归因于理学的影响。❽但如果我们转换视角,不再局限于唐宋间服饰特征的这种简单对比,而是将眼光稍放长远一点、宽广一点,就会发现这种将服饰之袒露与内敛等同于文化的开放与保守的简单的思维方式,距离历史真实颇远。至于将服饰"保守"归因于理学的影响,更是出于想当然。朱瑞熙就曾指出,朱熹从未提出过服饰复古的主张。❾2007年,王雪莉刊布《宋代服饰制度研究》一书,专题讨论这一问题。❿坦率讲,此书只是一个相当初步与简单的叙述,但其讨论的视角仍有一定的启发意义。例如此书从幞头、圆领袍衫、革带、靴这四部分论述宋代的公服,认为它们表现了唐人的常服在经过一系列改进之后,成为宋代官员的礼服之一——公服的过程。若进一步追溯,唐人这些常服的很大一部分,如圆领袍、革带、靴等,则都属沈括所谓"中国衣冠,自北齐以来,乃全用胡服"之一端。⓫由此可见,自唐代以来胡汉服饰交融的历史进程,到宋代不仅并未中断,而且更从民间常服深入影响到了官员的公服。而且"综观整个中国古代服饰发展的历史,汉人本来就不崇尚袒胸露肩,唐以前及后世皆如此"(第196页),可以说唐代女子——主要是贵族女子的袒装是整部中国服饰史中的特例，而宋代服饰之质朴、淡雅，恰恰是我国传统服饰的常态。从盛唐时期的"士女皆竞衣胡服"❿，到文、宣之间白居易作《时世妆》，讥讽"元和妆梳君记取，髻椎面赭非华风"，可知当时的服制，就已悄然向着汉民族文化本位回归，非独至宋代而然。另一方面，宋代服饰文化也并非如论者所说，全无创新。恰恰相反，宋代在礼服的推陈出新、常服的礼服化、异族服饰文化的影响，以及民间追求时尚的奇装异服之各不同方面，无一不反映着其文化的创新能力。由此可见，只要我们转换视角，在纵向与横向两个方面拓宽视野，就有可能使一个看起来陈说相因的论题别出新意。

此外，即如前述的第一类论题，例如传统的制度阐释，如果能转换视角，拓宽视野来考察，也未始不能得到新见。笔者此前讨论宋代的地方财政制度，如果仅按传统方法，在国家诏敕格令所规定的视野内阐释制度内容，余地实在有限。但在转换视角之后，从法令层面的制度内容转向它的实际落实过程，以及在这一过程中所产生的制度变异，就发现研究的空间超出了原先的想象。这就是笔者所谓的制度之"地方化"过程。⓰邓小南提出要研究"活的制度史"⓲，用意当也在于此。当今社会的生活经验告诉我们，这样的视角转换显然更加贴近历史现实。

史　料

比论题更重要的是史料，这也是常识。史料不仅是我们准确了解史事的基础，更在于发掘前人所未能了解的史事，大多能引发出有意义的论题。广征博引，认真研读文献，本来是从事史学研究题中应有之义，时至信息爆炸的21世纪，强调重视史料似乎更有了新一层的迫切性。

黄宽重曾十分精辟地指出：自20世纪90年代以来，"两岸宋史研究在西方学术冲击下，对西方社会科学的理论产生兴趣，试图以之作为建构及解释历史发展的因素。反之，对研读与理解典籍的训练，日益忽视，久之，对旧有典籍文献失去理解的能力"。随着社会环境日益产生异于传统的变化，研究者"对传统社会缺乏同情谅解的心情与能力。这一来，学者研究古史，在心境上，与欧美汉学家并无差异，历史研究成为纯学术的职业而已"[15]。这大概就是当今宋代史研究过于"社会科学化"的现象。

由于存世文献的偶然性与零碎性，史料所反映的历史现象难免是局部的、片面的，甚或表面的。所以史学研究的一个重要工作，就是要在充分认识史料的这种不全面性的前提下，鉴别它，解读它，尽力从局部与个案中，拼凑出触及事实真相的历史全貌，以期收到窥一斑以见全豹之功效。所以史料解读总不得不先于论题的构建。本文所谓"过于社会科学化"的现象，就指未能感悟特定时期的历史社会，只是借用于某些社会科学的方法与定理，论题在先，依据孤立的史料与表面的理解，来构建理论上的历史社会。

目前学界的倾向之一，正在于过于社会科学化，"技术性"地分析史料，并试图以此来研究历史上的宋代社会。可是由于史料对社会实况反映的不完全性，技术性的分析常会产生失之毫厘、谬以千里之误。计算机全文检索信息库的广泛应用，造成研究者易于广征博引，却流于表面，尤其忽略史料的整体文义，未能真正理解史料，加剧了这种"技术化"现象。社会科学式的分析方法强调研究者与研究对象之间留有距离，以保持客观。这种职业化倾向更加强了社会科学式研究的技术性。更何况在这种分析中，常不免受现代社会（产生社会科学最多数范式的场所）意识形态的影响。

人文学科式的方法有异于此。历史学作为传统"学问"最基础的一个组成部分,强调的是读圣人之书,行圣人之道,内圣与外王合为一体。用现代学术语言来讲,即研究者与研究对象不是分离的,而是合而为一。虽然在现代社会科学的角度看来,这种物我不分的状况必然会影响学者的客观立场,有着莫大的不利,不过它也有着社会科学方法所无法企及的长处:研究者与研究对象物我一体,抱有一种"温情与敬意",浸淫其中,感悟其中,常能给零碎的历史信息补充一些至关重要的、背景性的历史场景,以达到真正理解史料的目的。当然这种对史料的感悟式理解,绝不应该凭空想象,而应该建立在对宋代社会整体把握的基础之上。

涉及宋代史事的解读,还有一个特点,常常误导研究者。由于雕版印刷术在北宋时期开始普及应用,史籍文献被大量印刷,现今存世的宋代文献比其前代增加了数倍不止,这就使得大量在前代隐晦不显的历史现象,在宋代的文献中首次见诸记载。前后期历史信息的这种严重不对称性,常常使得研究者误以为那些历史现象在两宋时期首次产生,造成认识错位。

笔者曾著文质疑美国汉学界关于宋代社会史研究的一些论点,❶在范式推衍层面,见仁见智,或当别论,若就史实论证而言,本人仍以为它是对前后历史信息不对称认识不足的典型案例,不妨旧调重弹。

近年来,美国汉学界关于两宋时期"地方社会"兴起的论点,发其端者为郝若贝(Robert Hartwell)❶,主要支持者为其弟子韩明士(Robert Hymes)。韩氏的代表作《政治家与绅士:两宋江西抚州的精英》❸,首陈他自己的研究是对郝若贝关于中国帝制中后期社会转轨理论的一个实证与深化。简单讲,所谓"地方社会"兴起,指两宋之际,社会精英阶层的家族策略从此前的追求全国性政治地位为主要目标,转向巩固其在地方社会的地位,与国家"分道扬镳",开始"地方化"。韩氏认为:"地方性被认为是南宋的新特征。

精英们将他们的关注点从此前的全国权力中心以及追求高官位置，转向了巩固他们的地方基地，一种精英的'地方主义'在社会观念领域也开始显现。"[19]若仅就两宋时期的儒士而言，相比于北宋时期，南宋应举人数大增，入仕门径日窄，他们不得不面对现实，在仍然全力应举的同时，较多地考虑如何在地方上经营，以使家庭的事业有更多的选择，当然在理。不过若从整个帝制时期"会通"地考察起来，这就并非两宋一个历史时期的问题。

在地方上具有垄断性的影响力，对于家族的维持具有重要意义，这是常识，前人也必不肯有昧于此。在所有历史时期，只有极少数人才能入仕为官，多数"精英"则不得不一生困顿于地方。因此"地方主义"这样一种认识只在一个特定的历史时期产生，其他时期则否，不免使人疑惑。所谓两宋间"地方社会"兴起的假设，其前提必然是此前这个"社会"之未兴起，亦即地方完全由国家控制，从南宋时期起随着国家在地方影响力的衰退，精英家族才取而代之。这样的认识恐怕是与我们关于中国传统社会的一些基本认识背道而驰的。

韩著实证研究最重要的结论之一，是认为宋代抚州精英家族的婚姻策略从北宋到南宋有一个显著的变化，从北宋时期倾向于形成面向全国的散发式婚姻网，到南宋转变为倾向于大多在本县范围内缔结婚姻关系。但是由于北宋、南宋之间抚州精英家族婚姻资料存在极大不对称性，韩氏其实无法证实他的实证研究有多大的可靠性，遑论说明抚州的案例具有多少普遍意义。被他列作例证的关于南宋时期抚州精英组织地方武装、参加公共工程、修建寺庙、抵制缴纳赋税等说明他们"控制"地方社会的现象，同样与北宋时期存在严重的记载不对称。韩氏自己也称"我们对北宋时期桥梁建造的情况近乎一无所知"，在水利工程方面，"（北宋）例证相当缺乏"。[20]但这却并未妨碍他通过征引现存南宋的记载，来得出国家权力在这些领域退缩、精英们进而控制这些领域的结论。韩氏之所以如此地勉为其难，是因为舍此无以构建其关于"地方社会"的范式。这个范式的背后，恐怕就是西方社会史的中层空间说。

实际上，如果我们能放宽视野"会通"地去观察，就可以发现，讨论宋代"地方社会"，关键不在于它是否从无到有地"兴起"，而在于其中的主导阶层之更替。这个两宋间"地方社会"兴起的论说，大约就是本文所谓过于社会科学化的"技术性"研究之典型案例。

坦率讲，笔者对于一些奢谈宋代历史特点的文字常常心存疑惑，因为这些"特点"经常无视宋代与前代文献记载的不对称性，既不顾头，也不顾尾，孤立地谈论宋代历史。尤其在宋代经济史与社会史的领域，如果我们能充分意识到历史信息的零碎性与片面性，审慎体会，对许多论题的认识或许能够更接近历史真实。

另一方面，虽然宋代史研究领域未见有重大新史料发现而略显沉闷，却也并非全无拓展的余地。论者常谓宋代史领域前不如秦汉隋唐，有简牍、文书发现的推动，后不如明清之文献众多，给了每一个研究者以充分发挥的空间，不过在搜寻史料方面，宋代史研究者或许还可以关注如何向前后不同断代史研究者学习。秦汉隋唐史由于史料远较两宋以下为稀少，因此其研究者对史料解读之"敲骨吸髓"，以及对各类"边角"文献之重视，似有过于宋代史研究之处。笔者浅见，如对诗文、制诰、碑铭等文献的搜寻与利用，宋代史研究者是有所不及的。而相比于明清史研究，在重视地方文献与田野调查等方面，宋代史研究者看来也瞠乎其后。三十年前，梁庚尧研究南宋农村经济，大量阅读明代地志，搜寻其所辑录的宋代记载，收获颇丰，[㉑]给了学界一个极有意义的示范，可惜近年来却少有人愿意循此路径，以花苦工夫来换取学识的进步（包括笔者本人在内）。

至于近年来时风所致，以因袭旧说为"研究"，以二手文献为主要依据，广抄博引，无暇顾及原始历史文献，高产"论著"的现象，自不在本文议题之内，可忽而不论。

回到本次笔谈所设定的议题，在宋史研究领域，讨论视野、论题与方法，只是手段而已，追求史事真相，理解历史，才是学术研究永恒的目标。凡属有助于这一终极目标者皆可谓"新"，反此则不妨目之为未预流者。

（原载《历史研究》2009年第6期，第18—24页）

---

❶ 参见王国维《宋代之金石家》，第201页，载傅杰编校《王国维论学集》，中国社会科学出版社1997年版；严复《严几道与熊纯如书札节钞》，第12页，第39通信札，载《学衡》第13期（1923年1月）；陈寅恪《邓广铭宋史职官志考证序》，第245页，载氏著《金明馆丛稿二编》，上海古籍出版社1980年版，第245—246页。

❷ 陈寅恪：《论韩愈》，第296页，载氏著《金明馆丛稿初编》，上海古籍出版社1980年版，第285—297页。

❸ 参见邓小南《宋代历史再认识》，载《河北学刊》2006年第5期。

❹ 参见王曾瑜《宋史研究的回顾与展望》，载《历史研究》1997年第4期，后收入氏著《丝毫编》，河北大学出版社2009年版，第578—602页；黄宽重《宋史研究的过去与未来》，载《学术史与方法学的省思》，后收入氏著《史事、文献与人物——宋史研究论文集》，东大图书公司2003年版，第221—247页；邓小南《近年来宋史研究的新进展》，载《中国史研究动态》2004年第9期，第18—24页；李华瑞《建国以来的宋史研究》，载氏著《宋夏史研究》，天津古籍出版社2006年版，第1—28页；朱瑞熙、程郁《宋史研究》，福建人民出版社2006年版。

❺ 邓小南：《祖宗之法：北宋前期政治述略》，生活·读书·新知三联书店2006年版。

❻ 黄宽重：《南宋地方武力：地方军与民间自卫武力的探讨》，东大图书公司2002年版。

❼ 参见傅乐成《唐型文化与宋型文化》，载《编译馆刊》第1卷第4期（1972年12月），第1—22页；James T.C. Liu, *China Turning Inward: Intellectual-Political Changes in the Early Twelfth Century*, Harvard University Press, 1974, 赵冬梅中译本《中国转向内在——两宋之际的文化转向》，江苏人民出版社2002年版。

❽ 参见黄能馥、陈娟娟《中国服饰史》，中国旅游出版社1995年版，第196页；黄士龙《中国服饰史略》，上海文化出版社1994年版，第131页；高春明《中国服饰》，上海外语教育出版社2002年版，第52页。

❾ 朱瑞熙：《朱熹的服饰观》，载朱杰人主编《纪念朱熹诞辰870周年逝世800周年文集——迈入21世纪的朱子学》，华东师范大学出版社2001年版，第386—402页，后收入《朱瑞熙文集》，上海古籍出版社2020年版，第6册，第263—271页。

❿ 王雪莉：《宋代服饰制度研究》，杭州出版社2007年版。

⓫ [宋] 沈括撰，胡道静校注：《新校正梦溪笔谈》卷一《故事》，中华书局1957年版，第23页。

⓬ [后晋] 刘昫等：《旧唐书》卷四五《舆服志》，中华书局1975年版，第1958页。

⓭ 参见拙著《宋代地方财政史研究》，中国人民大学出版社2011年版，第320—323页。

⓮ 参见邓小南《走向"活"的制度史——以宋代官僚政治制度史研究为例的点滴思考》，载《浙江学刊》2003年第3期，第99—103页。

⓯ 黄宽重：《宋史研究的过去与未来》，第240页。

⓰ 参见拙文《精英们"地方化"了吗？——试论韩明士〈政治家绅士〉与"地方史"研究方法》，载荣新江主编《唐研究》第十一卷，北京大学出版社2005年版，第653—672页。

⓱ Robert Hartwell, "Demographic, Political, and Social Transformations of China, 750-1550", *Harvard Journal of Asiatic Studies,* Vol.42, N0.2(1982), pp.354-442.

⓲ Robert Hymes, *Statesmen and Gentlemen: The Elite of Fu-Chou Chiang-Hsi, in Northern and Southern Sung,* Cambridge University Press, 1987.

⓳ 韩明士前引书，第210—211页。

⓴ 韩明士前引书，第175页。

㉑ 参见梁庚尧《南宋的农村经济》，联经出版事业公司1984年版。

十四 ‖ 努力构建以本土经验为基础的史学理论体系——从宋代"货币地租"问题的争论谈起

二十年前，我在邓广铭先生指导下，撰写了《论宋代的折钱租与钱租的性质》一文，刊登在《历史研究》1988年第1期（下文简作《性质》）。四年后，高聪明、何玉兴两位先生刊布《论宋代的货币地租——与包伟民商榷》一文（下文简作《商榷》），❶批评我的论点。《商榷》发表后，我因学术兴趣转移，以及对货币地租问题理论认识的改变，一直未予回应。值此纪念邓师百年诞辰之际，回想当年趋庭鲤对，师训今犹在耳，因此旧事重提，对《商榷》一文稍作回应，并借以略述自己对如何构建以本土经验为基础的史学理论体系的点滴浅见。

"货币地租"还是"钱租"或"折钱租"

从宋代起，文献中出现了较多以钱币纳租的记载。以往研究，多将其称为"货币地租"。具有代表性的是漆侠先生的论著，他在其《宋代货币地租及其发展》一文中说：钱币纳租在宋代已经不是一种偶发的经济现象，而是作为一种经济关系，在社会生产中"长期地延续和发展起来了"，宋代已经"在全国范围内逐步地开展了产品地租到货币地租的转化"❷。

当年我撰《性质》一文，采用了与漆侠先生相同的理论分析工具，但认为被漆侠先生等学者引为论据的那些文献记载，其所反映的史实比较复杂，应该深入分析。文章将它们大致分成两种情形，一种是佃户直接以钱币交纳地租，另一是租佃契约的规定本为实物地租，佃户实际交租时折纳钱币。不过这两类记载内中又有许多差别。比如前者，有实际已民田化的官田所交纳二税之税钱，及佃农入纳官田租时带纳的杂钱等被误认为是以钱币纳租，以及桑田芦荡海涂地基之类官私田产，多有以钱纳租的情形。官田税钱与杂钱等当然不应归入地租的范畴；桑田芦荡海涂地基之类官私田产地租之交纳钱币，大多是由其产品的特殊性规定的。后者的情形同样十分复杂，不过较多记载涉及的是官田地租，根据官府财政调拨需要，令佃户折纳钱币，因此与税赋之由实物折变钱币的性质相同。《性质》一文所采用的分析工具虽与漆侠先生等学者相同，由于对这些文献的分梳略细，以及对时代背景、后续发展等多方面分析的差异，认为上述这些以钱币纳租的现象，大约还不能视作马克思所说"封建地租"的"最后形式"和"解体形式"，❸因此按最接近当时人们所用原词的形式，将前者称为钱租，而将后者称为折钱租。

《商榷》一文从三个方面批评了我的论点，认为不管存在哪些客观情形，宋代文献所载以钱币纳租是一个无可辩驳的历史事实，"地租的形态已经发生了变化，已经由实物转变成其价格形式的货币了"。因此，"钱租已是固定的、典型的货币地租，折钱租则是正在转化中的不稳定的货币地租"（第97页）。文章论说雄辩，读来使人受益，它的结论似乎也是那么地无可辩驳。但论辩诘难既为学术进步的不二法门，我也不应自外于高明，而欲略陈鄙见，向《商榷》作者讨教。

"钱"当然就是"货币"，这是常识；因此"钱租"也不妨叫作"货币地租"。这样，两文的争论岂不成了无谓的咬文嚼字？

事实当然并非如此。钱与货币这两个词虽在某一层面上属于同义词，它们在词源、词性、应用等许多方面仍存在显著的差别。

北宋人梁周翰（929—1009）说："古者货、币、钱三者兼用，若钱少于货、币，即铸大钱，或当百，或当五十，盖欲广其钱而足用尔。"❹所以货、币与钱本来各有所指。从词源看，"货"为金银珠玉布帛的总称。《尚书·洪范》："八政：一曰食，二曰货。"孔颖达"疏"："货者，金玉布帛之总名。"❺而"币"可以等同于我们现今所说的"一般等价物"。南宋戴侗对它曾有这样的解释："古之为市也，以其所有易其所无而已。为其物之不能适相直，价之万殊而难齐也，故以布帛为币，而币之用兴。"❻这就是原始的实物货币，古代以币的材质不同，有所谓上币、中币、下币之别。《管子·国蓄第七十三》："先王为其途之远，其至之难，故托用于其重，以珠玉为上币，以黄金为中币，以刀布为下币。"❼"货币"一词因此源起，盖以货为币也。史载："初，王莽乱后，货币杂用布帛金粟……"❽又称王莽称制时"货币岁改"❾。这里的"货币"，都不是"货"与"币"两个词，而是一个整体名词，即可用来"以其所有易其所无"的"一般等价物"。而"钱"则是"币"的一种，即前文所说"以刀布为下币"之下币。《国语·周语下》："景王二十一年，将铸大钱。"韦昭（204—273）注曰："钱者，金币之名，所以贸买物，通财用者也。古曰泉，后转曰钱。"❿又颜师古（581—645）说："凡言币者，皆所以通货物、易有无也，故金之与钱，皆名为币也。"⓫因此又称"钱币"，实际上就是铸币。在货币史上，铸币是继实物货币之后才出现的、相对成熟的一种货币形式。先秦时期各国铸币形制不一，以刀、布（镈）等为常见，所以说"以刀布为下币"。周王室则用内方外圆的圜钱，所谓"太公为周立九府圜法，黄金方寸，而重一斤；钱圜函方，轻重以铢"⓬。铸币源起之初，都是秤量货币。秦统一后，逐渐通用圜钱。因此"钱"或

"钱币"是秦汉以后人们实际应用的词,而"货币"则是一种书面语、一种统称,实际生活中人们很少会用它。如某人赴市购物,取了货物后要"付钱",而不会说"付货币"。

检索宋代文献,关于以钱币纳租的情形就是如此,有称"租钱""用钱货折租""围田租钱""折租钱"❸,或者按当时特殊的货币形式"交子""会子"等名来称呼它,从未见有称"货币租"或"折纳货币"的。当初我撰写《性质》一文时,并没有考虑太多,只是觉得这些地租既然与马克思所说的形态尚有距离,那么最妥当的办法就是按其原来面貌来称呼它,而不必强加给它一个生造的名称:"货币地租"。

漆侠先生与《商榷》一文的作者之所以坚持称其为"货币地租",当然也并非只是想要赋予它以更为书面、更为现代的名称,而是因为要通过它来表明自己的一种对宋代社会经济形态的认识。

众所周知,马克思关于历史上地租形态变迁的论述,出自对欧洲历史经验的归纳。马克思指出,在欧洲历史上,最初占主导地位的地租形态是劳役地租,接着是实物地租,最后,大致到14—15世纪,另一种地租形态取代实物地租占据地租形态的主导地位,中文译者将它译作"货币地租"。再过两三百年,欧洲的中世纪也就走到了尽头。因此他称货币地租为封建地租的"最后形式"和"解体形式"。❹从劳役地租发展到实物地租,再从实物地租进化到货币地租,这样的归纳当然是相当图解式的,历史上欧洲地租形态的演变实际远比这个图解为复杂。❺可是,主要通过马克思《资本论》的归纳,对欧洲地租形态这样一个图解式的理解,以及"货币地租"这个命题在我国学界却是影响深远。漆侠先生作为一个马克思主义史学家,他之所以重视宋代货币地租的研究,以及他对货币地租作为一种重要经济形态历史地位的认定,就来自他对马克思上述理论的理解。正如他在《宋代货币地租及其发展》一文中所说的,货币地租"更加突出地显示了宋代经济制度的变化"❶。因为根据马克思所说,由产品地租到货币地租的转化,"整个生产方式的性质就或多或少地发生了变化"❶。漆侠先生通过对相关历史文献的分析,得出结论:宋代已经"在全国范围内逐步地开展了产品地租到货币地租的转化"。因此他进一步推测,如果不是以民族斗争造成宋亡元兴,而是以农民阶级斗争来改朝换代,"适应社会生产力发展性质的货币地租必将进一步扩大,中国封建经济制度必然会发生急遽的变化,这是确定不移的"❶。《商榷》一文的作者之所以批评我的"钱租""折钱租"说,而坚持"货币地租"的命名,个中用意当然也在于此。

可是,麻烦在于且不说当年马克思在讨论历史上地租形态演变过程时,对中国相关的历史经验全然不了解,因此对中国古代经济史这个研究对象来说,劳役地租—实物地租—货币地租这样递进式的发展路径完全是一个外铄的经验模式,难以据此作为研究的出发点;更何况"货币地租"在中国历史上的发展也远未能符合马克思的论断,未能体现出它作为"封建地租"的"最后形式"和"解体形式"之功能,从实物地租到"货币地租"的形态转化直至近千年以后仍未完成。漆侠先生当然是考虑到了这个难题,因此他将问题的症结推给了宋亡元兴过程中的"民族斗争"。可惜学界关于这一时期历史的研究并不能支持他的论断。❶

在中国史学的学术史上,以外来学术命题为出发点展开讨论、最终却陷入两难困境的情形,宋代"货币地租"绝非最为典型的案例。这是因为外来的学术命题无不主要反映其原初之所据以归纳的民族历史的经验,带有一定的理论预设,不一定适合中国的实情,可能会误导我们对中国历史的认识。且不论一些重要的理论命题,如对社会发展形态的命名,像"封建",以及一些学科设定,如"哲学"之类,即如我们已经完全习以为常、不假思索地应用的基础性概念，也常有类似的陷阱。如据研究，"农民"一词是20世纪现代化进程中发明的一个概念，带有现代化论的胎记，充满贬义，不能准确地概括中国古代农村基层民众的地位与生活实际，却是我们目前研究中国古代社会时最常用的概念之一。[20]

近年来当学界认真思索如何深化对中国历史的认识之时，越来越多的学者意识到摆脱对西方经验的依赖，建立适合中国实际的理论体系的重要性。而这一工作的第一步，就是要避免用非本土的、现代的用语，尽可能地采用中国文献中常用的固定词汇，来作为分析的基础性概念。有学者将其提高到了"从实践出发"来构建中国研究的理论体系这样的高度。[21]从原则上讲，这其实是十分契合经典理论的精神的。

当然，中国近代的社会科学是20世纪初在西方学术影响下形成的，从体系架构、中心命题到基础概念各方面都渗透着西方的影响，完全另起炉灶，重新开始，既不可能，也不必要。历史经验的不同是绝对的，这就注定了不能用非本土的演进模式来解释本土经验；概念的借用并非不可能，不过这需要经过一个抽象与重新定义的过程。[22]

因此，如果说二十年前我在撰写《性质》一文时提议舍"货币地租"而用"钱租""折钱租"的概念，来指称宋代文献所载以钱币纳租的历史现象，还仅仅是出于一种直觉，二十年后，出于上述的理由，我更坚持这一看法。

意见与回应

作为一篇回应文章，我也得对《商榷》一文对我的批评作一些具体的说明。出于讨论的需要，有时仍得回到两文交锋所用的原理论"场景"中去说理。

《商榷》对我提出了三点批评：(1)对货币地租性质的认识"不够明确"，"在他看来，货币地租与封建性是相排斥的，也就是说货币地租是非封建性的"（第96页）。(2)"否认宋代货币地租的产生是宋代商品货币经济发展的结果，而把这一经济现象简单地归因于政府的财政需要或者个别地主的特殊需要"（第97页）。(3)根据直至近代中国货币地租仍未实质性取代实物地租的现象，来否定宋代货币地租的存在，是不正确的。"在他看来，'瓦解封建制度'应当是货币地租本质规定性的一个部分，地租即使已经取得了货币形态，但是如果它没有立即使封建制度瓦解，那么它仍然不成其为货币地租。"（第100页）

这三点批评在学术论辩的逻辑层面存在一些毛病，且待下文分解，这里先就理论层面说事。

诚如《商榷》之所指出的，"货币地租属于封建生产关系的范畴，那么它带有封建性的特征也是理所当然的"，我们不应该将其等同于"资本主义地租"。但是，如《商榷》也必然认同的，在马克思的理论架构中，劳役地租、实物地租与货币地租，它们的"封建性"并非全然一致，而应有程度递减的差异。否则，"货币地租"何以充当它的"解体"与"最后"的角色呢？《商榷》将"封建性"存在与否作为立论基础，只要看到有以钱币交租的现象，就一概纳入"货币地租"的范畴，完全忽略现象背后所可能蕴含的不同经济关系，如粮田、山地屋基、芦场、草荡、滩地、涂地、茭荇地、草茨地，还有最大量存在的官田；按契约规定直接纳钱租，芦柴菱草水产等不得不变卖后纳钱，以及官田租按官府财政指令强行高价折钱等，那可真如他们自己所批评的："仅仅是看到了问题的表面，而没有看到问题的实质。"

如前文所说，劳役地租、实物地租与货币地租这样三个递进式的地租形态发展模式，其实是十分图解化的。在欧洲历史中，三种形态一直交错存在，不同民族、不同地区间的差异也相当大。马克思主要是根据英国的历史经验，从某一地租形态占主导地位的层面出发，来讨论它们的演进关系。因此，在欧洲封建的早期，即便存在少量的货币地租，也难以充当"解体"与"最后"的角色。只有在14—15世纪以后，货币地租取代实物地租而占主导地位，才被马克思赋予特定的"角色使命"。因为只有到了这一时期，农民的生产才逐渐与市场紧密相结合，因而展示了经济形态转轨的可能性。相应地，在中国古代，由于农田或产品的特性，无法直接以产品纳租，而必须交纳钱币的情形，必然早在宋代以前已经存在。同样，文献记载中最大量存在的宋代官田地租由于财政指令高价折纳钱币，由于农民是被迫与市场"相结合"的，超经济强制在这里起了决定性的作用，自然无法充当"解体"与"最后"的角色。如果说看到了这里的农户是以钱币（"货币"）纳租，而这些地租也都具有"封建性"，因此它们当然就是"货币地租"。这样的命名虽无不可，但这个"货币地租"其实与漆侠先生以及《商榷》作者原初想要论证的作为一种经济形态的"货币地租"并非一回事。那么，《商榷》的讨论又有什么意义呢？

《商榷》谈得比较多的是货币地租现象"反映着宋代商品经济发展的事实"，而认为我忽视了这一事实。

坦率地说，对于宋代商品经济发展水平的估计，我的确不如有些学者那么乐观，但从未否认过宋代的商品经济较之前代明显进步的史实。只是，就像前文所指出的一样，历史现象是十分复杂的，并非只要看到农户最终纳租这一环节用的是钱币，就一定"反映"了商品经济的发展。

我在《性质》一文中说得很清楚，由于文献所记载的宋代以钱币纳租的现象比较复杂，因此它们是否，或者在多大程度上反映了社会商品经济的发展,是需要甄别的。"实物折钱租的发展,可以是社会商品货币经济发达到一定程度的反映"(第148—149页)。但据《性质》的分析,宋代文献中现存实物折钱租的记载,为数不多的民田租之折钱,主要是遥佃户田租的折钱,虽然不能归入"货币地租"的范畴,确实反映了宋代社会商品货币经济一定程度的发展。而绝大部分记载属于专制政府官田田租。这些田租之折纳钱币,和被折纳为其他实物一样(类似于赋税制度中的折变),是由于当时专制政府财政的需要,并非宋代社会商品货币经济自然发展的结果。超经济制约对这些地租形态的变化起了决定性的作用,这恰是传统经济形态所特有的现象。在关于钱租的记载中,《性质》首先剔除了此前被学者们误认为属于"货币地租"的一些虚假例证,如实际已民田化官田之所交纳二税中的税钱,以及官田佃农纳田租时带纳的杂钱,等等,指出只有"宋代租佃桑田芦荡海涂地基之类官私田产,多纳钱币"。其中,"桑麻之地较普遍交纳钱租,说明宋代农民的布帛生产,较之唐代,与市场有了进一步的联系"。其他的地产,如屋舍地基之纳钱,以及出产芦茭菱藕鱼蛤菜蔬等产品的芦荡海涂等地产,其产品不得不随时出售,年终才能交钱纳租。由于其特殊性的规定,历来如此,也不具有新经济形态的意义。因此我引用了马克思的一段论述:"在这里,正是商业使产品发展为商品,而不是已经生产出来的商品以自己的运动形成商业。"❷

《商榷》批评较多的是我对官田地租因财政指令而折纳钱币现象的解释。《商榷》认为,政府的财政需要本身就是由客观经济条件所决定的,"宋代国家财政货币化是与当时社会商品经济的发展相一致的"(第100页),因此不管它背后存在多少复杂的经济关系,都表明了商品经济的发展。实际上,我与《商榷》一文作者的意见分歧,正在于承不承认专制政府的超经济制约可以在一定程度上超离社会经济的发展水平，有那么一些"主观能动性"，有些财政措施并不一定直接"与当时社会商品经济的发展相一致"。否则，它何以被称为"超经济制约"呢？

《商榷》的作者们大概忘了，宋代文献中又有多少记载，反映着政府的这种高价折纳政策迫使农户不得不低价出售自己有限的剩余产品，有时甚至是生活必需品，来换取交纳官府所必需的钱币，从而招致许多批评。如张方平（1007—1091）所论："穷乡荒野下户细民，冬至节腊荷薪刍入城市，往来数十里，得五七十钱，买葱茹盐醯，老稚以为甘美，平日何尝识一钱！……"为了应付官府折变纳钱的规定，"天下之民皇皇无所措手足，谓之钱荒"[24]。这实在难以让人相信，它"是与当时社会商品经济的发展相一致的"。

正因为此，中国历史上财政货币化的措施时有反复。到明初，国家财政运作很大程度满足于各财政单位间的实物调拨，[25]当然也并不意味着明初社会商品经济的发展水平落后于两宋时期。同理，我在《性质》一文中还提到了当时不少包佃官田的豪户地主与胥吏共通作弊亏损官府，将实物租低价折纳钱币的事例，[26]有些经官府查办后重新改为按原契实物纳租。在《商榷》作者看来，这是否又"反映"了当地商品经济发展水平的下降呢？

马克思早就指出："在历史科学中，专靠一些公式是办不了什么事的。"[27]像《商榷》那样认为任何以货币纳租现象都必然反映了商品经济的发展的看法，我们可以称其为"机械的反映论"，或者如恩格斯所戏称的"过分看重经济方面"的"新的'马克思主义者'"[28]。当然，这并不符合他们所坚持的经典理论的原理。

批评的逻辑

充分的学术批评、论辩、相互诘难，是推动学术进步的重要手段。目前史学界在这一方面做得还很不够。不过我们如果希望学术批评能够健康地展开，除了唯求学术进步的立场本位外，还应在"技术层面"注意批评的方法。这里主要指的是批评须符合逻辑。

首先，讨论的概念须前后且与对批评对象所说的内容一致。略举一例。

《商榷》在其后半部分讨论了马克思所说货币地租特性的含义，指出：依据马克思所据以归纳的西欧历史经济，货币地租发展的直接后果就是"庄园制度的瓦解"，使封建依附关系"进一步松弛"，使直接生产者的分化"成为可能"，同时为资本主义农业的产生准备条件。正是在这一意义上，马克思称货币地租为"封建地租"的"最后形态"与"解体形态"。这一理解很是正确，我在《性质》一文所应用的"货币地租"的概念，前后一致，也正是在这一层面上。正因为此，我以为例如在官府超经济强制下迫令农户将田租高价折纳的钱币，既不可能使封建依附关系"进一步松弛"，也不太会促使直接生产者的"分化"，恐难称为"封建地租"的"最后形态"与"解体形态"，因此不妨称之为折钱租，不必只因看到了它的纳钱这一表面现象，而称之为"货币地租"。有意思的是：《商榷》的作者虽对马克思关于货币地租的概念有上述正确理解，在讨论中却常忽略以上的规定性，只要看到了钱币，就将它们认作"货币地租"，因此他们所用"货币地租"的概念，前后并不一致，因此也常与《性质》一文的概念有差别。

其次，推理过程须符合逻辑。这本是常识，但人在争强心切之时，有意无意地背离逻辑，时常有之。《商榷》这方面的失误不少。

例如，《商榷》批评我："在他看来，货币地租与封建性是相排斥的，也就是说货币地租是非封建性的。"这个判断是这样推理出来的：首先，他们引用了我的两句话：（关于官田地租之折钱）"超经济制约对这些地租形态的变化起了决定性的作用，这恰是封建经济形态所特有的现象"；"文献中所见为数不多的民田租之折钱，主要是遥佃户田租的折钱，虽然不能归入货币地租的范畴，但确实反映了宋代社会商品货币经济一定程度的发展。这种实物折钱租，明显地带有中国古代封建地主土地所有制经济结构的特征"（《性质》第154页）。然后推论说："根据这一认识，宋代这部分官私土地上的地租尽管已经由实物形态转变为货币形态了，但是因为带有封建性特征，所以仍然不能称为货币地租。显然，在他看来，货币地租与封建性是相排斥的，也就是说货币地租是非封建性的。"（《商榷》第96页）

这个推理需要分两个层面来分辨。一是关于遥佃户田租的实物折钱租，我明确承认它"确实反映了宋代社会商品货币经济一定程度的发展"。之所以指出它"明显地带有中国古代封建地主土地所有制经济结构的特征"，指的是遥佃户离乡入城，与西欧历史上的庄园制度大相径庭。而称它"不能归入货币地租的范畴"，除了对整体经济形态的认识外，指的是它仍处于转化的过程之中，还不应被归入后一经济类型。二是关于官田地租因官府指令而高价折钱现象，我明确指出的是"超经济制约对这些地租形态的变化起了决定性的作用"。总之以上两种情况都属特指，不知为什么《商榷》却移易概念，将它们改成了"封建性特征"这样的普遍性指称。于是这里的推论关系就变成了：

1. 货币地租不能因超经济制约而产生。

2. 超经济制约是封建性特征。

3. 货币地租不能因封建性特征而产生("货币地租与封建性是相排斥的,也就是说货币地租是非封建性的")。

明眼人可以看出:这个20世纪的"白马非马"论其实与我并无关系。

最后,不能误解甚至曲解论辩对方的原意。这个理由当然无须解释。

当初我由于十分重视马克思关于地租形态发展三个阶段的论述,着重观察钱币纳租现象在元明清时期的发展趋势,认为如果宋代这些钱租或折钱租果真能被归入马克思所说的作为"封建地租"的"最后形式"和"解体形式",那么经过数百年,乃至近千年的发展,到民国时期仍未能取代实物地租而占主导地位,令人难以理解。因此在文章的最后部分指出:"直至鸦片战争以前,资本主义农业都没有在中国大地上发生,实物地租一直占据统治地位。有人喜欢强调元、清两代少数民族统治对我国社会生产力的破坏,其实就我们主要讨论的江南地区而言,元、清初年战火所造成的影响并不大,生产力还在继续发展,社会经济关系更没有发生逆转性的变化。据国民党政府中央农业实验厅对22个省879个县的调查报告,直至1934年,产品地租在各种地租总合中的比重仍占78.8%。这些都可以反证,千百年之前的宋代社会,其封建经济的发展水平,是不可能产生作为一种社会经济关系的货币地租的。"(第161页)[29]

《商榷》在摘引了上面这一段话后,接下去推论说:"在他看来,'瓦解封建制度'应当是货币地租本质规定性的一个部分,地租即使已经取得了货币形态,但是如果它没有立即使封建制度瓦解,那么它仍然不成其为货币地租。"(第100页)

看了这样的推论,我真是吃惊,生怕自己当年笔下疏忽而出错，连忙将《性质》及相关文献仔细读了好几遍，结果除了在漆侠先生《宋代货币地租及其发展》一文中找到前文业已摘引的关于中国封建经济制度可能因货币地租扩大而"发生急遽的变化"这样的假设外，在《性质》中怎么也找不到"立即使封建制度瓦解"这样的字眼，即便是意思相近的表述也没有。

先向论辩对方赠送一顶他本来并不存在的帽子，然后再对这顶帽子刀诛笔伐，这样的手法在20世纪共和国政治史的某一时期曾风行一时，将其用于今天这样的学术论辩，不知《商榷》一文的作者怎么看，我总觉得有点不合适。

回到文章开头的话题，当年邓先生在指导我写作《性质》一文时，再三强调，学习经典作家的理论，切忌将它作为公式，教条主义地生搬硬套，而应该掌握其最基本原则，按照中国历史的实际，灵活应用。我今天体会他的意思，所谓最基本原则，大概就是"实事求是"四个字而已。

就本文所举宋代"货币地租"问题争论的例子而言，我以为若想要建立以本土经验为基础的、符合中国实际的史学理论体系，第一步应该是"必也正名乎"，重新检讨一些基础性的命题与概念，以避免未经抽象与重新界定的外来命题和概念，以其所蕴含的非本土经验与特定的理论预设，误导、歪曲我们对中国历史的认识。同时，在实际研究过程中，尤其应该重视论题的提出、发展、引申之过程的学术史理念，以及逻辑理念的建设。

应该指出，较多的以钱币纳租现象的出现，的确是宋代经济史中值得关注的一个新现象。漆侠先生独具慧眼，首先关注并讨论这一现象，《宋代货币地租及其发展》一文的贡献在于此。我的《性质》一文在漆侠先生研究的基础上，仔细梳理了文献中关于以钱币纳租的各类记载，指出了其所反映的各种不同的经济关系，使得我们对它们的认识有所深化。至于"钱租""折钱租"这样命题的提出，由于当时在理论上还处于"猜测"的阶段，懵懂未开，并非有什么胜人之处。《商榷》一文，其对宋代"货币地租"发展水平的判断，从漆侠先生所说已经"在全国范围内逐步地开展了产品地租到货币地租的转化"的论断，退回到"在宋代货币地租仍然是少量的"这样相对清醒的认识，也有一定意义。

(原载北京大学中国古代史研究中心编
《邓广铭教授百年诞辰纪念论文集》，
中华书局2008年版，第39—48页)

---

❶ 原载《历史研究》1992年第5期，第95—102页，后收入漆侠主编《宋史研究论丛》第二辑（河北大学出版社1993年版，第261—271页）。
❷ 见氏著《求实集》（天津人民出版社1982年版，第176—193页）。后又以其主要论点构成《宋代经济史》上册第九章第三节《货币地租及其发展》（上海人民出版社1987年版，第364—370页）。
❸ 中共中央马克思恩格斯列宁斯大林著作编译局译：《马克思恩格斯全集》第25卷，人民出版社2001年版，第899页。马克思关于地租形态的阐述，参见《资本论》第47章，《马克思恩格斯全集》第25卷，第881—917页。
❹〔元〕脱脱等：《宋史》卷四三九《梁周翰传》，中华书局1977年版，第37册，第13004页。
❺〔汉〕孔安国传，〔唐〕孔颖达正义：《尚书正义》卷十一《周书·洪范第六》，上海古籍出版社2007年版，第456—457页。
❻〔宋〕戴侗：《六书故》卷四，台湾商务印书馆1982年版，影印文渊阁《四库全书》，第226册，第55页。
❼〔清〕黎翔凤撰，梁运华整理：《管子校注》卷二三《国蓄第七十三》，中华书局2004年版，下册，第1279页。
❽〔南朝宋〕范晔：《后汉书》卷一下《光武帝本纪第一下》，中华书局1965年版，第1册，第67页。
❾《后汉书》卷十三《隗嚣传》，第2册，第517页。

⑩〔春秋〕左丘明著，〔三国吴〕韦昭注：《国语·周语下》，商务印书馆1958年版，第40页。

⑪〔汉〕班固：《汉书》卷二四下《食货志下》"于是乎量资币，权轻重，以救民"一语下之注文（中华书局1962年版，第4册，第1151页）。

⑫《汉书》卷二四下《食货志下》，第4册，第1149页。

⑬ 参见孙应时等《至元琴川志》卷六、郑太和《郑氏规范》、《宋史》卷一七三《食货志上一·农田》、周应合《景定建康志》卷二九《儒学志二·建明道书院》等。

⑭《马克思恩格斯全集》第25卷，第899页。

⑮ 参见M.M.波斯坦主编《剑桥欧洲经济史》(The Cambridge Economic History of Europe)，第一卷《中世纪的农业生活》(The Agrarian Life of The Middle Ages)，第276—278、426—430页，及其他相关部分（经济科学出版社2002年版）。又：乔治·迪比（Geoges Duby）和阿尔芒·瓦隆（Armand Wallon）主编《法国乡村史》(Hisoire de la France rurale)，第一卷《从起源到1340年》(Des origines à 1340)，Seuil出版社1975年，第525—527页；皮埃尔·古贝尔（Pierre Goubert）著《法国人和旧制度》(Les Français et l'Ancien Régime)，第一卷《社会和国家》(La société et l'État)，Armand Colin出版社1984年，第111页；乌塞尔（J.-P.Houssel）主编：《法国农民史》(Histoire des paysans français)，Horvath出版社1976年，第51页；乔治·迪比（Geoges Duby）和阿尔芒·瓦隆（Armand Wallon）主编《法国乡村史》(Hisoire de la France rurale)，第二卷《从1340至1789年》，Seuil出版社1975年，第408页；迪埃·泰里埃（Didier Terrier）《旧制度时期法国经济史》(Histoire économique de la France d'Ancien Régime)，Hachette出版社1998年，第60页。法语资料由沈坚提供，谨致谢意。

⑯《求实集》，第176页。

⑰《求实集》，第192页。马克思的论述见《马克思恩格斯全集》第25卷，第898页。

⑱《求实集》，第193页。

⑲ 参见韩儒林主编《元朝史》（人民出版社1986年版）、周良霄、顾菊英《元史》（上海人民出版社2002年版）相关部分。

⑳ 参见Myron L.Cohen，"Cultural and Political Inventions in Modern China: The Case of Chinese 'Peasant'"，Daedalus，Vol. 122, No.2（Spring 1993），pp.154-155，156-157。转引自侯旭东《北朝村民的生活世界：朝廷、州县与村里》，商务印书馆2005年版，第24页。

㉑ 参见黄宗智《认识中国——走向从实践出发的社会科学》，载《中国社会科学》2005年第1期，第83—93页。

㉒ 参见包伟民、吴铮强《认识论、史学功能与本土经验——关于历史学方法论的几个问题》，载《浙江社会科学》2007年第2期，第21—24页。

㉓《马克思恩格斯全集》第25卷，第366页。

㉔〔宋〕张方平：《乐全集》卷二五《论免役钱札子》，台湾商务印书馆1982年版，影印文渊阁《四库全书》，第1104册，第262页。

㉕ 参见黄仁宇《十六世纪明代中国之财政与税收》（生活·读书·新知三联书店2001年版）相关部分。

㉖〔宋〕陈淳：《北溪先生大全集》卷四六《上傅寺丞论学粮》，台湾商务印书馆1982年版，影印文渊阁《四库全书》，第1168册，第864—871页。
㉗《马克思恩格斯全集》第4卷，第166页。
㉘《马克思恩格斯全集》第37卷，第462—463页。
㉙国民政府调查资料参见1934年《中国经济年鉴》上册第七章，第69页，转引自何东等《中国新民主主义革命时期的农民土地问题》，中国人民大学出版社1983年版，第17页。

十五 ‖ 历史观察的思维特征
　　　——从宋代城市史说起

问题的提出

今人对宋代历史的观感，大概是国史研究中意见分歧最大的一个领域了。2017年第2期《三联生活周刊》刊出一个专栏，在封首上直接亮出主题："我们为什么爱宋朝"。主持人开宗明义地宣称："宋朝并重理想与现实，兼备大俗与大雅，是最适合生活的朝代。"专栏八篇专文中第一篇就是《追寻宋朝："士"的黄金时代》。可是，曾几何时，国人对宋代倾向性的看法，却是一边倒的否定性的，最为常见的就是指责它"积贫积弱"。即便到了宣称宋代"是最适合生活的朝代"的今天，在"宋粉"们的内心，恐怕还是有一丝不便言说的困惑：如何去面对赵宋王朝在与外族角逐时国力不强的史实呢？

人们对于历史的看法，常常受其所生活的时代的影响，所以才有英国史学家E. H. 卡尔的那句名言："史学是史家与过去永无休止的对话。"如果稍加深入，关于赵宋王朝，史家与过去的这场对话，涉及颇多要素。要言之，横向观察，可以分为通俗与学术两个层面；纵向看来，既反映时代演进对时人思想的影响，更有学术研究不断深入的推动，因此是一个颇有意思的议题，值得讨论。下文略举关于唐宋城市史研究的例证，稍加分析，最后并就这一案例所反映的、关于历史观察的思维特征问题，略述己见。

学术史的启迪

唐宋城市史是一个相当成熟的研究领域。1931年，日本学者加藤繁发表《宋代都市的发展》一文，指出从唐代到宋代都市发展中的"重要现象"，是传统坊制与市制崩溃，可以说提出了此后这一研究领域的最重要命题。近一个世纪来，论著众多，成果显著。那么，学者们为什么对唐宋间城市发展的历史比其他议题更感兴趣呢？

如果说以加藤繁等学者为代表的唐宋城市史研究的发轫，可归之于中日近代史学形成的初始推动，到20世纪50年代以后，当时西方世界对东方文明的认识转变，无疑更是一个不可忽视的推进因素。1959年，法国学者谢和耐（Jacques Gernet）出版他的代表作《蒙元入侵前夜的中国日常生活》。谢和耐在"前言"中说明他写作的目的："人们惯常妄下结论，以为中华文明是静止不动的，或者至少会强调它一成不变的方面。这实不过是一种错觉而已。"❶研究宋代"城市中心和商业活动的突出发展"，正是他力图纠正西方世界对中华文明"错觉"的一种手段。

"错觉"其来有自，源于西方殖民主义时代所形成的对于以中华文明为主体的东方世界的片面、傲慢的认识。这种认识以为中华文明自周代以来数千年间长期停滞不前，只是等到西方殖民主义者东来，才从外部给了它以冲击，推动着它从传统走向近代。二战以后，西方学术界出于对自身文明发展过程的反思，促使他们同时反思自己关于东方文明的看法，才开始逐步认识到近代以前的中国历史不断发展的事实。这一认识的转变反过来波及东方世界本身,并与东方的民族自觉思潮相结合,才逐步摒弃关于中华文明"静止不动"的错误观点,推动了对中国传统历史的研究。其中标志性的论著,是美国芝加哥大学柯睿格(E. A. Kracke Jr.)教授于1955年发表的《宋代社会：传统内变迁》一文,❷标志着西方史学界首次承认在前近代时期,中国历史虽然长期处于"传统"时期,但的确存在着某种"变迁"。被柯睿格用以说明这种"变迁"的代表性历史阶段,就是宋代,而城市史则是他所举的众多例证中最凸显的部分之一。谢和耐的《蒙元入侵前夜的中国日常生活》等著作,正是这种学术思想转变的产物。

慢慢地,随着关于唐宋之间的历史演进史实的不断被确认,一种与旧说反其道而行之的、新的思想趋势遂逐步形成,那就是许多研究者开始承认,并习惯于从"发展"的取向来观察那个时期的历史,不断强调历史的进步。

如果以为西方学界的这种认识转向,纯粹是因为他们开始认识到了中国传统文明之伟大,为之折服,就会落入未知所以的认识陷阱。相比于各种实证研究成果的影响,更为重要的,也许还在于西方学者总是自觉不自觉地以欧洲历史的发展轨迹为标尺,来衡量中国历史。这就是人们熟悉的所谓"欧洲中心论"的立场。

另一个学术群体的研究工作进一步强化了这种立场,那就是日本东洋史学的演进。20世纪初,随着日本近代史学的发展,学者们努力引进西欧史观。1910年,京都大学讲师内藤湖南发表《概括的唐宋时代观》一文,认为中国历史应该摆脱王朝体系,可以根据"时代的变化",分为上古、中古与近世三期,"唐代是中世的结束,而宋代则是近世的开始"。他的这一论说经过后学的补充与扩展,形成著名的"宋代近世说"。此说后来也被西方史学界广泛采纳,于是形成了目前仍然相当流行的、所谓从中古唐代走向近世宋代的

"唐宋转折"（Tang-Song Transition）说。

因此，无论是宋代近世说，还是唐宋转折说，其背后的思想基础，都是以欧洲历史为标尺，也就是认定中国历史的进程，必然与欧洲一样，从传统的农业社会走入近代的工业社会。1973年，英国学者伊懋可（Mark Elvin）主要利用日本学者的研究成果，撰写出版的《中国的历史之路》一书，就是上述学术思路的一个代表。伊懋可认为宋代经济发生了一场中世纪的经济革命，就当时的技术水平而言，已经达到了资源利用的极限，即所谓"高水准平衡陷阱"，因此宋代以后，中国经济就只有数量的增长，而无质量的进步了。这就是中国未能像西方那样进入近代工业社会的主要原因。在他所描述的宋代经济革命中，"都市革命"正是一个重要的方面。

在世界另一端的中国，近代史学自从形成以来，就深受西方学术思想的影响。同时，为了从传统历史中发掘民族自信的因子，强调"如果没有外国资本主义的影响，中国也将缓慢地发展到资本主义社会"[3]。在经典理论的指导下，尤其重视商品经济对于传统社会的侵蚀破坏作用，也形成了一种以进化论为基调的发展观。关于宋代，典型的如漆侠所论，认为在中国封建时代两个马鞍形的发展轨迹中，"宋代社会生产力的发展几乎达到最高峰"。唐宋之间城市经济发展，当然也就成为最佳的例证。20世纪八九十年代以来，出于摆脱理论教条主义桎梏、跳出断代史框架、学习海外"先进理论"等多方面的原因，唐宋转折说在学界广受关注。这一切，都助长了学者们对于唐宋城市史的单维度的观察取向。总之，大半个世纪以来，中外学界基本上都是遵循加藤范式的思路向前推进，为之增添脚注，少有反思与质疑，既从多方面发掘宋代都市不断发展的史实，更强调唐宋之间的断裂与对比。倾向性的意见，是认为从唐代到宋代，城市发展的基本路径是从封闭的坊市制，走向了开放的街市制。

另一方面，有学者已经指出，当今国人对宋代历史的认识，包括学术界与民众，基本上是近代以来形成的，包含着当代人反观历史的体悟。近代以来，中华民族饱受列强欺侮，"积郁着强烈的民族情感，充溢着建设强国的期冀。在这种状况与心境之下，对于'自立于世界民族之林'的憧憬，往往与对于汉唐盛世的怀恋联系在一起"❹。相比之下，宋朝因为其国力的羸弱，就成为汉唐盛世的对比物，"积贫积弱"的批评，就是在这样的历史背景之下定型的。

不过近年来随着社会历史的演进，国人对于宋代历史的观感又有了新变化。改革开放以来中国社会的迅速发展，使得国人对民族历史的自信心大增，近年来的"国学热"，在某种程度上（绝非全部）正映衬着这种立场的变化。特别是国民经济的快速增长，更促使国人终于对经济繁盛而武功有憾的宋代的看法，从负面走向正面。

有意思的是，尤其是在近年来西方经济衰退的影响之下，其学界对中国历史的观察也有一些新进展，所谓"加州学派"就是其中的一个代表。他们重视应用新古典经济学和新制度经济学的理论与框架，对欧洲中心论和英国现代化道路的普遍性意义提出学术挑战。重新估量中国历史上——尤其是宋代以来经济的发展，自然是其题中应有之义。英国学者安格斯·麦迪森（Angus Maddison）的《中国经济的长期表现》一书对于宋代经济总量给出了极高的估算，最具代表性。海外学界这些论说对于不少国人来说正对胃口，尽管这些估算由于未能给出可靠的历史论据，海内外史学界大多缄默以待，却经由一些不明所以的传媒在学术界之外广泛传播，被不断加工、放大，以至于有人将"宋代GDP的全球占比"夸大到了令人瞠目的程度。

就这样，学术研究、社会变迁与民族感情等多方因素的汇集，才有了"我们为什么爱宋朝"这样的话题。

城市史的例证

那么,宋代是否真的发生过一场包括"都市革命"在内的中世纪"经济革命",从"封闭"走向了"开放"呢?不同学者会有自己不同的理解。如果我们能够摆脱迷信权威的自囿,不断检验旧说,至少在史实层面,则可以肯定,构成加藤范式的一些基础论据,存在着明显的不足。

加藤范式的核心内容在于城市管理制度中的坊制与市制。让我们首先讨论坊制问题。

对城市居民设置管理单位的制度,经过了长期的历史演变。这种管理单位在秦汉时期称为里,到魏晋以后慢慢改称作坊(方)。鲜卑族的北魏政权建都平城(今山西大同)时,为了防范城郭中的汉人,首次在平城全面推行严格的封闭性坊制,"悉令坊内行止,不听毁坊开门,以妨里内通巷"❺,也就是对都市所有居民坊区修筑封闭性的围墙。这一制度为后代所继承。唐代坊制更加严密,坊门开闭以时,一般民户不能破坏坊墙、临街开门。坊门关闭后城郭内实行街禁。这些法令见诸存世文献,也为不少考古发现所证实。考古工作者曾经绘制了唐代长安城考古复原图,宫殿区及110个居民坊区的分布之规整有序,正如白居易《登观音台望城》诗所云:"百千家似围棋局,十二街如种菜畦。"❻如果将其与北宋末年张择端创作的《清明上河图》略一比较,两者所反映的都市生活差异之鲜明,无疑向我们昭示着,城市的跨越性发展,是唐宋之间社会转轨过程中最显眼的现象。

首先应该明确的是,坊作为城郭居民区的基层管理组织,从唐到宋，直至后代，是一直存在的。关键在于它们是否如加藤范式所描述的，普遍筑有规整的围墙，被"封闭"了起来。但无论是根据历史文献，还是考古资料，这种封闭性的坊制，都仅见于都城等极少数大型规划城市。它是否曾在绝大多数州县城市推行，缺乏证据。不少学者都指出，隋唐时期各地州府城郭除去少数规模较大的，它们可能分设有十几个坊区，一般州府大致以十字街为中心设为四个坊，小州郡和县城基本仅一个坊大小，其面积也就是一平方千米左右。在这些规模较小的州县城市，想象其内部再修筑坊墙，显然不可能。尤其是大量州县连外郭城墙都没有，更不可能在它们内部反而筑有坊墙。因此，这些城市由坊墙所体现的"封闭性"也就无从谈起。

加藤氏的论证方法，基本上就是从都城的个案，再推论到全国的普遍性。例如他首先根据《唐会要》卷八六所载贞元四年（788）二月的敕文，提出"坊墙"这一概念，接着征引《唐律疏议》卷八"坊市者，谓京城及诸州县等坊市"的条文，得出关于坊市的规定属天下通制的结论，最后又征引《唐会要》关于坊墙的严格规定，来完善其关于以墙垣分隔的、封闭性的坊市制为唐代京城及诸州县普遍现象的、影响深远的假说。可是他从《唐会要》所引用的关于坊墙的敕文，都是针对京城长安的专条，如果从《唐律疏议》有关条文分析，可知唐律中并没有作为全国通制的、关于州县城市坊市必须修筑墙垣的规定。正如唐律中有着大量的严禁民众侵越城墙的法条，却并未规定天下州县都必须修筑城墙一样，我们自然也不能从那些禁令来推论天下州县都筑有城墙。

迄今为止，考古资料似乎已经证实隋唐时期某些州府城市确曾筑有坊墙，如扬州、建康等城，但笔者对这种"坊墙"仍然心存疑惑。因为考古工作所能发现的，只不过是地下的残缺墙基，考古学者不免根据他们从历史学那儿所获得的背景知识——例如加藤范式，习惯性地将道路两边的墙基都判断成了坊墙的基址，而忽略了其他的可能性——例如某种住宅的围墙或外墙。历史学者再引用这些考古资料来进一步论证隋唐时期城市坊墙的普遍性，历史学与考古学相互间就这样形成了论证的"自激振荡"。有学者已经研究证明，只是到了唐代后期，少数北方地区的大城市才出于防御之需，模仿都城，修筑了一些坊墙。也就是说，除了经规划兴建起来的大型城市如都城等外，对于绝大多数的州县城市，我们其实并没有直接证据来证明它们曾经筑有规整的、封闭性的坊墙。前人关于隋唐时期城市设置封闭性坊区的假说，虽然对于局部地区而言有一定的史实依据，但如果将它从局部推广到普遍，并与后代城市形成断裂性的历史对比，则可能失实。

其次是关于封闭性的市场制度。前人所讨论的唐朝政府管理城市市场制度的基本内容，涉及许多方面，其中关于坊市分离、市场官设与官司监管等三个方面最为重要，值得讨论。

所谓坊市分离，指市必须设置于城郭的特定区域，与居民坊区隔离开来，不容相淆。商业活动都被限制在市之内。事实上，与其说坊市分离是一项为了限制商业活动而置的精心的制度设计，倒不如说它是城市历史演变的自然结果更具合理性。从早期作为封君居住地、以宫殿与官寺为主的城堡，到后来慢慢以城墙包裹城外居民区与市场区的城邑，商贾匠作之融汇于城市生活——无论是地域区划还是身份地位，有一个相当长的历史过程。历代针对市户所设置的种种限制性法令，在反映传统的重农抑商政策精神的同时，还是政府向商贾征发赋税的制度基础，具有双重功能。入唐以后，商贾日常生活已经散落到各居民坊区，市变成了单纯的营业区。市户更脱贱入良，列入士农工商四民之中。因此，坊市分离制度作为传统城市演化的一个必要环节，从后人眼光看来，当然有其明显的局限性，但在历史前期，却不能不承认它是适应社会实际需求的。

关于市场官设制度，唐中宗景龙元年（707）十一月敕令"诸非州县之所不得置市"❼，常被论者引用，一般都将它解读为只能在州县城市设市，这当然成为证明唐代专制政府严格控制城市商业的关键论据。在这里，我们必须首先认识到，传统市场有不同的类型与性质。例如唐代长安城的东西两市，其主体应该是服务于大宗商品交易的批发市场，也因此，各居民坊区中向来存在着少量的零售商业。其他大城市的市场当与此类似，在中小州县城市，市的类型定位则可能更多兼具批发与零售。实际上，上述敕令所说的市，当指设有市令司的官市。在州县政府所在地才被允许设置具有全部功能的官市的制度，说明至少在其设计前期，是符合社会商品交易要求的。这些功能，包含从商品零售到大宗批发等不同类型的商品交易，商品质量、交换过程与度量衡等得到有效监管，不动产等特殊商品的市券契约之签订与公验得以方便处理，等等。在此之外，一旦社会商品交换的需求超越了州县官市所能够承担的程度，新的市场就必然会在合适的地点自发地产生，这就是论者已经多所论述的自东晋南朝以来不断发展、位于城郊及农村地区的"草市"。这就是同时在史文中并未见到政府明令禁戢取缔"非法"市场的记载的原因。进一步的研究还证明，这一敕条的本意，应该是为了减官省费，禁止在州县之外设置市官，而非市场本身。

与此同时，在绝大多数州县城市，为了方便官府收税，这些城市市场虽然具有某种"封闭性"，大多数恐怕并无围墙。它们也可能只是一条市街，在两头设有税卡而已。还有不少市是设在城郭之外的。从唐入宋，城市市场制度的演变，商业活动虽然已经不再被限制在官市之中，但这绝非意味着放弃对市场的监管，官府只不过是将监管的区域从特定的市场区块扩大到了整个城郭，并将市门税改成了城门税而已。于是到宋代，所有城市居民就都被泛称为"市民"了。既然整个城郭都成了市场区，官府当然不必再将商贸活动限定在城中的某一区域，但是从唐代延续下来的市场区却并未如加藤氏所说，"已经化为单纯的地名"，实际的商业经营，仍大多集中在原先市的地域，只是有所扩大而已。城市市场制度的这种演进，从其设计本意看，与其说是从封闭走向了开放，不如说是官府为了适应城市商业活动扩大做出了必要的调整，以确保商业税收，以及对商贸活动的监管。制度设计核心原则并未见有明显更革。

关于市场监管，内容比较庞杂。学者大多引《唐六典》卷二〇"太府寺·两京诸市署"条的文字，以为论据。其中不少内容，例如度量衡器的管理，禁止伪滥之物交易，买卖特殊商品需要公验立券等，都是政府为维护社会商业活动正常秩序必须承担的自然职责，历代通行，并不具有特殊的时代意义。稍需关注的，是有关于分行列市，市场定时启闭，推行时估，以及景龙元年（707）敕令提到的禁止"于铺前更造偏铺"条文等。[8]以往的研究，基本都站在认定专制政府必然"限制"城市商业活动的视角来解读，因此与史实有明显出入。例如关于禁造偏铺，以往就被解读为"实际上就是不准店铺扩展营业规模"[9]，实际上它与当时城市禁止"诸坊市街曲，有侵街打墙、接檐造舍"[10]等法令相类似，意在防止居民破坏城市的防御功能，以及侵损公众利益。所以景龙元年敕令下文还有"各听用寻常一样偏厢"等语，也就是在商铺两边、不侵占公共空地来扩展铺面，是被允许的，就被学者们忽略了。这自然是选择性解读一个显例。

综上，仅从坊制与市制两项即可推知，唐宋间城市历史的演进，所涉及具体内容错综复杂，有因袭，有更革，不同层面制度的更替也不是齐头并进的。总体观察，在继承旧制基础之上的缓慢演进是其主流。如果简单地将其归结为从"封闭"走向"开放"，无疑是放大了历史的裂变，忽略了其前后的因袭关系。

结语——历史观察的思维特征

最后，如果我们从唐宋间城市制度演变这一例证出发，来思考宋代历史的定位问题，也许就可以对如何观察历史现象，或曰历史观察的思维特征，提出一些浅见。

首先，应该对任何"理论"或者"范式"都保持高度警惕。历史现象总是具体的与个性的，任何一种从其他个案归纳得出的结论，与研究对象之间都不免存在距离。它们可能对研究者具有某种引导帮助，但都无法直接套用。无论是宋代近世说、唐宋转折说，还是声称为了反思欧洲中心论，进而不切实际地夸大宋代的GDP总量，其要点，都在于试图将中国历史演进的路径比拟于欧洲模式，因此都有脱离史实的危险。

与此相类似，国内学界一味强调传统时期商品经济"革命"性作用的思路，实际上也是外铄理论体系的产物。将唐宋两个前后相继、制度相承的朝代简单对立起来，就是显例。有意思的是，学者们还常常站在后期相对发展的历史的立场上，通过"追溯研讨"[⑪]，来从后向前观察，不仅忽略了唐代城市相比于其前期的历史进步，更在宋代城市市场"开放"印象的衬托下，夸大唐代政府对于城市商业的负面影响，因而影响了其判断史实的能力。敕令解释的偏差、选择性阅读法条，都是显例。唐代政府关于市场监管许多必要的令文，例如在实物经济时代，政府出于行政需要推行的时估制度等，宋元以后也曾长期实施，也被不少学者打上"限制"城市商业的标签，成为专制政府控制商业活动的论据。这些都是学术研究过程中观念先前所带来的不利影响。

其次，观察历史尤其需要避免片面化。历史学的研究对象是以往的人类社会，其复杂困难的程度，绝不亚于科学所研究的自然界。任何试图简单地举一两个例子就对历史社会作出判断的做法，都不免失误。就拿人们习惯以《清明上河图》来讨论宋代城市生活之繁盛而言，尽管画面上百肆杂陈，市声鼎沸场景相当直观，它在多大程度上反映了开封商貌的史实？有多大的普遍意义？作者的创作意图是什么？这些都是需要认真思考的。又如司马光《都门路》诗句所描述的开封城市风沙蔽日的情形："红尘昼夜飞，车马古今迹。独怜道傍柳，惨淡少颜色。"⑫其所反映的开封城市生活的另一个侧面，就少有人关注。其与地方城市的对比，也常常被人选择性地遗忘。例如距开封不远的重要州府城市郑州，时人对它曾有这样的描述："南北更无三座寺，东西只有一条街。四时八节无筵席，半夜三更有界牌。"⑬其与开封的对比就极为突兀。更不要说一些相对不发达地区的城市，如据欧阳修的记载，河东路宁化军（今山西宁武县境内），城里只有34户人家。所以，仅凭《清明上河图》来观察宋朝城市的"生活图景"，由个别来推论一般，显然是片面的和失真的。

最后，历史现象总是错综复杂的，任何为了吸引读者而试图以文学语言来对它作简单描述，突出焦点，不顾其他，都是危险的。例如关于唐宋城市的"封闭"与"开放"的简单对比，就是如此。现代史学面临的一个重大挑战，是读者期望有更离奇的情节、更自由的想象，以及更生动的描写。对于史学来讲，囿于资料，这些都不容易做到。每一个历史学家都应该认真思考如何更好地服务于读者的问题，同时，读者也需要对文学与史学的区别，有清醒的认识。

具体就宋朝历史这个话题而言，是否应该从指责其"积贫积弱"义无反顾地走向"爱宋朝"，称誉其为"黄金时代"，可由读者来作判断。不过正如城市史例证所显示的那样，更全面综合、更多地从历史的前后承续而不是断裂的视角来观察,以期不断地接近真实,无疑是我们认识历史的必由之路。

(原载《光明日报》2017年6月11日第7版,
题作《以历史思维看唐宋城市史》)

---

❶ Jacques Gernet, *La vie quotidienne en Chine, à la veille de l'invasion mongole, 1250–1276*, Hachette, 1959. 刘东根据H. M. Wright 1962年英译本(*Daily Life in China on the Eve of the Mongol Invasion, 1250–1276*, Stanford University Press, 1962)翻译的中文版题作《蒙元入侵前夜的中国日常生活》,江苏人民出版社1995年版,第1页。

❷ Edward A. Kracke Jr., "Sung Society: Change within Tradition", *Far Eastern Quarterly*, Vol.14, NO.4(1955), pp.65–74.

❸ 毛泽东:《中国革命和中国共产党》,《毛泽东选集》第2卷,人民出版社1991年版,第626页。

❹ 邓小南:《宋代历史再认识》,载《河北学刊》2006年第5期。

❺〔北齐〕魏收:《魏书》卷一一四《释老志》,中华书局1974年版,第8册,第3046页。

❻〔唐〕白居易:《白居易集》卷二五《登观音台望城》,中华书局1979年版,第2册,第560页。

❼〔宋〕王溥:《唐会要》卷八六《市》,上海古籍出版社2006年版,下册,第1874页。

❽ 同上注。

❾ 白寿彝总主编,史念海分卷主编:《中国通史》第六卷《隋唐时期》,上海人民出版社1999年版,上册,第729页。

❿〔宋〕王溥:《唐会要》卷八六《街巷》,下册,第1867页。

⓫ 张泽咸:《唐代工商业》下编一《国内商业》,中国社会科学出版社1995年版,第232页。

⓬〔宋〕司马光撰,李文泽、霞绍辉点校整理:《司马光集》卷二《都门路》,四川大学出版社2010年版,第1册,第33页。

⓭〔宋〕庄绰:《鸡肋编》卷上《川陕驿路纪事诗》,中华书局1983年版,第17页。

十六 ‖ 唐宋城市研究学术史批判

如果将考古学者所绘制的唐代长安城地图，❶与北宋末年张择端创作的《清明上河图》略一比较，前者之所表现的"百千家似围棋局，十二街如种菜畦"❷之规整有序，与后者鼎沸市声恍若可闻的城市景观，无疑向我们展示着，城市的跨越性发展，是唐宋之间社会转轨过程中最显眼的现象。也因此，近一个世纪以来，学界对唐宋城市史给予了极大的关注，一些领军学者先后参与讨论，刊布的论著数量众多。近年来，更有不少年轻学者投身其中，成绩显著，遂使唐宋城市研究成为关于这一历史时期研究的相当成熟的一个领域，所以是我们展开学术史批判的合适对象。

史学研究是一项对研究者的智力颇为挑剔的工作。唯有经常回顾学术的发展过程，梳理认识进步的路径，自觉反思研究的方法与观察的取向，才能使研究工作取得事半功倍之效，而不是相反。当下时风，强调多快好省，以量取胜，如欲维持学术的质量，以期真正取得认识之深化，如何保持研究者的清醒与自觉，就显得尤为重要了。自20世纪80年代以来，已有十余篇综述性专文，不断跟进唐宋城市研究学术史的发展。❸尤其是宁欣、陈涛的综述长文，归纳颇为全面。❹本文以为仍有余义，不妨略陈管见者，主要是觉得既有的讨论，详于成说的归纳而略于思路的梳理，对于学术史的批判则更有不足。

本文所谓学术史批判，指综述、分析唐宋城市研究的学术史，在充分认识学术进步、解析推动这种进步动因的同时，更持一种反思的批判姿态。或因识见有限，难免空疏无当之讥，但如果能有助于冷静反思学风的形成，本文的意义也就在此了。

关于唐宋城市研究的论著数量众多，如据学者所称，近三十年来，仅有关唐代长安城的研究，已近千篇（部），❺扩大到整个唐宋时期讨论城市史方方面面的专文专书，更可以想象。具体统计精确数量，却不容易。重要原因，在于讨论城市历史，除了聚落本身之外，必然引发以城市为中心的区域、商品、货币、文化等问题的研究，相互之间很难泾渭分明、截然分离，以致城市史领域的外延不易清晰。本人粗略估计，若剔除纯叙述性与普及性的一些篇目，仅就城市聚落本身的研究而言，自20世纪80年代以来，仅专著可近百部之多。本文的讨论也拟集中于城市聚落主体，先略作综述，归纳在本人看来唐宋城市研究学术史展开、研究深入的一些具体表现，并对推动这种学术进步的各种因素稍加分析，接着对近年来这一领域一些代表性的论点与它们的研究方法，提出自己批判性的反思意见，最后对今后学术展开的可行思路，提出建议。因此，本文对学术史的归纳不求详尽、面面俱到，只视行文所需，稍引一些代表性论著，以为论据而已。

阶段特征与发展趋势（上）

唐宋城市史作为一个成熟的研究领域，表现是多方面的。归纳其要点，其一，学术史的发展平稳、持续，一直是关于唐宋时期历史研究的中心议题之一；其二，迄今为止在这一领域所取得的研究成果相当丰富。前人综述，对此已有许多分析，下文也略作归纳，非唯作为进一步讨论的基础，更借以表达对学术史的一些看法。

关于唐宋城市史的研究，早在20世纪的二三十年代发轫于日本东洋史学界，一些有影响的学者都参与了讨论，其中尤以加藤繁的研究为重要。加藤氏发表于1931年的《宋代都市的发展》一文，指出了作为宋代都市发展中"重要现象"的传统坊制与市制崩溃的现象，可谓确立了此后唐宋城市史研究最重要的命题。此外，他关于唐宋时期的城市市场、乡村草市、柜坊仓库、商业组织、货币形态等多方面的讨论，都具有开创性的意义。❻此外，当时的一些代表性学者也都各从不同的议题着手，参与了讨论。例如曾我部静雄关于宋代货币与城市经济，青山定雄关于城市交通，日野开三郎关于唐宋时期农村市场，宫崎市定关于城市商业等的研究，都具有引领学术走向的意义。平田茂树认为20世纪80年代前为唐宋城市史研究的"定论期"。❼不过由于这些学者的代表性论著虽然有些发表略迟，但基本完成于20世纪30—50年代，因此若略作细化，似可将50年代以前视为唐宋城市史研究的奠基期，可能更为恰当。

大致从20世纪50年代到80年代中叶，可谓唐宋城市史研究的拓展阶段。主要成就表现在从城市商业的视角，细化史实，拓展议题，提出新的假说。代表性的学者，例如斯波义信在他的代表作《宋代商业史研究》一书中，对城市市场从个体与群体两方面都有深入的梳理；❽梁庚尧遵循加藤氏的研究思路，进一步提出了宋代"城郭分隔城乡作用的消逝"的论点；❾等等。与此同时，对唐宋时期一些中心城市考古发掘取得重要成果，理清了基本思路。

20世纪80年代中叶以后，唐宋城市史研究进入全面发展阶段，无论是参加讨论的学者，还是他们所刊布论著的数量，都呈明显增长的态势。学术的发展主要表现在研究议题明显拓宽，学术观点多样化，一些新的观察取向开始形成，等等。

下文以自20世纪80年代中叶以来的学术史发展为主，对唐宋城市研究领域学术进步与研究深化的主要表现稍作概括，在某些方面则需向前略作追溯。

其一，讨论对象的地域视野大为扩宽，从前期聚焦于都城与少数区域中心城市，扩大到一般州县城市，尤其是从行政郡邑延伸到农村地区的草市镇。若就市场形态而言，则是从最高等级的中心城市市场，逐级拓展，并延伸到了农村地区的初级市场。至今，讨论唐宋间城市的发展不能局限于行政郡邑城市，而应该包括非行政性的农村商业聚落，这已经成了学界共识。代表性的论著，可举周藤吉之发于1951年的《宋代の乡村における小都市の发展——特に店・市・步お中心として》一文为例。⑩此文讨论两宋时期农村地区商业性聚落的发展，搜寻相关文献记载几近竭泽而渔，梳理了这些商业性聚落发育的机制，以及不同区域间在习俗、发展程度等方面的差异。在周藤氏之后，重要的还有梁庚尧发表于1979年的《南宋的市镇》，⑪郁越祖发表于1988年的《关于宋代建制镇的几个历史地理问题》，⑫以及傅宗文出版于1989年的《宋代草市镇研究》专书，⑬等等。尤其是后者，解释框架或者略显陈旧，于这一议题文献记载的搜寻，无疑用功最勤。

其二，讨论对象从早先的基本局限于个体城市、局限于城市作为一个聚落的本身，拓展到城市的群体，即拓展到对不同层级、不同区位的城市的综合研究。其中又可以视讨论侧重面的不同，细分为几个议题。例如强调不同城市相互间经济联系的所谓城市网络问题，梳理不同城市性格特征的所谓城市类型问题，等等。研究有实质性进步的，无疑当数借用历史地理学方法、关于城市体系与空间结构的讨论。

关于唐宋间城市体系与空间分布的演变，学界大致的共识是：随着全国经济重心的南移，城市分布的中心也随之转移。到了宋代，尤其是在江南地区，无论是城市的密度还是它们的发展程度，都已经后来居上，占全国的领先水平。⑭例如斯波义信利用他所统计的150座城市的城郭数据，分析行政等级与城市大小之间的关系，得出结论，认为在当时的经济中心华中地区（长江中下游流域），"自然的、经济的城市化和行政的等级层次比较相称"，因而发展水平最高。而处于开发进程中的华南与华北地区，其城市均未如华中那样得到"充分发展"。[15]李孝聪对城市空间结构的研究凸显了历史地理学的学科特点。他的《论唐代后期华北三个区域中心城市的形成》一文，从政治与自然两种环境因素着手，探讨藩镇中心与辖区内城市层级结构的统合关系对后世的影响，认为正"由于方镇对本管内州县的控制力极强，因而在这一块地域内往往形成以节度使治所州城为中心的镇府—州—县三级地方城市系统，方镇居处的州城地位显然凌驾其他各州城之上，并且对周围州、县城市有极强的吸引力"，唐代后期华北地区定州、镇州、魏州三个区域中心城市于焉形成。[16]事实上，行政地位作为影响城市空间结构的基本要素，不仅在两宋时期依然如故，至今仍未退出历史舞台，我们可从中观察传统社会结构背景对城市结构的根本制约，与不可忽视的历史延续性。

交通条件影响城市的空间结构是讨论的又一侧面。李孝聪《公元十一十二世纪华北平原北部亚区交通与城市地理的研究》一文，将宏观区域与微观地貌的分析相结合，讨论在政治形势和自然环境演变的双重制约下，华北平原交通框架的演变，以及区域历史城市选址与分布的联系。[17]曹家齐讨论唐宋时期南方地区交通与城市发展的关系，也指出前者是制约后者的一个先决条件。他认为当时城市的繁荣程度，以江南运河与浙东运河沿线为先，沿海次之，长江沿岸又次之；一方面梳理了交通条件与城市发展之间相辅相成的关系，另一方面更描绘出南方地区城市结构沿交通线分布的大致框架。[18]

推动城市空间结构研究的另一因素是近二三十年来区域史研究

的发展。除了受社会史取向的影响之外，不少省市为彰显地方文化传统，组织撰写大规模的地方通史，也在其中推波助澜。一些关于唐宋时期特定区域发展的史书往往列有专章，阐述本地区城市发展现象。不过，尤其是以省市行政区为撰述范围的史书，往往疏于观察本区域城市发展的特点，以与他区域作比较研究，是其结构性的缺陷。

其三，关于个体城市的研究有明显进步。

表现最突出的当数长安、洛阳、开封、临安等几个唐宋时期的都城。除研究条件远比其他城市优异之外，例如存世资料相对丰富，像"都城学"这样学术思路的提出，[19]也推动着研究者更多关注唐宋时期都城的议题，每个都城都有相当数量的研究专著出版。在考古领域也是如此，除长安城一如既往地吸引眼球、研究者众多之外，洛阳、开封、临安等城市也是研究的热点。[20]

更有意义的是其他个体郡邑城市的研究成绩斐然，尽管讨论仍然集中在一些区域中心城市。

例如扬州，早在1947年，全汉昇就已撰有《唐宋时代扬州经济景况的繁荣衰落》的长文，讨论从唐到宋四五百年间扬州的盛衰演变，分析影响扬州盛衰的各种因素，尤其是交通条件的变化以及由此引起的区域经济格局的调整。[21]近几十年来，研究更有显著进步。首先是关于唐宋扬州城的考古工作取得进展，基本厘清了城郭的格局规模，[22]此外诸如经济、人口等各方面问题也都有深入的分析，[23]更有学者出版了综合性讨论唐代扬州史事的专著，[24]将关于唐宋扬州城市研究的总体水平提高到一个新的高度。

又如苏州，也是一个研究的聚焦点。梁庚尧于1982年发表《宋元时代的苏州》长文，[25]从区域的自然地理与社会经济两方面背景条件入手，分析宋元时期苏州城镇发展的动因，最终促成区域中心城市的奢华繁荣。梁氏认为自北宋至元，随着人口的急速增加，苏州的经济持续不断成长，并没有因朝代更替而中断。它的发展程度，虽说"就当时全国而言，无疑是优异的，因为苏州具有许多优越的条件；但这却非特殊的，南方的许多地区，也都在这段时期经历了类似苏州的发展过程，只是在程度上有所差异"[26]。他将苏州视为当时江南地区城市经济发展的典范。事实上，梁氏的研究，也可以被视作从区域史的角度讨论城市经济的一个范例。在其他方面，也不乏精彩之作。如高柯立从士人群体的角度讨论苏州城市的地方社会，[27]等等都是。传世南宋《平江图》，由于其所记载的苏州城市地理格局信息之珍稀，也引发了不少专题讨论。[28]

此外，例如关于广州、成都等其他区域中心城市的研究，刊布论著数量都比较集中。[29]更引人注目的是有不少一般地方城市，陆续被纳入研究者的视野，其中有一些研究已经相当深入。

近年关于唐宋一般地方城市的研究热点，自非宋代明州莫属。明州的开发在唐宋时期加速，成为东南名郡，复以存世文献相对丰富，历来为学者所关注。例如斯波义信关于明州聚落开发史的经典研究，与黄宽重等人关于明州地区士人家族史的讨论，都相当深入。[30]近年更受到了日本"明州计划"的影响。[31]"明州计划"的中心议题在于将明州视为中国文化输入日本的主要港口，从多方位研究影响日本文化形成的要素，与我们的议题略有距离，但这个计划对于推动中外学者研究明州地区与其中心城市，其刺激作用则不容忽视。例如近藤一成以明州（庆元府）为例，讨论宋代"科举社会"的形成，认为到了南宋后期，明州（庆元府）"地域学术和科举已经一体化，思想活动与应试学问和谐共存"[32]。从近藤氏的研究可见，这不仅是当地士人科考成功率递增的重要地域社会背景，更是此邦士人自诩为"诗书之乡"的关键依据。[33]其中，自庆历兴学以来，郡学的发达与郡邑的中心集聚作用，不容忽视。其他方面的讨论也更趋深入。例如柳立言以明州为例，响应近年来在海外学界所谓士人的地方主义问题，其所提出的分析要点，对于如何"证实"士人家族与其地方权威之间的关系，具有指示意义。❸像海外贸易这样关于明州的传统议题，近年也有佳作，发现新资料，提出新见解。❸此外，更有讨论明州经济开发的专著面世，如陆敏珍关于唐宋时期明州地区水利工程的叙述，对于我们理解明州地区开发过程与中心城市的发育，也是有意义的。❸

此外，关于唐宋时期一般地方个体城市研究的论著，数量也不少。例如刘建国等关于镇江城市考古的专著，大量议题讨论唐宋时期内容。❸马强等关于唐宋时期兴元府城的专文，考述了研究相对较少的西北地区郡邑城市，❸都相当有意义。又如本田治关于温州平阳县、周宝珠关于开封朱仙镇、杨果关于鄂州南草市等的专文，更将关注点指向了个体县邑与市镇。❸

阶段特征与发展趋势（下）

论著数量最巨的，仍当数关于唐宋时期城市生活各不同侧面的研究。一方面，一些传统的议题，讨论趋于深入细化，尤其在城市商业、管理制度等方面，对旧说都有明显的扬弃与深化；另一方面，视野扩大，许多新议题得到拓展，从政治到经济，从人群到文化，举凡城市生活的方方面面，城区结构、日常生活、行业、防御、治安、宗教、风俗、建筑、绘画、运输、生态，等等，无不被纳入了论者的视野，越来越凸显城市史作为综合性研究议题的特点。宁欣、陈涛的综述专文，已分城市类型、城市人口构成、城市经济、城市组织、城市交通、城市管理、城市社会生活、城市文化、城市人群及其意识，以及城市生态环境这样十个方面，较为全面地归纳了学术史的演进，本文不欲赘述，仅就其中要点略作补充与强调。

城市地域结构,是关于唐宋城市史讨论开展以来的一个核心议题。加藤繁在《宋代都市的发展》一文中首先指出了坊、市结构演变和瓦解的现象,同时期不少学者开始关注由坊市制度瓦解所带来的城市地域结构的变化。例如文献所载"侵街打墙、接檐造舍"⓫,即所谓侵街现象的出现,它所表现的商业区扩张侵占城市公共地域问题即是。城市地域结构这一议题的不断深入与拓展,就相当典型地反映了唐宋城市史研究深入的学术理路。一方面,关于城市地域结构本身的观察不断深入,宁欣、陈涛的综述专文业已提到不少论著,例如妹尾达彦关于唐代长安城街西地区开发过程的讨论即是。此外,斯波义信关于南宋都城临安等城市功能区分布的讨论,也相当典型。斯波氏指出,前人所谓与西欧模式相对照,中国城市的地域结构"被认为是未分化或划一化的,是所谓的兵营城市、官吏城市、与农村相同的城市之类论断",显然失之偏颇。他认为,中国传统城市在以南北为基本轴心与"天圆地方"观念的双重影响下,官绅区通常就占据着东西轴线北侧的中心部分,名实相副,显示其行政功能中枢性的衙门就配置在这里。同时,商业中心区则多依交通要道分布,"在主要商业城市中,控扼市外交通干线进入市内要道的城门周边,以及作为城外骨干的市内交通干道及其交会点,均成为所有商业区设立的首选地段"。除临安城之外,他还举了宋代泉州东南的晋江岸边,明州东边的奉化江、余姚江的分流处,以及苏州西边的大运河码头等例证,来说明这一现象。⓫关于城市地域结构这一视角的观察,还拓展到了其他的一些城市,例如杨果关于宋代鄂州等地的讨论,与此类似。⓬

随着观察的深入与思路的拓展,论者的视野不断扩大,讨论就渐渐从平面拓展到立体,一个关于城市"空间"的概念就从地域结构的议题中被引申了出来。宁欣归纳关于"空间"的概念构成:

"城市作为社会的载体,至少应该包括三个空间概念:一是地域空间,诸如城市区划、布局、建筑等;二是社会与政治空间,诸如居民结构、社会结构、社会流动、城市管理制度等;三是精神空间,诸如城市文化、城市社会心理、城市观念等。"❸就这样,论者将原本大体属于地理学范畴的地域结构议题,引申到了社会政治与精神文化的领域。

除宁欣本人关于唐宋都城的专著外,妹尾达彦讨论唐代长安城空间与祭祀仪式之间的关系,也相当引人注目。迄今关于宋代城市政治空间的研究,其代表学者非平田茂树莫属。平田氏借引微观政治学的一些范式,提出了他称之为"动态的政治分析方法"的观察视角,从时间与空间两个维度,来细致地观察宋代中央最高政治决策的过程与机制。其中关于空间的维度,就将微观政治史与城市空间的视角结合了起来。他实证分析了朝廷中枢建筑结构与朝政的关系,这既包括中枢机构建筑群中不同官衙的位置,也包括权相私宅位置与中枢机构的距离关系等问题。❹另有一些学者的研究,例如衣川强关于南宋临安府相府位置变化的论著,也可归于这一类型。❺似此别开生面的讨论,其意义当然并不止于得出了哪些具体富有创新意义的结论,更在于向我们展示了视野拓展与方法更新的学术魅力。

又如关于唐宋城市人口,传统的有关城市人口数量即城市人口规模的讨论一直是议题的核心,因此长期为论者所关注,各自不断在讨论中提出新的估算,以期接近历史真实。与此同时,随着讨论的深化,议题逐渐拓展,关于城乡人口流动、城市人口构成、城居人口身份地位,乃至关于城市人口数据记载特殊性的讨论,也取得了相当的成绩,颇具新意。如姜伯勤从几则判文的记载,分析了唐代城市"市人"特殊身份制度瓦解的现象。❻关于唐宋城市中的特殊人群,如"蕃商",多有专文讨论。❼宁欣以都城妓女以及工商、服务业人口为例，讨论唐宋间都城人口结构的变化，同时分析它们的外来人口与流动人口数量增长的现象。她还撰有专文，讨论唐代长安流动人口中的一个特殊人群"举子"。[48]郭正忠讨论宋代城镇居民结构，除人口数量外，还关注居民成分与职业结构，他们的稳定性与流动性，组织状况，以及结构特征等问题。[49]王曾瑜讨论宋代的"非主体阶级"，也设专章讨论宋代的坊郭户。[50]梁庚尧则分析了南宋时期官户与士人的城居现象，指出城市作为政治、经济与文化中心的地位，使得城市对于官户与士人吸引力较之前代大为增强，促成了他们从乡村迁居城市的现象。[51]他还专文讨论了这些城居官户与士人的经济来源问题。[52]同时，笔者也曾撰文，分析存世文献中关于唐宋城市人口数据记载的特点，指出其中提到的人口数据，绝大多数并不具备统计学层面的数据意义，而只是时人根据城市不同行政层级所描绘的人口规模的"意象"，[53]因此直接依据那些数据来讨论宋代城市人口数量，就有可能被误导。

从唐代封闭式的坊市分离制度，发展为宋代开放式的街市制度，是学术史中对唐宋间城市行政管理制度演变最典型的描述。与这一演变过程相关，随着坊市的崩溃与城区规模的扩大，又有城区中管辖多个坊区的大区"厢"制的形成。同时，城市居民专有户籍即坊郭户制的产生，也是其中具有标志性意义的环节。这些都引发了学者的研究兴趣。[54]陈振曾撰有长文，提出"宋代的城市行政制度……到南宋乾道五年（1169）前后，向三个方向发展，即小城市（小州、军和县城）实行以隅统坊（巷）的'隅坊（巷）制'，一部分大中城市以后也实行'隅坊（巷）制'；另一部分大中城市则开始实行厢统界，界辖坊（巷）的'厢界坊（巷）制'；也许大中城市的多数，仍实行'厢坊（巷）制'"。[55]对此，笔者有专文回应，认为加藤繁以唐代都城长安的制度为普适现象，将之推衍到一般州县，后人未加细究，广泛引用，遂形成了关于唐宋间城市行政管理制度演变的"规范化"认识，不免多有失实。关于坊制，在唐代，筑有坊墙的封闭式坊制多存在于都城以及一些中心城市，一般州县则未必都筑有坊墙。到了宋代，坊墙虽已推倒，作为城市管理的基层小区，坊区仍长期存在，同时坊区之上又形成了作为城市行政管理大区的厢区制度。宋代以及宋以后的城市基本维持坊厢两级制度，并未出现如陈振所述的"三个方向发展"。又关于市制，前人对唐中宗景龙元年（707）十一月"诸非州县之所不得置市"敕令的理解，❺也许可以重新考虑。唐代城市市场制度的某些内容虽然不如后代的"自由"，但从历史承袭的视角看，其实反映着中国古代城市市场制度不断演进的轨迹，是符合当时商品经济发展水平实际要求的。到宋代，就作为狭义的城市商业区"市"而言，虽然国家的法令已不再将其界定为封闭的与排他性的商业活动区域，商贾有了在城市其他区域设立店铺的自由，但在实际的城市生活中，商铺仍多集中于传统的市场区域。宋代历史文献所记载的州市县市，并未成为如加藤繁所称之"单纯的地名"，大多仍为活跃的城市市场地块。这些城市市场或在城内，或在城郊，多呈块状而非条状，不少可能呈十字街这样的形态。与此同时，由城墙等物体所标识的整个州县城区，又由国家法规界定为广义的城市市场，商品进出城市须纳门税，城市居民被视为与乡户乡人相对应的市户市民，从而显现与前代显著的差异性。总之，从唐代到宋代城市行政管理制度的演变，其间制度的裂变也许不如前人想象的那么剧烈，而前后因袭的痕迹则无疑要明晰得多。❻

　　城市经济——主要是商品经济的长足进步，自然是唐宋间城市发展的直接动力，因此也是讨论的重点。从奠基期以来，这一领域的研究成绩斐然，无论是传统议题，如关于城市商业组织"行"，城市商业机构邸店，与城市商业密切相关的商税制度，❼还是拓展细化的议题，如关于城市的一些具体行业、商品供应、商业区构成、城乡经济关系等，都有佳作。前引综述专文对此已多有讨论，此不赘述。

在此之外，近年来尤为论者所关注的还有城市文化问题。前文提到，宁欣已将城市文化问题纳入了关于城市空间三个维度之一的“精神空间”范畴之内，讨论的实际展开，却更多地是从社会史的取向出发的。也就是：论者大多是站在力图从唐宋间城市结构变迁中寻找出一种新社会力量的出发点上，来切入讨论的。因此，关于宋代“市民阶层”以及“市民文化”概念的界定，往往带有强烈的理论预设意味，从而使得讨论具有了明显的目的论取向。(59)

研究方法与扩张推力

自奠基期以来，唐宋城市史研究取得了如前所述的长足进步。梳理促成这种进步的各种因素，或将有助于我们在今后的研究中，尤其在方法论层面上从自在走向自觉。

毫无疑问，学术进步的终极动因须得依靠研究者智力的投入，不过研究者何以对唐宋城市史比其他议题更感兴趣，就值得分析了。

作为当代社会文化的一个重要内容，史学研究必然受社会思潮发展趋势的影响与制约，唐宋城市史研究也不例外。如果说以加藤繁等学者为代表的唐宋城市史研究的发轫，可归诸中日近代史学形成的初始推动，到20世纪50年代以后的拓展阶段，当时西方世界对东方文明认识的转变，无疑是一个不可忽视的推动因素。1959年，法国学者谢和耐（Jacques Gernet）出版他的代表作《蒙元入侵前夜的中国日常生活》，可谓这种因素的直接产物。谢氏在“前言”中开宗明义地交代了他写作此书的目的：“人们惯常妄下结论，以为中华文明是静止不动的,或者至少会强调它一成不变的方面。这实不过是一种错觉而已。"因为"随着研究的进展,我们曾经建立起来的有关中国的固有形象正在消逝"。"在中国早已开始了近代化时期,是蒙古人的入侵阻断了此一迅速进步的过程。此一时期的显著标志是城市中心和商业活动的突出发展"[60]。所以,研究宋代"城市中心和商业活动的突出发展",正是谢氏力图纠正西方世界对中华文明"错觉"的一种手段。

"错觉"其来有自,源于西方殖民主义时期所形成的对于以中华文明为主体的东方世界的片面、傲慢的认识,以为中华文明自周代以来数千年间长期停滞不动,只是等到殖民主义者东来,才从外部给了它以冲击,推动着它从传统走向近代。[61]二战以后,西方学术界出于对自身文明发展过程的反思,促使他们同时反思自己关于东方文明的看法,才开始逐步认识到近代以前的中国历史不断演进的事实。这一认识的转变反过来波及东方世界本身,并与东方的民族自觉思潮相结合,才最终完全摒弃关于中华文明"静止不动"的错误观点,推动了中国传统历史研究的巨大发展。在这一过程中,尤其是关于唐宋之间的历史演进,随着当时社会在政治、经济与文化各方面显著进步的史实的不断被确认,一种与旧说反其道而行之的、新的思想趋势遂逐步形成,那就是研究者开始习惯于从发展的取向来观察那个时期的历史,不断强调历史的进步。到1968年斯波义信出版他的成名作《宋代商业史研究》时,在他看来,唐宋间所出现的"商业的繁荣"乃至"商品、货币经济的发展",已是"周知的历史事实"[62]。在此之后,更有一些标志性的论点被提出,例如英国学者伊懋可(Mark Elvin)所谓就当时资源利用的可能性而言,宋代的经济已经达到极限的"高水准平衡陷阱"说,[63]以及漆侠所谓在中国封建时代两个马鞍形总的发展过程中,"宋代社会生产力的发展几乎达到最高峰"之论。[64]城市的发展,在各家的论说中都无例外地处于核心论据的地位。伊懋可就在他的关于宋代出现"经济革命"的论说中,将当时城市的发展具体化为"城市革命"。漆侠也强调宋代城市经济的"显著发展"。⑮

这一"发展"范式从此长期主导学界的思路,它赋予了唐宋城市史研究领域以特殊的吸引力,推动着学者们去关注、去探究这一相比于另外一些沉闷的研究对象更有魅力的议题。

其他的一些史学思潮也在不同程度上影响着唐宋城市史研究的拓展。内藤湖南于20世纪前期提出的"唐宋转折"说,虽然到90年代才得到中国学界的广泛响应,⑯但城市发展作为这一假说最好的论据之一,无疑显示着"唐宋转折"说持久的影响力。在中国大陆学界,长期以来由于信奉经济基础决定论的基本理论,以主要由商品经济增长所促成的城市发展现象,来论证唐宋间历史的转折与进步,往往是论述的重点内容。

近数十年来社会史学术思潮的兴起,也在相当程度上推动着学者去观察当时城市社会变迁的有关内容。20世纪90年代,日本学界曾刊布不少关于宋代城市生活的专文专书,例如伊原弘曾出版有《中国开封の生活と歳时—描かれた宋代の都市生活》一书,专题从岁时节俗来讨论宋代都城开封的城市生活。⑰此前关注不足的一些议题也引起学者的兴趣,有了不少讨论。例如关于消费、民俗、婚俗、夜生活等这样的议题,都被纳入了学者讨论的范畴。⑱更有学者明确提出当时城市生活出现"俗世化"的概念,专文讨论。⑲甚至连唐代长安西市中特殊商品"女奴",也有人专门研究。⑳

自人类进入后工业化时代以来,随着生态问题的日趋严峻,环境史学从而兴起,这一思潮也在唐宋城市史研究中得到了响应。例如史念海、朱士光、王小红等都撰有专文,分别从生态环境的视角,讨论汉唐长安城与宋代的成都城。㉑程遂营出版于2002年的《唐宋开封生态环境研究》一书,则是迄今为止这一领域中唯一的专著。[72]

也许是受存世文献不足的制约，近年风生水起的新文化史研究取向似尚未明显波及唐宋城市史的研究，唯赵雨乐以开封相国寺为例讨论北宋的都市文化，强调由五代迄宋，相国寺演化为一代名寺，有着宗教渊源与文化重塑的复合因素。作者释读唐宋之间关于相国寺的存世记录，指出其中不少涉及显贵的政治活动，或从寺中得到启示，或因寺中受祸，多神怪冥合，反映出了时人对宋政权的认同，因此相国寺不仅为宋代文化艺术、商品交易的结晶，于宋代文人深层的思维模式当中，亦不断衍生出因果相报的教化观念。似此试图从宗教活动的存世信息中解读时人思想观念的努力，约略可见新文化史取向的影了。[73]

随着近代史学的不断社会科学化，在史学研究中引用其他社会科学的范式，自是题中应有之义。近年来一些比较契合于研究对象的社会科学范式的引用，明显有助于唐宋城市史的研究，这也许是研究方法改进推动学术进步的显例。具体案例，在政治、经济、文化等各不同侧面都有不少，近年来，可能出于研究领域的特点，地理学的一些范式，尤其如由德国城市地理学家克里斯塔勒（W. Christaller）等学者提出的中心地理论（Central Place Theory），[74]经由施坚雅（W. Skinner）等人引用到关于中国历史上城市结构的研究之后，曾对唐宋城市史研究产生了多方面的影响，无疑已为学者们所耳熟能详，无论是关于城市形态，还是地域结构，都是如此。即便在一些相对隔阂的领域，也时常可以感受到地理学的存在，无须本文赘述。可以另外引为例证的，是前文提到的由城市地域结构概念引申而来的关于城市政治空间的讨论。平田茂树分析朝廷中枢建筑结构与朝政的关系，他提出的所谓"动态的政治分析方法"，除受社会学研究方法的影响，如马克思·韦伯（Marx Weber）关于中国传统家庭结构的归纳外，主要借引的则是美国政治学芝加哥学派主要代表人物、"新政治科学"运动主要推动者与实践者之一拉斯韦尔（H. D. Lasswell）关于政治结构的观点。拉斯韦尔在他的《政治学：谁得到什么？何时和如何得到？》一书提出了关于"政治"结构分析的论点，分析在政治过程中"谁，何时，怎样，得到什么"的问题，从而建立起了微观政治学。[15]平田氏借引拉斯韦尔的范式，来确立他观察宋代政治史三个基本视角，即政治主体（"谁"）、权力源头（"哪里"）、政治过程（"谁，何时，怎样，得到什么"）这样三个层面。这一多维度的观察方法，就是平田氏所谓的动态的政治分析方法。

从这一动态政治分析方法所展示的三个基本视角出发来观察，在每一个层面都蕴含着相当丰富的论题。如果我们受限于传统视角，它们之中的许多内容都将无法观察到。例如关于君主听政时间安排所反映的他与不同类型臣僚的沟通和信息交流等就是——宋代的政治时间，皇帝的一天。通过微观、具体地分析皇帝一天的时间安排，我们就可以了解哪一群官僚可以获得多少与皇帝直接交流的时间（"对"的频度）。由此，不同群体官僚与皇帝联系的不同程度，也就相当直观地呈现出来。这是平田氏所说的皇帝与官僚之间联系的一个维度——时间。另一个维度则是空间。在"政治空间"视角之下所观察的关于朝廷中枢建筑结构与朝政的关系，其意义与时间维度的观察同样重要——不同地位的官僚机构与权力中心的空间距离。这既包括中枢机构建筑群中不同官衙的位置，也包括权相私宅位置与中枢机构的距离关系等问题。

研究方法之外，历史资料是另一影响史学研究进展的基本要素。在唐宋城市史研究领域，近年来并未新发现足以影响学术史全局的文献资料，学者们的注意力集中在考古发掘可能提供的新历史信息，这主要也是围绕着都城以及一些区域中心大城市展开的。由于考古资料特点所致，它主要在城市形态等层面提供新信息，来推动我们深化对唐宋城市的认识，前文已有提及。不过有时如果对考古资料解读得当，也能使我们对城市管理制度与经济生活等方面得到一些新的认识。例如廖志豪利用1975年苏州大石头巷基建工程考古现场出土的一批唐宋时期遗物，包括生产生活用具、建筑材料、手工艺品、钱币和博具等，来讨论宋代苏州城（平江府）的变迁、手工业坊市，以及宋代商品经济的发展等内容；⑯又如呼琳贵利用1999年春在唐代长安城礼泉坊发现烧造唐三彩的商业性作坊遗址的一些资料，分析"唐长安坊里围墙被推倒，是一个逐渐的变化过程"⑰，都是显例。

考古资料之外，学者们就只能围绕着如何更好地利用存世文献资料来下功夫了。主要工作集中在两个方向：一是利用传统文献学的方法，对存世的几部唐宋城市史文献精加注疏，以期为研究者提供更为详尽可靠的历史文本；另一则是试图通过集约式的释读，加深对某些历史文本的理解，来促进专题研究。前者如李健超的《增订唐两京城坊考》，大量利用考古资料以注疏史籍；⑱又如对于宋人孟元老所撰《东京梦华录》，先后有梅原郁、伊永文等学者加以注疏、整理，⑲为北宋开封城的研究提供了很大帮助。后者，如荣新江所组织的"隋唐长安读书班"，以文献整理与增补为基础，系统地汇集、释读关于隋唐长安的各种信息，以期深化对研究对象的理解。他们的工作已经取得明显的成效。其他一些重要文献的集约式解读也常能获得丰厚的回报，例如关于描绘北宋开封城的经典画作《清明上河图》，就是如此。⑳

总之，至少就研究方法的层面而言，推动唐宋城市史研究不断深化的因素是多方面的，具体的研究方法往往只能在特定的领域发挥作用，不可能涵盖一切，这就需要研究者在思考研究方法时更为理性，视野更宽一些。

范式强化与概念纠葛

唐宋城市史研究近一个世纪的学术史，在给我们带来丰硕学术成果的同时，也留下了不少无法回避的困惑与难题。学术研究的深化，有赖于我们恰当地应对这些困惑与难题。

如前文所述，当今的史学研究正越来越趋向于社会科学化。不过受它的基本特性的制约，在研究方法层面，史学也有自己的一些显著特点。例如，史学研究不得不被动地依赖于存世历史信息才能展开研究，而无法像研究现代社会的社会科学其他门类那样，可以主动地寻求研究信息。而且，存世的历史信息总是那么地残缺不全。因此，如何应对研究信息残缺不全的困难，就成了史家们无法逃避的功课。也因此，史学研究就必然是一个史实重构与现象解释（概念演绎）并重的过程，这也是我们评判学术进步与否的主要标尺。当然，这不可能是一项轻松的工作。

社会科学其他门类的研究过程当然也需要有论证的环节，不过它们与历史学研究显然存在着相当大的差异。因为社会科学研究当代社会，许多社会现象为众所周知，既不必为那些社会现象的存在与否大费周折，论证过程常常更是概念演绎多于实证归纳。对于历史学来说则不然，特定历史现象的存在与否，本身就需要复杂的研究论证。

唐宋城市研究学术史的演进向我们展示了史学研究的这一特有难题。具体的专题研究能够做到史实重构与现象解释之内外功力兼修者，不可多得，更多的情形，常常只能巧于此而拙于彼，有所侧重。这当然反映了史学研究过程中从史实重构到概念演绎不同层面的工作，都有其不可或缺的意义。尤其在史实重构这一方面，无论是文献释读，还是史实考订，都因其可以作为进一步研究的基础，往往为史家所重视，可以想见。而概念演绎这一方面，如果论者能够根据史实归纳出一些反映了历史演变本质内容的命题，对人们理解历史具有指引性的作用，学术研究的意义也就尽显其中了。实际的情形当然不可能如此理想，而是常有不足。学术史所见具有共性的问题是，论者或因拙于从归纳史实来演绎概念，因此常常不得不生硬地套用前人既有的观点，以致将本来是针对特定历史现象所提出的、具有明确界定的命题泛化与扩大化，造成范式过度强化的现象。柳立言曾撰专文，批评学界存在的混淆"变革"与"转变"概念的现象，将原本具有明确界定的"唐宋变革期"的命题，泛化成了"唐宋时期"，所指正是这种范式过度强化的现象。❶

其间情况各有差别。有些讨论也确实观察到了唐宋城市演变的一些重要现象，归纳出了颇有意义的命题，却止步于概念的构建，未能通过史实重构来证实那些命题，实在可惜。典型例证，非韩光辉所论宋代、辽代开始出现"建制城市"一说莫属。1996年，韩氏发表《12至14世纪中国城市的发展》一文，提出"建制城市"的命题："12世纪至14世纪中叶的二百多年间，……也是中国古代城市飞跃发展并广泛出现城市市政建制，对城市实行专门化行政管理的时期。其主要标志是都市警巡院和总管府及路治城市录事司的创立。……建制城市的兴起标志了当时中国城市发展与管理的高水平和领先地位，无论在中国还是在世界城市发展史上均系极其辉煌的一页，值得重视与探索。"❷到2011年，韩氏又出版以《宋辽金元建制城市研究》为题的专书，增补扩充，重申旧说。在全书的结论部分，他指出"宋代、辽代出现的个案建制城市，即拥有确定的行政区域和专门行政机构并实行独立行政管理的城市"，是中国古代城市发展史上的重要现象。"金、元时期形成了古代建制城市体系，即拥有不同等级和规模、职能分工、联系密切、分布有序的城市有机联系的体系"⑱。韩氏将"拥有确定的行政区域和专门行政机构并实行独立行政管理的城市"称为"建制城市",他所强调的是随着城市的发展,国家将城市从传统的城乡并用的管理体系中分离出来,建立专门的行政机构,实行独立行政管理。这当然是从宋代至元代城市发展促使国家管理制度作出相应调整的典型案例,触及了当时城市史的关键内容,因此他所提出的"建制城市"的命题有相当的意义。令人不解的是,韩氏却似乎仅满足于这样的概念构建,而未能进一步通过史实重构,来具体证实建制城市如何与传统的管理机制不同、"实行独立行政管理"的实际内容,遂使人们对他所提出的"建制城市"这个核心命题能否成立,颇存疑惑。也因此,当韩氏批评明代废弃录事司城市制度,恢复宋以前由附郭县管理城市的制度为"遗憾"时,⑲也因他并未以具体的史实重构,来证实明代的城市管理机制与前代究竟存在哪些差异,亦即"遗憾"究竟具体表现在哪些机制上面,他的这种批评无法坐实而成为空论。要不然,当今中国不少地区所实行的以县领属乡镇的体制,岂非更是倒退?要之,韩氏提出"建制城市"之说的这一段学术史所给我们的启迪,就是史学领域的概念构建,如果缺乏史实重构的实证支撑,恐难以确立。

另一种情形,某些论著在史实阐述过程中所提出的一些描述性概念,并非具有揭示历史演变关键内容的意义,却在被反复引述的过程中,不断抬升,最终被捧为一种"理论"——人们由实践概括出来的关于自然界和社会的知识的有系统的结论。显例当数伊懋可的宋代"城市革命"说可以当之。1973年,伊懋可出版了《中国的历史之路》一书。在某种程度上,此书所讨论的问题与中国科学技术史领域的所谓"李约瑟难题"如出一辙,⑳它试图回答近代中国为什么未能产生工业革命的问题。伊氏的基本观点是:传统中国的经济发展,在宋代达到了当时技术所可能利用资源的顶峰。宋代以后，受资源与技术等因素的制约，中国经济的总量虽然仍有所增长，但在质量上却再无提高，即所谓只有数量上的增长（Quantitative Growth）而无质量上的发展（Qualitative Development）。这就是他所说的"高水准平衡陷阱"（High Level Equilibrium Trap）。㉟为了证明宋代经济达到传统时期的顶峰，他主要利用出自日本学者研究成果的二手资料，来描述在宋代产生了一场中世纪的"经济革命"，而所谓的"城市革命"正是这场"经济革命"的重要组成部分。因此，所谓宋代产生"城市革命"之论在伊氏推论结构中的地位，并非在于对宋代城市史的研究作出了哪些重要推进，而只是作为他的"高水准平衡陷阱"假说的一个铺垫。因此，这一论说充其量只不过是对宋代城市发展现象的一种定质描述而已，用以表达对主要由日本学者所重构的唐宋间城市发展史实的认可，以及伊氏本人对于如何描述这种城市发展水平的概念选择："革命"。这一概念既在史实重构方面全无贡献，对于历史现象的解释也不见得是什么重要的创新，并无"系统"性可言。而且，这原本也并非伊氏论述的重点之所在。

数年后，当美国的施坚雅主编《中华帝国晚期的城市》这部论文集时，他在全书第一编的《导言》中，归纳传统中国在帝制晚期之前城市的发展史，专列一节，题作《中世纪城市革命》，主要就引用了伊懋可关于宋代产生"城市革命"之论，列出了"这个革命的鲜明特点"：（1）放松了每县一市，市须设在县城的限制；（2）官市组织衰替，终至瓦解；（3）坊市分隔制度消灭，而代之以"自由得多的街道规划，可以在城内或四郊各处进行买卖交易"；（4）有的城市在迅速扩大，城外商业郊区蓬勃发展；（5）出现具有重要经济职能的"大批中小市镇"。㊱很显然，"革命"的概念既非施氏首创，这些关于"革命"的"鲜明特点"的史实描述，也几乎全出自日本学者之旧说。仅就这一点而论，若说施氏对于唐宋城市史的研究没有什么贡献,并未冤枉了他。不过施氏的研究,其目的也并非针对唐宋时期,他归纳那些"鲜明特点",只是为他讨论中华帝制晚期的城市作铺垫而已。㊵

令人不解的是,从伊懋可到施坚雅,他们关于宋代产生"城市革命"之论,虽然有着相当明确的论述目的与论证特点,当这个概念被中国大陆的一些学者反复征引之后,却被不断"哄抬",最终被誉为"理论",认为它的提出,反映了"唐宋城市变革研究的深化"㊶。个中缘由,主要的恐怕还是在于它迎合了数十年来主导这一研究领域的"发展"模式的心态。同时,此论出自西人之口,似乎就更具"说服力",因而更有市场,这一事实也彰明较著。

范式强化的另一类例证,可举认为宋代出现"城市化"现象之论来说明之。"城市化"的概念,是在现代化研究的过程中被提出来的。不同的学科从不同的侧面来对"城市化"的概念下定义,例如人口学对城市化的理解是指"人口城市化"——农村人口逐渐转变为城市人口,即人口由农村向城市集中的过程;经济学通常从经济与城市的关系出发,强调城市化是农业经济向非农业经济转化的过程和结果;等等。也有学者从综合的角度来界定它,认为:一是物质要素的转化,例如农村人口的非农化、农村地域的城镇化等;二是精神要素的转化,即从乡村社会、乡村文明逐步变为现代城市社会和城市文明的自然历史过程。㊷总之,绝大多数学者都认为"城市化"的本质系指由农村社会向城市社会的转化,它是在近代社会转轨中才产生的现象,具有它的特指性与明确的历史规定性。

但是,"城市化"这一概念被提出之后,就产生了泛化的现象。例如英国经济学家巴顿(K. J. Button)提出:"第一批城市什么时候产生,对这个问题有争论,但是有充分证据可以支持那些主张在公元前六千年已经开始城市化的学派。""对于城市化过程开始的原因有两种不同的意见。传统的学说认为城市化最初是从农村生活慢慢地演变过来的"。[91]巴顿关于"城市化"的定义，剥离了这一概念原初的历史规定性，将它泛化了，因此并未被学界普遍接受。因为，一个学术命题如果被剥离了它的历史规定性，也就是将它所特指的社会现象抽取了出去，泛化成一个一般的描述性词语。试想，既然我们完全可以用诸如"城市发展"这样的一般性词语来取代被巴顿所泛化的"城市化"概念，那么这种概念构建还有什么必要呢？

事实上，不少学者也正是在这种一般描述性词语的层面来使用"城市化"这一概念的。斯波义信在描述"作为唐宋变革时期特点的'商业的繁荣'"时，列出了几个基本点："第一，显著的城市化现象（urbanization）。基于唐宋时代发达农业生产力的巨大的农业财富，一方面，通过租税、地租、富商的投机包买等，经由城市吸收再由城市放出，形成了城市的购买力，促进了首都和位于商道上的城市以及拥有特产手工业的城市的发达，从而丰富了城市的商业活动。其结果，改变了过去主要依存于官僚消费和统治需要的城市性质，增加了工商业机能的比重，给城市与农村的社会关系带来了新的面貌。另一方面，在农村地区，直接生产者间的分工关系有着一定程度的发展，产生了无数集市。……'市制崩溃'这一人们所熟知的大转变，正表明了维持着过去那种政治都市与周边农村之关系的传统商业和市场规制，已经不能适应城乡的社会分工所生的新形势了。"在这里，斯波氏并未对他所说的"城市化现象"作出专门的概念界定，而只是列举了一些关于唐宋间城市发展的"作为通说的事实"[92]，可见他仅仅是在一般描述性词语的意义上使用"城市化"这一概念。

近年所见一些讨论唐宋城市史的专文专书，则又进一步强化了这种泛化了的"城市化"概念，提出了所谓"早期城市化"的命题——明显仿照"早期工业化"的命题建构。[93]例如陈国灿认为："从社会学的角度讲，城市化是以城市为核心的社会变革现象。城市的产生意味着社会体系中城市现象的出现，不管这种现象是零散的还是普遍的，是不成熟的还是成熟的，都意味着城市化的起步。从历史学的角度讲，城市化是一个连续的过程，是城市发展演变的伴生物。城市化作为一个理论概念虽出现并盛行于近现代，但作为一种社会变革现象和进程，在近现代以前早已存在。所谓'早期城市化'，就是指近现代以前传统社会发展过程中的城市化现象。"[34] 虽然陈氏"结合江南地区的情况"，将中国早期城市化归纳为三种依次演进的发展形态，即所谓内聚型城市化、城乡互动型城市化和市镇主导型城市化，但他不断强调的不管"城市化"的现象是"零散的还是普遍的，是不成熟的还是成熟的"，总之"早期城市化是一个不断发展的过程"，十分明确。[35] 其实，人类历史本身就是一个不断演进的过程，一个学术命题如果不能揭示这一过程中的某种特定现象，离开特定的历史规定性而泛化为一般意义的"过程"，它也就没有多大意义了。或者可以说，如果承认"早期城市化"这样的概念的逻辑合理性，那么它与一般意义上的"城市化"命题，所讨论的内容其实并非一回事。前者泛指历史过程，后者特指近代社会结构的转型。尽管陈氏颇为细心地对他所谓的"早期城市化"作出了概念界定，但这一概念除了告诉我们关于城市逐步发展的一般情形之外，并未能具体揭示特定历史阶段的关键内容，以作为引导人们认识那一段历史的基点。所以，所谓"早期城市化"，实际上仍不过是一般的描述性词语。除了概念翻新可能带来某种新鲜感之外，它对我们深化历史认识也许不会有什么实质帮助。

从"城市化"命题的泛化，还可以引导出关于学术概念异化现象的讨论。

中国近代史学是在西方学术影响之下创建起来的，几乎在所有方面都存在着西方学术体系的影子，大量核心概念都是外铄而来。完全避免外铄概念既不可能，也没有必要。于是，如何调适外铄的学术概念与本土史实之间的落差，就成了学者们在实际的研究过程中必须面对的难题。有时，一个归纳异域历史经验所得出的学术命题，表面看起来也能帮助我们理解中国传统的历史，在实际应用中，则不免南橘北枳，产生异化。

在唐宋城市史研究领域就存在不少这样的概念纠葛。诸如公共空间、市民文化、城市网络、开放结构等被广泛应用的那些概念，都不是可以简单移用的。

有一些异域概念的移用，由于偏离了那些概念的原初内涵，就有可能使得学术讨论失去意义。例如林立平论述中唐以后城市生活的转变，套用了"俗世化"这一概念。他说："西方学人每每用'俗世化'（Sccularization）一词概称资本主义兴起的伟大时代，认为这个时代不仅生产日益社会化，人们的日常生活也更加富于流动性和社会性，世界观和价值观也从神灵世界回到了现世。我国固然不曾有过这样的辉煌时代，但并非历史上不存在'俗世化'的过程。"他将"中唐后中国社会所发生的历史转折，特别是交换活动的频繁和身份性等级观念的弱化，以及由此促发的社会各阶层在日常生活方面日益广泛的联系"，解释成当时社会"俗世化"的具体表现。❹殊不知，如果仅从历史"转折"这一端来观察，中唐以后的社会也许的确可以看到些许与西方资本主义兴起之前的历史时期仿佛相似之处，但在西欧历史上所谓的"俗世化"，特指摆脱由神权主宰的中世纪社会，走向人文主义兴起的近代社会。如果抽离了去神权化的核心内容，仅去关注一般意义上的城市生活的历史转折，还非得套用"俗世化"这一概念，就有点近乎于画蛇添足了。

麻烦的还不仅仅在于这种学术概念的南橘北枳，更在于分析的思路可能受到异域历史经验的影响。让我们举"市民文化"概念的例子来说明之。随着唐宋城市史研究的深入，学者们拓展视野，于是有了不少专门讨论"市民文化"兴起的专文专书。宋代的城市居民已经开始被泛称为"市民"[97]，这些"市民"作为一个有异于乡居者的社会群体，可能形成一些他们自己独有的文化特征，也可以想象。因此讨论宋代的"市民文化"，理所当然。可是在学术史上，"市民文化"这一中文词语却已是一个特定的概念，专指西欧历史上主要由第三阶层所构成的、带有显著近代自由特质的文化类型。因此，论者在讨论唐宋时期的"市民文化"时，都相当清醒地意识到了它与西欧历史之间的差异，首先小心地分辨概念的定义。如有学者明确指出："在西方国家的历史中，市民是作为封建制的异端出现的，后来发展分化成工人阶级和资产阶级。中国古代城市发展与西方不同轨迹，其性质不是生产型的而是消费型的，市民的性质因而与西方不同，难以一概而论。"[98]其他论者表述的文字或者有差别，其中的倾向都是比较明确的。

尽管如此，论者坚持关注中国传统的市民文化，当然并非仅仅为了辨明中西之间的史实差异，其用心所在，恐怕是为了探寻某种在他们看来具有特殊意义的历史现象。实际上，分辨与欧洲市民文化之间存在的差别，与其说是为了梳理中国传统市民文化的具体内涵，不如说是为了借鉴与比拟，为了寻找一个实用的参照系。如有一位论者这么说："自治和自由才是新型市民政治文化的精髓所在。"[99]市民文化理应蕴含的新型、自由——因而不见容于旧体制——的特质，才是论者殚精竭虑试图论证的内容，舍此关于中国古代市民文化的讨论也就没有多大意义了。所以"自由""新型"等词语就常常出现在相关的论述之中。又如另一位学者之所论："正是宋代城市中新兴的市民文化的勃起，广大中下层群众需要参与商品交换、参与生活'闲暇'，从多种途径去寻找自身的社会价值。这是一种朦胧的'历史开拓'。"[100]

有意思的是，论者所述之"市民文化"应该具有的这些"自由""新型"的特质，与其说它们主要来自对史实的归纳，还不如说是出于对某种历史演变进程的信念。对于那些论者而言，"市民文化"具备这样的特质，似乎是一件理所当然、无须论证的事情，他们的任务就是从史籍记载中找到市民的这种文化特质。毫无疑问，在这里，欧洲市民文化的参照意义是显而易见的。就这样，尽管论者事先划定了中西"市民"之间的性质差异，小心剔除了被认为不符合中国历史实际的那些欧洲市民文化特征，当讨论实际展开时，其核心部分又被悄悄地召请了回来。中外概念的纠葛，就这样影响到了论者的分析思路。

也许，事先的概念分辨出自学术理性的冷静，随后异域经验的回马枪则源于多年理论熏陶的下意识。论者们在逻辑上的这种左右为难的尴尬境地，表现出在观察历史时的一种明显的目的论特性，"发展"范式在其中的影响昭然若揭。

困惑与难题有时还表现在一些"技术性"的层面，例如，如何重构史实。

随着历史学科的社会科学化，定量定性的专题分析取代感性的史事叙述，成为史家的主要工作。但传统中国存世的历史文献，绝大多数为文人士夫的描述性文字，常常不能满足这种社会科学式专题分析的需要。于是，史实的重构大多无法通过精确的统计分析，而只能主要依仗于征引描述性文字的"举例子"的方式来完成。史实重构的可靠性就不得不在很大程度上取决于那些"例子"具有多少典型意义，所以在"例子"的取舍与解读上，就对史家的智力提出了严重的挑战。同时，也正由于存世文献绝大多数出于文人士夫之手的这种特点，它们对都邑城镇市井生活的记述，在号称汗牛充栋的史籍中仅占极小比例，这就使得唐宋城市史的研究在如何重构史实方面，面临着更多的困难。典型案例，可举城市人口问题来说明之。

从唐到宋，城居人口究竟达到多大的规模，这是讨论当时城市发展水平的一个核心内容，因而是所有研究者都必须回答的问题。可是在史籍中，却并没有现成的城居人口统计数据流传下来，学者们不得不通过各种近似的信息来估计与推断。其中，很大程度上由于不同学者对唐宋城市发展总体水平认识的不同，实际也就是每人"希望值"的差异，他们在解读文献时所取之"偏差值"也常常有很大出入，遂使得各自的结论歧异互见，很难一致。❶

但是学者们所能利用的历史信息，很大部分出自传世的文学作品，倒是相同的。许多记载都具有明显的文学夸张性与不确定性。如北宋毛维瞻称越州"户口之众寡，无虑十百万"❷；南宋王洋称弋阳县城人口"弋阳千万家，比屋接修栋"❸；刘过描述鄂州人口，也称"城郭千万家"❹。文人士夫所用的这些"十百万""千万家"之类语词，用意所在，当然并非具体的数据，只是为了表达一种人数众多的意境而已。如果今人竟将它们引为信史，岂非为古人所不解。又如当时人描述都城人口，一般都夸口至"百万家"；北宋中期孙觌盛赞苏州人口之众多，则称"盖自长庆迄宣和，更七代三百年，吴人老死不见兵革，复露生养，至四十五万家"❺；陆游描述成都城市人口，先是说"九衢百万家"，复称"城中繁雄十万户，朱门甲第何峥嵘"❻。实际上这些城市的人口究竟可能达到多大规模，非得利用各种可能的信息，极其小心考定不可。例如南宋镇江府，时人诗文称其"铁瓮城中十万家，哀弦促管竞繁华"❼，实际人口仅在一两万户之间。❽因此在多数情形下，真相不得不被无奈地付诸阙如了。

但是，论者困于资料之匮乏，为了"举例子"证实当时城市发展现象，饥不择食，将那些文学性描述文字引为信史的情形，却并不鲜见。

例如林立平讨论唐代城市人口，说到成都城，在反复征引了时人关于"城中十万户""十万人家春日长""成都十万户"等描写之后,说:"当时僧侣、奴婢、驻军等不入户籍,可知城中人口至少有五十万。"❶这当然是按户均五口的惯例来估算的。但是虽然这"十万户"的记载看起来相当清晰明确,不像"十百万""千万家"之类语词含混,难道在"写意"的性质上与那些语词截然不同,真就是准确可靠的统计数据?

又论荆州,他先引《旧唐书·地理志》之文:"自至德后,中原多故,襄阳百姓,两京衣冠,尽投江湘,故荆南井邑,十倍其初,乃置荆南节度使。"❶复称天宝元年(742)荆州有十四万八千多口,"若以'十倍其初'计算,安史乱后似当上百万了"。按林文所引天宝元年荆州的户口数未出注释,查对史籍,当出自前引《旧唐书·地理志》之文的后面部分。但是所谓"十倍其初"之论,显然不具备人口统计的意义,而只是文人的夸张用辞,明晰可知。依靠这样的用辞推算所得荆州地方人口,恐怕也只能用来作文学描写,而无法引作史学专题研究的论据。最后林氏又引了《资治通鉴》的一则记载:"……(王)仙芝闻之,焚掠江陵而去。江陵城下旧三十万,户至是死者什三四。"并据此得出结论:"江陵城下达三十万户,一户无论按四口或五口计算,市区人口都在百万以上,参照以上各种记载,我认为这个数字是可信的,它反映了安史乱后江陵城的突出发展。"❶这就忽略了古人描绘战争的破坏,常多夸张,以强调兵燹惨烈的现象。《资治通鉴》的这段文字,就极有可能是因为记述者为了强调民变军队杀掠之残酷,夸大了事实。总之,林氏所论荆州地区人口,从天宝元年的近十五万,十余年后竟达百万,又过了百余年,其中心城市人口又超过百万,似此完全超越常理的"发展"路径,其论据却如此脆弱可疑,考证过程有欠严谨毋庸赘言,其典型意义则在于:常见一些堪称成熟的学者,在类似的讨论中,他们的思路却令人惊异地简单,个中缘由就只能到他们的立场中去寻找了。在"发展"模式主导下，论者们更倾向于取一个最大化的"希望值"，来重构唐宋城市演变的史实。

可见，英国史家卡尔（E.H. Carr）强调史学家在解释历史事实中的主观作用，认为"历史是历史学家与历史事实之间连续不断的、互为作用的过程，就是现在与过去之间永无休止的对话"⑬，洵非虚论。

余　论

那么，在一个研究积累如此丰富的领域，进一步拓展如何可能？

更具体、更细致地重构史实，永远是史学研究的基础工作。有时候，这种重构不一定非得着力于那些"前人尚无研究的空白点"。在唐宋城市史这样的成熟领域，如果找不到合适的新视角，"空白点"恐已不易寻觅。同时，用心于重新检验前人的旧说，其实也是一个值得努力的方面。研究积累越丰厚，前人研究所形成的旧说自然越多——包括对史实的描述。这就在相当的程度上约束了我们的观察能力，使得我们自觉不自觉地依循着前人的思路去观察、去思考。前人的研究无不是从史实考释逐步展开的，他们的研究条件在某些方面其实不如今天，史籍的搜寻既已困难，现代化的大型全文数据库更不可得，因此在不少方面存在疏误并不意外。可是，迷信旧说，不假思索地接受前人旧说的现象，在史学领域却不胜枚举，这就使我们的不少研究建立在了可疑的基础之上。例如关于唐宋间城市市场的问题，从唐代前期严格推行封闭的坊市制，"诸非州县之所，不得置市"，到宋代发展为开放的街市制，史籍中有关"市"的记载已经演化为"单纯的地名"，自从20世纪30年代以来，这样的"规范"认识一直被广泛接受,未受质疑,因此也未经重新检验。经过细致梳理史实,重新检验加藤繁的这一旧说,新近的研究却告诉我们:这一"规范"认识显然将历史演变的复杂过程简单化与概念化了。⓫这一"规范"认识既经修正,原先在它基础上构建的一系列假说,也就有了进一步讨论的可能。

本人浅见:由于史学研究的特点所致,在许多情况下,似此重新检验旧说的努力常能得到丰厚的回报。当然,在这一过程中,研究者应该付出较之他人更多的努力,是必然的。在我们目前讨论的这个学术领域,当前的状态看来是概念演绎多于史实重构。但是,如果没有坚实的史实重构工作的支撑,那些新颖的概念,靠什么来支撑呢?

人类认识的提高不可能一帆风顺,总是从一个极端走向另一个极端,曲折前进。原因之一,可能正如本文所论,追随众说,为旧范式添砖加瓦,远比别开生面、另辟蹊径来得省力,来得容易。唐宋城市史研究自进入拓展阶段后,近大半个世纪以来的"主旋律"就是"发展"模式。这一单向思维路径,在推动学者为唐宋间城市巨大发展的史实提供越来越丰富的论证的同时,也逐渐表现出了它的某种局限性——尽管继续论证"发展"的史实仍存在一定余地。例如,如何解释城市"革命"之后行进步伐的迟滞?例如,过度强调唐宋间历史的断裂,是否会遮盖问题的另一侧面——连续性?又例如,沉浸于都城梦华的世界,是否会以偏概全,忽略不同地区城市发展的差异性与不平衡性?另辟蹊径的前提是当众人都在向着一个方面齐头并进,都在不断"强化"范式的时候,我们主动停下来,想一想是否可能存在不一样的观察路径。

十余年前,赵冈从中西对比的立场,以"宏观角度"讨论中国历史上城市发展的过程,指出:"研究一个国家城市化的过程与速度,应该注意到促成城市化的动力以及这种运动所遭遇的制约因素。"[13]为我们分析唐宋间城市显著发展的历史，提出了比单向的发展范式更多的可能性。例如，当我们动辄在唐宋帝国的大地上描绘出一个个数十万人口的"大都市"的时候，是否应该考虑一下，在前工业化时代，人们为什么集聚于这些"大都市"？他们在其中如何维持生计呢？在不具备现代交通、卫生防疫、物资供应等技术手段与经济条件之前，城市日常管理如何维持呢？如果宋代城市人口的确达到了占总人口的百分之二十甚至三十，当时的农业生产是否有能力供应足够的商品粮，包括生产与运输？如果将它落实到具体的历史区域，问题可能更加复杂。试想，若按每人日均消费粮食一升半计，[16]则年均消费约五石，一个百万人口的城市，就需年均消费粮食五百万石。北宋时期，专制政府动员全部行政资源，花费巨额运费，从东南六路向京师开封城运送漕粮，年额最高不过六百万石，因此东南漕粮主要只能供开封地区消费，无法再转送西北沿边。其他地区那些号称数十万人口的"大都市"，它们的行政资源与经济资源远远无法与开封相比，如果其人口规模不误，那么每个城市至少年均消费二三百万石粮食，这些粮食从哪里、如何来供应呢？南宋中后期各地城市居民粮食供应困难的记载，在史籍中明显增多，是否即为赵冈所论"制约因素"的具体表现？这些既是我们在重构史实时不断细致深化的有效途径，更是检验旧说的合适视角。

近二三十年来全国各地如火如荼的城建运动，在付出了将地面文物大规模地毁尸灭迹的高昂代价的前提下，却也向我们提供了一些地下历史遗存的新信息，使我们有可能在更广泛、更彻底地从存世文献中——包括唐宋时期的与后世的——搜寻相关记载的同时，更多利用新近的考古资料，对某些唐宋城市展开深入的个案研究，用以弥补前人研究的不足。迄今为止，我们关于唐宋时期城市发展的印象，主要来自一些全局性的讨论，其中当时全国等级最高，同时也是经济最为繁荣的城市——都城的影响尤其明显。区域性的城市研究虽已取得一定成就，总体看仍相当粗浅。这既有存世历史文献不平衡因素的制约，更为重要的原因，还在于大一统传统影响着我们的思路。如果能够做到在各个区域，对不同类型的城市都选取典型展开充分的个案研究，然后再在这些个案研究基础之上，作实证式的归纳，我们对唐宋城市全局的认识，必然会有实质性的提高。

当然，理想状态无法企及，我们只能永远处在追求理想状态的过程之中。在这一过程中，无论理论还是方法，其实都是次要的，态度才具有决定意义。

（原载《人文杂志》2013年第1期，第78—96页，后收入拙著《宋代城市研究》，为"代绪论"，中华书局2014年版）

---

❶ 参见中国科学院考古研究所西安唐城发掘队《唐代长安城考古纪略》（载《考古》1963年第11期，第595—611页）一文所附之图一《长安城复原图》。

❷〔唐〕白居易：《白居易集》卷二五《登观音台望城》，中华书局1979年版，第2册，第560页。

❸ 相关综述性专文，不少从整个中国古代城市研究的范围着手讨论，唐宋城市研究为其中重要组成部分；另有一些则专以唐宋城市史研究为题。计有：曲英杰：《近年来中国古代城市问题研究综述》，载《中国史研究动态》1985年第7期，第8—14页；张东刚：《近年来古代城市史研究综述》，载《历史教学》1990年第5期，第29—30页；曲英杰：《近年来中国古代城市研究综述》，载《中国史研究动态》1990年第9期，第1—7页；朱士光：《八年来中国古都学研究概述》，载《中国史研究动态》1991年第5期，第1—5页；曲英杰：《近年来中国古代城市史研究的新进展》，载《中国史研究动态》1996年第2期，第9—16页；〔日〕平田茂树：《宋代城市研究的现状与课题——从宋代政治空间研究的角度考察》，载中村圭尔、辛德勇编《中日古代城市研究》，中国社会科学出版社2004年版，第107—127页；吴松弟《大陆中国における宋代都市史研究回顾》，载《大阪市立大学东洋史论丛》第14号，2005年3月，第19—50页；杨贞莉：《近二十五年来宋代城市史研究回顾（1980—2005）》，载《台湾师大历史学报》第35卷（2006年6

月）, 第 221—250 页；张萍：《近十年来大陆学者有关中国古代城市史研究的研究（1997—2006）》, [日本]《中国史学》第 17 期, 第 11—25 页, 朋友书店 2007 年版。熊月之、张生：《中国城市史研究综述（1986—2006）》, 载《史林》2008 年第 1 期, 第 21—35 页。此外在一些更为综合性的学术史讨论中涉及唐宋城市研究的内容者也不少, 如胡戟等编《二十世纪唐研究》（中国社会科学出版社 2002 年版）一书中, 由冻国栋撰写第七章《商业》, 其中第二节《城市与市镇》就是。不备举。

❹ 宁欣、陈涛：《唐宋城市社会变革研究的缘起与历程》, 载李华瑞主编《"唐宋变革"论的由来与发展》, 天津古籍出版社 2010 年版, 第 293—357 页。同时, 此文以《"中世纪城市革命"论说的提出和意义——基于"唐宋变革论"的考察》为题, 刊载于《史学理论研究》2010 年第 1 期, 第 126—159 页；复在删节后以《唐宋城市社会变革研究的缘起与思考》为题, 载于《中国史研究》2010 年第 1 期, 第 25—30 页。

❺ 参见宁欣、陈涛《唐宋城市社会变革研究的缘起与历程》, 第 295 页, 注 1。

❻ 参见［日］加藤繁《支那經濟史考證》上卷（東洋文庫 1952 年版）、下卷［（東京）东洋文庫 1953 年版］。中文版题作《中国经济史考证》, 吴杰译, 商务印书馆 1962 年版。其中第一卷所录相关论文有：《宋代都市的发展》, 第 239—277 页；《唐宋时代的市》, 第 278—303 页；《关于唐宋的草市》第 304—309 页；《唐宋时代的草市及其发展》, 第 310—336 页；《论唐宋时代的商业组织"行"并及清代的会馆》, 第 337—369 页；《柜坊考》, 第 395—412 页；等等。

❼ ［日］平田茂树：《宋代城市研究的现状与课题——从宋代政治空间研究的角度考察》, 第 107 页。

❽ ［日］斯波义信：《宋代商業史研究》,（东京）风间书屋 1968 年版。中文版题同原文, 庄景辉译, 稻禾出版社初版 1997 年版；浙江大学出版社 2021 年版。

❾ 梁庚尧：《南宋城市的发展》, 载氏著《宋代社会经济史论集》上册, 允晨文化实业股份有限公司 1997 年版, 第 481—583 页。

❿ 载《史学杂志》59 卷第 9、10 期, 后标题改作《宋代的乡村における店·市·步の发展》, 收入氏著《唐宋社会经济史研究》,（东京）东京大学出版会 1965 年版, 第 785—866 页。

⓫ 梁庚尧：《南宋的市镇》, 原载《食货月刊》复刊第八卷, 1979 年第 6—8 期, 后收入氏著《宋代社会经济史论集》下册, 第 14—99 页。

⓬ 载《历史地理》第六辑, 上海人民出版社 1988 年版, 第 94—125 页。

⓭ 福建人民出版社 1989 年版。

⓮ 参见于云瀚《北宋城市密度分析》, 载《学术研究》1998 年第 11 期, 第 52—58 页；林立平《试论唐宋之际城市分布重心的南移》, 载《暨南学报（哲学社会科学版）》1989 年第 2 期, 第 71—81 页；王涛《唐后期南方城市的兴起与繁荣》, 载《晋阳学刊》1999 年第 5 期, 第 86—90 页；等等。

⓯ ［日］斯波义信：《宋代江南经济史の研究》,（东京）汲古书院 1988 年版。中译本题作《宋代江南经济史研究》, 方健、何忠礼译, 江苏人民出版社 2001 年版, 第 318 页。

⓰ 李孝聪：《论唐代后期华北三个区域中心城市的形成》, 载《北京大学学报（哲学社会科学版）》1992 年第 2 期, 后收入北京大学中国传统文化中心编《北京大学百年国学文

粹·史学卷》，北京大学出版社1998年版，第659—671页。

❶⓻ 载《历史地理》第九辑，上海人民出版社1990年版，第239—263页。

❶⓼ 曹家齐：《唐宋时期南方地区交通研究》第七章第二节《交通与南方城市之繁荣》，华夏文化艺术出版社2005年版，第263—289页。

❶⓽ 史念海：《中国古都学刍议》，原载中国古都学会编《中国古都研究》第三辑（浙江人民出版社1987年版），后收入氏著《中国古都和文化》，中华书局1998年版，第1—32页。

❷⓪ 参见程存洁《唐代东都洛阳城市研究概况》，载《中国史研究动态》1993年第10期，第11—15页；周宝珠《宋代东京研究》，河南大学出版社1992年版；丘刚等编《开封考古发现与研究》，中州古籍出版社1998年版；久保田和男：《宋代开封研究》，上海古籍出版社2010年版；徐吉军《南宋都城临安》，杭州出版社2008年版；唐俊杰、杜正贤《南宋临安城考古》，杭州出版社2008年版。

❷① 原载《"中央研究院"历史语言研究所集刊》第11册（1947年），后收入全氏《中国经济史论丛》第一卷，香港中文大学新亚书院、新亚研究所1972年版，第1—28页。

❷② 参见中国社会科学院考古研究所、南京博物院扬州城考古队、扬州市文化局《扬州城考古工作简报》，载《考古》1990年第1期，第36—44页；南京博物院《扬州古城1978年调查发掘简报》，载《文物》1979年第9期，第33—42页；纪仲庆《扬州古城址变迁初探》，载《文物》1979年第9期，第43—56页；杜瑜《扬州周围历史地理变迁对扬州兴盛的影响》，载《江苏省考古学会1983年考古论文选》，1983年自刊本，第103—115页；等等。

❷③ 参见安藤更生《关于唐宋时代扬州城的研究》，载《鉴真大和上传之研究》外编，（东京）平凡社1960年版；史少卿《简析唐中后期扬州城市工商业流动人口》，载《常德师范学院学报》2001年第5期，第69—71页；西冈弘晃《宋代扬州的城市水利》；爱宕元《唐代的扬州城和其郊区》，载梅原郁编《中国近世社会的都市と文化》，（京都）京都大学人文科学研究所1984年版；等等。

❷④ 李廷先：《唐代扬州史考》，江苏古籍出版社1992年版。

❷⑤ 原载《台湾大学文史哲学报》第31期，后收入氏著《宋代社会经济史论集》上册，第334—480页。

❷⑥ 梁庚尧：《宋元时代的苏州》，第462页。此外参见可盐卓悟《南宋代における苏州の经济の性格と商品流通构造》，载《千里山文学论集》（关西大学）第59卷，1998年。

❷⑦ 高柯立：《宋代的地方官、士人和社会舆论——对苏州地方事务的考察》，载《中国社会历史评论》第10卷，天津古籍出版社2009年版。

❷⑧ 参见杜瑜《从宋〈平江图〉看平江府城的规模和布局》，载《自然科学史研究》1989年第1期，第90—96页；等等。

❷⑨ 参见关履权《宋代广州的海外贸易》，广东人民出版社1987年版；蔡鸿生《宋代广州的蕃姓海商》，载蔡鸿生主编《广州与海洋文明》，中山大学出版社1997年版；王文才《成都城坊考》，巴蜀书社1986年版；官性根《宋代成都府政研究》，巴蜀书社2010年版；等等。

❸⓪ 例如 Yoshinobu Shiba, "Ningpo and Its Hinterland", G. William Skinner(ed.), *City in Late Imperial China*, Standford University Press, 1977（中文版题作《中华帝国晚期的城市》，叶光廷等

译，中华书局2000年版），pp.391-440。此文后收入氏著《宋代江南经济史の研究》。又黄宽重《宋代的家族与社会》第二篇《四明家族群像》（东大图书公司2006年版，第67—202页），讨论袁、楼、汪、高四氏家族史事；包伟民《宋代明州楼氏家族研究》，《大陆杂志》1997年第5期，第31—39页。

㉛ 参见郭万平《日本"东亚海域交流与日本传统文化的形成——以宁波为焦点开创跨学科研究"科研项目综述》，载《中国史研究动态》2006年第8期，第24—28页。

㉜ [日]近藤一成：《宋代科举社会的形成——以明州庆元府为例》，载《厦门大学学报（哲学社会科学版）》2005年第6期，第15—24页。

㉝ [宋]王应麟：《四明文献集》卷一《庆元路重建儒学记》，四明丛书本，页12B。

㉞ 参见柳立言《宋代明州士人家族的形态》，载《"中央研究院"历史语言研究所集刊》第八十一本第二分册（2001年），第289—364页；《士人家族与地方主义：以明州为例》，载《历史研究》2009年第6期，第10—18、189页。

㉟ 如参见李蔚、董湉红《从考古发现看唐宋时期博德地区与明州间的贸易往来》，载《宁波大学学报（人文科学版）》2007年第3期，第81—85页。

㊱ 陆敏珍：《唐宋时期明州区域社会经济研究》，上海古籍出版社2007年版。

㊲ 刘建国：《古城三部曲——镇江城市考古》，江苏古籍出版社1995年版。

㊳ 马强、温勤能：《唐宋时期兴元府城考述》，载《汉中师范学院学报（社会科学）》2001年第4期，第91—94页。

㊴ 参见本田治《宋元时代温州平阳县の开发と移住》，载《佐藤博士退官记住中国水利史论集》，（东京）国书刊行会1984年版，第213—236页；周宝珠《宋代朱仙镇考》，载《史学月刊》1994年第4期，第107—110页；杨果《宋代的鄂州南草市——江汉平原市镇的个案分析》，载《江汉论坛》1999年第12期，第80—84页；等等。

㊵ [宋]王溥：《唐会要》卷八六《街巷》，下册，第1867页。

㊶ [日]斯波义信：《宋代江南经济史研究》，第322—324页。

㊷ 杨果：《宋代鄂州城市布局初探》，初刊于（韩国）《中国史研究》第40辑（2006年），后收入氏著《宋辽金史论稿》，商务印书馆2010年版，第222—242页。

㊸ 宁欣：《唐宋都城社会结构研究——对城市经济与人口的关注》，商务印书馆2009年版，第5页。

㊹ 参见平田茂树《日本宋代政治制度研究述评》，载氏著《宋代政治结构研究》，上海古籍出版社2010年版，第1—23页。

㊺ 参见衣川强《杭州临安府と宰相》，载梅原郁编《中国近世社会の都市と文化》，（京都）京都大学人文科学研究所1984年版，第95—124页。

㊻ 姜伯勤：《从判文看唐代市籍制的终结》，载《历史研究》1990年第3期，第17—28页。

㊼ 参见蔡鸿生《宋代广州的蕃姓海商》，以及范邦瑾《唐代蕃坊考略》，载《历史研究》1990年第4期，第149—154页；马娟《唐宋时期穆斯林蕃坊考》，载《回族研究》1998年第3期，第31—36页；刘莉《试论唐宋时期的蕃坊》，载《中央民族大学学报（哲学社会科学版）》1999年第6期，第53—58页；等等。

㊽ 宁欣：《由唐入宋都市人口结构及外来、流动人口数量变化浅论——从〈北里志〉和〈东

京梦华录〉谈起》，载《中国文化研究》2002年夏之卷，第71—79页。又宁欣：《唐代长安流动人口中的举选人群体》，载《中国经济史研究》1998年第1期，第93—100页。后均收入氏著《唐宋都城社会结构研究——对城市经济与社会的关注》下编。

㊾ 参见郭正忠《两宋城乡商品货币经济考略》，经济管理出版社1997年版，第77—92页。

㊿ 参见王曾瑜《宋朝阶级结构》（增订版）第四编《宋朝非主体阶级》，中国人民大学出版社2010年版。

(51) 参见梁庚尧《南宋官户与士人的城居》，原载《新史学》1990年第2期，后收入氏著《宋代社会经济史论集》下册，第165—218页。

(52) 参见梁庚尧《南宋城居官户与士人的经济来源》，原载“中研院”历史语言研究所编印《中国近世社会文化史论文集》（1993年），后收入氏著《宋代社会经济史论集》下册，第219—321页。

(53) 参见拙文《意象与现实：宋代城市等级刍议》，载《史学月刊》2010年第1期，第34—41页。后经修订编入拙著《宋代城市研究》（中华书局2014年版）第六章《人口意象》。

(54) ［日］曾我部静雄：《中国及び古代日本におけゐ乡村形态变迁》第五章《都市区劃制の成立》，（东京）吉川弘文馆1963年版，第414—497页。又室永芳三：《唐都长安城の坊制と治安机构》（上、下），载《九州岛大学东洋史论集》第二号，1974年3月，第1 13页；第四号，1975年10月，第1—19页。

(55) 陈振：《略论宋代城市行政制度的演变——从厢坊制到隅坊（巷）制、厢界坊（巷）制》，第348页，载本书编委会编《漆侠先生纪念文集》，河北大学出版社2002年版，第339—349页。参见周宝珠《宋代城市行政管理制度初探》，载中国社会科学院历史研究所宋辽金元史研究室编《宋辽金史论丛》（第一辑），中华书局1985年版，第152—167页；马继云、于云瀚《宋代厢坊制论略》，载《史学月刊》1997年第6期，第17—19页。

(56)〔宋〕王溥：《唐会要》卷八六《市》，下册，第1874页。

(57) 参见拙文《宋代州县城市市制新议》，载《文史》2011年第1期，第151—169页；《唐代市制再论》，载《中国社会科学》2011年第4期，第179—189页。其中加藤繁之语，见《唐宋时代的市》，第296页。后经修订分别编入拙著《宋代城市研究》，为第三章《城市市场》之第一、第二节。

(58) 参见日野开三郎《唐宋时代における商人组合“行”についての再检讨》，载氏著《东洋史学论集》第七卷，（京都）三一书房1983年版，第263—505页；戴静华《宋代商税制度简述》，载邓广铭主编《宋史研究论文集》（《中华文史论丛》增刊），上海古籍出版社1982年版，第165—203页；魏天安《宋代行会制度史》，东方出版社1997年版；陈伟明《唐宋时期饮食业发展初探》，载《暨南学报（哲学社会科学版）》1990年第3期，第56—64页；林立平《唐宋之际城市租赁业初探》，载《暨南青年学者论文集》，广东人民出版社1989年版，第177—195页；《唐宋之际城市旅店业初探》，载《暨南学报（哲学社会科学版）》1993年第2期，第82—90、149页；《唐宋时期城市饮食业述论》，载《历史文献与传统文化》（第三集），广东人民出版社1993年版，第74—103页；《唐宋之际城市木土工匠的劳动与生活》，载同前书，第104—113页；等等。

(59) 参见赵雨乐《北宋的都市文化：以相国寺为研究个案》，载王水照主编《新宋学》第二辑，上海辞书出版社2003年版，第30—46页；程民生《略论宋代市民文艺的特点》，载张其凡等编《宋代历史文化研究》，人民出版社2000年版，第83—95页；龙登高《南宋临安的娱乐市场》，载《历史研究》2002年第5期，第29—41页；等等。

⑥⓪ ［法］谢和耐：《蒙元入侵前夜的中国日常生活》，江苏人民出版社1995年版，第1、5页。

⑥① 典型论述，如1853年卡尔·马克思所说：一旦中国的"孤立状态通过英国的介入，突然告终"，中国"势必分崩离析，正如千方百计保存在密封的棺材里的木乃伊，一旦接触空气势必分崩瓦解一样"。语出卡尔·马克思《中国革命与欧洲革命》，第111—112页，载中共中央马克思恩格斯列宁斯大林著作编译局译：《马克思恩格斯全集》第九卷，第109—116页。

⑥② ［日］斯波义信：《宋代商业史研究》，第1页。

⑥③ ［英］伊懋可：《中国的历史之路》第十七章，第218—318页。

⑥④ 漆侠：《宋代社会生产力的发展及其在中国古代经济发展过程中所处的地位》，载《中国经济史研究》1986年第1期，第29—52页。后收入氏著《漆侠全集》，河北大学出版社2009年版，第8册，第357—394页。

⑥⑤ 漆侠：《宋代经济史研究》，上海人民出版社1987年版，上册，第28页。

⑥⑥ 参见邓小南《近年来宋史研究的新进展》，载《中国史研究动态》2004年第9期，第18—24页。

⑥⑦ ［日］伊原弘：《中国开封の生活と歳时—描かれた宋代の都市生活》，（东京）山川出版社1991年版。

⑥⑧ 参见龙登高《南宋临安的娱乐市场》；程民生《汴京文明对南宋杭州的影响》，载《河南大学学报（社会科学版）》1992年第4期，第15—19页；冷辑林、乐文华《论两宋都城的饮食市场》，载《南昌大学学报（哲学社会科学版）》1997年第1期，第109—114页；刘迎春《北宋东京婚俗的几个特点》，载《河南大学学报（社会科学版）》1997年第2期，第15—18页；杨文秀《北宋东京市民的夜生活》，载《唐都学刊》1997年第2期，第27—31页；吴晓亮《略论宋代城市消费》，载《思想战线》1999年第6期，第99—104页；陈华文《论宋代城市民俗及对后世的影响》，载《浙江师范大学学报（哲学社会科学版）》2000年第3期，第109—113页；等等。

⑥⑨ 林立平：《中唐后城市生活的"俗世化"趋向》，载中国唐史学会编《中国唐史学会论文集（1991）》，三秦出版社1991年版，第229—247页。

⑦⓪ 温翠芳：《唐代长安西市中的胡姬与丝绸之路上的女奴贸易》，载《西域研究》2006年第2期，第19—22页。

⑦① 参见史念海《汉唐长安城与生态环境》，载《中国历史地理论丛》1998年第1期，第1—18页；朱士光《汉唐长安城兴衰对黄土高原地区社会经济环境的影响》，载《陕西师范大学学报（哲学社会科学版）》1998年第1期，第79—84页；王小红《水、树、园：宋代成都城的生态环境》，载《成都大学学报（哲学社会科学版）》2001年第2期，第45—48页；等等。

⑦② 程遂营：《唐宋开封生态环境研究》，中国社会科学出版社2002年版。

⑦③ 赵雨乐：《北宋的都市文化：以相国寺为研究个案》。

⑭ 关于中心地理论，参见 Walter Christaller, *Die Zentralen Orte in Süddeutschland*, Wissenschaftliche Buchgesellschaft, 1968. 中文译本题作《德国南部中心地原理》，常正文、王兴中等译，商务印书馆1998年版，第21—30页。

⑮ 参见〔美〕哈罗德·D.拉斯韦尔：《政治学：谁得到什么？何时和如何得到？》，杨昌裕译，商务印书馆1999年版。

⑯ 廖志豪：《从坊市遗址出土文物看宋代苏州城市经济发展》，载《学术月刊》1980年第12期，第42—45页。

⑰ 呼琳贵：《由礼泉坊三彩作坊遗址看唐长安坊里制度的衰败》，载《人文杂志》2000年第1期，第89—90页。

⑱ 〔清〕徐松撰，李健超增订：《增订唐两京城坊考》，三秦出版社1996年版。

⑲ 〔日〕入矢义高、梅原郁译注：《〈东京梦华录〉——宋代の都市と生活》，（东京）平凡社1996年版；〔宋〕孟元老撰，伊永文笺注：《东京梦华录笺注》，中华书局2009年版。

⑳ 参见周宝珠《〈清明上河图〉与清明上河学》，河南大学出版社2004年版。

㉑ 柳立言：《何谓"唐宋变革"？》，载《中华文史论丛》第81辑，上海古籍出版社2006年版，第127—171页。后收入氏著《宋代的家庭和法律》，第3—42页。

㉒ 韩光辉：《12至14世纪中国城市的发展》，第3页，载《中国史研究》1996年第4期，第3—15页。

㉓ 韩光辉：《宋辽金元建制城市研究》，北京大学出版社2011年版，第201页。

㉔ 韩光辉前引文，第133页。

㉕ 关于"李约瑟难题"，参见 Joseph Needham, *Science and Civilisation in China*, Vol. I, *Introductory Orientations*, Cambridge University Press, 1954. 中译本题作《中国科学技术史》第一卷《导论》，袁翰青等译，科学出版社、上海古籍出版社1990年版，第1—2页。

㉖ 〔英〕伊懋可：《中国的历史之路》第十七章《量的增长与质的停滞》，第281—318页。

㉗ G. William Skinner(ed.), *The City in Late Imperial China*, Stanford University Press, 1977. 中译本题作《中华帝国晚期的城市》，叶光庭等译，中华书局2000年版，第24页。

㉘ 成一农曾从史实考订的角度，对"中世纪城市革命"的命题提出质疑，参见成一农《"中世纪城市革命"的再思考》，载《清华大学学报（哲学社会科学版）》2007年第2期，第77—87页。

㉙ 参见宁欣、陈涛《唐宋城市社会变革研究的缘起与历程》，第311—313页。

㉚ 参见周加来《城市化·城镇化·农村城市化·城乡一体化——城市化概念辨析》，载《中国农村经济》2001年第5期，第40—44页。

㉛ K. J. Button, *Urban Economics: Theory and Policy*, The Macmillan Press Ltd, 1976. 中译本题作《城市经济学——理论和政策》，上海社会科学院部门经济研究所城市经济研究室译，商务印书馆1986年版，第14、15页。

㉜ 〔日〕斯波义信：《宋代商业史研究》，第2、4页。

㉝ 关于"早期工业化"概念，参见李伯重的归纳。李伯重：《江南的早期工业化（1550—1850）》，社会科学文献出版社2000年版，第1—17页。

㉔ 陈国灿:《中国早期城市化的历史透视——以江南地区为中心的考察》,第7页,载《湖南文理学院学报(社会科学版)》2004年第6期,第7—12页。

㉕ 陈国灿前引文,第11页。

㉖ 林立平:《中唐后城市生活的"俗世化"趋向》,第229页。

㉗ 参见拙文《宋代州县城市市制新议》。

㉘ 程民生:《略论宋代市民文艺的特点》,第93页。

㉙ 徐勇:《古代市民政治文化的独特性与局限性分析》,第67页,载《江汉论坛》1991年第8期,第66—68、75页。

⑩ 李春棠:《坊墙倒塌以后——宋代城市生活长卷》,湖南出版社1993年版,第185页。

⑪ 如施坚雅《中华帝国晚期的城市·导言:中华帝国的城市发展》第29页有如下论断:"相当广泛详尽的证据指明,同一地区十三世纪时的城市化比率至少是百分之十,还可能比这高得多。"斯波义信认为南宋鼎盛时期,"城市化率或许达到了30%"。参见氏著《宋代江南经济史研究》,第329页。又赵冈《从宏观角度看中国的城市史》也提出南宋时市人口比重达到了22%,载《历史研究》1993年第1期,第3—16页,后收入氏著《中国城市发展史论集》,新星出版社2006年版,第1—30页。

⑫ 〔宋〕毛维瞻:《新修城记》,载孔延之编《会稽掇英总集》卷十九,台湾商务印书馆1982年版,影印文渊阁《四库全书》,第1345册,第161页。

⑬ 〔宋〕王洋:《东牟集》卷一《真意堂》,台湾商务印书馆1982年版,影印文渊阁《四库全书》,第1132册,第304页。

⑭ 〔宋〕刘过:《龙洲先生集》不分卷《九日鄂渚登高楚观分得能字》,线装书局2004年版,《宋集珍本丛刊》第69册,影印清抄本,第18页。

⑮ 〔宋〕孙觌:《孙尚书大全文集》卷四六《平江府枫桥普明禅院兴造记》,线装书局2004年版,《宋集珍本丛刊》第35册,影印宋抄本,第279页。按孙觌所引白居易诗句,见《白氏长庆集》卷二一《九日宴集醉题郡楼兼呈周殷二判官》。

⑯ 〔宋〕陆游著,钱仲联校注:《剑南诗稿校注》卷八《登城》、卷九《晚登子城》,上海古籍出版社1985年版,第2册,第661、719页。

⑰ 〔宋〕刘宰:《漫塘文集》卷二《寄范黄中(炎)运管》,线装书局2004年版,《宋集珍本丛刊》第72册,影印明万历刻本,第109页。

⑱ 参见俞希鲁《至顺镇江志》卷三《户口》原注引《嘉定志》:"府城厢户一万四千三百,口五万六千八百。江口镇户一千六百,口六千六百。"(江苏古籍出版社1999年版,第1册,第86页)

⑲ 林立平:《试论唐宋之际城市分布重心的南移》,第73页。

⑳ 〔后晋〕刘昫等:《旧唐书》卷三九《地理志二》,中华书局1957年版,第5册,第1552页。

㉑ 林立平:《试论唐宋之际城市分布重心的南移》,第74页。林文所引司马光《资治通鉴》文,出此书卷二五三"乾符五年正月"条,中华书局1956年版,第17册,第8159页。

㉒ 〔英〕E.H.卡尔:《历史是什么?》,第115页。

⑬ 参见拙文《宋代州县城市市制新议》。

⑭ 赵冈:《从宏观角度看中国的城市史》,第5页。

⑮ 关于人均每天消费粮食数额,宋人有称每日"人食二升"(陈造《江湖长翁文集》卷二四《与奉使袁大着论救荒书》),亦有称"人日食一升"(方回《续古今考》卷十八《附论班固计井田百亩岁入岁出》),今斟取日食一升半计算之。

十七 ‖ 杂学谓博：江南市镇考察忆旧

主题选择

我 1982 年开始读研究生，从硕士到博士，学的都是宋代史，到 20 世纪 90 年代初，开始涉猎清末民初的江南区域史研究，回想起来，倒不算意外。

从大学本科时期起，我就对社会经济史特别感兴趣，说不清什么原因。读硕士时，1983 年暑期，曾跟随研究明清经济史的蒋兆成老师到浙北苏南等地乡镇做田野调查，一路上我其实只能算一个旅伴而已，对蒋老师关心的调查问题，十足的懵懂。不过也正是这一次"田野"，让我了解浙北苏南的那些市镇，乌镇、王店、王江泾、盛泽、震泽、南浔……原来在江南的历史上扮演过如此动人的角色。另一方面，此行也让我见识了当时江南地区这些市镇的面貌，生活依然不乏闲适，偶然可见精致的民居，却无法掩饰角角落落表露出来的败落与无奈。第二年夏天，我又幸运地参加了由唐史研究会组织的唐宋运河考察活动，从浙东运河起点宁波出发，转到大运河终点杭州，沿江南运河北上，在南京渡长江转到扬州，再向北从淮阴沿着当年汴河故道到达开封。考察活动一路车船兼用，既查考历史遗迹，又察访各地民生。那次是生在江南、长在江南的我第一次得以深入观察不同地域的风土人情、民众生活，感触非常深，从而也促使我开始思考"中国"这一庞大文明体所可能包含的巨大地域差异性。记得当时我站在开封城北黄河入汴的柳河口，一边是河道里翻滚奔流的泥浆（对于看惯了江南一汪清泉的我来说，黄河里流动的绝不像是"水"），另一边是从悬河堤坝上向下俯瞰的田野，还有远处的开封城，真令人得以感悟"广谷大川异制，民生其间者异俗"的道理。后来到北京大学攻读博士学位，曾设想以"区域经济"为主题撰写博士论文，因故未成，想来也有这次考察经历的影响在。

1993年，当时我已到杭州大学工作，偶有机会得以申请美国亚洲基督教高等教育联合董事会的研究基金，当时的设想一是研究计划的规模要大一点，二是应该多学科交叉，于是多年前的田野考察经历再次在记忆中复活，遂提出了"江南市镇及其近代命运"这样一个研究计划，得到基金会的批准，并于次年开始研究工作。从此我大约有三四年时间完全放下了宋代史研究，沉醉于清末民初的江南区域史领域。

当然，上述的田野考察经历，只是促使我从中古史研究涉猎帝制后期江南区域史的一个动因，当时历史学学理上的一些思考也许更为重要一点。

长期以来，我们所接受的正统说教，都认为历史学的功能是要研究发现社会发展的规律，以便指导今天的人们去遵循这个规律。随着国门的重新开放，外界异说并入，逐渐影响学人的思想，使得我对"规律"的这份执着开始动摇。茫然之中，心想古人所说"其国可亡，其史不可亡"，史学的功能之最基本者，当属保存历史的记忆。只要记忆得以保存，其中是非，尽可由后人评说。那几年出于种种原因，也时不时游访周边乡镇，看到不少地区为了发展经济，引进制造业，将市镇旧区的传统建筑视为累赘，拆旧建新，以为政绩；经济生活的由农转工，现代交通的延伸，民众经济生活与文化习俗的转变，更在根底上侵蚀着江南市镇的传统文化，岂止外表景观的破坏而已。因此我们意识到研究传统江南市镇是一项具有急迫性的任务，必须立即着手，尽可能赶在社会变迁步伐之前，"抢救"一些历史记忆。

但是，时至20世纪90年代初，江南区域研究已非小邦，实蔚为大国，作为一个半路出家的涉猎者，从哪一角度着手，也颇费思量。当时在这个领域除海外学者外，国内也已有相当数量的成熟论著刊布，例如樊树志先生的专书，分量就很重，让人颇感压力。不过综观言之，学者们的关注点聚焦于明清时期的江南市镇，即考察帝制后期江南地区农业高度专门化背景之下的农村商业聚落成熟形态，而关于这种商业聚落面对近代西方工业的冲击，有哪些"反应"，即从清末进入民初时期江南市镇的历史命运，关注者尚少。这恰恰是我最感兴趣的方面。多年以来，可能也是出于传统史学的影响，我一直认为史学研究最为切要的任务，是要关注当代史。出于时势的限制，读研究生时选择专业，明智地潜水于古代。当开始为江南市镇研究选择突破口时，既考虑了学术史的背景，更因不自量力的"现实关怀"的推动，关于它"近代命运"的视角基调就这样定了下来。

分析工具

从古代史专业转而涉猎清末民初江南区域史，事实证明是一个收获颇丰的学习过程。

相比于较为熟悉的中国古代史研究场域，清末民初江南市镇这个论题对我来说十分生疏，需要尽快深入了解它的文献资料、分析工具以及学术积累等多方面内容，才有可能真正展开研究。也正是在这一基础层面，我学到了许多新知识，受益匪浅。回想起来，尤以前两者为突出。相对而言，宋元以前因年代过早，除考古资料之外，研究工作主要就得依靠存世文献了。明清史，尤其是清末民初的江南区域史研究就大不一样，刻版文献之外，档案、报刊、佚文、地志、碑铭、口传资料，不一而足，可供发掘的余地远较前代为大。尤其是田野调查，常有意外收获，令人兴奋。

这里先谈当时对理论分析工具的一些考虑。

可能是记载更为零散、史实理清不易的缘故，学人从事中国古代史研究，实际常围绕着史料考订展开，谈笑所称"主义加考证"的路数，貌似十足的"理论化"，实际上对范式的归纳颇为忽略，至少在我的体会中，有其客观原因。但讨论清末民初的江南区域史情况就有点不一样了。在这一研究领域，麻烦的常常是存世的历史信息过于丰富，使人难以理清头绪。对于初步涉猎这一领域的我来说尤其如此。因此在阅读史料的过程中，理出一个分析框架就至关重要了。也就是得确定该关注哪些、舍弃哪些，以使自己不至于被掩埋在无穷的史料之中。这就需要借用一些社会科学的分析工具。

现代社会科学理论与方法之所以有助于史学研究，是因为两者的研究对象是一致的：一为现代人类社会，另一为历史上的人类社会。只是由于两者所涉及的时间段有异，且史学研究受存世资料的制约，所以根据现代社会的实际归纳提炼而成的、具有明确的地域性和时代性的一些假说与概念，不一定能完全应用于历史研究。对此，我们当时的认识是较为清晰的。不过相对而言，关于清末民初江南社会，一方面存世资料较多，另一方面它正处于转型过程之中，因此比较有利于引用一些现代的社会科学分析工具。当初的考虑——显然也是受到了国家政治形势的影响——清末民初江南地区社会转型的最重要推动力，是近代西方工业经济对中国传统农业经济的冲击，比较接近现代化理论所描述的场景。虽然现代化理论是自20世纪60年代以来为了解决第三世界国家的发展问题而兴起的，但其理论渊源可以追溯到19世纪的古典时期。而且自20世纪初以来，社会学第二代大师们多从进化论转向典型学方法，强调理论与现实间不存在完全的对应关系，认为欲理解前现代社会向现代社会的转变，需要制定二分法概念。此概念的每一端选择最能代表那一类社会（传统或现代）的某些特征，展开对比分析。在逻辑上，这两端是互斥的；在现实中，二者则是交错的。这似乎就使得我们有理由"选择性"地借用这个分析工具。通俗地讲，就是在应用此分析工具时，十分注意摆脱其脱胎于欧洲经验的固有模式，力求使自己的归纳符合中国社会结构的特点。这样的一番考虑之后，我们就比较清楚讨论所需要涉及的内容了——工业经济逐步展开的各个层面，如交通、蚕桑丝织、植棉纺织，以及由产业变迁影响所及的江南市镇社会生活各不同层面，如文化传播、社会结构、习俗、镇区布局、人口结构等都是。

也许，仅从前面罗列的这些内容看，似乎与分析传统时期社会经济并无二致，不过我们当初的关注点却是十足的"近代"的：关注江南市镇社会生活各个侧面在近代工业经济影响下的变迁过程，尤其是产业更替，即从传统以手工劳作为基础、以家庭作坊为基本单位的专业经济，转向工厂化集约生产的现代工业经济。由此所带来的技术的革新、从业人员的更替、产业布局的变化，以及社会文化与社会习俗的弃旧趋新，无疑是前所未有的，因而呈现了自己的特色。

也正因此，记得当初分析中有两个内容引起了我们特别的关注。

一是社会文化中心的移易。如前贤所论，中国的传统文化是乡土性文化，乡村文化是都市文化的根柢。在重土观念的支配下，虽然到帝制后期，迁居都市已成趋势，但在精神文化上，绝大多数从政或游学的士子，都将他们离家在外的寓居之地视作人生旅途的驿站，最后还要返归乡间故里——只有故里才是他们心理情感上真正认同的归宿之地。乡村始终是中国传统文化的汪洋大海，都市不过是这汪洋大海中零星散处的岛屿。而市镇既是乡村经济生活的中心，也是乡村文化生活的中心，因此是乡村文化的聚焦点，是乡村文化的代表。到了清末民初，传统时期的这种文化布局出现结构性变化，乡村文化已无可奈何地开始衰落了。在工业主义的影响下，各种现代因素向都市集中，都市开始从城乡一体的文化结构中分离出来，将西方的工业主义、近代科学技术与殖民文化掺杂在一起，形成与传统乡村文化相对立的中国近代都市文化。城乡之间开始出现经济上与文化上的差别，都市，尤其是近代口岸城市，成了区域的经济中心与文化中心，一步步地影响着它周边的农村地区，位于农村的市镇则成了这种文化传播的中转地。由此形成的与传统文化的落差，就成了我们观察江南市镇"近代命运"的最好视角。

另一是工业化扩展影响下市镇结构的变化。根据欧洲的历史经验，随着工业都市的兴起，各种现代化因素向规模较大的都市集中，大量人口迁居都市，传统农业经济时期形成的乡间小集镇因此衰落。清末民初时期的江南地区却并非如此，出于各种因素，衰落的市镇固然也有，但其概率似乎与传统时期差别不大；一些历史名镇在这一时期由于产业转型较为成功，如余杭的塘栖、松江的徐家汇等，反而得到扩张。这一历史现象自然成了我们关注的重点。分析的结果表明：江南地区长期以来所形成的寓工于农的家庭生产结构，在社会转型过程中显示出顽强的生命力，在某种意义上或者可以说更显示了其创造力，因此在"工业化"这个看似共性的外表之下，内里结构仍因不同民族历史传统而有着自己的特征，影响到市镇的布局结构，于是就有了如我们后来所归纳的"市镇数量虽无较大增减，互相间却已产生明显的分化"现象。总体观察，直至20世纪30年代,虽然农村经济趋于萧条,江南市镇却并未衰落。大胆地说一句,这样的归纳,大概是可以为前面所说的"典型"列为例证的。

如果说现在我在习史中比较重视"问题"以及范式的归纳,那几年涉猎江南市镇研究经历的影响是不可忽视的。

田野经历

那几年从事江南市镇研究是一段相当愉快的经历。

也许是当时自己还算年轻,精力充沛;又也许是当时大学的管理者还懵懂未开,不知道用"数目字管理",我们不必时时惦记着"论著"的产出,得以心静气闲地讨论,安心沉醉于清末民初江南社会精彩生动史事之中。不过在我的记忆中,印象最深的是当我们一行人走访于浙北苏南那些名闻遐迩的镇区,其景观之生动、民俗之纯美,每当调查有所收获时的喜悦,以及新朋旧友的情谊,至今回味无穷。

说到景观,单纯从旅游参观的角度看,现在那些作为旅游景点营造起来的江南名镇,整齐的民居店铺、洁净的街道、长长的廊棚红灯笼高挂,还有精致周到的旅游服务设施,无疑更为美观。可是我总觉得它与真实的生活有点隔阂,真实的江南市镇生活不是这样的。记得有一次我们来到湖州赵孟𫖯的故里下昂镇,很小的一个地方,短短一条市街,因为不是位于公路要道边上,已明显衰落了,到处露出破败相。市河边上还残留有一小段美人靠,歪歪斜斜的,我坐在上面,面对着几间破旧的店铺,杂货店,茶馆,还有一间竹器铺,不远处是小小的一座石桥,不知叫作"听月"还是"望辉",一条农船正从下面经过,眼前就浮现了旧时市镇兴盛时的景象。在明清时期，下昂是周围一二十里农村的贸易中心，每逢市集，市街上熙熙攘攘，村落农民纷纷摇橹坐船来到这里，卖掉丝米菜蔬、几个鸡蛋，换回盐酒杂货，或者一把新镰，最后必定还要到茶馆去聆市面。沿市河的美人靠更是他们歇脚之处。我当时的心绪，大约就是所谓"神入"地与历史对话了。这样的心境，只有我们这样的探访者才需要有，游客自然不必。人家在都市生活累了，走到被精心营造起来的"市镇"生活场景中游玩一番，放松一下，回去再到生意场上去拼搏。历史太沉重，不需要。历史学家眼中生动的景观，多半不是大众所愿意欣赏的。但是历史学家无法舍却此情此景。现在我们到哪里去寻找它呢？田野调查并非全然为了在历史的场景中神游，不过尽量接近它，对于理解历史无疑大有收益。当初设计中所谓抢救历史记忆的目的，在某种程度也是指此而言。

探访市镇老人、搜集口传资料，是调查工作的重点。问卷的设计、地点的选择，当然很"学术"，实际上同时还必须掌握非学术性的要点：目的地是否有你可资利用的官方与非官方的资源，来协助你的调查，否则你的工作也许会事倍功半。人情世故绝非学术，却也是理解历史的前提。这中间常常会碰到一些新朋旧友，伸出无私援手，令人倍感温馨。我有几位大学同窗当时正在地方工作，都不断地被我骚扰。台湾清华大学的张元老师为了帮助我们申请某项基金，曾捐资花时间与我们一起走访各地市镇。一些素不相识者的无私帮助，在令人喜出望外之余，常常能给我们以额外的历史信息。我现在手头有一本新编《周庄镇志》，就是当地一位不相识的镇民无偿赠送的。平时在各个市镇走街串巷，推开居民的家门参观访谈，总能得到热情的接待。

不过纯就"学术"而言，记忆中对我触动较深的有两件事：一是当初为了界定镇区居民的自我文化定位，问卷设计中有一题："您认为市镇上的居民算是城里人，还是乡下人？"结果各地大多数被询问者都答以"镇上人"。这也许正是从某一侧面说明了江南市镇的聚落性质,给了我一个十分有价值的提示。另一是记得探访南浔镇宿耆林黎元先生。林先生告诉我,从前南浔有钱人家都会让自己的孩子吸一点鸦片,这着实令我意外。询以究竟,林先生说:"这里有钱人家的父母都不希望孩子到外面去闯荡,吸一点鸦片,可使他们留在家里,不离开父母。"他还将那几年湖州地方经济发展的相对迟缓归咎于这种地方文化习性。嘉湖地方自明清以来经济发展,生活安逸,20世纪20年代湖州民谣"丝行店伙真写意,头发梳得光,咸蛋吃个黄,鱼虾喝点汤",是其写照。这些是我们阅读文献所能了解的,但安逸自恋到如此境地,若非林黎元先生坦陈,实非想象所能及。

实事求是地讲,当时为了搜寻资料,有时的确辛苦。记得为了读民国《竹林八圩志》,薄薄的一册,不得不专门从杭州去了一趟嘉兴图书馆。有时匆匆赶到某地,发现计划中想探访的对象早已不复存在。记得曾在桐乡濮院镇看到过两座石拱桥,相互成直角状,美轮美奂,比陈逸飞画笔下的周庄双桥漂亮多了,当初匆匆拍了照片,回家冲洗出来一看不太理想,后来有一次从嘉兴回杭州途中专门转到濮院,想再去补拍一下双桥的照片,走到一看,桥已被拆掉了。在工业化影响之下市镇的转型过程中,又有多少历史记忆被这样无情地抹掉了,史家的努力实在微不足道,但偶有收获,欢喜雀跃,乐在其中。

当时我们在资料工作方面实在留有不少缺憾,特别是档案与报刊资料的搜寻,余地最大。近年来关于市镇史研究有显著进步,优秀的研究成果不断问世,历史资料的积累也很有收获,不过有一些历史记忆看来是永远不可追寻了。

朱子曾说"杂学方谓之博",他分析博与约的关系,认为"博之与约，初学且只须作两途理会。一面博学，又自一面持敬守约，莫令两下相靠。作两路进前用工，塞断中间，莫令相通。将来成时，便自有会通处"（《朱子语类》卷三三）。博须以约为基础，即学习一门知识，须得深入，须得真正掌握，不能半通不解，浅尝辄止；等到各种学问积累到一定程度，"便自有会通处"。近十年来，我又回到了宋代史领域，那几年从事江南市镇史研究的经历，无论在理论方法的训练，还是关于帝制后期历史知识的积累等不同层面，都明显回馈着我现在的研究工作。这是不是朱子所说的"会通"，未敢妄言，但习史者不可局限于自己的方寸之地，的确是我的体会。

（原载王家范主编《明清江南史研究三十年：1978—2008》，上海古籍出版社2010年版，第86—95页）

附录一　如何研究地方史？

访谈时间：2022年8月4日
受访人：包伟民
访谈人：陈明华、冯筱才
整理者：朱丽桢、陈明华

为何要关注"地方"？何谓"地方政治"？

陈：包老师，不好意思，要耽搁您的宝贵时间。我们这次是想请您谈谈区域史或地方史的研究方法。冯老师前面起草了一个访谈提纲，他也会参加今天的访谈。下面我就按照这个提纲中的问题顺序来向您请教。

您的不少研究与地方或区域相关，特别是您的博士论文出版的时候，标题就作《宋代地方财政史研究》，在比较传统的制度史前面加入了地方的视角，为宋代经济史研究另开新篇。您认为"地方"对于国家制度史研究究竟有什么意义？当时您为什么选择从地方的视角去研究这个问题？

包：我记得我之前解释过写博士论文的时候为什么选这么个题目。进北大读博士，邓广铭先生当然不会给我们出题目了，他希望学生自己找题目，你自己如果找不着题目，这点能力都没有，这个学生他肯定就不要了。其实我前后找过两个题目，一个题目如果用现代的表述来说，就是指各个地区的不平衡发展，各个地区的特点等。具体我现在记不得用了什么词，邓先生说这个题目没法写，否决了。然后我就又想到了第二个题目，这个题目的出发点其实很简单。我们从"文化大革命"过来的这些人特别在意国家跟社会的关系。但在传统帝制时期，这个问题如何落实到经济生活上面呢？当时也没有什么计划经济，国家政权能够影响民生的，其实就是财税；政府怎么收税，老百姓在生产上怎么应对，这便左右了国家与社会的关系。它当然不可能像人民公社时期那样指挥老百姓，你今天必须种这个东西，明天必须种那个东西，只能间接地从财税制度来发挥影响。

当然，我这个"社会"比较具体一点，其实主要就是基层民众的生活，这可能跟自己的底层出身有关。特别在"文化大革命"期间，我亲眼看到底层社会各种生活困窘的状态，刻骨铭心。所以我不太喜欢谈高层政治。我觉得高层政治，实际上我们没法了解，至少我自己的能力是不够的。尽管我们现在可以从文献史料中读到，当时皇帝跟大臣怎么讨论，大臣怎么上奏章，但是这些材料其实跟实际政治还是隔了蛮远的。更何况留下来给我们看的那些记载，其实都是经过了修饰。皇帝真的怎么样跟大臣在讨论，皇帝心里怎么想的，大臣们个人之间的种种小算盘，我们要了解是隔了很多层的。上层的那些政治操作，我们这种小民百姓有时候很难揣摩。所以我有时会跟研究中央政治、朝廷政治那些朋友开玩笑，特别是研究生，我说，你们真了不起，从幼儿园、小学、中学到大学、研究生，一上手就开始讨论政治局怎么开会了。这离我们的生活有点远。可能我自己的生活经历，对我的学术志趣造成了蛮多影响，因此自己就想多看看基层民众生活，而国家政治能够影响民生的，财税政策当然很重要，虽然不能说是唯一的，但最起码是一个主要渠道。

当然真正写起来，跟原来设想的还是有很大的差别。所以现在大家可以看到，我能写的东西，实际上主要还是集中在国家制度，尤其是地方的财税制度。因为如果那些制度都弄不清楚的话，其他的一切都无从谈起。所以我的博士论文选题，就主要从财政出发来看地方的民生。这里面有没有政治？我想是有的，但是我们很难琢磨，这就涉及你们今天要问的一个最主要的问题了，我们怎么来解释所谓"地方政治"这个话题。

地方政治，首先是国家在地方的行政设置，如州县。在传统帝制时期，县是最低的一个政区层级。到了民国以后，政区层级再往下探，探到区一级。现在已经探到镇一级，镇政府都有人民代表大会了。但是在宋代，县是最低一个层级，县的行政当然算是地方政治的一个部分。国家机构的运作必须跟民间打交道。比如说它要收税，它要保持地方治安平稳。要向地方收税，就得依靠组织起来的那些乡里体系，到南宋一般已经叫乡都。

这当然不是全部。2009年我跟邓小南老师等人一起在《历史研究》出过一个专栏，邓小南老师笔谈稿的题目就叫作《宋代政治史研究的"再出发"》。❶ 从20世纪90年代末以来，国内学界，特别是在中国古代史领域，大家都有意无意倾向于去做社会史、文化史等，回避政治史。其中有西方学术的影响，也与我们自己的学术发展脉络有关。大家可能对政治史已经腻味了，政治史研究范式很难更新，传统的那些范式，你没办法正面去批判它，很多人就自觉地避开它了。例如像"五朵金花"之一的"农民起义"那样的话题就很少有人研究了。但是正如王毓铨先生所讲，理解中国的历史，不仅仅古代，包括整个中国史，不管什么问题，最后你还得回到政治上面来。

谈到"政治史再出发"，我那次写的，以及后来在另外一个杂志中发表的一篇杂想，《"地方政治史"研究杂想》，主要就是围绕怎么来展开地方政治研究讲的，我对"地方政治"作了一些解释。明清时期的地方社会怎么构成，相对清晰，我们说的"地方社会"，指政府直接操控之外的那些内容，可能那些也可以算作政治。民间社会内部怎么去折腾？比如说宗族制度，我们都知道宋代形成一个新的阶段，明朝万历以后宗族制是全民化、普遍化了，但宋是一个重新开端，当然它是小宗之法了。那么这种制度在地方上究竟怎么影响到各种生态的？其实也算是地方政治的一个内容。

另外，收税者，就是保长、保正那拨人，怎么去选，也是地方政治的一部分。但是要去讨论这些，确实不是太容易。这里面牵扯到一个非常麻烦的问题，就是资料，清代可能好一点，明代我觉得很多方面实际上还是不够。比如，举个最简单的例子，我经常会唠叨的一个话题，就是我们都说明代后来形成的所谓"缙绅社会"，这样的一个概念合不合适呢？现在有人在讨论。缙绅社会当然不是凭空产生的，有深刻的历史渊源。它必然是在宋代已有雏形。对这些，我们其实并没有怎么展开研究。不能说完全不能研究，但是真的很难。我回到刚才的话题，地方政治不仅仅是地方政府的那些运作，它应该包括地方社会，就是民间的各种权力运作。因为所谓政治就是关系，人与人之间的关系。如果从这个角度去理解，它的内容应该是很广泛的。但真正要展开讨论，在不同时段，应该会有不同的特点。在研究方法上，不同时段之间应该有比较明显的不同。这里一个最重要的因素是，研究讨论的视角方法是蛮重要的，更重要的是资料的类型，看菜下饭，你能找到什么样的菜，你才能做出什么样的饭菜来，这是我目前的体会。

冯：包老师，您刚才讲到写博士论文找选题时的想法，跟您个人的经验有关，可能从"文化大革命"过来的人，对高层的政治斗争有厌倦感，所以想弄点其他的东西。您能不能多谈点个人的经历，以启发后来者？

包：我个人的经历其实没有什么特别的，总之小时候家里比较穷，比较困难。当然不是像农村最穷的那一类，农村里的有些人其实比我们要困难得多了，我们好歹算是城市的平民。

平民阶层，真的是最普通的那种，往往会感到生活中有很多无奈。如果一定要说到我自己家里的特殊情况，那就是我父亲长期生病。应该是从1972年我初中毕业开始，我父亲就生病，没法上班了，一直到1981年底去世，整整10年。这个过程中间，家庭生活各种各样的无奈，小民百姓连医院都住不进去，都要通过种种关系。这种关系又不靠谱，你想送礼都没法送，当然也送不出礼，那时候很穷嘛。我后来在一篇回忆七七级高考的文章里写过这个问题，❷当时我参加高考是因为我弟弟。他正好应届毕业，1977年的应届高中毕业，那一年是全国执行上山下乡政策的最后一年。也就是说，如果没有特殊原因，他是要到农村去的。我父母亲非常着急，因为家里老小又特别弱。正好高考来了，就让他参加高考，希望运气好点能考中，同时也让我去报考。当时我父母亲的想法是，两个人一起考，概率更大一点。如果我能考上，按政策，我弟弟也可以不下乡。但这个概率其实非常小、非常小，因为那一届录取率特别低，现在都在算那个录取率1%、2%，我觉得是瞎扯，为什么呢？因为当时有个初试，现在算的都是复试的人数，复试有五六百万考生吧，最后录取了27万还是多少。但其实初试已经按类似的比率筛选了一遍。我不知道怎么个算法，只是有个直观印象。

我参加初试的考场是一个中学的教室。初试走进教室的时候，我心里在盘算着，根据初试大体的录取率，这一个教室所有的人只能录取一个，我想我运气那么好？就能轮到我吗？就是这种情况。我到现在都印象很深。后来成绩出来，说你可以参加复试了，复试的时候录取概率也是一样的，就一个教室一个，所以这两个数字加起来，概率其实很低。后来运气好的是，竟然两兄弟都考上了。我父亲就跟我说，那你就用不着去了，因为当时我已经在工厂工作。父亲一直生病，两个人读大学对家庭压力太大，所以当时父亲跟我一说，我马上就同意了，我觉得他的考虑是合理的，要不然家里很难维持，特别是我母亲压力太大。但我母亲说不行，你还得去。后来读大学期间，经济压力非常大，但好歹就那样坚持下来了。所以刚才筱才问我个人经历，底层百姓的这种无奈，在我的生活中是很明确的，各种的无奈，经济只是其中一个问题。只觉得中国的老百姓真太不容易了，而且应该说太可怜了。所以我就会特别地关注基层民众的生活。我老早就有非常清晰的概念，就是你在报纸上看到的，跟你日常遇到的是两回事。难道古代留下来的那些印在书里的文字就跟日常一样吗？肯定也是两回事，这个概念我一直有。

冯：这些年我看下来，总觉得一个学者的研究路径也罢，观念也罢，感觉跟自己的经历太相关了。我也碰到过一些朋友，跟包老师您这个年龄差不多，如果他没有基层的经验，没有目睹或经历老百姓的这些苦难，你要他摆脱那种所谓的国家主义思维，是很难很难的。所以我觉得这个实在是太重要了。

陈：我是觉得有些生活的直观体验可能更重要。冯老师、包老师刚才所说的在我们这一代里面很明显，因为我们完全是一路接受学校教育长大的，很少跟社会接触。

冯：不只是你们这一代啊，今天的学生最大的问题就在这里。最大的问题就是从学校到学校，从幼儿园一直读到博士，完全不知道基层的情况，也没吃过苦，所以说问题很大，你叫他去研究地方，你怎么要他有同情心，怎么要他有同理之心，真的是非常难的。

陈：我从小就是在学校里接受教育，现实社会接触得很少，包老师他以前去过工厂，跟社会接触得多，所以区别还蛮大的。

包：怎么说呢？当然在教育上，这其实是个永恒的问题。因为我们这一代是特殊情况，你不能要求所有的学生都在读书之前先那么去折腾一番，这太不正常了。就像明华，像你这样的经历才是正常的情况。但这种通过所谓正规的、范式化的教育途径培养出来的史学家，他怎么去真切地理解社会，这是现在当老师要面对的问题。

如何解决史料难题？重建地方生态有无可能？

陈：我继续往下面问。刚才包老师已经谈到了宋史或者更早时段的研究者，如果要做地方的研究其实很难，首先面临资料的困难。在这种情况下，如何探究中古时期或者宋代的地方历史，有没有可能去考察所谓的地方生态，把地方的多样性或者实际运作过程揭示出来？

包：我们首先要承认大量的历史知识是必须留白的，不可能什么都知道。当然越早越是这个样子。这是我们现在面对很多热心的历史学爱好者，经常会碰到的难题。他们会觉得你们连这个都不知道。然后他会拿出一本那些写手写的书说，你看人家写得多么清楚，你们却不知道，还号称专业学者？那些人凭想象写的东西头头是道，好像昨天晚上他跟皇帝讨论过这个问题一样，经常会有这种情况。有些人你跟他说不明白，有的人也许能说得明白，大多数人其实说不明白。

但是有些问题是可以研究的，我们就拿地方政治来说吧。士大夫这个阶层在地方上怎么慢慢养成势力就可以研究。唐代的士人已经有了一些地位，但是经过五代大乱，地方上真正有势力的肯定不是读书人，有势力的是那些所谓豪强。那些豪强后来慢慢转型，通过科举等途径在政府中占据了重要地位。他们是怎么转型的呢？关于五代宋初那个阶段，现在已经有了几篇研究文章。但是延续到南宋，还很少有人写。现在台湾的黄宽重老师在关心这个问题，他主要是从人物着手，就看那些人物在地方上是怎么去发挥他们的作用,等等。但是这种研究往往都是非常地难,而且非常地慢。

这个话怎么说呢?其实你要非常细心地去体会所有材料。坦率地说,如果资质平庸的话,你是做不到的。我写乡村制度的文章已经有七八年了,几年磨一篇文章,因为这个领域可以说已经积累得非常深厚了。20世纪三四十年代以来,日本那些如雷贯耳的人物,像加藤繁等学者,已经梳理过很多遍了。到了五六十年代,又是一批学者进入这个领域。但是我重新梳理,发现其实他们留下了非常多的空当。举个例子,关于宋代的制度怎么样转型到明代,其实并不很清楚,去年我在《北京大学学报》发表的那一篇论文基本讲清楚了。❸那是我脑子里憋了好几年,总算慢慢地根据几条材料,把一些关键性的问题领悟通了,其他材料才能够带动起来了。这个非常地难。

另外关于民间社会的一些运作,宋代还是留下了一些资料。如果细心去体会,能够找到一些材料。当然主要是笔记,比如那本专门讲鬼怪故事的《夷坚志》,我读了好多遍,以后有机会应该再读。它讲的都是带有一点神鬼性质的民间小故事。但你去细心体会的话,是能够体会出一些可用的资料来的,然后你把这些资料拼起来,能够讨论一些话题。

所以说地方政治能不能研究?可以,不过要有足够的智商、足够的时间和精力,以及足够的耐心。目前这种考核制度催着学者短平快地出成果,好的作品是很难出来的。坦率地说,我这两年写的地方管理制度的那些文章,几年才磨一篇。你让年轻人写不现实。一方面,他们的知识积累、研究能力的储备可能还不到火候;另一方面,他们也没法做到像我这样慢慢地磨。

今年《中国社会科学》第七期组了一个"宋史研究专题",里面有五六篇文章,我在那里发了一篇讨论马端临的论文。❹马端临编纂的《文献通考》里面有一个考叫《职役考》。职役就是差役,就是古代基层的那些乡里制度。他在"序言"里面对《职役考》有一个概括性的归纳。在他看来，早期的那些乡守、里胥都是领国家俸禄的官员，所以地方管得好。但是到了唐宋，乡守、里胥改为从老百姓中间差派而来，变成了差役。被派差的老百姓没时间干农活，让他们去收税也收不上来，所以就苦得要死。《职役考》就是按照这套主线来展开的。马端临还了得，那么伟大的一个历史学家，况且他不是随便发议论，而是对《职役考》提纲挈领地作概括。所以从明清一直到现在，没有什么人对他的概括提出异议，觉得就是那个样子。大家都讨论怎样从官转向民，有的人甚至把具体转向的时间都给考证出来了。但实际上马端临讲的带有情绪，不完全符合事实。

十多年前我还没有关注乡村制度的时候，在读《文献通考》时，就觉得这段话不对头，怎么可能越往早官越多呢？一般总是越往后官越多的，早期的国家财政也撑不住啊。后来发现这是他发牢骚的话。但是问题麻烦在哪里？就是你要实证它。史学讨厌就讨厌在这里，不能仅仅推论。你说他不对，你给我证明。为了证明，我就要从先秦讲起，从秦汉讲到魏晋，这个完全在我知识范围之外，所以我磨了整整有两年，因为一超出自己的知识范围，就必须非常小心，不敢随便写。我请教了很多朋友，请他们帮我改文章，所以很不容易。

所以明华刚才问的能不能做呢？有一些能做，有些真没法做。如果真正投入的话，有些是可以做的。我希望有其他的学者能够接着做，我自己大约不会再投更多的精力，因为实在太累了，我不太想再写如此杀死脑细胞的文章。

陈：落实到具体的操作层面，其实是用智力和时间，去尽量"榨压"有限的史料。包老师刚才也提到一点，比如怎么从那种民间故事里面去发掘。您可不可以进一步深入总结一下史料的解读方法。因为读您的文章，我们可以感觉到，您对于怎样去尽力"榨压"史料中的信息有很多自己的想法。

包：一问到这种抽象的方法层面的问题，所谓"文章写法"，就有些难说了。我从自己的经验出发，觉得可能比较重要的事情是，我们读到的资料呈现出来的往往只是片段，是连知识都算不上的某种碎片化的历史信息。你怎么去发掘这个信息背后的片段历史，再把许多片段拼起来，拼成一个更大的历史场景。我想第一是，你必须有相当丰厚的知识储备。这个知识储备是什么呢？你在这个领域里面看到一个碎片化的信息，要能够跟其他装在脑子里有关的信息相联系。只有相互联系，这个场景才会凸显出来，要不然它就只是一个碎片，没有意义。当然现在解构文本的那些方法，大家都非常熟悉了，怎么去剔除那些叙述者的立场。还有前辈学者特别看重的文本考证等方法，这些都不在话下。文本要弄准确，摒弃个人立场，站在叙述者的立场上去看问题。你看到一个现象，然后要有意识地去读，去对比跟它相关的、相类似的文本，形成联想，这样可能有用的东西才会凸显出来，要不然凸显不出来。

除了刚才讲的之外，方法层面上最重要的一点，那就是你得有合格的逻辑思维能力。我一直觉得很遗憾的是，我们的教育不太重视逻辑思维训练。这当然是中国古代思想体系造成的，以前我们没有逻辑学。现在网上很多口水发言都没有逻辑可言，我们很多学生也是没有逻辑的。所以我想培养学生阅读材料的一个大前提是，你得让他们有逻辑思维的能力。刚才我举的马端临那段话，你稍稍有点逻辑思维能力，就会知道我们整个历史发展过程是怎么样的，他那话是反过程的。你就会觉得这里面可能会有问题。我经常跟学生说，凡是读书读到心里咯噔一下的地方，你不要放过它，可能只是一个错觉，但大量的这种感觉背后也许会露出几个问题来，你要把它记下来。我读研究生的时候，老师们都要求我们读《文献通考》。

从那个时候就觉得马端临这段话不太对头，心里就咯噔了一下。

明华和筱才都知道，我后来评韩明士的那本书。❺当然韩明士先生是一位优秀的汉学家，但他的那本书有一些不足。在浙江大学历史学系领着学生们一起读，我觉得他的一些说法逻辑上不能成立。一个最简单的事实，他说南宋开始精英地方化，不再关心中央政治，当然这是他老师先提出的观点。但他们没法回答一个最大的问题，就是南宋参加科举的人却越来越多了，这两件事情不是互相矛盾吗？不解答这个矛盾，他的假设是没办法圆满地成立的，但他完全避开那个事情，那逻辑上就不成立了。对于知识，你要互相联系，然后经过逻辑思维的分析。这两点大概是我平时比较关注的。

陈：包老师，讲到韩明士，我顺便插一嘴。你说他那个观点有逻辑问题，我想到一个问题，逻辑是不是有多种的，或者每个人的逻辑是跟生活连在一起的。应该说，在韩明士的语境里面，可能觉得南宋以后精英越来越地方化，是顺理成章的，是符合逻辑的，以至于他对于中国历史实际的逻辑就可以屏蔽掉，或者会有意地不关注。

包：我想应该是。对于西方汉学家们来说，当然现在主要是美国的汉学家，在他们的知识体系里面，这样的解释是对的。为什么呢？因为受欧洲史的影响，他们的历史框架是后来市民社会兴起。

冯：他们的读者也想听这个。

包：对，但他们不知道中国人其实从来没有摆脱过中央政府，甚至中央政府对基层社会的控制越来越强，我们是跟他们反方向的，这个他们不能理解。所以在他们的知识框架里面他们是符合逻辑的。他也讲到一些问题，比如考科举的人多了一些，但是他觉得那帮人去考科举不是为了当官，是因为有了功名以后在地方上可以更显赫，更有地位，他从这个角度去解释。

陈：韩明士做了很大的努力去建构士绅的网络关系。人际网络关系一度也是历史研究比较热门的一个议题，但是从您对韩明士的批评来说，它这个建构是比较有问题的。虽然他这个东西存在问题，但是有没有可能在宋代做出比较好的社会关系模型？

包：我现在没法说，我只能说感觉。因为我真的没有像他那样摸过这部分资料。如果研究人际关系网络，需要读大量的传记材料，要把一个地方所有传记材料都摸清楚。有些地方是可以做的。比如说我老家宁波（明州）留下的材料相对多，而且在南宋时期，中央政府对宁波地方社会的影响又特别明显，高官特别多，所以这个是可以做的。但是我想我跟韩明士先生会有一个很大的差别。对于地方的那些所谓士绅，有些话头我不太会像韩明士这样说得那么确定。

在立场上，我跟他有一个根本的差别是什么？我觉得地方社会即便是士绅控制，他们在地方有权力，他们的权力来自哪里？还是来自国家。假如国家要把你给摁死的话，肯定把你捏死了。只不过现在国家需要利用士绅来管控地方，双方利用。用他们的逻辑来说，南宋那么多人考科举，只是为了有个功名，有了这个身份以后，在地方上就更有势力了，那势力从哪里来？不就是国家给你的吗？科举不就是国家的东西吗？你怎么说它完全是地方的呢？这个就是我跟他们的立场差别。所以解读的结果可能会不一样。我是希望有一个人能够完全投入来做明州社会，应该从宋代做到明代，这是可以做的。但我自己已经既没有兴致，也没有精力这么去做了。

冯：他们所谓的精英化，按照我们的想法，是不是也可以叫作一种国家赋权？

包：对，国家赋权。很好玩的是，我们不能把它理解成国家完全心甘情愿，有的时候它也无奈，因为管不过来，不得不赋权。但赋了权以后也会造成新的麻烦。在明清时期我们就看到地方某些势力真的跟官府作对，当然宋代也有。我去年在《北京大学学报》发的那篇论文，❻里面有一个例子。南宋初年推行经界法——就是把土地再量一遍。以前把经界法理解成绍兴和议后，赵构、秦桧可以腾出手来加重对老百姓的剥削了，所以弄经界法是为了增税。当然不能完全说他们没这种心思，但主要的原因是地方的税籍已经乱得不可收拾，所以秦桧就让李椿年去主持推行经界法。李椿年写了个奏章给朝廷，提出几个经界理由，其中之一就是地方的税籍已经乱得一塌糊涂了。他举了个例子，苏州刻在石碑上的这个土地原来是70万，就是交的税粮70万石，现在政府有账可查的注籍土地只有39万石了，但每年真正收得到的只有20多万石，大部分税真的逃走了。所以如果这种状况不纠正的话，国家都玩不转了，钱收不到了。你说它是对付老百姓的，未必全是，为什么呢？税多半还是富人出的，田在富人手上，所以你完全用所谓阶级分析法，那是完全乱套了。

冯：包老师，您是想说，其实很多东西也是被动的，它会产生很多不可控制的情况。

包：对，明代老百姓最痛恨的那些里书，地方做账的，唐代后期就开始了，宋代叫作乡书手。我们上次沙龙讨论，我讲《北京大学学报》那篇文章，文章里引用了《名公书判清明集》的记载。《清明集》里面有很多记载，就有人说哪个乡书手坏透了，县官恨他，老百姓恨他，有钱人恨他，没钱人也恨他，但谁也拿他没办法，因为地方上收税的账在他肚子里面，你不能把他给发配流放，否则以后税就更收不上来。安徽地方志有个宋代的《新安志》，里面记载了经界以后和经界以前的人户数字，经界后人户数少了一半，可知经界以前有一半的户都是诡户虚籍，因为大家为了降低户等，为了少交免役钱。我就猜现在我们对宋代人口的估计，恐怕是不准确的。因为我们用的数字，是徽宗政和年间的一个数字——2088万户，如果用徽州《新安志》这个例子去解构它的话，说不定只有一半，其他都是虚籍。但是我们现在只找到了徽州这么一个例子。如果再多几个例子的话，连人口数字都可以解构，政府控制的能力有限，所以确实它是既要赋权又感到无奈。

陈：好。包老师讲到宋代的材料都是按条来的，一条一条的。

包：我们只能有一条是一条。

陈：不过，这反而催生了很多细读材料的技术。如您刚才所说，其实技术后面是一个智力挑战。然后回到我们自己，我们近代史的资料就比较多。从这个角度来说，跟古代史相比的话，近代史对于重建所谓的地方实际，可能性是不是更大一点，或者说更方便一点？

包：我想肯定是，那是毫无疑问的。

区域个案研究如何避免重复？如何打通城乡？

陈：从目前的这种研究状况来看，您觉得一些近现代史的个案化研究，有没有加深对于历史的整体认知？

包：晚清开始的那些研究，我觉得是有加深的。当然现在近现代的学者担心的是，个案在重复，同质的研究在重复。现在，我觉得需要做的一个工作是，要把相类似的一些研究相互联系起来，看看是完全的个案重复，还是能够显示出更多平时我们没有意识到的信息。比如说，个案总不可能完全在同一个地区，能不能通过一系列的个案把不同的地区类型给画出来？

一个是类型化，另外一个就是要前后联系。我写陆游那本小册子，❶用了一个例子。陆游在很多诗里面写到"市船"，我开始真的没法解释它。后来就用了费孝通先生的《乡村经济》记述的情况，与它联系了起来。我觉得市船大约跟费先生说的太湖地区航船差不多，村子里面一些船定期跑市场，联络村庄与市场。这种解释当然有点跨越，费先生讲的是20世纪初的事情，大约跨越了800年，但是在类型上应该说是吻合的。所以把后来的某些案例稍作追溯，跟前期的历史挂上钩，具有可行性。如果我们两个不同领域的学者能够互相联系起来做梳理，我觉得可能有些个案是能做出来的。

我再举个龙泉档案的例子。一开始龙泉档案在做的时候，我也很灰心，发现法院的审判记录很多不靠谱，因为当事人在县老爷面前不讲真话，契约的内容也有不实之处。县老爷问她，既然事情不是这个样的，你为什么诉状这么写？然后农妇就说，因为做状先生，也就是替她写状纸的人，告诉她要这么写，这样写官司容易打赢，等等。契约也是如此，就像我们现在买二手房，你市场价多少是一回事，我跟你定的购房合同可能是另外一回事了，都有错位。那我们在敦煌文书里，好不容易发现片言只语，那些唐史学者拼了多少年，总算把文本拼全了，意思理解清楚了。但是如果文书里写的内容不实呢？所以我开始觉得很沮丧，怀疑主义就更加厉害了。但是后来觉得如果能够前后联系起来，还是可以做出东西来。

我曾经介绍过一个龙泉档案里的案例。有一次复旦大学史地所要开一个讨论会，要我参加。他们的主题是关于近代的，我写不出近代的东西，问吴铮强、傅俊他们有什么好的案子，他们就给我介绍了一个"吴绍唐案"。那个案子是关于社仓的，吴绍唐被人告了，说是贪污，从光绪年间开始告起，一直告到民国二十一年（1932）吴绍唐这个被告死掉，案子不了了之。宋代研究社仓的文章不少，但如果有个宋代的记文"某某县社仓记"，就算是第一手材料了，我们最详细到底层的材料是这个样子。社仓究竟具体怎么运作等问题，根本就看不出来。所以如果我们利用龙泉档案里的这类案子，一直往上追，从民国到清，再从明到宋元，如果能够理出一条线的话，有些我觉得是可以做的，有可能揭开宋代文献里露了点蛛丝马迹的隐讳现象的本来面貌。再比如讨论某个家族是怎么发展的问题，浦江的郑宅也是很好的案例，把前后牵扯到的一些具体问题联系起来，这样的话就可以看出后期的情况。一方面我刚才讲了可能是区域类型，另外一方面前后联系，向上追溯，把一些历史发展的脉络联系起来。这些讲起来都非常理想化，但要落实不知道什么时候做。

陈：对，您刚才讲的明州也是一个很吸引人的个案，一直做到近代也是很吸引人的一个议题。

包：宋史学者，如果能力不够，往往没法往下探；明清的学者没有动力向上追，因为往上追也很难，要读宋代材料也不容易。

陈：包老师，从目前来看，一般所谓的地方史和区域史相对忽略"城市"或"城镇"的角色，或者不大习惯将城乡两者打通来看。但是您已经注意到与乡村户相对应的、建立在坊郭户基础上的一套"城区基层建构"。我们其实蛮想了解，这个研究您还继续在做吗？或者说进展到了怎样的一个状态？

包：很遗憾的是，我有个写作习惯，不仅写城市是这样，当时写地方财政也是这样——因为地方财政尽管底子是博士论文，但后来其实一章一章都重新写的。我大体有个框架，觉得这一章准备得差不多可以写了，就往下写下去，写到我觉得字数凑得差不多，我就不写了，剩下几个题目就算了。城市史也是一样的，当时设计上还有两章，我觉得是应该写的。一个就是乡镇，农村地区的商业性小聚落。另外一个就是农村人口怎么进城。因为从唐末到宋代，城市扩张比较快，很多学者研究都强调了这一点，但是这些人口显然主要不是由城市本身人口自然增长来的，如果自然增长的话，它不会涨得那么快，跟后来一样，肯定有大量农村人口进城去了。我当时感觉这两个题目大约是能写的。当然资料非常散，要从像《夷坚志》那样的故事中间，一个一个去找，统计性资料肯定不可能有了。乡镇的资料情况略好一点。写乡镇我当时想解构的一个话题是什么呢？如果你们读过我的《宋代城市研究》"绪论"，就可以看得出来，我要对付"唐宋变革"，就是所谓"发展范式"，一切都往好里说，不断发展，接下来就差不多要到共产主义了，我觉得这是一种幻觉。

以前我们老说古代的中国社会是停滞不前的，这个中国人跟洋人是一样的。后来觉得中国也有发展，所以就提出所谓的传统内变迁之类的命题，再后来就变成一切都在发展，发展得无以复加。所以有学者一直强调城市的扩张，他们估计宋代的城市人口比例，是把所有的市镇都看作城市的。在宋代的制度中，的确把市镇的人口也列为坊郭户，但叫镇坊郭，跟州县城市有个区别，有这么一个专门概念。但是即便到现在为止，所谓的镇还是有大量的农业人口。我们小时候更不要说了，20世纪50年代国务院的定义是50%以上是非农业人口的聚落就算城镇了。❽

我花了蛮多时间读《民国鄞县通志》。这是一部非常好的地方志，它记载得很清楚，某些镇人口近千户，巨镇，但是那里面大多数业农，虽然仍然叫作镇，里面有商业街。宋代就更不要说了。所以我当时要表达的是这么个想法，宋代市镇，其实大多数的基本属性还是农村，尽管它有慢慢向城市靠拢的这一面。

我主编的《江南市镇及其近代命运：1840—1949》那本书，❾关于人口那一章，里面划了两种类型：嘉兴类型和鄞县类型。嘉兴类型的市镇可能非农业人口更多一点，鄞县类型显然是农业人口占多数的。我想台州、温州都应该属于鄞县类型，而且它的商业街都不是日日市，而是定期集市；嘉兴地区好一点的镇，每天都有集市，两者有差别。这是一个我当时想写的题目。宋代的市镇，那些被学者们完全看成可以归为城市的乡村聚落，大多数估计连鄞县类型的水平都还差得远。

从这个例子你也可以看到，我对这个问题的思考就是立足于前后联系，关于近代江南地区市镇类型的认识，引导我对宋代市镇发展水平有了这样的一些思考。

另外一个，就是想写人口怎么进城的问题。那个准备工作做得少一点，后来一看字数差不多，我不愿意再写下去，就将全书结稿了。

陈：好，包老师，刚才讲到早年研究的江南市镇，这个题目现在可能还是比较热门的，而且在行政力量主导下，好像越来越多的行政资源投进去，因为可以跟旅游开发挂钩。您觉得现在这种情况之下，这些市镇的研究状况到底如何？存在哪些问题？

包：你说问题，那就太多了。我们只讲那些算得上学术研究的，大多数算不上学术研究的不提。回到市镇，那个时候，我定这个题目去做，是有外界因素的推动。我在几篇回忆文章，特别是在王家范老师编的那本书里面已经说了，❶当时因为有个机会可以申请一个基金，它要求题目的类型既要跟现实有联系，又能各学科交叉，我整一个宋史的题目肯定不行，所以要整一个范围更大的题目。当然我会去关注市镇，也有另一个原因。我读本科的时候，跟蒋兆成老师到嘉兴地区做田野，当时的想法是农村地区的工业化是不可避免的，我们大约不可能把那些漂亮的小城镇都留下来，那怎么办？当时的想法是我们只有在它们消失之前，把它们研究一下，然后把它们记录下来，所以那个计划当时还想出版一本好一点的画册，把很多的景观给留下来。但后来画册因为太费钱了，没出成。台湾的张元老师还曾经帮我在台湾申请基金，但没成功，所以就算了。当时我对江南市镇研究完全是一个外行，特别是像复旦大学樊树志老师那本书已经出版了。还有20世纪80年代台湾刘石吉先生的论文，影响也很大。这让人觉得明清的江南市镇大约很难做。然后我们想了半天，才动出个脑筋就是做民国。因为市镇在民国近代转型究竟怎么转的，不管是樊树志，还是刘石吉，都没涉及，他们只是讲传统后期市镇是怎么样的，所以我们后来的着眼点是在近代转型。

我觉得近代转型这个题目，现在做得还不够，各个不同地区其实是不一样的。即便是在江浙、上海周围，不同的镇转型路径也不一样，有些完全衰落了，有些蛮快就工业化。不同地区是不一样的，现在还是有深入的余地。另外，就是从这个题目出发，去讨论你前面一个问题中的"城乡关系"，这是一个很好的切入点。特别是到了晚清，我想很多资料是可以做到市镇了。这个好像关心的人也不多。农业跟手工业，或者手工业与后来的近代工业互相之间关系究竟怎么摆，我觉得好像能讲清楚的人也不是太多。筱才做商业、商会，这方面研究的人更多一点，但对制造业好像研究得相对少。章开沅先生组织人手编的苏州商会档案，❶我后来用了里面很多关于土布的材料。我觉得这是一个很好的开端，但后来没有人沿着这个思路往下做。

冯：土布是个太好的题目了，不管是到了抗日战争时期，还是到了毛泽东时代都是好题目。

包：比方说，我小时候，还有农民进城来卖土布，我妈妈就会买，因为他们不要布票。农民把自留地的棉花织成土布，进城来卖，他们是为了赚零花钱；城市的人是因为布票不够，就买了土布，做一些要求不高的衣服。可以借它把各个方面联系起来：它是一个靶标，以靶标为中心，会牵扯到很多问题。前些年我有个同学参与开发乌镇旅游，他们不是要弄些场景嘛，把老土布织机找来了，但找不着会织布的人，因为到20世纪30年代，嘉兴那一带年轻姑娘已经不用土布机织布了，棉花都进工厂了，不少姑娘也都进工厂当纺织女工了。所以他们后来费了好大劲才找到一个会用织机的老妇人，那是凤毛麟角。

我刚才讲卖土布的，印象深的都是宁波边缘地区过来的，诸如象山、慈溪，那儿围垦滩涂，滩涂刚围出来是不能种水稻的，因为土咸，但可以种棉花。他们就用自留地里面收的棉花织土布，一直到共和国时期，话头完全可以前后打通。

冯：对，特别好。

地方史研究中"田野"的意义

陈：我们刚才讲到了很多生活的体会跟研究的关系，对我们这一代人来说，田野调查其实蛮重要的，是我们建立对于社会一点真切感知的重要渠道。当然对于地方史或区域史研究，田野调查几乎已经成为不可或缺的环节。那么在您的认识当中，田野调查是否还存在一些需要加强和重视的地方？

包：田野这个词其实含义特别丰富，对不同断代，包括不同的题目，它有很多不同的意思。我在《在田野看见宋朝》里面写了一个"引言"，我说最直观的，你跑到田野去，在那里发现一块断碑，那就找到资料了，那是最直接的一种田野。这种可能性现在也不是说没有，只是越来越少。对宋史领域来说，我自己的感觉重要的是去领悟，去感受真实的历史场景。2009 年，北大李孝聪老师组织了一次西北考察，他很客气邀请我参加，我于是跟着到西北走了一大圈。李老师是历史地理学出身，当时的目标是去考察西北地区留下来的城池以及相关的道路。西北有些古代城池还保存得蛮不错，主要是因为西北水源的状况改变以后，人就不得不迁徙了，跟我们东南不一样，东南的城址基本不变，于是所有的城都是一层层叠加的，西北地区有些城址是会挪动的。

我以前去过西北，但是没有像那次走得那么系统。我觉得做历史地理学的人，有我们没有的本事，很敬佩他们。之前出过一套《中国文物地图集》，按省分卷，那次就捧着甘肃省的文物地图去找，有时虽然连经纬度都有，但就找不着古城的遗址。李孝聪先生就有这个本事，他站那里看看，说应该在什么地方，车就往那边开，果然就找着了。他们有这种感觉，这个感觉是什么呢？就是对地形的感觉。那次走了以后，我感觉对《续资治通鉴长编》里写的宋夏战争的很多场景差不多都懂了。仗为什么那么打，因为地形是这个样子。你占领一个山的垭口，这个垭口围的这块地你就占了。所以后来为什么宋夏的永乐城之战，打得那么要死要活，宋人觉得这个地方一占，就等于把西夏的咽喉给占了。对西夏来说，特别核心那个地方给你占了的话，我就没法立国了。当然后来宋军败了。那些地形你如果不去感受，是无法体会的。江南地区其实也是一样。当然我们对江南比较熟悉，好一点，但是有些地形我们还是不熟悉。

去年，我写了一篇关于宁波高桥的通俗小文章，收在《在田野看见宋朝》里。宁波西乡的高桥镇，现在有个地铁站。这个地名当然是宋代留下来的，无非是桥高一点嘛。在宋代地方志里面，明州就有两个地方叫高桥，一个在奉化，一个在鄞县，我讲的是鄞县那个。我到那个地方以后，才理解当时为什么张俊在那里打败仗。金兵追击宋高宗赵构，现在民间的传说都是张俊在那里把金兵给打退了，实际上他在那里打了败仗。他头两天把金兵打退，那是在宁波城下。把金兵打退以后，他想溜，就从高桥走，为什么？那个地方是运河的出入口。金兵补充兵力以后再追下来，也是从运河来的，为什么呢？他有辎重，要靠船来运。尽管金人主要是骑兵，但是到了江南，辎重还是用船运的。同时从明州到杭州的官道也是沿河走的，所以双方在高桥相遇，张俊打败了。我去看了一下，才了解这个河道对当时明州交通的重要性。还有一个问题是浙东运河不同区段的组合,跨过钱塘江,进入内河,现在叫萧绍运河;到了上虞,翻过一个坝,现在叫通明坝;再从河入江,就进入余姚江。原来以为它就一路经三江口转甬江出海了,那是因为只从海外贸易的立场去考虑,实际上它到了明州西乡,还要经大西坝再转入内河体系,高桥就在它转入内河——西塘河——的转弯处。如果你没有去看过,就会觉得没道理,去看了才知道,它为什么要再回到内河体系去。内河体系背后当然就是平原地区的农业经济体了,对当时的经济而言,海外贸易毕竟只占极小的一部分,主体还是农业,整个平原的物资都需要经过内河体系向明州城聚集,再经浙东运河与杭州等地区相联系。所以从我个人感受来说,在田野中了解地形是特别重要的。

另外,就是你要接触地方的人。我还是讲我自己的经历。我记得当年第一次去西塘的时候,与几位老人聊天,我们称之为"座谈会"。我们按照正儿八经社会调查的规范,把问题列好进行访谈,根本没用,你要随机应变地跟那些老人去聊天。我印象非常深的是,那天我问了一个问题,有个老人给的答案对我非常有启示。我问他们,你们觉得自己是城里人还是乡下人?这个问题的纠结就是对市镇怎么定位,就是它的城市性问题,结果一个老人说我们是镇上人,其他很多老人也都这么说,他们有他们自己的定位。这也说明了市镇游离于两者之间的中间属性,这给我很大的启发。

冯:这个,包老师我插一句。因为我们家离景德镇很近,只有几十公里路,景德镇的移民,很大一部分是从我们县区去的,最高峰大概有五六成吧。我们那边的老百姓从来不会说景德镇是个城市,到今天为止,我们都说"到镇上去",从来没有城的概念。为什么是这样子说,因为那些作坊都是我们老乡开的,然后那些房子破破的。我有一个同学在20世纪90年代到景德镇去画瓷器,他说他搞了一个房子。我很好奇,问什么房子?他说我自己造了一个房子。我说这么大的城市怎么你自己随便造房子？他说我造在人民广场边上，所以我就更好奇了，我说你怎么能这么搞？他说景德镇不是你们理解的那个"城"的概念。

包：可以理解，因为城区周边大量是窑，跟乡村差不多。

冯：对，完全没那种城的概念，因为浮梁县在旁边的，不是在镇上的。

包：是，浮梁城，景德镇我也去了。怎么样回到当地人的立场上去看问题？因为我们现在的知识很多都是归纳出来的，这里面带着很多现代的以及西方的印记。通过田野调查，我们可能对这种抽象出来的知识做些调整。但你得有心，去发现当地人的立场。这里面有一个问题是什么呢？就是有些老百姓会试图用你的知识体系来回答你的问题，这样显得自己有知识。这个是很麻烦的。

冯：就像人工智能机器人一样的，他会模仿，你问多了他就知道你要问哪些问题，怎么样回答你了。

冯：有一个很有意思的问题，我一直想请教包老师，您说南宋皇室搬到了杭州。我有一次去德清那边，有一些地方的人就说，南宋的时候很多大臣定居在他们那里。我想那个时候德清到杭州也有一段路，坐船大概也要一天吧。就好像南京国民政府的一些人，首都在南京，周末就住到上海去，然后就在那里花天酒地。因为他们讲到一些市镇怎么兴起来的，说可能跟一些大臣的定居有关，南宋时候有这种情况吗？

包：这个其实涉及移民问题。一方面，确实有些大臣、贵族之类的社会上层，会习惯性地往首都靠。北宋的时候，贵族聚居地，除了开封以外就是洛阳，后来司马光、文彦博那些人都住到了洛阳，洛阳变成一个反对派的聚居地。另外一方面是因为洛阳毕竟从前朝以来是一个好城市，所以贵族在那儿住得舒服。那么南宋的时候贵族的聚居地是哪里？作为风水宝地来住的是湖州。德清可能介于这两地之间吧。确实有些镇有明确的记载，比如《乌青镇志》就说某个当时的高官、贵族在那里定居，然后慢慢这个地方人多起来形成一个大的聚落了。而且我们可以在宋代的文献中间找到相对应的材料，可见这些情况是相对可靠的。一个贵族或者高官的定居，往往不是一个人或者一户人家，它往往是一个家族，也会带来一些辐射效应，影响一些人向他们靠拢。当时南宋的宗室就是赵家的人，宋太宗的子孙后来绝大部分被抓走了，因为北宋的皇位开始是哥哥传弟弟，后来一直在弟弟这一系，所以女真人退走的时候，根据宗室玉牒抓人，血缘近的弟弟一系就都被抓走了，留下来逃走的以及当时不在开封的都是服系较远的哥哥赵匡胤的后代。因为宗室在政治上是潜在的对手，所以宋代起初不允许宗室随便到外地去居住。但后来因为花费受不了，才允许他们到外地去住。南宋有几个地方设外宗正司，一个是泉州外宗正司，另外一个在绍兴，湖州没有。这就是制度性地把宗室迁移出去。后来又允许宗室，特别是血缘稍远的宗室，自谋出路，考科举都可以了。所以周围地区那些人散居开来，应该确实对地方有影响。这种情况牵扯到所谓缙绅阶层。这个研究现在还非常粗略，没有深入。宗室在地方上大多数都是无赖、坏蛋，因为他们有背景，地方官也不敢去管他们。这些，都是我们前面讨论的"地方政治"里的重要内容。

冯：这个是好题目。

包：当时这个群体叫寓公。这个概念在宋代是很明确的，退休了或者是当官没希望了的就叫寓公，包括像宗室那样的人，住在地方。像《夷坚志》那样的笔记里面，某个寓公干什么坏事，这样的例子多的是。

包：宋理宗就曾生活在上虞。史弥远要把原来的太子给替换掉，派人去找血缘远一点的宗室。他派的那个人从临安回到明州去，在上虞一个姓全的保长家里面躲雨，发现保长养着两个姓赵的外甥，这两个外甥的父母亲都死了。结果一看一个小孩子蛮灵光的，还是宗室，就把他带给史弥远看。史弥远觉得这个小孩没有任何背景，容易控制，于是就一路把他扶上马，变成了皇帝。理宗就是这么弄出来的。

冯：嗯，这非常有意思。我在外边跑的时候，一直很好奇两个问题：一个是这些宗室，包括这些皇亲贵族，他怎么样去享受舒服的生活？第二个问题是那些供应怎么办？因为我也看到有一些市镇的记载里，好像有些食品是"特供"。比如有的人说一个什么腿什么东西，那个时候还要上贡朝廷，我觉得很好奇，江南这种以杭州为中心的城市消费如何带动周边地区的发展。当然明清是很明显的，但是南宋的时候是什么样的情况呢？

包：这是我长期想关心的问题，但是材料相对较少，所以现在具体情况还不明确。你突然一下子把一个行都放在这里了，它必然对周围会有辐射。推论上没有问题，但是我们历史学的麻烦是，你要通过实证把它说清楚。就像我们说海外贸易，老说海外贸易很厉害，但是究竟海外贸易跟民间某一个具体地区的经济有多少联系？"南海一号"挖出来，上面有那么多瓷器，说明那时我们的海外贸易很发达了。一个研究的取向是估计一下有多少船，每年往哪里去，商品输出量会有多少。比如说我们跟日本的贸易，我们中国没有留下统计资料，日本留下一些统计资料，因为船到了港口有记录，那些记录都保存在寺院里面，和尚们弄得很仔细。另外一个取向就是考察商品从哪里来，哪里生产的，我们的材料也很少。后来龙泉瓷器的发展史，给了我一个实例。明初海禁以后，当地的瓷业很受影响。但真正这样能够完全联系的实例还是非常少，我们要一直留心到各地一个一个去挖掘。比如说你浮梁那边，或景德镇那边，瓷器究竟怎么出产，怎么销售，内销还是外销，工艺瓷和日用瓷的比例是怎么样的，有多少瓷器是运往港口最后出海的，这个理清楚了以后，才能真正说明所谓对外贸易的容量是多少。现在都笼统地在那说。

如何整理运用"档案"才能更好认识地方？

冯：刚才讲的田野比较重要，档案也许也值得讨论一下。搞田野的学者有时会排斥档案，或者说对档案有一些看法。到了我们近现代这一块的话，因为档案材料非常丰富，所以不用也不行。但是现在的问题在哪里呢？比如说，大家都去抄档案，写出来的东西很多都是同质性的、描述性的东西，然后我们在博士论文审读过程里发现没什么意义，除了地名不一样，其实大多数都是抄来抄去，因为档案本来就是高度同质化的东西。那么在这种情况下面的话，我们还是很关心档案这种东西的意义在哪里。现在很多人都在整理出版档案，您觉得有哪些问题？弊病在哪里？很多档案整理以后基本不能用，你跟着他去用的话就完蛋了。举个例子，比如说早期的档案整理，整理者往往按照他自己的框架，把档案分类填进去，对使用者来讲有时就制造了陷阱。您在这个方面做了很多工作，所以我想问怎么样去用档案、整理档案，或者是说怎么样做，才能帮助学者更好地认识地方？

包：怎么更好地整理档案？我想得不是太多。比如说龙泉档案，相对有点特殊性，因为它性质比较统一，就是诉讼档案，跟我们各地找到的那种什么都有的、各种各样不同的类型的文书不一样。因为档案这个概念在中国是比较特别的，除了现代政府公文，其他文献资料放到档案馆里面它也变成档案了。比如说，一本鱼鳞图册，如果放在图书馆，它就是一本书，跑到了档案馆，就变成档案了。而且档案作为一门学问，我们都知道，是由于苏联的影响，苏联背后当然是政治，在欧美的分类里面，它就是图书资料的一种。所以我们现在用的档案这个概念，它跟其他的类型概念之间有交叉，所以我刚才第一反应是你说的是哪一种档案。如果回到我们大家熟悉的内容，现在我们处理特别多的是那些契约文书，因为契约文书留下来特别多。契约文书为什么能够留下来？因为它是一个家族的财产凭证，尽管那些财产经过各种运动的扫荡，老早已经影子都不见了，但是民间还是把那些带有历史记忆的文书视为宝贝，所以各家还是把它留着，现在经过文物贩子之手，各地就能够挖出那么多的契约文书出来。

怎么有效地整理？首先第一点，我的立场是，不管以后我们怎么去展开研究，我们先把这批资料从各家各户收起来。学术机构想办法凑出一些经费，通过文物贩子，把它收到学术机构手上，收藏起来，或者经过一定的整理把它出版了。这些材料本身就是有价值的，因为它留有历史记忆。如果不这么做，这部分材料可能过一阵真的会消失。即便我们现在还没有办法完全弄清楚它的价值在哪里，怎么样更进一步去做研究。就像刚才筱才说的，现在很多博士论文完全重复，就研究本身来说，我们看不出所谓新的意义。但是从档案整理和档案保存角度来说，我觉得这个事情还是有价值的。我们现在理不清，可能下一代学者会理清。总之有这个前提，以后你才可以做，否则以后做的可能性都不存在了。这是我脑子里的第一个认识。

现在面对这些材料，我们怎么样把它做得更加好一点，更加有意义一点，这是我们第二个需要考虑的问题。我想目前经过十几年的积累，各地已经有了一定的基础，即便是同质性的、碎片性的个案研究，好歹已经有一定的量了，大概可以在一定程度上做归纳了，不过这需要对各个个案情况了解得非常清晰的人来做。特别是跨地区的个案，我想是可以做的。当然在这种认识下面，我们对档案整理本身是不是能够加深认识，使得我们的整理更加系统，这个我现在还理不清。我想整理应该更细致一点，这个是能够做得到的。千万不能像有些文书的整理，就简单编排一下，有时连目录都有不少差错，就把它印出来了。就整理工作本身而言，我们觉得这样是有缺陷的，但反过来我们也不得不承认，它如果不印出来，我们就看不到文书了。这要分两方面来看，对不对？一方面我们觉得它整理时工作不到位，另外一方面它印出来还算是好事情。所以现在各个地方政府愿意拿点钱出来，我觉得我们应该尽量用这些钱做一些整理工作。

陈：其实这又涉及您近几年一直在做的地方文书整理，我自己也曾参与其中。其实您做的很多项目，从现在来看，两方面都是蛮成功的，既有好的学术资料的呈现，对地方也有比较好的政绩效果。所以我想问的是，您这么多年做下来，有没有什么跟地方合作的心得体会？如何既满足地方的需求，同时又能够更好地推动历史研究，特别是推进地方史的研究？这当中如何来平衡，您有什么经验吗？

包：这个"经验"，说实话有时心里很无奈。首先，当然，我们要设身处地地为不同位置上的人着想。比如说档案局的官员，他干不干这个事，照样拿工资。干了以后反而可能会惹麻烦。所以他们有一些诉求，我们要理解他们。以龙泉为例，我当时劝说地方跟我们合作，他们一开始并不情愿，说这个档案已经很脆了，你们这一扫描就要受到破坏。我就跟他们说，你这么放着，不把它做电子化处理，它接下去越来越脆，更加碰不得了。我现在电子化处理，就这一次，以后你就尽管保存，因为我们就不用读它了，读电子文本就可以了。这当然是从技术上为他考虑。另外，档案放在仓库里面，对档案馆没有任何价值，不产生"效益"。如果让学者来做研究，产生影响了，对档案馆或管理者就会有一个额外的效应，这个档案在你手上就有"效益"了。当然，在这个过程中间个人信誉也很重要。你答应了一件事情，你一定要做到，你得有信誉，人家会觉得你有学术牌子，叫你干的事情你肯定干得出来，这样他可以为你挑担子。跟地方打交道这个很重要。

跟地方沟通中间，郁闷的事情也碰到得多了。我记得做江南市镇的时候，我跟台湾清华大学的张元老师到绍兴柯桥调查。事先没有联系，我们就大着胆子走到柯桥镇的一个办公室，我也不知道那个人是谁，反正是镇长或者书记，走进去跟他们说，我们是历史系的，想了解当地的情况，结果那个人直截了当地说，我们对历史不感兴趣，把我们赶了出来。他们确实是不感兴趣，也可以理解。所以原来设计得很好的，我们去几个点做田野，结果完全做不到，为什么呢？你首先得找熟人，找不到熟人的地方，就拉倒别去了。

"数字人文"：助力还是阻力？

陈：包老师，您一直很重视计算机技术或者数字技术，我们大学本科上课的时候就跟我们讲过这个东西。您这两年也关注这方面的问题，对数字人文有一些不同的看法。当然数字技术对于历史研究很重要，您觉得现在的数字技术对于区域史、地方史的研究可能带来哪些帮助，或者在哪些方面可能带来助力？

包：肯定有帮助，毫无疑问。现在尽管对于数字人文，我有些自己的想法，但我现在一般不说了，因为经常被误解。尤其是有些人把它看作自己的利益范围，觉得你的批评会影响他利益、课题，等等，诸如此类。有时候多说了就会被人误解。但是实际上就如明华所说的，我自己很早就觉得这个东西很重要，我们肯定能够把它作为一种工具来用，但也仅仅是工具而已。你不能依靠它来思考，为什么呢？这大约是我自己从古代史的基点出发向下探这个研究特点造成的一种认识。因为资料本身留下来，它就是很零碎的、很偶然的。资料的存留状况不一定直接反映历史状况，所以在这么个基础上，你如果去拿它做统计，就要非常小心。

比如我们整理龙泉档案。整理时，大量阅读档案是有困难的，如果做一个数据库，把各种信息相互勾连起来，还是很有用的。比如说检索某个律师的姓名，跟这个律师有关的资料就都出来了，包括被告、原告、地区、某个村子多少案子，等等。这些信息有的时候超出个人阅读能力，靠机器把它联系起来，这种工作当然是很有用的。也可以做一些简单的统计，但是你不能靠这种简单的联系或者统计来代替史学分析，这是完全两个层面的事。

现在我们看到的一些数字人文方面的文章，还停留在数字人文多重要，它可能在哪些领域里面产生作用之类的愿景阐发层面上。我觉得这样的认识现在大家已经有了，没有必要再停留在这个层面上了，我们应该往前走，进一步是什么？你建了很多数据库，你在电脑里保存了很多资料，你得用这些数据库、这些资料，各种检索手段和统计手段，做出具体的研究个案来。现在也有人在这么做，但遗憾的是他们作出来不少结论，跟我们不用数据库做的结论差不多，那我用你那个数据库干吗？大量都是这样的。很少看到用数字技术能够修正现有的历史认识，或者达到现有认识没有达到的深度。这个就牵扯到一个问题，你花了那么多时间，投入那么多钱，投入产出完全不成比例。是不是以后会有大量的产出，现在只是一个开端？看不出这个趋势。这或许是因为我们对这个数字技术的认识，现在还没有update（升级），不知道怎样把现有的资料放在一个全局的框架里面去认识。我们现在如何利用计算机，把非常残缺的、非常零碎的资料，放在一个合适的位置上。这是现在强调数字技术研究的那些人应该更新的知识，我看不出有这样的更新。比如说对人才的统计、文学家的统计、地理范围的分布，等等，一个大前提是，他们是留下记载的那拨人，没有留下记载的那拨人呢，你怎么去分析互相之间的关系。几乎都不讲，他们只根据现有的材料来说话，这个真是残缺了。当然，我的这种要求都是为难人，就是因为难做，人家才避开不做。

陈：对，我想到一个题外话，这种模式其实可以跟工科一样操作。当然可能生产出来的学术产品没办法达到您的理想要求，但是到平台建成后，它的学术成果生产可能会很快，我担心以后它就能依靠数量改写学术格局。因为我们现在的学术考核是计量化的，你文章发得多，学科点的各种资源倾斜就多。我担心以后有些人用这种方式批量化地生产学术成果，可以改写学术的地图和资源配置的地图。

包：已经有点苗头了。

冯：这种情况现在很可怕，它不要用脑子、想象力，也不要用什么高级智商。如您所说的，它不在于结论是什么，而在于用了这个东西。

包：对。好歹写出文章来了。

冯：比如说江南人才多，这是一种常识吧。江南人才多，还用你说？你要弄出来一个江南人才少才有意思是吧？要是真的能把江南人才地图画出来，如您所说的，比如说呈现这个区域类型，究竟在哪个镇多，哪个镇少，这个多或者少背后究竟什么原因？比如说，从宋到明究竟是什么机制一直在背后起作用，你要给我提出全新的看法，提不出来，创新性就不够。他的理由是，我用统计的方法验证了，你原来那种低级的分析是没有用的，你那种说法人家不相信，现在相信了。

包：对。因为这个，多年前我还写过一篇文章，发表在《中国史研究》。❷我拿明州的个案来讨论所谓统计的问题，讨论的话题是南宋遗民，入元以后，他们对新政权的态度。态度有一个划分标准，就是你有没有去当元朝的官，拿这个标准来划分立场。不当元朝的官应该就是坚持南宋立场的、有节操的那拨人。当了官的那就是投降了。以前都是按这个标准划分的。如果现在用数据库来统计的话，就更方便了。以前是靠人工一个一个将记载搜寻出来以后来统计分析，所谓传统研究，就是尽自己的目力所及，把个案做扎实。有几篇代表性的文章，包括台湾的萧启庆老师都写过相关文章，最全的是南京大学的陈得芝老师写的，相当扎实。后来我那篇文章，就拿明州的个案来做讨论。清代的时候，有人搜集过南宋末年明州的一些资料，主要是十几个遗民的传记材料。但把那十几人拿出来具体一分析，就发现其实拿"做不做元朝的官"这一条线去划分不太靠谱，因为有几位其实想当官，只是当不了官。所以你说他立场很坚定，就被划过去了。还有一个姓戴的鄞县人，他家里实在太穷，没办法不得不出去当官。没当了几年，他说实在受不了了，就又辞官。所以这个人尽管当了官，实际上还是坚持原来的立场。这么一个简单的个案，就可以看出这种统计的阅读、机器的阅读，可能只是停留在很表面的层面上，它没办法深入每个个案的底层。人工阅读（当然是你认真读，有能力去读），有可能深入每个个案的底层信息。机器只能在一定层面上阅读，容易造成信息衰减——我那个文章里面用了"信息衰减"这个词——那样的阅读会一定程度扭曲事实。

但是人家用技术语言来应对，说我们好歹应该有个容错率吧。工程上有容错率，人文研究不能有容错率。比如有些人在做文学地图，我就说，你这里一个县只有一个文学家，比如唐宋八大家的王安石，另外一个县有好几十个文学家，但几十个人可能顶不过这一个。你具体怎么去衡量？如果我们的机器阅读能解决这类问题，才能够向前走。当然不是说机器阅读没用，它还是有用的，但至少在目前阶段，它还只能在一定程度上作为帮手、作为工具，真正的判断还是要靠人的脑子。我以为以后也得靠人脑。这就是人文研究的麻烦，当然也是我们自己给自己找的麻烦。人家这么读了，然后这么一统计，文章洋洋洒洒的多好。

结　语

陈：包老师，我看时间差不多了，最后再提两个问题怎么样？现在所谓的地方史研究或区域史研究，已经很多了，包括像我们进行学术训练的时候，或者写论文的时候，很多都是从一个具体的地方进入，但是其中可能还是存在一些缺陷和问题。从您自己的阅读经验来看，有哪些比较严重的缺陷存在？有没有什么特别优秀的作品，可以作为我们年轻后辈模仿和借鉴的对象？

包：推荐优秀论著我真说不出来，因为特别近几年的作品我很少读。现在又回到宋史，自己精力也不够，阅读量不够。但是我的一个比较清晰的感觉是，现在的个案研究，特别是那些博士论文，常常缺一个大前提。你要讨论一个区域、一个地域，必须先从全局来看地域，你要交代清楚为什么研究这块地域，这块地域在一个更广的视野中间，它扮演着怎么样的一个角色。我们如果对这个地域归纳出某些特点来，把这些特点放在一个更广的框架中间来看，它具有哪些意义。我现在看到大多数都是缺这样的全局眼光，常常就事论事，就一个地域来讨论一个地域，一开始就说这个地域很重要，我就来研究它，完了之后作一些结论，结束。而且所谓的区域性特点，也有不少实际上是具有共性的内容。如果没有全局关照，没有解释我为什么要讨论这个地域，就牵扯到那个论题能不能成立了。

陈：从您的角度来说，对于年轻的研究者或者学生，从哪些方面去努力可能会稍微弥补一下这些缺陷，能让区域史研究做得更好一点？或者说，需要做哪些学术的准备，可以更容易进入研究的正轨当中来？

包：这个我想需要老师跟学生共同努力了。老师特别要用心的是，从全局入手去引导学生，也就是你要告诉他，我为什么让你去做这个地域，它的意义在哪里。也就是你的阅读应该是全局性的，研究最后落脚点可能是某个地域，但你入手的阅读还是应该先读全局。我不太希望，也不太赞同我的学生，先把这个问题找出来了，最后再补充几句大框架。我觉得这样子不行，必须倒过来，要从全局入手，然后再向地方去找例子。另外，当然需要大量阅读，知识面越宽越好。这回到我们最开始谈到的话题，片段的地方信息，如果没有大量的知识与之互相联系，你是没法挖掘它的深刻意义的。

陈：是，其实对导师也有更高的要求。我们的提问大概差不多就这样，冯老师还有什么要补充吗？

冯：包老师自己有没有什么补充的？包老师您还有什么想对读者说的话吗？

包：我最想说的是，人文学者第一要关心现实。好的议题其实都是从现实生活中间感悟出来的。当然不是大家经常看到的那种愤青式的关注。真正去理解现实社会，理解它究竟是怎么运作的，这是我们现在年轻学者相对比较缺的。尽管不可能像我们这辈人一样，先去工厂、农村干多少年，再回到学校。这完全得不偿失，也不可能。但是我们得有心。我想这是我们年轻学者要关注的第一个问题。

第二个问题是对材料的体悟。怎么样真正悟到材料内部的、文字背后的信息，脑子里面一定要有这根弦。你在读任何文字资料的时候，你都要想一想作者为什么这么说，或者说这段材料它为什么会留下来，它可能反映了**哪些**真实的历史信息，作者的立场是什么，作者隐晦了哪些东西，脑子里一直要记得。文字背后可能有我们还没有意识到的东西，**慢慢形成一种习惯性的体悟的本能**，这样才能够真正成为一个所谓人文学者，才不会像机器一样。如果我们的脑子变成计算机的一部分，进行完全机械化的阅读，我们的研究永远不可能深入，你就不是一个人文学者，而是一台机器。因为我们研究肯定会涉及某个具**体侧面**，诸如军事的、农业的或者财政各个层面。以前有很多学生问我，我们怎么样用所谓的社会科学理论去掌握这些东西，当时我经常会回答说，这个其实一点都不高深，就是日常生活，如果你想稍稍掌握一些社科理论，可以找一本跟你研究题目相关的本科教科书，**认真读懂了就差不多了**，最起码你能够知道他们用的那些概念是什么含义。可能更重要的还是你去体悟现代社会生活在这方面的真正运作。如果你是研究农业的，田里种的庄稼是啥东西你都不知道，**农民什么时候播种，什么时候拔秧，在不同地区有什么差别**，如果这些常识都不知道，很多文献你就读不懂。我们学生常识之缺乏，往往超出想象，这会使他们理解传统社会格外困难。

有一次，我跟学生聊天，讲到自己年轻的时候干体力活，大家胃口都蛮好。当然，我不算特别会干饭的人，有些人胃口比我好得多了。讲到在工厂里面当工人，我说那个时候，像我这样吃米饭一顿吃一斤的还是可以的，有些人吃两斤米饭都是小意思。结果，第二天我的一个研究生悄悄来问我，老师，你昨天是不是在讲笑话？我没听懂。我说什么笑话，他说你一顿能吃一斤米饭，这怎么可能？

冯：对。我跟你讲，**包老师，这些人没有干过重体力活，真的不能理解。**

包：对，主要是体力活，而且当时我们没有肉吃，缺动物脂肪，纯粹靠淀粉。所以我们觉得不是问题的事情，现在的学生觉得是问题。如果他们没有这些知识，有些文献肯定读不懂。我们去看宋代人的粮食消耗量，就是他每天吃饭那个量。根据当时给士兵粮食的定量，然后推算那个时候一般人吃饭的量，一年一个人需要吃多少米，等等。用现在我们的胃口去衡量，那个量是太多太多了。如果没有我刚才讲的那种背景知识，你是读不懂这些材料的。根据南宋方回的说法，"五口之家，人日食一升，一年食十八石"，他那是将大人小孩合在一起计算的，大人肯定还不止人日食一升。你想想，其实也不算太多。但对我们现在来说是不得了了。

陈：我们的生活世界已经改变。

冯：谢谢包老师。

陈：辛苦包老师。

（原载《区域史研究》2022年第2辑，社会科学文献出版社2023年版，第3—37页，今经作者同意，附入本书）

---

❶ 参见拙文《视角、史料与方法：关于宋代研究中的"问题"》、邓小南《宋代政治史研究的"再出发"》。那次笔谈专栏的题目是《宋辽金史研究：新视野、新论题、新方法》。拙文以《视角与史料：关于宋代研究中的"问题"》为题收作本书第十三篇。

❷ 参见拙文《一名"童工"的高考杂忆》，载祝毅编《120个回望：纪念高考恢复40周年》，浙江人民出版社2018年版，第402—405页。

❸ 参见拙文《近古乡村基层催税单位演变的历史逻辑》，载《北京大学学报（哲学社会科学版）》2021年第1期，第98—115页。

❹ 参见拙文《"乡役论"与乡里制的演变》，载《中国社会科学》2022年第7期，第147—167页。

❺ 参见拙文《精英们"地方化"了吗？——试论"地方史"研究方法与韩明士的〈政治家与绅士〉》，载《唐研究》第11卷，北京大学出版社2005年版。

❻ 参见拙文《近古乡村基层催税单位演变的历史逻辑》。
❼ 参见拙著《陆游的乡村世界》，社会科学文献出版社2020年版。
❽ 1955年《国务院关于划分城乡标准的规定》中指出，常住人口在2000人以上，其中50%的居民为非农业人口的居民区，或者常住人口不足2000人，但在1000人以上，而且其中非农人口超过75%的地区，可以设置城镇的建制。
❾ 参见拙著（主编）《江南市镇及其近代命运：1840—1949》，知识出版社1998年版。
❿ 参见拙文《杂学谓博：江南市镇考察忆旧》，载王家范主编《明清江南史研究三十年：1978—2008》，上海古籍出版社2010年版，第86—95页。收作本书第十七篇。
⓫ 章开沅等主编：《苏州商会档案丛编》第一辑（1905—1911年），华中师范大学出版社1991年版。
⓬ 参见拙文《略论元初四明儒士的遗民心态》，载《中国史研究》2011年第1期，第157—167页。

附录二　包伟民：我的"目光向下"是想体现基层民众对历史的贡献

钟　源

必须要把基层民众对历史的贡献给体现出来

澎湃新闻：您之前的研究多集中于宋代经济史、社会史、城市史，是从何时起对历史时期乡村社会产生兴趣的？为何选取陆游作为研究对象？

包伟民：十多年前，我在研究宋代城市的时候，就产生了一个非常清晰的想法。我们现在对中国古代各个朝代一些大的认识，基本上都因循着20世纪40年代以来前一辈学者敲定的框架，将他们的认识作为既定事实。但是前辈学者已经解决了所有问题吗？我觉得很多基础性认识是要重新验证的，这也是我这两年经常提到的话题，尤其是在今天的资料收集和研究手段比前辈学者方便得多的情况下，更是如此。

本来大家以为已经基本定型的一些看法，验证下来其实有很多认识的误差——前辈学者他们毕竟是处于研究的初期阶段。当时我准备写宋代城市的时候，有位老朋友到我家里聊天。他说这个题目很老了，能写出东西来吗？我说我也没把握，我先看看。很多人对唐宋城市的认识来自日本学者加藤繁，如果加藤繁真的把问题都解决了，那我就不做了，换题目。

我花了差不多一个月时间，把加藤繁提出"加藤范式"那篇文章——《宋代都市的发展》中的材料一条条去跟原书核对，得出结论，加藤繁的主要问题是他用的材料几乎全部是长安的，但是他的结论覆盖到了全国。城市和城市是不一样的，这中间肯定有落差。现在小县城怎么跟北京比啊？怎么可以把关于北京的结论用到每一个城市上呢？

比如，受加藤繁影响，很多人觉得唐代城市就是围棋盘那样一块一块的，宋代城市就是《清明上河图》那样的。但我的研究可以非常清晰地证明，加藤繁所描绘出的城市图景是人工规划出来的城市，是长安、洛阳那样的大城市、都城。唐代长安城的制度渊源来自北魏平城，北魏的统治民族是鲜卑族，要监管汉人，城市里的坊墙并不是为了防御，恰恰相反，是城市管理者为了监控汉人而设置的，所以坊墙不能太高，差不多就到人的肩头。骑兵在大街上巡逻，坐在马背上能够看得到坊区里面。还规定坊门不能随便开，晚上要宵禁。唐代长安城也是这样，管理是很严格的。

但是像长安、洛阳那样的城市占比是极低的，绝大部分城市是中小城市、州县城市，虽然城内也有坊，相当于现在的社区，但那是用于行政管理的居民区，坊的外面何必非得筑起围墙，而且这些城市都是自然发展起来的，并非出于人为设计。但是"加藤范式"影响太大了，我们看见个"坊"字，就觉得一定有围墙，其实南方城市许多连城墙都没有，更不要说城区里面的坊墙了。这是城市史研究给我很大的触动的一个方面，即很多问题要重新验证。

另一方面，我觉得目光应该"向下看"。当然国家总体的政治制度设计、皇帝颁布的诏书等非常重要，而且很多时候只有高层的历史活动才有资料留下来。我经常跟学生开玩笑，我说你们想想看，各位从幼儿园、小学、中学、大学一路读下来，然后就去研究古代的"政治局"怎么开会了，宰相怎么跟皇帝讨论问题，这中间落差太大。当然不是说没有生活体验就不能做研究，但是研究自己有生活体验的领域，尽管我们的体验跟古人会有很大的不同，也总比完全没有生活体验的领域好多了嘛。

所以在2014年《宋代城市研究》出版之后，我就"向下"转向了宋代乡村研究。其实研究宋代乡村的学者也很多，尤其是日本学者在20世纪五六十年代就做了大量工作，其中不乏一流学者。这两年研究宋代乡村的人少了，而且结构性的推进更少。这种老题目写得慢，要把原来的东西解构掉不容易。

我曾经花了一个暑假的时间，读陆游的文集和诗集。陆游是"南宋四大家"之一，他留下了9300多首诗，在整个古代中国诗人中数量最多。在这些诗中，有60%甚至70%是写乡村的。因为宋代官太多了，官员们任期都不长，要轮着当，所以陆游大部分时间是待在农村的。而且他的诗创作时间编排是准确的，是他去世之前亲自整理的，容易被引作历史研究的资料来使用。

我觉得其中很多材料都可以用，但是拿它来讨论国家制度又不是太直接，诗歌的写作总是含含糊糊的，是种情感的抒发，所以做完笔记之后就把这些材料放在电脑里了。但我当时就有一种直觉，这些材料肯定会有用。去年我试着用这些材料写了一篇论文，近5万字，发在《武汉大学学报》上。到了今年年初，因为疫情被关在了舟山，当时手头没有书，只有电脑里的一些笔记，我想干脆就把"陆游的乡村世界"写成一本小册子吧。出版社抓得也比较紧，所以很快就出来了。

澎湃新闻：从城市史到乡村研究，从制度史到日常生活，可否谈谈您近年来"目光向下"的学术思考？

包伟民：我这几年确实是"目光向下"了，但并不是说高层的东西不值得写，赵冬梅老师的《大宋之变：1063—1086》写的都是皇帝宰相，也很精彩啊。写高层的读者更多，多数读者感兴趣的还是帝王将相。都说真正创造历史的是人民群众，但是人民群众在历史书中只是被人摆布的数字。

我不甘心，我的"目光向下"的确有个人的价值追求在里面，是想要尽量用自己的工作去呈现普通人在历史中扮演的角色。我们以前体现人民的研究就是农民战争，那是人民实在被逼得活不下去了，舍了命造反的绝望状态，但在日常生活中他们怎么创造历史？这是我们需要去弥补的。历史著作得把人给写出来，我们现在的历史研究完全变成要素分析，"人"没有了，那就不是人类的历史、社会的历史了。

中华文明几千年来的发展，还不都是穷苦的底层民众辛勤劳作一点点干出来的。你去看宋代文人描写的农民的辛劳，我们得给写出来。我是1977级的，还算运气好，没有下过乡，初中毕业到工厂干活，当然也干过一些农活，那种辛苦不是现在的年轻人可以想象的，所以我想必须要把基层民众对历史的贡献给写出来。

另外，我自己心里面一直存着一个很重要的议题。例如我们说明代形成了一个所谓的"缙绅阶层"，当时对缙绅是有明确定义的，你得有功名，最起码得是个秀才。如果你是缙绅，那么到衙门去打官司，县老爷就不能随便打你的屁股。如果要对你动刑，就得请示学官先把你的功名剥夺掉。这个阶层的人慢慢控制了地方事务。这种格局必然是从宋代开始慢慢演变的，但是演变过程我们现在还没有讲清楚。也就是，具体呈现宋代对后期历史的影响，是一个有待深入的重要领域。

我读书的时候，老师邓广铭先生说，要研究宋代，那必须要懂唐代，宋代很多东西尤其是制度性的东西都是从唐代来的，宋代初期只是改一改而已，多数不是重新创立的。老师一辈所强调的"向前了解历史演变的渊源"，至今已经成为一种常识了，现在我同时还跟学生强调要"向后观察历史发展的影响"。目光局限于宋代，有些东西看不清楚究竟会是什么走向，你到明代看一看，原来它走向了这里，再反过来看宋代，就更清晰了。

比如说我在《陆游的乡村世界》一书中写到的关于"市船"的解释，用的就是向后观察的方法。

澎湃新闻：陆游这样一位士人、文坛领袖，在乡村中承担着哪些社会角色？陆游所代表的士大夫阶层如何将儒学渗透到乡村？

包伟民：当时大多数读书人都希望住到城里去，城市的生活条件比农村好，曾几的儿子就劝陆游住到城里去。陆游的祖父在城里有房子，但是陆游没有去，可能有一些他自己的考虑，不过他没有交代。但士大夫即使人住在城市，一般也都有田产在农村，当时农业是主要经济嘛。所以士大夫在农村其实承担着很重要的社会角色，但是也有好几种类型，不能拿一个模子去套他们。

台湾学者黄宽重先生研究的刘宰就与陆游不太一样。刘宰是镇江金坛（今属江苏常州）人，他的生活环境跟陆游相似，但官比陆游小。刘宰是比较积极介入地方活动的典型，发生灾荒他出面组织赈灾，地方工程他出面推动，还跟社会上层的高官积极互动，信件往来很多。

还有一种类型就是我们常说的"豪强"。以前理解似乎豪强就是大地主，其实从古至今，没有政治背景的人"豪"不起来也"强"不起来，光有钱是不够的，还得有势。即使他自己不当官，也得转弯抹角跟某个官员挂上钩。这类人以往研究比较多。

陆游是比较特别的。他特别低调，"尤避行迹"，当然他也不是一点都不参与地方事务，比如让儿子参与绍兴地方志的编写，作为史官，他还给地方志写了序言。但是他很注意自己的形象，不对地方造成骚扰。还有一点，陆游是个大文人，声望非常之高，这个是其他人没法比的，所以他在诗作中写了不少与文人交游的情况，但在书里我没有写太多，因为文学史领域已经有很多研究了。

另外，中国后来变成儒家社会了，怎么变过去的？儒家本来是高高在上的，民众一般都是热衷于祭祀各种鬼神，跟儒生间是有矛盾的，很多儒生地方官都反对淫祀，把那些跳大神的人给禁了。后来到了明清时期，我们可以看到儒学对基层社会的影响和渗透越来越深入，我想这里面一个非常重要的渠道就是宗族。宗族里的族规都是儒家那套东西，一般由族里的读书人主持这件事情，没有读书人的家族也会参考其他有读书人的家族，然后通过宗族这个渠道慢慢向基层渗透。当然还有一个非常重要的制度性要素就是科举，因为读书有好处，可以做官。我们可以从陆游身上看到读书人在乡村社会的影响力，无论是他作为士大夫的榜样作用，还是通过各种途径向农夫们传达的文字知识，都是如此。这些我都尽可能写在书中了。

澎湃新闻：宋代的乡村社会与城市有哪些差异？

包伟民：古代农村和城市之间的差异，我们不能拿今天城乡之别去想象。因为现在的主流是工业化甚至后工业化的经济，而当时是农业经济，所以当时的城市在很大程度上还是体现了农业社会的特点，这是我们首先要明确的一个原则。

当然到宋代，城市进一步发展，确实出现了一些新的格局和新的特点。我们以前有很多学者沿着加藤繁的思路，觉得宋代以后城市更多就是一个经济中心了。我想这种认识有点极端了，忘了当时城市主要仍然是政治中心，而且行政层级高的都会城市总比一般城市的经济地位要高。虽然也有个别例外，但绝大部分都是行政层级决定了城市的经济地位的。

作为政治中心的城市，就是帝制国家的统治据点，它们必然位于交通要道的某个节点，同时必然也会变成一个商业交流中心，更何况这种城市人口密集，官员、军队以及其他为他们服务的人构成了城市的主要人口。

其实有一个问题我一直感到困惑。例如南宋时期的临安城里六七十万人，官员、军队及其他一些服务人员之外的城市产业是什么？他们拿什么产业来支撑自己的经济？我们现在还弄不清楚。我觉得商业肯定占很大一部分，但是我们古代的城市不像欧洲，手工业比例不高，我们的手工业主要在农村。这个去看明清时期的市镇就很明确了，市镇主要作为商品交换的据点而存在，只是集中了一些个体家庭没法做的少量行业。所以市镇的主要产业不是手工业，而是商业。当时的临安城也有手工业，但不是经济的主体。

在以农业经济为主的大背景下，从宋代开始，城市和农村的文化开始慢慢有了一定差别，"乡下人"这个称呼已经有了瞧不起人的味道了。但还是要强调，不能拿今天的眼光去看待宋代的城乡差别，那是完全不一样的。

我不太愿意用"市民文化"这个概念，因为中文词汇中"市民"一词特指欧洲历史上处于封建结构之外的、不受封建领主管辖的那批人，如果再用它来描述中国的情况，可能会造成概念混淆。我喜欢用另外一个概念——"市井文化"，把二者区分开来。

从宋代开始，城市确实显示出以商业为中心的某种新的文化现象。不少士大夫写过在农村生活不方便，东西也买不到，城市里方便很多，所以他们就从农村搬到城里去。这种流动还有一个非常重要的原因是科举。跟现在"学区房"一个道理，城市里信息灵通，有好的老师，肯定比在农村考科举方便。其实这在某种程度反映了城市是政治中心的特点，因为科举是政府举办的。有人说宋代以后的经济要素越来越厉害，但这种认识只看到了问题的一个方面，应该认识到，与此同时，政府也越来越强了，通过科举等把各种有利要素攥在了自己手上。这不是一个你强我弱的对立关系，而是相辅相成的过程。

那么谁是城市文化的主导者？其实是很清楚的。表面上看是商人，他们生活奢侈，出钱创造出来很多东西，但是商人的背后还是政府势力，他们的后代还是要去考科举，这样他们的财产才能稳定下来。早先的研究说是商人、地主、官僚"三位一体",但其实没有把主从关系给讲清楚,主体还是政治强权,这也是城市的文化特征。

澎湃新闻:陆游所在的山会平原,是一幅怎样的图景?

包伟民:写了陆游这本书之后,之前不够清晰的一个认识,现在慢慢明确了。所谓中国经济重心南移,指从黄河中下游到了苏南浙北长江三角洲这个地区。浙江地区原来开发的中心在会稽山北麓,江南地区最大的水利工程鉴湖造就了山会平原的发达。那么经济重心南移之后,绍兴地区是否完全被比下去了呢?对于这个问题,以前回答是语焉不详的,或者自然而然地觉得肯定是落后了,而且之后浙江的中心城市也是杭州了。其实这里面有个发展过程,在陆游的时代,山会平原和苏南浙北地区最起码是并驾齐驱的,有些方面恐怕还要更发达一些。

山会平原是已经发达的地区,鉴湖修建于东汉,带来了农业的持久发展,在陆游的诗文中,能够体会到其农业经济的发展状况;而长三角的太湖东岸地区,当时还处在一个开发的过程中。围田不是一下子解决区域开发问题的,对土地的改造是个很长的过程,这个过程到明代中叶才完成。

在这个过程中,长三角地区的开发程度加深了,速度加快了,而山会平原相比之下就有点迟滞了,所以浙江的中心城市才从越州(绍兴)转移到了杭州。尽管这一点我在书里没有展开讨论,但在结论里讲到了,山会平原一直是江南最发达的地区之一。之所以强调这句话,是因为后来到明清时期,所谓"江南"并不包括山会平原,好像大家都觉得浙东地区一直就是比较落后的。其实产生这种误解,原因在于许多人研究中用的材料都是浙东丘陵地带的,但是浙东地区的丘陵地带跟平原地区不一样,不能一概而论。

历史学要回归叙述

澎湃新闻：在书中，您对于陆游诗歌的使用还是非常审慎的，更多的是将其作为其他史料的补充和佐证。另外，您也尽量从专注分析转向侧重叙述，可否讲讲您有哪些考量？

包伟民：我在写这本书的时候，最纠结两个问题。

第一个问题是材料不够。如果是分析宋代农业经济怎么发展的，可以把很多要素纳入进来，像占城稻引进等具体细节则可以忽略或者回避；但要是写乡村生活，有许多细节却是没办法回避的。尽管陆游写了不少，但毕竟是诗句，常常不够明确。而且他的记述也有侧重面，反映了明显的士大夫立场与眼光。

再比如说陆游家里究竟有多少田产，就没有材料，只能推测。其实推测与想象比实证式的研究更考验你的见识和知识积累。读书的时候，邓广铭先生就一直教导我们推测在逻辑上只能推一层，即只能做"一级推测"，如果做两级三级推测那就没底了，这是基本原则。这两年我认为在遵从"一级推测"原则的前提下，我们或者可以更大胆一点。当然要告诉读者你只是推测，那么稍大胆一点应该问题不大，只要你的研究有一定积累，在此基础上的推测也会有一定意义。

第二个纠结的问题就是叙述和分析之间的关系。这些年大家都在呼吁"历史学要回归叙述"，但是在制度上还真是有障碍。现在的年轻学者，如果写这种叙述式的历史文章，尽管明眼人能看出其背后的研究与思考，但是对这个领域不太了解的人就可能把它看成纯粹的普及读物。这样对年轻人就不公平，评职称会有一些困难，所以他们都不太敢去这么写。

还有一个非常重要的因素是学术刊物。现在学术刊物发表的文章都是分析式的、问题式的，我称之为"社会科学式的"，叙述式的文章很难发表。我们一直说历史学是人文学科，但是我们的研究方法以及论文写作的方法其实已经完全社会科学化了。只不过由于材料的限制，历史学很难像其他社会科学那样去做统计，我们只能举例子，材料里留给你多少，你只能举多少。

对历史的认识要想深入下去，就要从各个侧面提问题，所以我们这些年一直提倡所谓的"问题意识"，对学生是这么强调的，研究也是以问题为导向的，但那些学术文章基本上是写给其他研究者看的，不是给一般读者看的。

其实从历史学诞生以来，不管是司马迁还是亚里士多德，他们的历史写作都是叙述故事。中国古代史书的体裁，故事形态相对少的就是编年体了，纪传体完全就是在讲故事嘛。20世纪初，传统史学转向近代史学，我们的研究范式已经完全改成了社会科学式的格局。

这给我们造成一个很大的问题，就是历史学其实已经退出了公众阅读这个领域。我们的学术培养对语言的训练很少，写的东西干巴巴。记得我当学生的时候，写东西喜欢加点形容词，有的老师不接受，邓广铭先生不一样，他比较看重文笔。周一良先生说邓先生不但分析历史，还"写历史"。"写历史"就是我们现在所谓的"叙述"。

叙述和分析是相辅相成的，不能说哪个更重要。我们在很长一段时间内都把叙述忽略了，现在应该有所修正。写作叙述式的读物，也是历史研究者的本职工作。但是我希望自己讲的每句话是有根据的，还不太想完全走向讲故事。比如看到陆游描写穿着长衫的保长形象，不禁就写到了背后的乡里制度和基层管理制度，还是放不下分析这一块。

澎湃新闻：本书语言平易近人、深入浅出。对于历史写作，您有何经验分享给青年学人？

包伟民：这本书用的材料有特点，利用陆游的诗句来写，他的诗句相对浅白，容易理解。我试图让更多的读者能读得懂，所以有些专有名词会加个小括号作注。比如说"通判"，我就加个小括号，里面写上"副长官"。但这种注很难加，不是每一个概念都能找到简单的现代名词去对应的，有时要拿一段话才解释得清楚。比如说"参知政事"，标注为"副宰相"，其实不完全正确。当然我会尽量避免用一些特别专门的名词，用相对通俗的名词来替换。可是现在很多人对一般常识都不了解，比如曾有本科生问我："地主是把田租出去的，还是把田租进来的？"如果连这样的概念都要一个个解释，那书就没法写了。这就是我写作时首先注意的问题，尽量用相对通俗的概念和语言体系交代问题。

其次，我会注意避免交代一些很复杂的制度性内容。有些内容尽管很有价值，也不得不付之阙如，读者要想进一步了解，就需要去阅读其他相关书籍。在一本书里把所有事情都讲清楚是不可能完成的任务，一篇文章或者一本书只讲清楚一件事情就行了。当然这里可能会陷入"片面"的陷阱，所以要时刻提醒自己也提醒读者，我在这里只是讲一件事情、一个视角，还有很多其他视角和内容，我没办法展开叙述。

再次，在写作的过程中，我很清晰地感到自己的知识结构需要调整，很多内容对我来说都是生疏的，要去弥补。比如说写到农时与农作物，虽然很小心，不断地去找材料核对，向朋友请教，借用很多现有研究，但还是有很多内容不一定可靠。

最后就是语言能力。平实、清晰的叙述不是想写就能写得出来的，我们写论文写惯了，很容易就跑到论文写作的路子去了。所以这本书我后来看一遍改一遍、看一遍改一遍，改了好多遍，才把自己的文字习惯改了一点过来。我们经常吐槽文学出身的人"笔下生花",写得过头了,但我们在这方面却是有所不及。

澎湃新闻:普通民众读历史,对简洁叙述、文字流畅有很高的要求,而大部分历史著作都不符合民众的口味。您觉得在历史写作中,专业学者应该如何平衡这个问题呢?

包伟民:我觉得双方都要有所调整。我们民族的阅读习惯、对历史的了解,基本上是根据说书、演义,现在则是电视剧,大家觉得那些就是历史了。民众要转变这种观念,提高认识。但是寄希望于大家少看《三国演义》多看《三国志》是不现实的,史学从业人员也要试图把《三国志》写得更生动,让一般读者能够接受。双方都应该有个调整的过程。或者说,一般读者靠谱的阅读习惯与对历史的正确认识,有赖于史学工作者长期努力去培养。

但是这两年,我常常感到无奈。社会文化的总趋势是越来越娱乐化,你讲的是真是假,读者们不太在乎,好玩就行。另一方面,人们不免根据既有的知识结构来决定自己的爱好,来判断与选择历史读物。对人物性格缺乏依据的细致刻画,对故事情节毫无节制的过度夸张,与对社会文化某些特点的以偏概全式的强调,有时更对读者的胃口。这些当然都只能归入历史文学的范畴,但写手们偏偏要说那就是历史,令人好生无奈。

我们的民族文化中缺乏"求真"的精神、科学的精神。这么说会惹恼一大批人,但这是事实,这也是"李约瑟之问"给我们的一种启示,我们往往只追求实用价值。学历史的人被问的最多的就是"历史有什么用"。大家不太问历史真实与否,就问你有什么用。这其实是个没法回答的问题。我对这个问题的回应就是历史是个求真的过程,那你再问求真有什么用?值几毛钱?我也只能说你看着办吧。

你说能从历史中发现一些规律来指导我们现在的生活?其实我

们都知道历史经验不是那么有"用"的，因为社会结构变了，现在是信息化时代了，我们根据农业社会归纳出来的历史经验仍然有"用"的不会太多。还有，历史规律可以被发现吗？历史总是在变的，我们对历史的认识也是基于主观的资料与研究，常常不一定能触及历史的真实面貌。

不过我相信随着民众普遍受教育水平的提高，会有越来越多的人希望通过阅读史书来培养求真的思维习惯，所以我才会去写这样的书。

澎湃新闻：对这两年特别火的宋朝历史剧，像《清平乐》《知否知否》，您如何评价？

包伟民：你说的那些剧我都没看过，不是我看不上，你让我写这种剧本，我也写不出来，所以也没资格看不上人家。坦率说，那些不算历史剧，所以我并不关心。

那些只是穿上宋代历史外套的现代剧，是符合现代年轻人审美取向的文艺作品。很多人去指责某个帽子戴错了，某件衣服不是那个款式，某个情节被歪曲了，这有什么意义呢？那些电视剧的真正目的是市场嘛，就这些细节去指责它们没有什么意义。现在摄影技术提高，拍的画面精美绝伦，年轻人工作紧张，看着玩蛮好，只要不将它们当成"历史"就行。

（原文首发于2021年1月4日"澎湃新闻·私家历史"，
今经作者同意，附入本书）

参考文献

本参考文献在本书文稿征引所及的范围内，择取其中参考较多者列出，不求齐全。作者本人论著均不收入。共分历史文献、中文著作、外文著作、学位论文与期刊论文五类，各类之中按作者姓名拼音编排。

一、历史文献

〔唐〕白居易：《白居易集》，中华书局1979年版

〔汉〕班固：《汉书》，中华书局1964年版

〔宋〕陈淳：《北溪先生大全集》，台湾商务印书馆1982年版，影印文渊阁《四库全书》，第1168册

〔宋〕陈均：《皇朝编年纲目备要》，中华书局2006年版

〔宋〕戴侗：《六书故》，台湾商务印书馆1982年版，影印文渊阁《四库全书》，第226册

〔宋〕戴栩：《浣川集》，台湾商务印书馆1982年版，影印文渊阁《四库全书》，第1176册

〔唐〕杜佑：《通典》，中华书局1988年版

〔宋〕范成大：《揽辔录》，大象出版社2012年版，《全宋笔记》第五编第七册

〔南朝宋〕范晔：《后汉书》，中华书局1965年版

〔宋〕洪迈：《夷坚志》，中华书局1981年版

〔明〕黄淮、杨士奇编：《历代名臣奏议》，上海古籍出版社2012年版，

影印明永乐内府刊本

〔汉〕孔安国传，〔唐〕孔颖达正义：《尚书正义》，上海古籍出版社2007年版

〔宋〕孔延之编：《会稽掇英总集》，台湾商务印书馆1982年版，影印文渊阁《四库全书》，第1345册

〔宋〕黎靖德编：《朱子语类》，中华书局1986年版

〔清〕黎翔凤撰，梁运华整理：《管子校注》，中华书局2004年版

〔宋〕李焘：《续资治通鉴长编》，中华书局1995年版

〔宋〕李心传：《建炎以来系年要录》，台湾商务印书馆1982年版，影印文渊阁《四库全书》，第325—327册

〔宋〕凌万顷、边实纂修：《淳祐玉峰志》，上海古籍出版社2002年版，《续修四库全书》第696册，影印北京图书馆藏清黄氏士礼居抄本

〔宋〕刘过：《龙洲先生集》，线装书局2004年版，《宋集珍本丛刊》第69册，影印清抄本

〔后晋〕刘昫等：《旧唐书》，中华书局1975年版

〔宋〕刘宰：《漫塘文集》，线装书局2004年版，《宋集珍本丛刊》第72册，影印明万历刻本

〔宋〕陆游著，钱仲联校注：《剑南诗稿校注》，上海古籍出版社1985年版

〔宋〕吕祖谦著，黄灵庚、吴战垒主编：《吕祖谦全集》，浙江古籍出版社2008年版

〔元〕马端临：《文献通考》，中华书局2011年版

〔宋〕沈括撰，胡道静校注：《新校正梦溪笔谈》，中华书局1957年版

〔清〕沈彤等：《乾隆震泽县志》，江苏古籍出版社1991年版，《中国地方志集成·江苏府县志辑》第23册，影印乾隆刻本

〔宋〕司马光：《资治通鉴》，中华书局1970年版

〔宋〕司马光：《司马光集》，四川大学出版社2010年版

〔宋〕司马光：《涑水纪闻》，中华书局1989年版

〔宋〕孙觌：《孙尚书大全文集》，线装书局2004年版，《宋集珍本丛刊》第35册，影印宋抄本

〔宋〕谈钥：《嘉泰吴兴志》，中华书局1990年版，《宋元方志丛刊》第5册，影印《吴兴丛书》本

〔元〕脱脱等：《宋史》，中华书局1977年版

〔宋〕王柏：《鲁斋集》，台湾商务印书馆1982年版，影印文渊阁《四库全书》，第1186册

〔宋〕王称：《东都事略》，齐鲁书社2000年版

〔明〕王夫之著，舒士彦点校：《读通鉴论》，中华书局1975年版

〔宋〕王溥：《唐会要》，上海古籍出版社2006年版

〔宋〕王洋：《东牟集》，台湾商务印书馆1982年版，影印文渊阁《四库全书》，第1132册

〔北齐〕魏收：《魏书》，中华书局1974年版

〔宋〕吴曾：《能改斋漫录》，大象出版社2012年版，《全宋笔记》第五编第三册

〔清〕徐松辑：《宋会要辑稿》，上海古籍出版社2014年版

〔清〕徐松撰，李健超增订：《增订唐两京城坊考》，三秦出版社1996年版

〔宋〕叶适：《叶适集》，中华书局1961年版

佚名：《宋史全文》，黑龙江人民出版社2004年版

〔元〕俞希鲁：《至顺镇江志》，江苏古籍出版社1999年版

〔宋〕袁褧：《枫窗小牍》，大象出版社2008年版，《全宋笔记》第四编第五册

〔宋〕岳珂编，王曾瑜校注：《鄂国金佗稡编续编校注》，中华书局1989年版

〔宋〕曾布：《曾公遗录》，中华书局2016年版

〔宋〕曾巩：《曾巩集》，中华书局1984年版

〔宋〕曾敏行：《独醒杂志》，大象出版社2008年版，《全宋笔记》第四

编第五册

〔宋〕张方平：《乐全集》，台湾商务印书馆1982年版，影印文渊阁《四库全书》，第1104册

〔元〕张铉：《至正金陵新志》，中华书局1990年版，《宋元方志丛刊》第6册，影印文渊阁《四库全书》

〔宋〕郑樵：《通志二十略》，中华书局1995年版

〔宋〕郑兴裔：《郑忠肃奏议遗集》，台湾商务印书馆1982年版，影印文渊阁《四库全书》，第1140册

〔宋〕朱熹：《晦庵先生朱文公文集》，上海古籍出版社、安徽教育出版社2002年版，朱杰人、严佐之、刘永翔主编《朱子全书》，第20—25册

〔宋〕庄绰：《鸡肋编》，中华书局1983年版

〔春秋〕左丘明：《国语》，商务印书馆1958年版

二、中文著作

〔英〕E.H.卡尔：《历史是什么？》，商务印书馆2007年版

〔英〕K.J.巴顿：《城市经济学——理论和政策》，商务印书馆1984年版

白钢：《中国封建社会长期延续问题论战的由来与发展》，中国社会科学出版社1984年版

白寿彝总主编，史念海、陈光崇主编：《中国通史》第六卷《隋唐时期》，上海人民出版社1999年版

曹家齐：《唐宋时期南方地区交通研究》，华夏文化艺术出版社2005年版

昌彼得、王德毅、程元敏、侯俊德编，王德毅增订：《宋人传记资料索引》，中华书局1988年版

陈乐素：《求是集》第一、二集，广东人民出版社1984年、1986年版

陈寅恪：《金明馆丛稿初编》，上海古籍出版社1980年版

程遂营：《唐宋开封生态环境研究》，中国社会科学出版社2002年版

邓广铭、程应镠主编：《宋史研究论文集》（中华文史论丛增刊），上海古籍出版社1982年版

邓广铭、郦家驹等主编：《宋史研究论文集》（一九八二年年会编刊），河南人民出版社1984年版

邓广铭：《邓广铭全集》，河北教育出版社2005年版

邓小南：《朗润学史丛稿》，中华书局2010年版

邓小南：《祖宗之法：北宋前期政治述略》，生活·读书·新知三联书店2006年版

［日］饭山知保：《另一种士人：金元时代的华北社会与科举制度》，浙江大学出版社2021年版

方建新：《二十世纪宋史研究论著目录》，北京图书馆出版社2006年版

方震华：《权力结构与文化认同：唐宋之际的文武关系》，社会科学文献出版社2019年版

傅乐成：《汉唐史论集》，联经出版事业公司1977年版

葛剑雄、周筱赟：《历史学是什么》，北京大学出版社2002年版

葛兆光：《宅兹中国：重建有关"中国"的历史论述》，中华书局2011年版

龚延明、岳朝军主编：《岳飞研究论文集汇编》，浙江大学出版社2013年版

龚延明：《宋史职官志补正》，浙江古籍出版社1991年版

郭正忠：《两宋城乡商品货币经济考略》，经济管理出版社1997年版

郭正忠：《宋代盐业经济史》，人民出版社1990年版

韩光辉：《宋辽金元建制城市研究》，北京大学出版社2011年版

韩儒林主编：《元朝史》，人民出版社1986年版

韩荫晟编：《党项与西夏资料汇编》，宁夏人民出版社2000年版

何忠礼主编：《南宋史及南宋都城临安研究》，人民出版社2009年版

侯旭东：《北朝村民的生活世界：朝廷、州县与村里》，商务印书馆2005年版

黄宽重：《南宋地方武力：地方军与民间自卫武力的探讨》，东大图书公司2002年版

黄宽重：《史事、文献与人物——宋史研究论文集》，东大图书公司2003年版

黄宽重：《宋代的家族与社会》，东大图书公司2006年版

黄宽重：《政策·对策：宋代政治史探索》，联经出版事业公司2012年版

黄仁宇：《十六世纪明代中国之财政与税收》，生活·读书·新知三联书店2001年版

黄一农：《两头蛇：明末清初的第一代天主教徒》，(台湾) 清华大学出版社2005年版

[日] 加藤繁：《中国经济史考证》，商务印书馆1962年版

金观涛、刘青峰：《兴盛与危机——论中国封建社会的超稳定结构》，湖南人民出版社1984年版

金毓黻：《宋辽金史》，台湾商务印书馆1982年版

[德] 克里斯塔勒：《德国南部中心地原理》，商务印书馆1998年版

[美] 哈罗德·D.拉斯韦尔：《政治学：谁得到什么？何时和如何得到？》，商务印书馆1999年版

李伯重：《江南的早期工业化（1550—1850）》，社会科学文献出版社2000年版

李伯重：《多视角看江南经济史（1250—1850）》，生活·读书·新知三联书店2003年版

李春棠：《坊墙倒塌以后——宋代城市生活长卷》，湖南出版社1993年版

李华瑞：《宋夏关系史》，河北人民出版社1998年版

李华瑞主编：《"唐宋变革"论的由来与发展》，天津古籍出版社2010年版

李廷先：《唐代扬州史考》，江苏古籍出版社1992年版

李裕民：《宋史考论》，科学出版社 2009 年版

［英］李约瑟：《中国科学技术史》第一卷《导论》，科学出版社、上海古籍出版社 1990 年版

梁庚尧：《南宋的农村经济》，联经出版事业公司 1984 年版

梁庚尧：《南宋盐榷——食盐产销与政府控制》，台湾大学出版中心 2010 年版

梁庚尧：《宋代社会经济史论集》，允晨文化实业股份有限公司 1997 年版

梁太济、包伟民：《宋史食货志补正》，杭州大学出版社 1994 年版

刘建国：《古城三部曲——镇江城市考古》，江苏古籍出版社 1995 年版

刘浦江：《辽金史论》，辽宁大学出版社 1999 年版

刘馨珺：《明镜高悬——南宋县衙的狱讼》，五南图书出版股份有限公司 2005 年版

［美］刘子健：《两宋史研究汇编》，联经出版事业公司 1987 年版

［美］刘子健：《中国转向内在——两宋之际的文化转向》，江苏人民出版社 2001 年版

柳立言：《宋代的家庭和法律》，上海古籍出版社 2008 年版

鲁西奇：《城墙内外：古代汉水流域城市的形态与空间结构》，中华书局 2011 年版

陆敏珍：《唐宋时期明州区域社会经济研究》，上海古籍出版社 2007 年版

［德］马克思：《路易·波拿巴的雾月十八日》，人民出版社 1962 年版

［德］马克思：《资本论》，人民出版社 1975 年版

〔宋〕孟元老撰，伊永文笺注：《东京梦华录笺注》，中华书局 2006 年版

苗润博：《〈辽史〉探源》，中华书局 2020 年版

聂崇岐：《宋史丛考》，中华书局 1980 年版

宁欣：《唐宋都城社会结构研究——对城市经济与社会的关注》，商务

印书馆2009年版

［日］平田茂树：《宋代政治结构研究》，上海古籍出版社2010年版

漆侠：《求实集》，天津人民出版社1982年版

漆侠：《宋代经济史》上、下册，上海人民出版社1987年、1988年版

漆侠：《宋学的发展和演变》，河北人民出版社2002年版

漆侠主编：《辽宋西夏金通史》，人民出版社2010年版

全汉昇：《中国经济史论丛》，香港中文大学新亚书院、新亚研究所1972年版

［美］施坚雅主编：《中华帝国晚期的城市》，中华书局2000年版

史金波、聂鸿音、白滨译：《中国珍稀法律典籍集成》甲编第五册《西夏天盛律令》，科学出版社1994年版

史金波、雅森·吾守尔：《中国活字印刷术的发明和早期传播——西夏和回鹘活字印刷术研究》，社会科学文献出版社2000年版

史念海：《中国古都和文化》，中华书局1998年版

［日］斯波义信：《宋代江南经济史研究》，江苏人民出版社2001年版

［日］斯波义信：《宋代商业史研究》，浙江大学出版社2021年版

孙继民、魏琳：《南宋舒州公牍佚简整理与研究》，上海古籍出版社2011年版

孙继民：《俄藏黑水城所出〈宋西北边境军政文书〉整理与研究》，中华书局2009年版

王曾瑜：《丝毫编》，河北大学出版社2009年版

王曾瑜：《点滴编》，河北大学出版社2010年版

王曾瑜：《纤微编》，河北大学出版社2011年版

王曾瑜：《宋朝阶级结构》（增订版），中国人民大学出版社2010年版

王曾瑜：《宋朝军制初探》（增订版），中华书局2011年版

王家范主编：《明清江南史研究三十年：1978—2008》，上海古籍出版社2010年版

王瑞来：《近世中国：从唐宋变革到宋元变革》，山西教育出版社2015

年版

王雪莉:《宋代服饰制度研究》,杭州出版社2007年版

[法]谢和耐:《蒙元入侵前夜的中国日常生活》,江苏人民出版社1995年版

辛薇主编:《南宋史及南宋都城临安研究》(续),人民出版社2013年版

杨果:《宋辽金史论稿》,商务印书馆2010年版

[英]伊懋可:《中国的历史之路》,浙江大学出版社2023年版

余英时:《朱熹的历史世界》,允晨文化实业股份有限公司2003年版

张西平主编:《西方汉学十六讲》,外语教学与研究出版社2011年版

张泽咸:《唐代工商业》,中国社会科学出版社1995年版

章开沅主编:《苏州商会档案丛编》第一辑(1905—1911年),华中师范大学出版社1991年版

赵冈:《中国城市发展史论集》,新星出版社2006年版

郑学檬:《中国古代经济重心南移和唐宋江南经济研究》,岳麓书社2003年版

中共中央马克思恩格斯列宁斯大林著作编译局译:《马克思恩格斯全集》,人民出版社2001年版

中共中央马克思恩格斯列宁斯大林著作编译局译:《马克思恩格斯选集》,人民出版社2001年版

周宝珠、陈振主编:《简明宋史》,人民出版社1985年版

周宝珠:《〈清明上河图〉与清明上河学》,河南大学出版社2004年版

周宁:《永远的乌托邦——西方的中国形象》,湖北教育出版社2000年版

朱瑞熙:《朱瑞熙文集》,上海古籍出版社2020年版

三、外文著作

Edward A. Kracke, Jr., "Sung Society: Change within Tradition", *Far Eastern*

Quarterly, Vol.14, No.4(1955), pp.479–488.

Patricia B. Ebrey, "Women, Marriage, and the Family in Chinese History", in Paul S. Ropp ed., *Heritage of China, Contemporary Perspectives on Chinese Civilization*, Berkeley: University of California Press, 1990, pp.197–223.

Paul J. Smith, Richard von Glahn ed., *The Song-Yuan-Ming Transition in Chinese History*, Cambridge: Harvard University Press, 2003.

Robert Hartwell, "Demographic, Political, and Social Transformations of China, 750–1550", *Harvard Journal of Asiatic Studies*, Vol.42, No.2(1982), pp.365–442.

Robert P. Hymes, *Statesmen and Gentlemen: The Elite of Fu-Chou Chiang-His in Northern and Southern Sung*, London and New York: Cambridge University Press, 1986.

梅原郁编:《中国近世社会の都市と文化》,(京都)京都大学人文科学研究所1984年版

入矢义高、梅原郁译注:《〈东京梦华录〉——宋代の都市と生活》,(东京)平凡社1996年版

伊原弘:《中国开封の生活と岁时—描かれた宋代の都市生活》,(东京)山川出版社1991年版

周藤吉之:《唐宋社會經濟史研究》,(东京)东京大学出版会1965年版

四、学位论文

韩冠群:《史弥远与南宋中后期中枢政治运作(1194—1260)》,中国人民大学2015年博士学位论文

康武刚:《论宋代基层势力与基层社会控制》,华东师范大学2009年博士学位论文

芦敏:《宋丽海上贸易研究》,厦门大学2008年博士学位论文

苗润博:《记忆·遗忘·书写:基于史料批判的契丹早期史研究》,北京大学2018年博士学位论文

王美华：《唐宋礼制研究》，东北师范大学2004年博士学位论文

吴淑敏：《宋金时期晋东南地区的乡村社会——石刻史料中的管窥》，北京大学2020年博士学位论文

张显运：《宋代畜牧业研究》，河南大学2007年博士学位论文

郑迎光：《宋代地方社会治安问题初探》，河北大学2007年博士学位论文

五、期刊论文

岸本美绪：《20世纪80年代以来中国古代史研究——以宋至清中期为中心》，《中国史研究动态》2005年第1期

曹树基：《清代北方城市人口研究——兼与施坚雅商榷》，《中国人口科学》2001年第4期

陈怀宇：《英国汉学家艾约瑟的"唐宋思想变革"说》，《史学史研究》2011年第4期

陈君静：《施坚雅中国城市发展区域理论及其意义》，《宁波大学学报（人文科学版）》1999年第3期

陈倩：《从韦伯到施坚雅的中国城市研究》，《重庆大学学报（社会科学版）》2007年第3期

陈爽：《回归传统：浅谈数字化时代的史料处理与运用》，《史学月刊》2015年第1期

陈新：《论20世纪西方历史叙述研究的两个阶段》，《史学理论研究》1999年第2期

陈振：《略论宋代城市行政制度的演变——从厢坊制到隅坊（巷）制、厢界坊（巷）制》，载本书编委会编《漆侠先生纪念文集》，河北大学出版社2002年版，第339—349页

成一农：《"中世纪城市革命"的再思考》，《清华大学学报（哲学社会科学版）》2007年第2期

崔秀霞：《汉学研究的发展、影响与交流——"汉学研究：海外与中

国"学术座谈会综述》,《中国文化研究》2005年秋之卷

戴建国:《从佃户到田面主:宋代土地产权形态的演变》,《中国社会科学》2017年第3期

戴建国:《宋代的民田典卖与"一田两主制"》,《历史研究》2011年第6期

邓小南:《近年来宋史研究的新进展》,《中国史研究动态》2004年第9期

杜瑜:《从宋〈平江图〉看平江府城的规模和布局》,《自然科学史研究》1989年第1期

方震华:《军务与儒业的矛盾——衡山赵氏与晚宋统兵文官家族》,《新史学》2006年第2期

方震华:《文武纠结的困境——宋代的武举与武学》,《台大历史学报》第33期(2004年6月)

高柯立:《宋代的地方官、士人和社会舆论——对苏州地方事务的考察》,《中国社会历史评论》第10卷,天津古籍出版社2009年版,第188—204页

葛金芳、柳平生:《"农商社会"说的学术背景与理论资源》,《云南社会科学》2019年第1期

宫泽知之:《唐宋社会变革论》,《中国史研究动态》1999年第6期

顾明栋:《汉学与汉学主义:中国研究之批判》,《南京大学学报(哲学·人文科学·社会科学)》2010年第1期

郭辉:《大数据时代史学研究的趋势与反思》,《史学月刊》2017年第5期

郭万平:《日本"东亚海域交流与日本传统文化的形成——以宁波为焦点开创跨学科研究"科研项目综述》,《中国史研究动态》2006年第8期

郭艳华:《论宋夏战争对北宋后期词风的影响》,《北方民族大学学报(哲学社会科学版)》2014年第4期

呼琳贵:《由礼泉坊三彩作坊遗址看唐长安坊里制度的衰败》,《人文

杂志》2000 年第 1 期

合灿温：《近三十年来国内高丽遣使金朝研究述评》，《赤峰学院学报（汉文哲学社会科学版）》2015 年第 3 期

何忠礼：《略论南宋的历史地位》，《浙江社会科学》2008 年第 9 期

侯体健：《"王安石字介"说》，《古典文学知识》2008 年第 2 期

胡勇军、徐茂明：《"施坚雅模式"与近代江南市镇的空间分布》，《南通大学学报（社会科学版）》2012 年第 3 期

胡优静：《历史学数字资源利用的误区及其应对》，《史学月刊》2017 年第 5 期

黄纯艳：《经济制度变迁与唐宋变革》，《文史哲》2005 年第 1 期

黄军杰：《"数字人文"技术视角下区域史研究新取径——以宋代处州家族群体的梳理为例》，《地方文化研究》2017 年第 2 期

黄宽重：《"嘉定现象"的研究议题与资料》，《中国史研究》2013 年第 2 期

黄宽重：《海峡两岸宋史研究动向》，《新史学》1992 年第 1 期

黄一农：《e-考据时代的新曹学研究：以曹振彦生平为例》，《中国社会科学》2011 年第 2 期

黄宗智：《认识中国——走向从实践出发的社会科学》，《中国社会科学》2005 年第 1 期

葭森健介：《唐宋变革论于日本成立的背景》，《史学月刊》2005 年第 5 期

姜伯勤：《从判文看唐代市籍制的终结》，《历史研究》1990 年第 3 期

姜义华：《大数据催生史学大变革》，《中国社会科学报》2015 年 04 月 29 日第 B05 版

近藤一成：《宋代科举社会的形成——以明州庆元府为例》，《厦门大学学报（哲学社会科学版）》2005 年第 6 期

景爱：《辽金史研究中的"大宋史"》，《理论观察》2017 年第 7 期

李伯重：《"选精"、"集粹"与"宋代江南农业革命"——对传统经

济史研究方法的检讨》,《中国社会科学》2000 年第 1 期

李华瑞:《改革开放以来宋史研究若干热点问题述评》,《史学月刊》2010 年第 3 期

李华瑞:《唐宋史研究应当走出"宋代近世说（唐宋变革论）"》,《光明日报》2017 年 11 月 20 日第 14 版

李华瑞:《走出"唐宋变革论"》,《历史评论》2021 年第 3 期

李华瑞:《近三十年来国内宋史研究方向博士学位论文选题取向分析与思考》,《历史教学》2009 年第 12 期

李华瑞:《南宋地方社会管窥——以阳枋〈广安旱代赵守榜文〉为中心》,《西北师大学报（社会科学版）》2013 年第 3 期

李京泽:《汪藻〈裔夷谋夏录〉再探》,《文献》2020 年第 3 期

李锡厚:《宋辽金时期中原地区的民族融合》,《中州学刊》2005 年第 5 期

李孝聪:《论唐代后期华北三个区域中心城市的形成》,载北京大学中国传统文化中心编《北京大学百年国学文粹·史学卷》,北京大学出版社 1998 年版,第 659—671 页

李新峰:《论元明之间的变革》,《古代文明》2010 年第 4 期

李振宏:《论互联网时代的历史学》,《史学月刊》2016 年第 11 期

李治安:《两个南北朝与中古以来的历史发展线索》,《文史哲》2009 年第 6 期

李治安:《元和明前期南北差异的博弈与整合发展》,《历史研究》2011 年第 5 期

李治安:《中古以来南北差异的整合发展与江南的角色功用》,《文史哲》2015 年第 1 期

梁晨、董浩、李中清:《量化数据库与历史研究》,《历史研究》2015 年第 2 期

刘东:《清华国学和域外汉学》,《清华大学学报（哲学社会科学版）》2010 年第 6 期

梁建国：《2013年宋史研究综述》，《中国史研究动态》2014年第3期

廖志豪：《从坊市遗址出土文物看宋代苏州城市经济发展》，《学术月刊》1980年第12期

林立平：《试论唐宋之际城市分布重心的南移》，《暨南学报（哲学社会科学版）》1989年第2期

林立平：《中唐后城市生活的"俗世化"趋向》，载中国唐史学会编《中国唐史学会论文集（1991）》，三秦出版社1991年版，第229—247页

林文勋：《中国古代"富民社会"研究的由来与旨归》，《湖北大学学报（哲学社会科学版）》2020年第1期

刘后滨：《唐代中书门下体制下的三省机构与职权——兼论中古国家权力运作方式的转变》，《历史研究》2001年第2期

刘浦江：《再论阻卜与鞑靼》，《历史研究》2005年第2期

龙登高、温方方、邱永志：《典田的性质与权益——基于清代与宋代的比较研究》，《历史研究》2016年第5期

罗祎楠：《模式及其变迁——史学史视野中的唐宋变革问题》，《中国文化研究》2003年夏之卷

马继云、于云瀚：《宋代厢坊制论略》，《史学月刊》1997年第6期

马强、温勤能：《唐宋时期兴元府城考述》，《汉中师范学院学报（社会科学）》2001年第4期

内藤湖南：《概括的唐宋时代观》，黄约瑟译，载刘俊文主编《日本学者研究中国史论著选译》第一卷，中华书局1992年版，第10—18页

宁欣、陈涛：《"中世纪城市革命"论说的提出和意义——基于"唐宋变革论"的考察》，《史学理论研究》2010年第1期

史金波：《论西夏对中国的认同》，《民族研究》2020年第4期

史金波：《深入推进宋辽夏金史研究的思考》，《河北学刊》2020年第5期

孙江、黄东兰：《岳飞叙述、公共记忆和国族认同》，载龚延明、祖慧主编《岳飞研究》（第五辑），中华书局2004年版，第15—41页

孙效武、杨蕤：《近二十年来〈天盛律令〉研究综述》，《西夏研究》2016年第4期

王曾瑜：《谈谈中国古代史料的标点与校勘及其他问题》，载高国祥编《文献研究》2010年第1辑，学苑出版社2010年版，第30—39页

王铭铭：《社会人类学的中国研究——认识论范式的概观与评介》，《中国社会科学》1997年第5期

王天顺：《西夏史如何走进"大宋史"》，《中州学刊》1999年第5期

王晓龙、施治平：《漆侠先生与河北大学宋史研究领域的拓展》，《河北大学学报（哲学社会科学版）》2011年第6期

魏峰：《宋代"GDP"神话与历史想象的现实背景》，《国际社会科学杂志（中文版）》2014年第2期

温翠芳：《唐代长安西市中的胡姬与丝绸之路上的女奴贸易》，《西域研究》2006年第2期

吴承明：《经济学理论与经济史研究》，《中国经济史研究》1995年第1期

吴承明：《论历史主义》，《中国经济史研究》1993年第2期

吴承明：《中国经济史研究的方法论问题》，《中国经济史研究》1992年第1期

武婷婷：《辽、宋、夏、金婚礼服饰及其礼俗内涵研究综述》，《黑龙江史志》2013年第3期

徐力恒、陈静：《我们为什么需要数字人文》，《社会科学报》2017年8月24日第5版

徐英瑾：《信息技术革命会"终结"人文学科吗?》，《文汇报》2017年1月20日第11版

许文刚：《〈平江图〉研究综述》，《江苏地方志》2015年第5期

严文明、李伯谦、徐苹芳：《浓墨重彩 2008年度全国十大考古新发现》，《中国文化遗产》2009年第2期

杨际平：《走出"唐宋变革论"的误区》，《文史哲》2019年第4期

杨永兵：《近 30 年来宋代买扑制度研究综述》，《中国史研究动态》2009 年第 10 期

杨豫、李霞、舒小昀：《新文化史学的兴起——与剑桥大学彼得·伯克教授座谈侧记》，《史学理论研究》2000 年第 1 期

易兰：《兰克史学之东传及其中国回响》，《学术月刊》2005 年第 2 期

易素梅：《家事与庙事：九至十四世纪二仙信仰中的女性活动》，《历史研究》2017 年第 5 期

于沛：《历史学的"界限"和历史学的界限何以变得越来越模糊了》，《历史研究》2004 年第 4 期

张邦炜：《"唐宋变革论"的首倡者及其他》，《中国史研究》2010 年第 1 期

张广达：《内藤湖南的唐宋变革说及其影响》，《唐研究》第十一卷，北京大学出版社 2005 年版，第 5—71 页

张其凡：《三十年来中国大陆的宋史研究（1978—2008）》，载浙江大学宋学研究中心编《宋学研究集刊》（第二辑），浙江大学出版社 2010 年版，第 529—564 页

张鑫洁：《e-考据的荣耀与困窘》，《鲁东大学学报（哲学社会科学版）》2016 年第 1 期

张艳国：《马克思主义唯物史观与史学理论》，《学术研究》1996 年第 2 期

张志勇：《辽金史研究理论方法的回顾与思考》，《辽宁工程技术大学学报（社会科学版）》2014 年第 6 期

中国科学院考古研究所西安唐城发掘队：《唐代长安城考古纪略》，《考古》1963 年第 11 期

中国社会科学院考古研究所等：《江苏扬州宋大城北门水门遗址发掘简报》，《考古》2005 年第 12 期

仲伟民：《后现代史学：姗姗来迟的不速之客》，《光明日报》2005 年 1 月 27 日第 C1 版

周宝珠:《宋代城市行政管理制度初探》,载中国社会科学院历史研究所宋辽金元史研究室编《宋辽金史论丛》(第一辑),中华书局1985年版,第152—167页

周加来:《城市化·城镇化·农村城市化·城乡一体化——城市化概念辨析》,《中国农村经济》2001年第5期

朱炳祥:《"农村市场与社会结构"再认识——以摩哈苴彝族村与周城白族村为例对施坚雅理论的检验》,《民族研究》2012年第3期